新世纪普通高等教育基础

大学生安全教育教程

SAFETY EDUCATION COURSE FOR COLLEGE STUDENTS

主编 张小刚　副主编 谢卫平 叶险峰　参编 熊龙英 刘宸均 田瑶

大连理工大学出版社
Dalian University of Technology Press

图书在版编目(CIP)数据

大学生安全教育教程 / 张小刚主编. -- 大连：大连理工大学出版社，2023.10(2025.8重印)
ISBN 978-7-5685-4509-9

Ⅰ．①大… Ⅱ．①张… Ⅲ．①大学生－安全教育－教材 Ⅳ．①G645.5

中国国家版本馆 CIP 数据核字(2023)第 123329 号

DAXUESHENG ANQUAN JIAOYU JIAOCHENG

大连理工大学出版社出版

地址：大连市软件园路 80 号　邮政编码：116023
营销中心：0411-84707410　84708842　邮购及零售：0411-84706041
E-mail：dutp@dutp.cn　URL：https://www.dutp.cn
大连朕鑫印刷物资有限公司印刷　　大连理工大学出版社发行

幅面尺寸：185mm×260mm　　印张：16.5　　字数：422 千字
2023 年 10 月第 1 版　　　　　2025 年 8 月第 6 次印刷

责任编辑：齐　欣　　　　　　　　　　　　责任校对：孙兴乐
　　　　　　　　　　封面设计：张　莹

ISBN 978-7-5685-4509-9　　　　　　　　　　定　价：49.80 元

本书如有印装质量问题，请与我社营销中心联系更换。

前言

党的二十大报告指出:"国家安全是民族复兴的根基,社会稳定是国家强盛的前提。……我们要坚持以人民安全为宗旨、以政治安全为根本、以经济安全为基础、以军事科技文化社会安全为保障、以促进国际安全为依托,统筹外部安全和内部安全、国土安全和国民安全、传统安全和非传统安全、自身安全和共同安全,统筹维护和塑造国家安全,夯实国家安全和社会稳定基层基础,完善参与全球安全治理机制,建设更高水平的平安中国,以新安全格局保障新发展格局。"

加强和改进大学生安全教育,促进大学生全面和谐发展,是构建和谐校园的内在要求。大学生安全教育既强调安全在人生发展中的重要地位,又关注学生的全面发展。对大学生进行安全教育,是高校人才培养工作的重要组成部分。

当前我国高等教育面临前所未有的发展机遇,我国在校大学生人数居世界首位。安全直接关系到大学生的生命财产安全、高校的稳定和谐,甚至关系到社会和国家的安全与稳定。大学生正处在身心发展的关键阶段,安全意识、自我保护能力还处在较为薄弱的阶段,对其进行安全教育意义重大。高校应当通过对大学生进行安全教育,促进学生主动掌握安全防范知识,激发大学生的主观安全意识,不断提高大学生的安全防范意识和避险自救能力,确立正确的安全价值观,全面提升大学生安全整体素质,培养大学生的安全防范能力,为大学生的成长、成才提供保障。

本教材针对当代大学生安全意识、安全知识缺乏,自我保护意识薄弱的实际情况,力求帮助大学生提高安全意识,掌握安全知识和防范技能,养成良好的安全习惯,增强自我防范能力。本教材包括维护国家安全、人身与财产安全、校园安全、社会实践安全、食品安全及疾病预防、心理健康安全、网络及信息安全、交通安全、野外事故救护及应急避险九个方面内容，涉及安全意识和安全责任、安全知识和防范技能、法制观念和法律意识等方面的学习教育，既注重对大学生安全意识的教育，又注重对大学生安全防范能力的培养，有助于帮助大学生树立正确的国家安全观，正确认识自身安全的威胁因素，了解和掌握保障自身安全和生存的技能，培养积极的"生命观、生存观、生活观"。

本教材编写团队深入推进党的二十大精神融入教材，充分认识党的二十大报告提出的"实施科教兴国战略，强化现代人才建设支撑"精神，落实"加强教材建设和管理"新要求，在教材中加入思政元素，紧扣二十大精神，围绕专业育人目标，结合课程特点，注重知识传授、能力培养与价值塑造的统一。

本教材由张小刚任主编，谢卫平、叶险峰任副主编，熊龙英、刘宸均、田瑶参与了编写。

在编写本教材的过程中，编者参考、引用和改编了国内外出版物中的相关资料以及网络资源，在此表示深深的谢意！相关著作权人看到本教材后，请与出版社联系，出版社将按照相关法律的规定支付稿酬。

限于水平，书中仍有疏漏和不妥之处，敬请专家和读者批评指正，以使教材日臻完善。

编　者

2023 年 10 月

所有意见和建议请发往：dutpbk@163.com
欢迎访问高教数字化服务平台：https://www.dutp.cn/hep/
联系电话：0411-84708445　84708462

目 录

| 第一章 | 维护国家安全 | 1 |

第一节　国家安全和总体国家安全观 ⋯⋯⋯⋯⋯⋯⋯⋯⋯⋯⋯⋯⋯⋯⋯⋯ 1
第二节　维护国家安全的任务 ⋯⋯⋯⋯⋯⋯⋯⋯⋯⋯⋯⋯⋯⋯⋯⋯⋯⋯ 4
第三节　大学生与国家安全 ⋯⋯⋯⋯⋯⋯⋯⋯⋯⋯⋯⋯⋯⋯⋯⋯⋯⋯⋯ 5
第四节　抵制和反对邪教 ⋯⋯⋯⋯⋯⋯⋯⋯⋯⋯⋯⋯⋯⋯⋯⋯⋯⋯⋯⋯ 9

| 第二章 | 人身与财产安全 | 14 |

第一节　预防纠纷与校园暴力 ⋯⋯⋯⋯⋯⋯⋯⋯⋯⋯⋯⋯⋯⋯⋯⋯⋯ 14
第二节　防止性骚扰与性侵害 ⋯⋯⋯⋯⋯⋯⋯⋯⋯⋯⋯⋯⋯⋯⋯⋯⋯ 21
第三节　社会治安事件及其防范 ⋯⋯⋯⋯⋯⋯⋯⋯⋯⋯⋯⋯⋯⋯⋯⋯ 28
第四节　盗窃及其防范 ⋯⋯⋯⋯⋯⋯⋯⋯⋯⋯⋯⋯⋯⋯⋯⋯⋯⋯⋯⋯ 35
第五节　抢劫及其防范 ⋯⋯⋯⋯⋯⋯⋯⋯⋯⋯⋯⋯⋯⋯⋯⋯⋯⋯⋯⋯ 40
第六节　诈骗及其防范 ⋯⋯⋯⋯⋯⋯⋯⋯⋯⋯⋯⋯⋯⋯⋯⋯⋯⋯⋯⋯ 41
第七节　防范传销与不合规信贷 ⋯⋯⋯⋯⋯⋯⋯⋯⋯⋯⋯⋯⋯⋯⋯⋯ 48

| 第三章 | 校园安全 | 57 |

第一节　常见运动安全及其防范 ⋯⋯⋯⋯⋯⋯⋯⋯⋯⋯⋯⋯⋯⋯⋯⋯ 57
第二节　消防安全 ⋯⋯⋯⋯⋯⋯⋯⋯⋯⋯⋯⋯⋯⋯⋯⋯⋯⋯⋯⋯⋯⋯ 66
第三节　校园大型活动常见安全事故及其防范 ⋯⋯⋯⋯⋯⋯⋯⋯⋯⋯ 73
第四节　实验室安全 ⋯⋯⋯⋯⋯⋯⋯⋯⋯⋯⋯⋯⋯⋯⋯⋯⋯⋯⋯⋯⋯ 75

| 第四章 | 社会实践安全 | 79 |

第一节　社会兼职与实习安全 ⋯⋯⋯⋯⋯⋯⋯⋯⋯⋯⋯⋯⋯⋯⋯⋯⋯ 79
第二节　大学生暑期"三下乡"社会实践活动安全知识 ⋯⋯⋯⋯⋯⋯ 82

| 第五章 | 食品安全及疾病预防 | 87 |

第一节　饮食卫生与饮食习惯 ⋯⋯⋯⋯⋯⋯⋯⋯⋯⋯⋯⋯⋯⋯⋯⋯⋯ 87
第二节　食物中毒及其防范 ⋯⋯⋯⋯⋯⋯⋯⋯⋯⋯⋯⋯⋯⋯⋯⋯⋯⋯ 91
第三节　常见传染性疾病及其预防 ⋯⋯⋯⋯⋯⋯⋯⋯⋯⋯⋯⋯⋯⋯⋯ 97
第四节　常见非传染性疾病及其预防 ⋯⋯⋯⋯⋯⋯⋯⋯⋯⋯⋯⋯⋯ 106
第五节　艾滋病及其预防 ⋯⋯⋯⋯⋯⋯⋯⋯⋯⋯⋯⋯⋯⋯⋯⋯⋯⋯ 114
第六节　远离毒品 ⋯⋯⋯⋯⋯⋯⋯⋯⋯⋯⋯⋯⋯⋯⋯⋯⋯⋯⋯⋯⋯ 117
第七节　高校与大学生群体在食品安全中的使命任务 ⋯⋯⋯⋯⋯⋯ 125

第六章　心理健康安全 ········· 129
- 第一节　大学生心理健康概述 ········· 129
- 第二节　常见心理问题及其调适 ········· 134
- 第三节　大学校园常见心理问题及其调适 ········· 137

第七章　网络及信息安全 ········· 141
- 第一节　网络及信息安全概述 ········· 141
- 第二节　网络不良信息的影响与预防 ········· 143
- 第三节　信息网络犯罪 ········· 150
- 第四节　大学生群体在信息时代网络安全中的使命任务 ········· 166

第八章　交通安全 ········· 171
- 第一节　交通安全基本概念 ········· 171
- 第二节　大学生常见交通事故及其原因 ········· 172
- 第三节　交通事故的预防及处置 ········· 173
- 第四节　交通法规及常用交通安全常识 ········· 175

第九章　野外事故救护及应急避险 ········· 184
- 第一节　出行前的准备 ········· 184
- 第二节　常用急救术 ········· 186
- 第三节　常见意外伤害处置方法 ········· 188
- 第四节　自然灾害自救 ········· 191

参考文献 ········· 207

附　录 ········· 208
- 附录一　安全标志图例 ········· 208
- 附录二　相关法律法规 ········· 213

第一章 维护国家安全

"国家安全是民族复兴的根基,社会稳定是国家强盛的前提。必须坚定不移贯彻总体国家安全观,把维护国家安全贯穿党和国家工作各方面全过程,确保国家安全和社会稳定。"党的二十大报告深刻阐明了国家安全和社会稳定的重要性,对推进国家安全体系和能力现代化、坚决维护国家安全和社会稳定做出重大战略部署,为推进新时代新征程国家安全和社会稳定工作提供了根本遵循。新时代大学生必须认真学习领会,坚决贯彻落实,为推进平安中国建设贡献力量。

第一节 国家安全和总体国家安全观

国家安全是安邦定国的重要基石,维护国家安全是全国各族人民的根本利益所在。《中华人民共和国宪法》第五十四条明确规定:"中华人民共和国公民有维护祖国的安全、荣誉和利益的义务,不得有危害祖国的安全、荣誉和利益的行为。"每个公民必须履行维护国家利益和安全的神圣义务,任何情况下不得做有损国家安全的事情,并自觉同一切损害国家安全的行为做斗争。

一、国家安全的概念和基本内容

《中华人民共和国国家安全法》(以下简称《国家安全法》)第二条明确规定:"国家安全是指国家政权、主权、统一和领土完整、人民福祉、经济社会可持续发展和国家其他重大利益相对处于没有危险和不受内外威胁的状态,以及保障持续安全状态的能力。"

国家安全既指国家处于安全状态,又指国家维持这种安全状态的能力。具体来说,国家安全一般是指作为社会政治权力组织的国家及其所建立的社会制度的生存和发展的保障。它包括国家独立主权和领土完整,以及人民生命财产不被外来势力侵犯;国家政治制度、经济制度不被颠覆;经济发展、民族和睦、社会安定不受威胁;国家秘密不被窃取;国家工作人员不被策反;国家机构不被渗透等。任何境外机构、组织、个人实施或者指使他人实施的,或者境内组织、个人与境外机构组织、个人相勾结实施的危害中华人民共和国国家安全的行为均视为危害国家安全的行为。

21世纪以来,中国在经济、军事、科技、文化等方面取得了重大成就,综合国力在全面迅猛地发展,全球都在关注着高速前进的中国。但当今世界形势正在发生深刻复杂的变化,我国安全和发展形势更趋复杂,各种可以预料和难以预料的风险挑战增多。虽然和平、发展、合作、共赢的时代潮流更加强劲,但敌对势力一刻也没有放松过对我国的渗透和破坏。反华势力猖獗,民族分裂势力、宗教极端组织、暴力恐怖组织等多股势力勾结,新技术的发展更是为敌对组织的活动带来了便利,敌情更加突出复杂。我国既面临政治安全和军事安全的传统安全威胁,也面临其他对主权国家及人类整体生存与发展构成的非传统安全威胁,主要包括恐怖主义、跨国犯罪、环境安全、毒品威胁等。必须严密防范和坚决打击各种渗透、颠覆、破坏活动,暴力恐怖活动,民族分裂活动,宗教极端活动。应加强国家安全教育,增强全党全国人民的国家安全意识,推动全社会形成维护国家安全的强大合力。

中国共产党向来将维护国家安全作为一项基础性工作。党的十八届三中全会决定成立中央国家安全委员会,并在中央国家安全委员会第一次会议提出总体国家安全观。2015年1月23日,中央政治局召开会议,审议通过《国家安全战略纲要》。2015年7月1日通过的《中华人民共和国国家安全法》规定,每年的4月15日为全民国家安全教育日,这是推进国家治理体系和治理能力现代化、实现国家长治久安的迫切要求,是实现中华民族伟大复兴中国梦的重要保障,目的就是更好适应我国国家安全面临的新形势、新任务,建立集中统一、高效权威的国家安全体制,加强对国家安全工作的领导,推动中国式现代化行稳致远。

二、国家安全的重要性

国家安全是民族复兴的根基。推动改革发展的每一步,离不开国家安全;全面建设社会主义现代化国家,同样离不开国家安全。

(一)国家安全事关国家主权独立和领土完整

人口、领土、政权和主权是主权国家的基本要素。其中,主权作为国家统一而不可分割的最高权力,是一个国家的生命和灵魂;领土是国家及其人民生存和发展的物质基础,因此必须坚决维护我国的主权独立和领土完整。国家安全直接事关国家主权独立和领土完整,只有国家安全得到保障,国家才能掌握自己的命运。

鸦片战争后,清政府被迫与他国陆续签订多个不平等条约,中国沦为半殖民地半封建社会,丧失了独立自主的地位。在此之后,中华民族经过百余年艰苦卓绝的伟大斗争,才最终实现民族独立和人民解放。近代中国被欺侮、被侵略,人民被压迫、被奴役的惨痛教训告诉我们,国家安全直接关系国家的兴衰存亡,是国家生存发展的最基本前提。中华儿女在任何时候都要坚定不移地维护国家主权和领土完整。

(二)国家安全是人民安居乐业、幸福生活的保障

国家安全工作归根结底是为了保障人民的利益、人民的幸福生活。只有国家安全稳定,才能实现社会经济的可持续发展,人民群众对美好生活的向往才能在发展中不断被满足。随着经济发展、社会进步,人民群众对国家安全有了更高的要求。人们不仅要求生命安全、健康安全、财产安全等,还追求自我价值的实现、精神世界的满足。只有实现国家安全,才能有效地呼应人民群众的这一期待,才能使人民获得感、幸福感、安全感更加充实、更有保障、更可持续。

(三)国家安全是社会稳定、国家长治久安的基石

社会稳定是国家发展的前提和基础,而只有在国家安全的保障下,才能实现社会稳定,才能推进改革发展。反之,如果没有国家的安全稳定,国家的经济发展与和谐社会的构建就无从

谈起。动荡不安的国家是难以获得稳定的发展环境的。

(四)国家安全是实现中华民族伟大复兴中国梦的重要前提

实现中华民族伟大复兴,是中华民族近代以来最伟大的梦想。实现中华民族伟大复兴,保证国家安全是头等大事。国家安危系于每一位爱国公民,民族复兴系于每一个人。实现中华民族伟大复兴离不开一代又一代中华儿女的接力奋斗,而青年学生将是实现中国梦的主要力量。

当前,世界正经历百年未有之大变局,我国正处于实现中华民族伟大复兴的关键时期。在这样关键的时刻,国际形势环境变化迅速,矛盾风险挑战增多,考验之大前所未有,青年学生应勇担重任,在思想上领会国家安全的重大意义,在行动上自觉维护国家安全,以肩负起实现中华民族伟大复兴的历史使命。

三、总体国家安全观

2014年4月15日,习近平在中央国家安全委员会第一次会议上强调,要准确把握国家安全形势变化新特点新趋势,坚持总体国家安全观,走出一条中国特色国家安全道路。总体国家安全观,是习近平新时代中国特色社会主义思想的重要组成部分,是中国国家安全理论的新成果,是维护国家安全的行动纲领和科学指南,对加快推进社会主义现代化、实现中华民族伟大复兴的中国梦具有深远意义。我们必须坚定不移贯彻总体国家安全观,牢固树立安全发展理念,把发展和安全作为基本职责、根本要求,以人民安全为宗旨,以政治安全为根本,有效防范化解各类风险隐患,以新安全格局保障新发展格局,以高水平安全保障高质量发展。

总体国家安全涵盖的领域主要包括政治安全、国土安全、军事安全、经济安全、文化安全、社会安全、科技安全、网络安全、生态安全、资源安全、核安全、海外利益安全,以及太空、深海、极地、生物等不断拓展的新兴领域安全。

贯彻落实总体国家安全观,必须既重视发展问题,又重视安全问题,发展是安全的基础,安全是发展的条件,富国才能强兵,强兵才能卫国;既重视外部安全,又重视内部安全,对内求发展、求变革、求稳定、建设平安中国,对外求和平、求合作、求共赢、建设和谐世界;既重视国土安全,又重视国民安全,坚持以民为本、以人为本,坚持国家安全一切为了人民、一切依靠人民,真正夯实国家安全的群众基础;既重视传统安全,又重视非传统安全,构建集政治安全、国土安全、军事安全、经济安全、文化安全、社会安全、科技安全、信息安全、生态安全、资源安全、核安全等于一体的国家安全体系;既重视自身安全,又重视共同安全,打造命运共同体,推动各方朝着互利互惠、共同安全的目标相向而行。

总体国家安全观是一个内容丰富、开放包容、不断发展的思想体系,其核心要义可以概括为"五大要素"和"五对关系"。"五大要素"就是要以人民安全为宗旨,以政治安全为根本,以经济安全为基础,以军事、科技、文化、社会安全为保障,以促进国际安全为依托。"五对关系"就是既重视发展问题,又重视安全问题;既重视外部安全,又重视内部安全;既重视国土安全,又重视国民安全;既重视传统安全,又重视非传统安全;既重视自身安全,又重视共同安全。把握"五大要素"、处理好"五对关系",是理解总体国家安全观的关键所在。

党的十九届六中全会通过的《中共中央关于党的百年奋斗重大成就和历史经验的决议》指出,党的十八大以来,国家安全得到全面加强,经受住了来自政治、经济、意识形态、自然界等方面的风险挑战考验,为党和国家兴旺发达、长治久安提供了有力保证。党的二十大报告指出,我们要"统筹维护和塑造国家安全,夯实国家安全和社会稳定基层基础,完善参与全球安全治理机制,建设更高水平的平安中国,以新安全格局保障新发展格局"。"国家安全是民族复兴的根基,社会稳定是国家强盛的前提。必须坚定不移贯彻总体国家安全观,把维护国家安全贯穿党和国家工作各方面全过程,确保国家安全和社会稳定。"

第二节 维护国家安全的任务

维护国家统一、保卫祖国安全是宪法规定的我国公民对国家应尽的基本政治责任,维护国家的利益和安全是每个公民的神圣义务。

一、有关国家安全的法律法规

当前,我国涉及国家安全的法律法规除《中华人民共和国宪法》和《中华人民共和国刑法》(以下简称《刑法》)外,主要有:《国家安全法》《中华人民共和国反间谍法》《中华人民共和国国家情报法》《中华人民共和国反恐怖主义法》《中华人民共和国保守国家秘密法》《中华人民共和国反间谍法实施细则》等。此外还有《中华人民共和国网络安全法》《中华人民共和国核安全法》等多部涉及安全的法律。

《国家安全法》第十一条规定:"中华人民共和国公民、一切国家机关和武装力量、各政党和各人民团体、企业事业组织和其他社会组织,都有维护国家安全的责任和义务。"为提升全社会的国家安全意识,《国家安全法》规定每年4月15日为全民国家安全教育日。国家安全人人有责,人民群众要树立国家安全意识,自觉关心、维护国家安全,遵守国家法律法规。

二、维护国家安全的任务

维护国家安全的任务包括坚持中国共产党的领导,维护中国特色社会主义制度,发展社会主义民主政治,健全社会主义法治,强化权力运行制约和监督机制,保障人民当家做主的各项权利。

《国家安全法》基于国家安全内涵和外延大大拓展的实际,突出国家安全的总体性特点,规定了各领域维护国家安全的重点任务,以体现构建国家安全体系的要求。在立法中明确国家安全各领域重点任务,有助于调动国家各种力量和资源,形成维护国家安全的整体合力。

《国家安全法》第二章依次明确了政治安全、人民安全、国土安全、军事安全、经济安全、金融安全、资源能源安全、粮食安全、文化安全、科技安全、网络与信息安全、社会安全、生态安全、核安全、外层空间及国际海底区域和极地安全、海外利益安全等领域的重点任务,基本覆盖了涉及国家安全的领域;同时,提出"根据经济社会发展和国家发展利益的需要,不断完善维护国家安全的任务",为将来可能变化的维护国家安全的任务留出了必要空间,体现了动态性、开放性。

三、公民、组织履行维护国家安全的义务和权利

维护国家安全是每个公民的法定义务,公民和组织应当积极履行各项义务,支持、协助和配合国家安全机关依法开展工作,全社会共同承担起维护国家安全的重任。《国家安全法》明确规定了公民应尽的义务和权利。《国家安全法》第七十七条规定,公民和组织应当履行下列维护国家安全的义务:

(1)遵守宪法、法律法规关于国家安全的有关规定。
(2)及时报告危害国家安全活动的线索。
(3)如实提供所知悉的涉及危害国家安全活动的证据。
(4)为国家安全工作提供便利条件或者其他协助。
(5)向国家安全机关、公安机关和有关军事机关提供必要的支持和协助。
(6)保守所知悉的国家秘密。
(7)法律、行政法规规定的其他义务。

任何个人和组织不得有危害国家安全的行为,不得向危害国家安全的个人或者组织提供任何资助或者协助。

同时,在《国家安全法》中,也明确了公民因支持国家安全工作导致损失时,享有哪些权利。

《国家安全法》第八十条规定:

公民和组织支持、协助国家安全工作的行为受法律保护。

因支持、协助国家安全工作,本人或者其近亲属的人身安全面临危险的,可以向公安机关、国家安全机关请求予以保护。公安机关、国家安全机关应当会同有关部门依法采取保护措施。

《国家安全法》第八十一条规定:

公民和组织因支持、协助国家安全工作导致财产损失的,按照国家有关规定给予补偿;造成人身伤害或者死亡的,按照国家有关规定给予抚恤优待。

《国家安全法》第八十二条规定:

公民和组织对国家安全工作有向国家机关提出批评建议的权利,对国家机关及其工作人员在国家安全工作中的违法失职行为有提出申诉、控告和检举的权利。

《国家安全法》第八十三条规定:

在国家安全工作中,需要采取限制公民权利和自由的特别措施时,应当依法进行,并以维护国家安全的实际需要为限度。

维护国家安全,不仅是专门部门的职责,更是每一个公民和组织的义务。公民一旦有违反《国家安全法》的行为,必将受到法律的制裁。

第三节 大学生与国家安全

有国家就有国家安全工作,古今中外,概莫能外。国家和人民应视国家利益为最高、最根本的利益,将维护国家安全列为首要任务。因此,每个大学生都应当成为国家安全和利益的自觉维护者,自觉保守国家秘密。

一、大学生应积极维护国家安全

(一)要始终树立国家利益高于一切的观念

习近平强调:"我们党要巩固执政地位,要团结带领人民坚持和发展中国特色社会主义,保证国家安全是头等大事。"国家安全涉及国家社会生活的方方面面,是国家、民族发展的首要保障。科学技术是没有国界的,但知识分子不能没有自己的祖国。因此,把国家安全放在高于一切的地位,是国家利益的需要,又是个人安全的需要,也是世界各国的一致要求。维护国家安全的根本在于维护国家的最高利益,大学生应当成为国家安全利益的坚定维护者。

(二)胸怀爱国之心,坚定报国之志

精忠报国、爱国奉献是中华民族的优良传统。自古以来,中国哲人们留下的爱国诗篇、不朽警句,岳飞、文天祥等仁人志士为了祖国奉献一生甚至不惜以生命为代价的精神永远激励着我们。时代在发展变化,但对祖国的热爱、对祖国的情感永远不会变。青年学子生活在和平的环境中,但应居安思危,立报国之志、育报国之情、增兴国之才、践爱国之行,以时不我待的精神,身体力行,从身边的小事做起,为国家的发展和民族复兴贡献自己的智慧和力量。爱国,首先要心中有祖国。只有有爱国之心,才会主动爱护自己的国家,维护这个大家庭的利益,想方设法为祖国的发展贡献自身力量。

(三)提高政治觉悟,维护高校稳定

大学生的政治觉悟和大学生的前途命运息息相关。大学生是祖国的建设者和社会主义事业的接班人,如果大学生没有较高的政治觉悟,在复杂的政治环境中就不能明辨是非,就不能与党中央保持高度的一致。大学生要树立坚定的理想信念,不断提高自己的政治觉悟,树立社会主义核心价值观,为建设中国特色的社会主义贡献自己的力量。

校园政治环境的不稳定,会给校园、社会带来严重的消极影响。大学生是国家宝贵的人才资源,同时也是维护校园政治环境的重要力量。"天下兴亡,匹夫有责。"大学生要关注大学校园政治稳定,并要在维护高校稳定工作中发挥重要作用。

(1)珍惜当前稳定的校园环境,自觉接受学校开展的思想政治教育活动,树立正确的政治观念。

(2)以主人翁的姿态,积极参与建设校园文化,创造良好的大学校园环境。

(3)充分理解国家、政府的决策,不明白的政策要及时向有关人员咨询;充分认识到我国改革发展过程中的实际情况,学会站在全局的角度看问题,理解和体谅政府。

(4)树立正确的理想信念,自觉抵制西方反华势力在意识形态上的渗透,坚定中国特色社会主义理想信念、增强民族自豪感。

(5)大学生要主动承担起历史责任,同时要理性理解爱国主义,避免爱国热情被敌对分子利用,危害国家安全。

(6)学会辨别真伪,自觉抵制网上不良信息,对西方文化思潮要有选择地吸收,对西方一些腐朽的价值观念要时刻保持警惕。

(7)理解和支持政府、学校的改革,妥善处理纠纷,化解矛盾,对不满的问题要通过正确的途径反映,这既是学生民主权利的体现,又是维护学校政治稳定的表现。

(四)遵守国家法律法规,自觉维护国家安全

遵法守法是现代社会公民素质的基本要求,也是公民对国家承担责任的重要体现。广大青年要做自觉守法的模范,在遵守法律的基本前提之下,还要主动同各种破坏、危害国家安全的行为做斗争。国家安全的根基在人民、力量在人民、血脉在人民,人民对国家的认同和支持是维护国家安全的不竭动力。只有动员群众,依靠人民,才能切实有力地维护国家安全。只要全社会都动员起来、行动起来,人人为维护国家安全积极做贡献,就能铸成坚强有力的人民防线,筑牢坚如磐石的社会堤坝,使危害国家安全者无处藏身,危害国家安全的行为无法得逞。万众一心,众志成城,群策群力,同仇敌忾,国家安全就能得到切实维护和有力保障。

(五)积极配合国家安全机关的工作

国家安全机关是国家安全工作的主管机关,是与公安机关同等性质的司法机关,分工负责

间谍案件的侦查、拘留、预审和逮捕。当国家安全机关需要大家配合工作的时候,在工作人员表明身份和来意后,每个大学生都应当按照《国家安全法》规定的七条义务的要求,认真履行职责,尽力提供协助,如实提供情况和证据,做到不推、不拒,更不以暴力、威胁方法阻碍执行公务,还要切实保守好已经知晓的国家安全工作的秘密。

二、大学生应自觉保守国家秘密

保密工作历来是党和国家的一项重要工作,事关国家的安全和利益,事关改革、发展、稳定的大局,上至国家机关,下至单位、个人都有不可推卸的责任。随着改革开放的深入和经济的飞速发展,国内与国外组织或外籍人士的交流、合作更加广泛,这同时也意味着增加了更多的失密、泄密的机会。因此,保密工作就显得更加重要。

(一)增强保密意识

《中华人民共和国保守国家秘密法》第三条规定:"国家秘密受法律保护。一切国家机关、武装力量、政党、社会团体、企业事业单位和公民都有保守国家秘密的义务。任何危害国家秘密安全的行为,都必须受到法律追究。"因此,凡是具有中华人民共和国国籍,根据我国宪法和法律规定享有一定权利并承担义务的人,都必须承担保守国家秘密的义务。从法律规定来看,保守国家秘密是每个公民应尽的义务。有人认为,自己是一个普通公民,不会涉及国家秘密。这种认识是错误的。对于大学生来说,有的学生有进入各类重点实验室的机会,有的学生可能家或者学校附近有重要的军事设施,或者在旅行探险的过程中会遇到涉密的地方,我们随手拍下并上传网络的一张照片可能就会成为泄密的来源。因此,每个大学生都应当增强自身安全保密意识,提高维护国家安全的能力和水平,在我国重大涉密单位附近,严格按照说明和要求行事,切勿因为自己的好奇或者受人指使而危害国家安全。

(二)保守国家秘密

国家秘密是关系国家安全和利益,依照法定程序确定在一定时间内,只限一定范围人员知悉的事项。国家秘密按其秘密程度划分为"绝密""机密""秘密"三级。

1. 失密、泄密的因素

从工作实践中看,容易造成失密、泄密的因素有:

(1)违反保密制度,在不适宜的场所随意公开内部秘密。这种主要表现在接待外来人员的参观、访问、贸易洽谈之时,违反保密制度,轻易地将宝贵的内部秘密泄露出去。

(2)不正确使用手机、电话、传真或互联网技术造成泄密。一些谍报组织借助科学技术成果,利用先进的间谍工具进行窃听、窃照、截取电子信号、破获电子信件等获取机密。

(3)保密观念不强,随身携带秘密载体造成泄密。有些保密观念不强的人,随意将一些秘密资料、文件、记录本、样品等携带出门,遇到丢失、被盗、被抢、被骗,很快就会造成泄密。

(4)保密意识淡薄,或无保密意识,有意无意把秘密泄露出去。有些保密意识淡薄、缺乏保密常识的人,不分场合,随意在言谈或通信中涉及国家秘密或秘密事项,或炫耀自己的见识广博,不料"说者无意,听者有心",不经意造成泄密。

(5)极少数经不住金钱和物质的诱惑,被境外间谍机关拉拢腐蚀,出卖国家秘密。

2. 防止失密、泄密事件的发生

(1)学习保密常识,接受保密知识教育,正确认识保密与窃密的斗争,增强保密意识,严格遵守保密制度。既要对外开放,扩大对外交流,又要确保国家机密不被泄露,正确处理两者的关系,克服那种"有密难保""无密可保"的糊涂认识。

(2)提高防范意识,在对外交往中坚持内外有别。在接触交往过程中,凡涉及国家机密的内容,要么回避,要么按上级的对外口径回答,不要随便涉及内部的人事组织、社会治安状况、科技成果、技术诀窍和经济建设中各种未公开的数据资料。

(3)在与境外人接触时不带秘密文件、资料和记有秘密事项的记录本,对方向我们直接索取科技成果、资料、样品或公开询问我们内部秘密,要区别情况,予以拒绝。

(4)不经主管部门批准,不带境外人员参观或进入非开放区。不准境外人员利用学术交流、讲课的机会进行系统的社会调查。不经有关部门批准,不得填写境外人员的各种调查表,或替他们写社会调查方面的文章。

(5)在新闻出版工作中,注意保密原则,不得随意刊载有关国防、科研等事关国家机密的事项,参加国际学术会议或在国外刊物上发表文章,要按规定办理审查手续。不得为境外人员提供或代购内部读物和资料。

(6)自觉遵守保密的有关规定,做到不该说的机密,绝对不说;不该问的机密,绝对不问;不该看的机密,绝对不看;不该记录的机密,绝对不记录;不在普通电话、明码电报、普通邮局传达机密事项;不携带机密材料游览、参观、探亲、访友和出入公共场所;不在通信中谈及国家机密,不在普通邮件中夹带任何保密资料。

3.增强自身安全与保密之责

(1)不随意拍摄和上传照片。不在军事基地、军用港口等地拍照,更不要在朋友圈分享部队训练、武器装备等照片。

(2)结交朋友要谨慎。对网络上某些"不请自来"的好友要提高警惕,千万不要在未识别对方身份时向其透露自己的家庭住址、工作单位及工作内容。

(3)求职时防止陷阱。求职时应擦亮双眼,遇到对方以兼职、征稿为幌子索要信息、套取情报的情况,一定要第一时间拒绝。

(4)不违法购买各类器材。不非法购买或出售卫星数据接收卡、无线摄像笔、实时视频无线监控器、GPS跟踪定位器、钥匙扣密拍器等专用间谍器材。

(5)不随意在互联网晒信息。不要随意在互联网上泄露自己的工作经历和工作性质;尤其是军事爱好者不要过多暴露自身信息,以防被别有用心者盯上,进而予以腐蚀拉拢和策反。

(6)不擅自隐瞒线索。一些境外组织和人员经常出现在军事、保密单位周边,乘机盗取秘密情报和信息。也有境外背景的组织和个人,利用一些群众不满情绪,煽动与政府对抗。遇到这些情况,应立即向国家安全机关或公安机关报告。如遇可疑人员要立即报告。在发现危害国家安全的情况和线索,可拨打国家安全机关"12339"举报电话进行举报。

国家安全是国家生存和发展最基本、最重要的前提,关系民生大计,关系国家稳定,关系社会长远发展。我们都要从内心深处深刻明白,维护国家安全既是国家责任,也是公民责任。当前,我国国家安全内涵和外延比历史上任何时候都要丰富,时空领域比历史上任何时候都要宽广,内外因素比历史上任何时候都要复杂,我国经济社会发生深刻转型,改革进入攻坚期和深水区,各种可以预见和难以预见的安全风险挑战前所未有。值得警惕的是,境外间谍情报机关和各种敌对势力对我国核心领域、要害部门和重点目标的情报窃密,以及重要涉密人员的渗透策反活动,一刻也没停止过。这都时时提醒我们:国家安全需要人人参与,守好安全人人都应负责!

据国家安全机关统计,目前被境外间谍机关策反的群众并不罕见,退伍军人、留学生、高校师生、军事发烧友以及军工企业、国防科研单位、政府机关人员等,都是其着重关注的对象。尤其是一些年轻的网友,很可能会在不知不觉中被境外人员利用。如果不明情况,被诱骗落入境外间谍机关的圈套,一定要终止违法行为。如果受到对方威胁,不要害怕,更不要被对方牵着鼻子走,及时向国家安全机关说明情况,并有悔改表现的,可以不予追究刑事责任,如果有重大立功表现,还可以予以奖励。

第四节 抵制和反对邪教

反邪教工作关乎国家政治安全,关乎人民切身利益,是一场必须打赢的战争。反邪教工作必须坚持中国共产党的领导,高举中国特色社会主义伟大旗帜,全面贯彻习近平新时代中国特色社会主义思想,积极践行社会主义核心价值观;坚持以马克思主义理论为指导,树立辩证唯物主义和无神论世界观;坚定地维护国家长治久安,不断深入推进全面依法治国,通过线下普法宣传、网络平台建设、科学技术创新等手段来抵制和反对邪教。学生应认清邪教危害,增强识别邪教、抵制邪教的能力,坚定理想、树立信心、勇于同邪教组织做斗争。

一、邪教的概念及特征

邪教是指冒用宗教、气功或者以其他名义建立,神化、鼓吹首要分子,利用制造、散布迷信邪说等手段蛊惑、蒙骗他人,发展、控制成员,危害社会的非法组织。

尽管各种邪教教义不同、打的旗号不同,活动方式也有差别,但都具备一些共同的特征。

第一,编造自己的教规教义。为了教化信徒,所有邪教都有自己编造的"与众不同"的教规教义。它们的教规教义,多数是成文的,少量是零散的、口头的。因为世界上信宗教的人很多,各大宗教的教义流传很广,所以邪教的教规教义多盗用宗教经典教义的章节词句和一些科学术语来蒙骗群众。

第二,神化邪教教主,实施精神控制。邪教的历史,就是一部教主崇拜的历史。几乎所有邪教都把邪教头目吹捧为至高无上的"神",使信徒感觉很神秘、很害怕,进而对他顶礼膜拜。有的把邪教头目说得无所不知,无所不能,能知道过去、现在、未来的一切,拥有绝对的权威。有的邪教头目自称是"神的仆人""神的儿子"等,能包治百病,使死人复活。更有的甚至自吹为"救世主",是来"拯救"全人类的。为了让信徒完全顺从,邪教头目和"骨干"们还利用各种谎言、骗术和心理暗示、诱导等手法,喋喋不休地灌输他们那一套歪理邪说,对信徒进行洗脑,实施精神控制。

第三,秘密结社。俗话说"好事不怕人,怕人无好事"。邪教组织大都怕公开,怕议论,怕别人揭穿老底。因此,它们活动时大都偷偷摸摸,暗地里进行,行为十分古怪。多数邪教传道、培训、聚会均选择偏僻地点,在深夜进行,派专人分段接站,设立多道岗哨。有的邪教规定,信徒入教后,一律不准使用俗名,之间要互称"灵"名,暗号联络,不准打听对方的姓名、籍贯,以防泄露了身份;外出传教时,不准携带任何证件。有的邪教还规定,站点、小分会等以上的负责人均由总部委派或任命,并实行异地交流,隐姓埋名,单线联系。它们内部等级和戒律森严,要求信徒绝对服从邪教头目,严禁脱离和背叛邪教组织。

第四,不择手段地非法骗取钱财。邪教的头目都特别贪婪。虽然玩弄的骗术不同,但他们组织建立邪教的一个重要目的就是敛财,就是将信徒的钱财尽可能地放到自己的腰包里来。

有的邪教通过开设各类辅导班,向信徒收取高额费用。有的邪教要求信徒"要完全奉献,来满足神的旨意",宣扬"奉献"得越多,得到的"平安""福气"就越多。有的以欺骗、恐吓等方式,向信徒销售分文不值的"圣水""圣物",吹嘘能够"治百病""保平安""上层次",从中获取巨额利润。

第五,反对政府,仇视社会。邪教除了在教义上标新立异外,往往猛烈攻击党和政府,发泄对政府和社会的不满,甚至声称要"先夺民心,后夺政权"。有的公开打出"建立神国"的旗号,煽动信徒藐视法律,从事反政府和反社会的活动。邪教组织离间党和政府与人民群众的关系,破坏社会稳定团结,煽动群众对抗政府,反对政府,具有仇视社会的反动本质。

第六,宣扬"末日论"等歪理邪说。编造"世界末日就要来到""大灾大难即将降临"等邪说,恐吓和诱骗群众加入,是许多邪教惯用的手法。其往往预言某年某月某日等十分临近又非常具体的地球毁灭的时间。有的说地球就要大爆炸,有的说地球将变成一团火,有的说洪水很快会淹没整个世界,把世界描绘得一团漆黑,以造成社会恐慌。随后,再把自己打扮成唯一能拯救世界的"救世主",宣扬只有信了教才能得救、升天,到另外的星球或极乐世界中去,并获得永生,从此脱离苦海。尽管各种邪教制造世界末日来临的谣言被一次次地攻破,但它们总会为自己的邪说再编造出种种理由。可以说,"世界末日论"是所有邪教全部歪理邪说的基础,从诱骗群众入教到牢牢地控制住信徒的身心,统统建立在这个谎言上。

二、邪教的社会危害

邪教是人类社会的一大毒瘤,从五花八门的歪理邪说到种种违法犯罪行为,都直接破坏构建和谐社会。

(一)邪教毒害人的思想,残害人的性命

邪教都无一例外地编造一些歪理邪说,欺骗和恐吓一些善良的人们。邪教的歪理邪说严重毒害人们的思想,腐蚀人们的灵魂,使人们由善良变邪恶,由聪明变愚昧,由理智变得不可理喻,由重亲情变成薄情寡义。邪教宣扬以神为本,蔑视人类和人权,引诱人们走上邪路,走上违法犯罪之路,走上死路。

(二)邪教破坏生产力的发展

邪教利用迷信大肆宣扬腐朽、反动的思想观念,恶毒攻击科学,妄图把历史拉向倒退。邪教的罪恶目的就是要人们远离科学,愚昧无知,成"神"成"仙",私心膨胀,一心信邪教,最后贫穷潦倒,失去生活的信心,进而更加相信和依赖邪教。人是生产力中的活跃因素,科学技术是第一生产力。邪教毒害人的思想,摧毁人们奋发向上的精神和意志,竭力贬低和攻击科学,使社会生产力失去腾飞的翅膀。所以,邪教无论在理论上还是在实践中,都是对社会生产力的极大破坏。

(三)邪教破坏先进文化的发展

邪教宣扬腐朽、没落的文化垃圾,直接干扰和破坏先进文化的前进方向。有的邪教公然抹杀创造了灿烂文化的人类文明,妄图取代人类文明,引导人类文化向邪教的方向发展,破坏先进文化的发展。

(四)邪教严重损害人民群众的根本利益

邪教毒害人的思想,残害人的性命,破坏生产力的发展,破坏先进文化的发展,让人生活在愚昧无知、被愚弄、被操控、被伤害的无助氛围中。因此,邪教的所作所为,严重损害广大人民

群众的根本利益。

(五)邪教破坏社会政治稳定,妄图颠覆人民政权

邪教都具有险恶的政治用心。有的邪教竭力诋毁社会主义制度和人民政府,煽动人们进行违法犯罪活动,公然叫嚣要推翻中国共产党的领导、推翻人民政府。邪教破坏社会政治稳定,妄图颠覆人民政权,对构建和谐社会具有极大的破坏。

《刑法》第三百条规定:

组织、利用会道门、邪教组织或者利用迷信破坏国家法律、行政法规实施的,处三年以上七年以下有期徒刑,并处罚金;情节特别严重的,处七年以上有期徒刑或者无期徒刑,并处罚金或者没收财产;情节较轻的,处三年以下有期徒刑、拘役、管制或者剥夺政治权利,并处或者单处罚金。

组织、利用会道门、邪教组织或者利用迷信蒙骗他人,致人重伤、死亡的,依照前款的规定处罚。

犯第一款罪又有奸淫妇女、诈骗财物等犯罪行为的,依照数罪并罚的规定处罚。

三、"互联网+邪教"犯罪

(一)邪教利用互联网传播

中国互联网络信息中心(CNNIC)于2023年3月发布第51次《中国互联网络发展状况统计报告》(以下简称《报告》)。《报告》显示,截至2022年12月,我国网民规模达10.67亿,较2021年12月增长3 549万,互联网普及率达75.6%。在网络基础资源方面,截至2022年12月,我国域名总数达3 440万个,IPv6地址数量达67 369块/32,较2021年12月增长6.8%;我国IPv6活跃用户数达7.28亿。在物联网发展方面,截至2022年12月,我国移动网络的终端连接总数已达35.28亿户,移动物联网连接数达到18.45亿户,万物互联基础不断夯实。如今的互联网时代,云平台、O2O、P2C、用户流量、信息共享等已经成为众所周知的名词,互联网俨然已经跟阳光、空气、水一样,成为我们生活的必需品。互联网的飞速发展,为人类打开了新世界的大门。过去的很多想法借助互联网平台都有了实现的可能。

然而,有一些居心叵测的人和组织,正是利用了这种"一切皆有可能"的力量,散布谣言,借势"营销",将邪恶的思想传播到更远的地方。邪教,正是其中借助互联网危害社会的可怕组织之一。

人们第一次将邪教与网络联系在一起,并引发全世界关注的事件,是美国邪教"天堂之门"成员集体自杀惨剧。1997年,邪教"天堂之门"所设立的网页做了最后一次变动,补发了一道名为"红色警报"的告示后,39名信徒在教主阿普尔怀特的带领下,集体自杀。这时,人们才突然发现,网络这个人类有史以来发明的最大、最难驾驭的虚拟平台,已经被邪教组织熟练地利用。据统计,目前,全球各种狂热教派数量超过1 000个,其中被确定为"极具危险性"的邪教组织数以百计。一些邪教组织,看中了互联网的高效率和影响力,将其作为一种新的传播手段,鼓动一些不明真相的群众,在微博、微信及社交网站恶意传播含有宣扬邪教内容的信息,伺机扩大自己的影响。

此外,也有少数网站片面追求商业利益,缺乏有效监管,使邪教组织有机可乘,进行宣传和传播,混淆视听,这在一定程度上加大了打击邪教的难度。特别是境外一些敌对势力网站,出于政治目的,纵容邪教组织大肆开展传播活动,为虎作伥、助纣为虐,破坏了网络秩序,威胁了社会稳定。

(二)"互联网+邪教"犯罪案例

"互联网+邪教"犯罪的案例早已屡见不鲜。

(1)利用电子邮箱的"群发功能",向非法收集来的网友邮箱大量发送、传播有关邪教的各种资讯和教义。邪教组织利用国外网站的加密电子邮箱,采用谐音、代称等手法,躲避网络监管对非法关键词的过滤,实现邪教内部组织的联系以及向境内网民投递非法信息。

山东枣庄有一个这样的案例:被告人宋某某利用网名为"心缘"的 QQ 号,在 QQ 空间上传他人编写的邪教组织相关日志 40 篇,相关图片 58 张,并通过其 QQ 邮箱向 107 个收件人发送含有邪教组织信息的邮件。公诉机关认为,被告人宋某某在明知其是邪教的情况下,仍在网络上上传、下载、发表、传播相关有害信息、图片供他人浏览、转载,其行为已经触犯法律,应当以组织、利用邪教组织破坏法律实施罪追究其刑事责任。但因其能如实供述犯罪事实,且在公诉阶段和庭审阶段都能真诚地认罪、悔罪,应认定其认罪态度良好,建议法庭酌情从轻处理。最终,被告人宋某某犯利用邪教组织破坏法律实施罪,被法院判处有期徒刑 3 年,缓刑 4 年。

(2)利用 QQ、微信等网络即时聊天工具,有针对性地给"好友"洗脑,宣传歪理邪说,拉人下水。过去的邪教组织,往往是大肆散发反动宣传品,利用大小字报、传单、横幅、小喇叭等进行煽动,妄图制造社会动乱。借助互联网技术的飞速发展,从事邪教活动的人员在接收信息、散布信息上一改以往粗陋的、原始的手段,向高科技靠拢。手机 App、论坛等平台上,也都或多或少地存在邪教的耳目。互联网匿名的特点,为这些毒瘤准备了天然的伪装,也给监管部门带来了更大的挑战。

(3)注册各种"马甲"在网站和论坛上通过发帖、跟帖、留言进行非法宣传。例如,河北廊坊市的贾某到河北省香河县一朋友家做客,夜间趁朋友及其家人休息之机,利用其家中电脑登录 QQ 软件,群发了大量的邪教诗歌、文章和视频,并在个人 QQ 空间中发表了多篇相关内容的日志。次日,贾某被香河县公安机关抓获。最终,贾某因犯利用邪教破坏法律实施罪被判处有期徒刑 3 年。

(4)青睐手机网络平台,利用其第三方应用和推送服务功能,通过短信、微信等,隐蔽地将不法涉邪信息传播给手机网络用户。过去,邪教的信众大多是社会弱势群体,文化水平较低,容易受邪教蛊惑。而在互联网时代,经常上网的主要人群是青少年和青年,尤其是广大青少年,辨别是非能力还比较低,属于"易感人群"。此外,部分长期接触网络的高素质、高学历人群,也极其容易被邪教洗脑。所以各位大学生要提高警惕,千万不要觉得自己文化水平高,就不会着了邪教的道。

邪教势力利用互联网恶意传播非法信息、造谣生事,使传统的反邪教工作方式、手段面临空前的挑战。随着互联网技术的不断更新,反邪教人员也需要及时掌握新技术、新手段。这也对反邪教人员的素质提升提出了新的要求。大学生必须提高邪教网络犯罪的防范意识,增强处理能力。

四、防范和抵制邪教

(一)误入邪教歧途的五种诱因

日常生活中,以下五种情况下,有可能被邪教引诱并误入邪教歧途:

(1)当生活遇到突然变故,心情郁闷、苦恼而又得不到及时、有效的劝导和化解时,对现实生活产生绝望情绪,邪教便会乘虚而入,利用所谓的"真善忍""消业""免灾"等虚无缥缈的歪理邪说进行诱导,使人们上当受骗,从而怀着企求心灵解脱的愿望加入邪教组织。

(2)当生活中遇到特殊困难时,如生病无钱医治、孩子上学交不起学费、家中无钱孩子不能结婚等,这时如果得不到及时救助,邪教会趁机以济困助穷的面目出现,施以小恩小惠,帮人们暂渡难关,从而使其怀着感恩的心理加入邪教组织。

(3)当身患疾病、久治不愈、饱受折磨时,邪教会以介绍家传秘方、宣传某种气功的特异功能为由,引诱人们上钩,从而使其怀着治病的愿望加入邪教组织。

(4)当有强身健体需求时,一些邪教会趁机宣扬某功法的神奇功能,引诱想强身健体的人们加入其中,通过长时间集体练功、会功等,这些人在不知不觉中成为邪教成员。这种情况大多发生在离退休人员和下岗待业、社会闲散人员中。

(5)盲从心理。看到周围的人在练某一种功法,被其所谓的"宗教外衣"和伪气功的各种小把戏迷惑,受到他人怂恿或"趋众"影响,糊里糊涂地成为邪教人员。

(二)防范和抵制邪教的方法

(1)树立科学精神。加强科学知识的学习,自觉抵制迷信、伪科学和反科学的侵袭。

(2)增强防范邪教意识。对邪教歪理邪说做到不听、不看、不信、不传,绿色上网,拒绝网上邪教宣传。

(3)正确对待人生坎坷,增强追求美好生活的勇气和信心。处理好人与人之间的关系,和睦相处,相互谅解,相互关怀。要以乐观的态度对待生活,以进取的精神对待人生。破除迷信思想,正确对待生老病死,千万不要为寻求什么精神寄托而误入邪教的泥沼。

(4)树立靠自己的辛勤劳动创造美好生活的思想。通过自己的双手致富,不要相信所谓"救世主",不要期望"天上掉馅饼"。

(5)主动检举揭发邪教的违法活动。遇到如电话骚扰、滥发传真、电子邮件、手机短信,散发邪教宣传品(传单、小册子、光盘等)、网络邪教宣传等非法宣传活动,要及时向有关部门报告。遇见公开聚集、滋事等情况可直接拨打110报警。

思考与练习

1.大学生提高国家安全意识的重要性有哪些?
2.作为新时代大学生,你为维护国家安全做了哪些准备?
3.大学生应如何做到保守国家秘密?
4.邪教的社会危害有哪些?

第二章 人身与财产安全

党的二十大报告指出:"完善社会治理体系……加快推进市域社会治理现代化,提高市域社会治理能力。强化社会治安整体防控,推进扫黑除恶常态化,依法严惩群众反映强烈的各类违法犯罪活动。发展壮大群防群治力量,营造见义勇为社会氛围,建设人人有责、人人尽责、人人享有的社会治理共同体。"同时指出:"深化金融体制改革,建设现代中央银行制度,加强和完善现代金融监管,强化金融稳定保障体系,依法将各类金融活动全部纳入监管,守住不发生系统性风险底线。"

就高校而言,每年因各种矛盾、纠纷而报复、跳楼、自杀等案例并不鲜见。大学生独立面对社会生活、独立学习知识以增长技能,其前提是大学生健康、平安。大学生思想单纯,容易受他人蛊惑做一些损害自己和他人利益的事。如新生进校时,经常有些人以赚钱为诱饵,造成一些学生财产损失;学生安全意识不强,造成一些意外伤害事故。

第一节 预防纠纷与校园暴力

近年来,学生因纠纷斗殴造成的人身伤害屡见不鲜,而大多数的纠纷斗殴事件因具有很强的随机性,致使管理者很难在事发之前及时制止。"解铃还须系铃人",要防止纠纷斗殴事件,从根本上来说,还是需要大学生学会控制自己的情绪,理性对待可能的纠纷。

一、大学生在哪些场所容易发生纠纷?

(1)生活场所,如学生宿舍、食堂等。
(2)学习场所,如教室、实验室、图书馆等。
(3)体育运动场所,如操场、体育馆等。
(4)公共文娱活动场所,如影剧院、礼堂等。
(5)其他公共场所,如车站、夜市等。

二、发生纠纷的原因主要有哪些?

(1)不拘小节容易发生纠纷。
(2)过分开玩笑容易发生纠纷。
(3)猜疑容易发生纠纷。

(4)骂人容易发生纠纷。
(5)嫉妒他人容易发生纠纷。
(6)不谦虚、狂妄自大、目中无人,容易发生纠纷。
(7)极端利己、不容他人,容易发生纠纷。

三、在集体宿舍怎样防止发生纠纷?

2020年一份关于大学生宿舍关系的调查显示,近70%的大学生认为,性格差异是造成寝室关系不和谐的主要原因;25%的大学生认为,生活习惯对寝室关系也有较大影响。而兴趣爱好、家庭条件、消费习惯等问题对寝室关系影响并不大。"我上学期看到一女生跟同宿舍的另一女生大打出手,原因就是换寝室问题,大半夜从三楼互相抓头发打到一楼。"为了换寝室问题,最后谁也不让谁就大打出手,归根结底就是因为性格不合。

不习惯别人的生活方式,不善于体贴别人,就连睡觉关不关灯、起床早晚等小事都会引发矛盾。这是当代大学生个性的体现,而这种个性如果特别突出就会成为争吵的导火索。"我寝室有个特别爱学习的女生,早上早起要英语早读,晚上很晚了还开着灯复习功课。我能理解她的认真,但是也要考虑下别人的感受,大早上的本想睡个懒觉,无奈被吵醒。如果哪天有人不舒服晚上想要早点睡下,最后也被吵得睡不着,这能不让人窝火吗?"当代大学生生活习惯不同,可以有个性,但要有限度,更要考虑别人的感受。

学生集体宿舍是学生生活、学习和活动的重要场所,纠纷的发生率较高。要防止在集体宿舍发生纠纷,同学们要做到:

(一)严格遵守共同的生活制度

一个学生寝室,通常有4~10名学生生活在一起,必须按照共同的制度,如作息制度、清洁卫生制度、安全保卫制度、精神文明建设制度来加以调整。只有大家共同遵守这些制度,才能减少争执、消除摩擦、协调一致,维持正常的生活秩序。

(二)相互谅解,求同存异

同一宿舍的同学,不可能有着同一性格或完全相同的要求。因此,在集体生活中,相互间发生一些矛盾,这是必然的,也是正常的现象。例如,有人爱早起,有人爱晚睡;有人要安静,有人爱嬉闹。在这种情况下,一方面要严格要求自己,事事注意,处处克制,尽量不要影响别人;另一方面,要关心别人、谅解别人、给人以方便,不强求别人与自己的生活方式一致。倘能如此,就可以减少许多不必要的纠纷。

(三)在交往中坚持互酬原则

同学之间的交往,是满足自己需求的重要途径。无论在学习上还是在生活中,任何人都需要得到别人的帮助与支持,"万事不求人"的人是不存在的。通过交往,在满足他人需要的同时,又得到了他人的回报,这样使同学之间的友谊不断得到巩固和发展。这种互相帮助、互为满足便是互酬。当然,这种互酬,首先是心理上的互酬,古人说"君子之交淡如水""千里送鹅毛,礼轻情意重"。有情,礼轻亦重;无情,礼重亦轻。我们并不反对同学之间在物质上的交往与互酬,但绝不可将互酬仅仅看作物质上的往来,更不能用商品经济中的等价交换原则来对待同学之间的互酬原则。人们在学习上互相帮助,工作上相互支持,只有这样,才能发挥相互交往的积极作用,体现互酬原则的真正含义。

（四）要相互信任，不要互相猜疑

信任是建立良好同学关系的基础，只有相互信任，才会有安全感。长相知，不相疑，只有不相疑才能长相知。同学之间如果有了分歧，要及时交换意见，消除误会，增进友谊。

四、在食堂发生纠纷怎么办？

食堂是学生纠纷的多发区。某大学学生赵某，在食堂就餐时插队，负责维持秩序的值勤学生十分礼貌地予以劝阻。赵某不服，对值勤学生说："你等着瞧！"值勤学生未予理会。随即，赵某邀来几个同学对值勤学生进行围攻、挑衅、责骂，并殴打值勤学生。这显然是不对的。

食堂中发生纠纷，多由下列原因引起：一是插队、占座，或委托熟悉的同学代买饭菜，变相插队；二是因人多拥挤，饭菜泼洒在身上；三是与食堂工作人员发生矛盾，引起争吵。

为了防止发生这类纠纷，同学们应注意：

(1) 要自觉遵守食堂就餐纪律。同学们在就餐或排队购买饭菜时，或在人多拥挤时，注意不要把饭菜泼洒在他人身上。不慎将饭菜泼洒在别人身上，要主动赔礼道歉，求得对方的谅解。如果身上被别人泼洒了饭菜，要控制好自己的情绪，千万不可激动，要谅解对方。不要进行挑衅性的谩骂，更不要进行报复。

(2) 一旦与食堂工作人员发生矛盾，不要争吵，应当找食堂领导反映情况、交换意见、提出要求，或者向自己学院的领导汇报，通过组织解决问题。

(3) 不论学生之间，还是学生与食堂工作人员之间发生纠纷，都不要起哄，防止事态扩大、矛盾激化。必要时，可向食堂领导或者学校相关部门反映情况，请他们去制止或处理。

五、在图书馆发生纠纷怎么办？

在图书馆，也经常会发生纠纷。主要原因有抢座、占座、争资料，以及大声喧哗影响别人看书学习等。济南某高校学生张某和王某在图书馆因占座发生口角，张某对王某实施殴打行为，后被旁人及时制止。经学校和公安机关介入，张某认识到自身的错误。

某晚，某高校学生曾某、闵某等五人与该校学生王某、温某等人，因争资料发生纠纷。曾某、温某用刀将王某刺伤。这些都是图书馆发生的纠纷引发的违法行为。

在进入图书馆学习时，希望同学们做到：

(1) 严格遵守图书馆的规章制度，做文明读者。图书馆是学生学习的重要场所，也是知识的宝库，一定要保持安静，不大声喧哗，不抢占位置，维持良好秩序，爱护图书资料，不涂画、撕取图书与资料。

(2) 借阅图书与资料，要坚持先到先借的原则，不要与他人争抢资料，如果急需某种资料，可与图书馆工作人员协商，做预约登记，以免影响学习或研究。

(3) 一旦与别的同学因占座位、借资料发生冲突，要发扬优良品格，将困难留给自己，把方便让给别人。

六、在球场上发生纠纷怎么办？

球场上经常发生纠纷。主要原因有争夺场地，比赛中对裁判裁决持有不同意见，或者某方失利，本方的观众争吵、起哄。

某高校青年教师联队与某学院学生队进行足球对抗赛，因发球问题引起争执。学生队一队员打了教师联队一队员，引起青年教师不满。他们情绪激动，数十人联名致电省教委，提出青年教师遭到某学院学生殴打,人身安全得不到保障,要求学校严惩该学生,限期答复。学校正常的秩序受到了严重的影响。

维护球场秩序、防止纠纷,希望同学们能够做到:

(1)在安排体育活动或比赛项目时,要事先与体育管理部门或有关单位联系,防止因场地冲突发生矛盾。

(2)在比赛中,要发扬优良品格,坚持友谊第一。

(3)一旦发生争议,要尊重裁判意见。如裁判裁决有误,应通过裁判委员会或有关组织协商调处。

(4)做文明观众。无论哪一方获胜,都要做到不起哄、不喧闹。万一发生争执,要冷静对待,不扩大矛盾,实事求是反映情况,协助领导和有关方面做好调处工作。

七、遇上别人打架怎么办?

学生董某,骑自行车不慎撞了芮某。董某拒绝赔礼道歉,双方发生激烈争吵,相互推拉。此时,董某同班同学祁某路过,见董某被芮某辱骂,感到好友被人"欺侮",怒气上升,抓住芮某就打,芮某受伤。事后,祁某不但赔偿了芮某经济损失,而且受到了校纪严肃处分。

如果遇上打架斗殴,请别火上加油,防止事态扩大,希望同学们做到:

(1)不围观、不起哄。

(2)如果你想劝解,应当先问明情况,站在公正的立场上做双方的工作。若劝解无效,应迅速向学校有关领导或保卫部门报告,以防事态扩大。

(3)打架的一方如果是你的同学或熟人,在劝解时要主持公道,不可偏袒。在采取隔离措施时,应当首先拉自己的同学或朋友,以免被对方误解为强解劝,或者将你当作对方的"同伙"而受到无故伤害。

(4)当学校有关部门调查打架真相时,现场目击人要勇于向有关部门提供线索和证据,以保护受害人的合法权益,使肇事人受到惩处。见义勇为是每一个公民应有的道德。

八、教学考勤中发生矛盾怎么办?

考勤纠纷,在学生中颇为常见。

某高校学生蔡某旷课,班长如实记录汇报。蔡某非但不认识错误,反而辱骂班长,并将污水泼在班长身上,进行人身攻击。

某高校女生吴某,因考勤记录与班长夏某发生争吵。吴某将此事告诉了男友古某。于是,古某纠集了张某等6名学生找夏某"问罪",进行报复。他们先对夏某进行辱骂、攻击,然后用棍棒殴打,使夏某受到严重伤害。

如果你因考勤问题与他人发生纠纷,希望你正确对待。

(1)考勤制度是学校的重要规章制度之一,是学校维持正常教学秩序,开展各种教学活动,保证教学质量,培养合格人才的重要措施。在学籍管理中,考勤占有十分重要的地位。班干部按照学校规定记考勤,是依规行使职权,应当给予积极的配合和支持。无理辱骂、殴打、伤害记考勤的值日学生,是一种违反校规校纪的行为,应当受到校纪的严肃处理。

(2)班干部或考勤值日学生按学校规定记考勤,这是他们应尽的义务,绝不允许其弄虚作假,否则就是失职行为。在考勤工作中,有时也会出现差错,应当给予谅解。如果遇到这种问题,要主动说清情况、提供证据,协助班干部或考勤值日学生弄清事实、及时改正,切不可争论不休。如果你的正确意见不能为班干部或考勤值日学生接受,可向班主任、任课教师或有关领导反映情况,让领导进行调查处理,切不可吵闹,更不可挟私报复。

九、与老师发生矛盾怎么办？

师生之间发生分歧是常有的事,但如果处理不当,也会造成严重后果。某高校毕业生施某,考场作弊,当即被监考教师发现,该门功课以"0"分计算。施某未从思想上真正认识错误,而是感到这将会影响毕业保研与就业,于是顿生恶念,企图通过毁灭证据、推翻事实达到翻案目的,放火焚烧了办公室,从而堕落为纵火犯,受到法律的制裁。

当与教师发生矛盾的时候,希望同学们做到:

(1)树立尊敬教师的思想。教师是人类文化的传播者,在人类文化的继承发展中起着桥梁、纽带作用。在大学生的成长中,无不凝结着教师的辛勤劳动。今天,尊重教师已成为尊重知识、尊重人才、尊重科学的重要表现,反映着全社会的精神文明水平。作为大学生,更应该尊重自己的教师。

(2)要本着尊重教师的思想来认识和处理师生之间的矛盾。师生关系既有长幼之分,又是平等同志间的关系。相互之间应该真诚友爱、坦诚相见。当学生与教师发生分歧、产生矛盾的时候,作为学生,应当主动找教师交换意见,陈述自己的想法,听取教师的规劝,切不可在大庭广众之下与教师展开争议,防止分歧公开化、扩大化,以维护教师的威信,并为消除分歧创造有利条件。

(3)如果与教师的分歧一时难以统一认识,可以求同存异,保留自己的不同意见。若认为教师做出不公正的处理,也要保持冷静,除了进一步向教师陈述自己的意见外,还可以通过正常的组织程序向上级组织反映,维护自己的合法权益。

十、与家长发生矛盾怎么办？

某高校学生李某,因不堪其父对他的精神压制,将其父杀害。

某高校一研究生,因父母不能满足他无限制的经济要求,将父母杀害。

某高校一学生,父母年老体衰、家境贫寒,在恋爱中,成了被姑娘们遗忘的对象。他认为这是父母年老所致,于是用毒品将父母害死。

某高校一女生,反对父母干涉恋爱,和男友出走。

在大学生中,因与父母意见不合,引起争执、发生纠纷的情况不少,有的还演变为恶性事件,产生了严重后果,应该引起大学生的重视。

(一)如果与父母发生了意见分歧,希望你能妥善处理

(1)大学生在一些问题上容易与父母发生分歧,这是大学生身心进一步发展的结果。特别是离开家庭进入大学以后,大学生获得了较为自由的开放环境,成人感迅速加强,自以为是不折不扣的成年人了,并且希望以成年人的角色进入社会,强烈要求社会承认他的"成年人"资格。这种独立意识与独立要求,使他们产生了强烈的自尊心与自信心,并要求摆脱家长的束缚,反对包办代替,甚至对一些原来达成共识或必须遵守的事情也要重新思考。

大学生的这一心理特征,决定了他们与家长之间在某些问题上必然产生分歧,对于这一情况,应有足够认识。

(2)要正确认识和处理好父母与子女间的关系。我国公民有着尊老爱幼的优良传统,应当加以继承和发扬。随着我国社会的不断进步与发展,父母与子女间相互依赖的关系将不断减弱,但尊敬父母、爱护子女的美德仍必须发扬光大。父母对子女有抚养、教育的义务,子女对父母有赡养的义务,任何一方都不得遗弃和虐待对方。由此可见,尊敬父母,爱护子女,不仅是社会公德,而且是法律义务。

(二)当与父母发生分歧的时候,应当怎么办?

(1)要给予充分理解。不管父母的意见正确与否,本质上,都是为了维护子女的利益,这是我们处理与父母矛盾的基本出发点。

(2)虚心听取父母的正确意见。积极上进的建议,不仅是父母对子女的殷切希望,也是党和人民对大学生的基本要求,我们要虚心听取,并在实际生活中将这些建议变为自己的行动。

(3)耐心帮助父母提高认识,克服陈旧观念。有时,父母的意见也会失之偏颇,即使这样,我们也要耐心听取,认真做说服工作,帮助他们进步。千万不可抬杠,更不可讽刺、挖苦,防止影响家庭团结。

(4)严格要求自己,多为父母着想。要知道,从呱呱坠地来到这个世界,到自己跨进高等学府的大门,作为父母,他们要耗去很多心血。绝不可因自己长大了,知识多了就看不起他们,更不可在精神、物质和其他方面为难他们。大学生在经济上应自立自强,消费宜节俭,不要攀比,不要在经济上对父母提出过高要求。

(三)要从社会矛盾中认识家庭矛盾,从社会的发展中对待家庭的发展

家庭是社会的细胞,父母的思想、情感、认识不仅受到社会现实生活的制约,而且受到他们经历过的那个历史时代的深刻影响。在当前思潮中,新、旧观念在进行着猛烈的撞击,社会结构发生了深刻的变化,这必然推动着家庭关系的变化,新与旧的冲突也会反映到家庭关系的各个方面来。因此,对父母的某些陈旧落后的思想一要理解,二要帮助。明白了这些道理,你就能对你与父母之间的矛盾与分歧,做出正确的处理了。

十一、怎样防止斗殴?

斗殴是指人们在现实生活中超出理智约束的一种激烈的、具有对抗性的、互相侵害的行为。这种行为一般发生在青少年身上。目前,大学在校学生的年龄大都在17～23岁,正是血气方刚的时候,生活中,有时也许会不理智地处理同学之间的矛盾,或遇突发性纠纷时,容易超出道德"警觉点",无视危险的路标,步入歧途。

1. 四川某高校杨某和戴某在体育赛场上就赛事发生争执,大打出手。最后,戴某身体不同程度受伤,杨某嘴部受伤严重,唇部直接缝了四五针,牙齿出现脱位。

2. 某高校两个同学因买饭拥挤而动手,情急中,一名同学将一碗热汤扣到另一名同学头上,烫瞎了这名同学。当他锒铛入狱时,留给同学们的话是:"全完啦!没想到几分钟就犯了大罪,早知道这样,我是绝不会还手的。"

那么,怎样防止斗殴呢?

(一)防突发性斗殴的"偏方"——说服术

突发性斗殴往往是由对偶然起因不能冷静对待而引起的。制止这种斗殴首先应采取说服的方法,针对不同的现象,认真讲清道理,指出"行少顷之怒,丧终身之躯"的严重后果,使冲动的头脑迅速冷静下来,不自酿苦酒。

如在游泳池,一同学跳水时不慎撞到另一个同学的身上,他钻出水面后连声道歉,然而被撞的同学却不予谅解,怒气冲冲地爬上岸来,叉腰喝道:"有种你上来。"水中的这个同学十分冷静,他清楚地知道,应以理智告诫自己和提醒对方,于是考虑了一下说:"我不上去。但我要向你说明,我不是不敢打架,我知道打架不是解决问题的办法。咱们毕竟是受高等教育的人,我怕被周围这些人笑话,何况打完架咱俩都得受处分。"仅此短短一席话,引起了双方情感的共鸣,紧张气氛骤然消失,不少同学也过来劝解,眼见一场干戈即刻烟消云散。

(二)防报复性斗殴的方法——攻心术和暗示效应

报复性斗殴往往产生于某种奇特的变态心理。在生活中,人们的思想动机必然要从言语、行为等方面显露出来。所以,我们要注意关心同学的思想变化,发现问题时,要及时而又有针对性地进行规劝。同说服术一样,所不同的是攻心术以关切为先导,不直接指出对方的错误,因为那样容易引起对方的反感,或置对方于十分难堪的境地。一般来说,大学生自尊心都是很强的,所以应委婉相劝,攻心为上,用相似的人或事来善意地暗示对方,让对方自己觉悟,从而领悟到同学之间的情谊。

(三)防演变性斗殴

演变性斗殴一般具有较长周期的滋生过程。同学们长期生活在一起,不可避免地在思想和生活上会发生一些摩擦和冲突。而有些伤感情的话语容易生成积怨,引发斗殴,甚至毙命。

如某农学院学生马某平时沉默寡言,而同宿舍的田某却性格外向,有时爱挖苦人两句,两人早有不睦。一次,田某和马某又因关灯睡觉问题争执起来,险些动手。口角中,田某突然冒出这么一句:"你非得给我跪下求饶,否则,你在这儿一天,我就欺负你一天。"马某感到自己受到莫大的侮辱,有失男子汉的"尊严"。于是,在"教训他一下"的思想支配下,夜晚趁田某熟睡时,用手电筒照着,举起铁锤对准田某的头部猛击数下,田某当即毙命。事后,审判员问及马某:"你认为小田欺负你,为什么不向学校汇报呢?"马某回答:"这么大的小伙子被人欺负,我觉得寒碜,不好意思说。"直到宣布他死刑时,他才如梦初醒,然而悔之晚矣。

(四)防群体性斗殴

本专业的、本年级的大学生或老乡、朋友之间进行群体性斗殴现象也时有发生。

一天,某高校浴室,洗浴的人相当多。当A学院的学生李某正在冲浴时,B学院的学生张某走过去说:"这是我刚才占的喷头。"本来二人相互谦让一下就行了,不想二人却争吵起来,致使A、B两学院37名学生参与了群体斗殴。结果,李、张二人一个被拘留,一个被开除,其他人受到处分。其实,为一个喷头值得吗?

同学们,当你们在生活中遇到类似情况时,一定要首先克制自己,冷静思考,切莫推波助澜,火上浇油,形成"交叉感染",在关键时刻,应以大局为重,力排众议,迅速将其引向解决问题的正当途径。

古人云:"祸福皆源于口。"教育学家认为,一句话能改变别人的行动。大家也许还记得姜昆、唐杰忠合说的那段关于礼貌的相声吧?在公共汽车上,一个教师不慎踩了别人的脚,对方斥责道:"看你那德行。"这个教师诙谐地说:"惯性。"众人哗然。可以看出,知识分子处理纠纷时有一定的独特性,生活中口出谦辞和口出狂言将会导致不同的结果。

在某高校校外一个饭馆内,几个学生庆贺生日,发现相隔不远的几个青年男女猜拳行令。这时,一个同学说:"你看那个女的还会猜拳呢!"谁知此话被对方几个人听到了,便骂骂咧咧围了上来。此时如果能说句客气话也许会相安无事,但这几个学生却仗着酒劲与对方对骂了起来,继而双方交手,结果学生们败下阵来。另有一次,也是在饭馆,一武术专业的学生不胜酒力,碰撞了邻桌一位社会青年,对方当即出言不逊。这个同学耐住性子没有去"教训"他,另一名同学此时客气地说:"请别介意,他喝多了点儿。"谁知一句话竟使对方不好意思起来,马上改口缓和。

第二节 防止性骚扰与性侵害

性侵害是危害大学生人身安全、影响大学生健康成长的主要问题之一。尤其是女同学,了解一些这方面的情况,掌握一些应对方法是有必要的。

一、校园中主要的性侵害形式有哪些?

(一)暴力式侵害

主要是指采取暴力手段进行性侵害的行为,有的还携带凶器,进行威胁。暴力侵害的主体比较复杂,有社会上的犯罪分子混入校园进行强奸犯罪;也有些是校园内部人员所为。有的是以强奸为目的,混入女生宿舍或校园内偏僻处伺机作案;有的本是以抢劫、盗窃为目的,见有机可乘或受害人处置不当而发展为强奸犯罪;还有的是因恋爱关系破裂或单相思,走向极端,发展为暴力强奸。

(二)流氓滋扰式侵害

主要是指社会上的流氓结伙闯入校园,寻衅滋事,或是校内某些人品不端正人员在变态心理的驱使下,对女同学进行的各种骚扰活动。这些人对女同学的侵害方式,多为用下流语言调戏,占便宜等。夜间,在女同学孤立无援或处置不当等情况下,也有可能发展为暴力强奸。

(三)胁迫式侵害

主要是指某些心术不正者,或是利用受害人有求于己的处境,或是抓住受害人的个人隐私、某些错误等把柄,进行要挟、胁迫,使其就范。

(四)社交性强奸

这种犯罪行为的主体多是受害人的相识者。他们因同事、同学、师生、老乡、邻居等关系与受害者本身有社会交往,却利用机会或创造机会把正常的社交关系引向性犯罪。受害人身心受到伤害后,往往还出于各种顾虑不敢揭发。

湖北某高校计算机专业学生郭某、钟某伙同其他高校学生王某、曾某,在一个深夜以喝酒、兜风为由残忍地将一名少女多次轮奸。为此他们也付出了代价。人民法院对他们做出一审判决,以强奸罪分别判处郭某、王某、曾某、钟某有期徒刑13年、12年、12年、8年。武汉市文保公安分局一举侦破了以请"家教"为名对女大学生进行强奸的系列案件。犯罪嫌疑人王某以请"家教"为名,将在街道两侧寻找"家教"工作的女大学生骗至偏僻处强奸,先后作案4起,给女大学生造成了极大的心理伤害,在社会上产生了极坏的影响。

二、哪些女生易受性侵害?

在性犯罪中,凡是女性,无论老幼都有被侵害的可能,而以16～29岁的女性为主要被侵害目标。女大学生多数年龄在17～22岁,正是青春年华,在年龄上,她们成了犯罪分子性侵害的

重点对象。从高校女生受到性伤害的实际情况来看,下面几种类型女生易受性侵害:

(1)长相漂亮,打扮入时者。
(2)文静懦弱,胆小怕事者。
(3)身处险境,孤立无援者。
(4)体质衰弱,无力自卫者。
(5)怀有隐私,易被要挟者。
(6)不加选择,乱交朋友者。
(7)精神空虚,无视法纪者。
(8)贪图钱财,追求享受者。
(9)意志薄弱,难拒诱惑者。

刘某是某医学院的学生,从小父母悉心培养,学习美术、音乐、舞蹈,原本是个多才多艺的花季少女,令人羡慕的好学生。16岁时,她认识了一个男青年,男青年说他非常喜欢她,她就轻易地相信了,可那个男青年是个小混混,小兄弟很多,带着她去酒吧、打架,父母反对,她以自杀逼父母让步。在男朋友的教唆下,她又放弃学业、骗钱,用安眠药使人睡觉,然后再进行盗窃,而自己也遭到了多名小混混的强奸,为了一段本不该发生的"恋情"沦为盗窃犯和受害者,付出了自由、前程和青春。

三、在哪些场所易遭性侵害?

(一)校内

(1)公共场所,如厕所、礼堂、游泳池、宿舍等。
(2)偏僻幽静的处所,如空旷操场、池边湖畔、假山土墩、亭台水榭、树林深处。
(3)偏僻道路、建筑物结合部、夹道小巷。
(4)尚未交付使用的新建筑物。

(二)校外

(1)公园假山、树林内。
(2)车站、码头附近。
(3)没有路灯的街道、楼边、小巷。
(4)大桥、立交桥下。
(5)单位的值班室、仓库。
(6)无人居住的小屋、陋室、茅棚。
(7)影院、酒吧等公共娱乐场所。

四、为什么校园内夏季性侵害案件多?

校园夏季性侵害案件多,主要是由于夏季为性侵害犯罪提供了较为有利的气候条件和客观环境。例如,夏季炎热,女生夜生活时间延长,外出机会增多;夏季不似冬天寒冷,容易找到作案场所;夏季校园绿树成荫,罪犯作案后容易藏身或逃脱。此外,夏季气候炎热,女生衣着单薄,裸露部分较多,对异性刺激增多也是一个因素。

为了减少夏季性侵害案件的发生,女生应当采取相应对策。例如,夜间不要在室外活动时间太长;外出活动时应结伴而行;不要到过于偏僻的角落活动;打扮不要过分暴露等。

五、女大学生集体宿舍安全须知

(1)经常进行安全检查。如发现门窗损坏,及时报告学校有关部门进行修理。

(2)就寝前,要关好门窗,天热时也不能例外,防止犯罪分子趁自己熟睡作案。

(3)夜间上厕所,要格外小心。如厕所照明设备已坏,应带上手机,利用手电筒的功能,上厕所前先仔细查看一下。

(4)夜间如有人敲门问讯,要问清是谁再开门。如发现有人想撬门砸窗进来,全寝室同学要一起呼救,并准备可供搏斗的东西,做好齐心协力反抗的准备。

(5)周末或节假日,其他同学回家,最好不要独自一人住宿。回宿舍就寝时,要留心门窗是否敞开,防止有犯罪分子潜伏,伺机作案。如遇异常情况,可请一二名同学同时进宿舍,以确保安全。

无论一人或多人在宿舍,当犯罪分子来侵害时,都要保持冷静的态度,做到临危不惧,遇事不乱。一方面呼救,一方面与犯罪分子做坚决斗争。北京市某区的一幢住宅楼的一个单元内,住有外地来京打工的8名女工。某天凌晨3时,一名男性犯罪分子从阳台翻窗潜入女工宿舍,一人手刃了8个年轻美丽的生命。被害者最大的24岁,最小的17岁。当罪犯用刀捅第一人时,她呼叫惊醒同伴后,竟没有一人起来反抗。假如她们当中有谁能采取一种行之有效的抵御措施,都不会产生如此惨烈的后果。

六、女大学生夜间行路安全须知

(1)保持警惕。如果你在校园内行走,要走灯光明亮、往来行人较多的大道。对于路边黑暗处要有戒备,最好结伴而行,不要单独行走。如果走校外陌生道路,要选择有路灯和行人较多的路线。

(2)陌生男人问路,不要带路;向陌生男人问路,也不要让他带路。

(3)不要穿过分暴露的衣衫和裙子,防止产生性诱惑;不要穿行动不便的高跟鞋。

(4)不要搭乘陌生人的机动车、摩托车、电动车或自行车,防止落入坏人圈套。

(5)遇到不怀好意的男人的挑逗,要及时斥责,表现出自己应有的自信与刚强;如果碰上坏人,首先要高声呼救,假使四周无人,切莫慌张,要保持冷静,利用随身携带的物品,或就地取材进行自卫反抗,还可采取周旋、拖延时间的办法等待救援。

(6)一旦不幸遭受侵害,不要丧失信心,要振作精神,鼓起勇气同犯罪分子做斗争。要尽量记住犯罪分子的特征,如面貌、体型、语言、服饰以及特殊标记等。要及时向公安机关报告,并提供证据和线索,协助公安保卫部门侦查破案。

七、怎样摆脱异性的纠缠?

学生中的异性纠缠,主要是恋爱中的异性纠缠。这种纠缠来自两个方面:一是单恋者的纠缠,一方有情,另一方无意,有情者积极进攻,穷追不舍。如某学生追求一同班女同学,遭到拒绝,竟不顾影响,在众目睽睽之下,跪在该女同学面前求爱。该生神情恍惚地在纸上千百遍地写这个女生的名字,画"恋爱曲线"。二是原来有恋爱关系,因为某种原因,一方提出终止恋爱关系,另一方无法接受,因而苦苦纠缠。

为摆脱恋爱中的异性纠缠,希望你做到:

(1)态度明朗。如果并无谈恋爱打算,对于那种单恋的追求者,你应该明确拒绝;如果是正在恋爱中或曾经恋爱过的对象,你要冷静地考虑一下有无重归于好的希望,如果没有,也要明确告诉对方,让对方打消念头。应当知道,态度暧昧、模棱两可,对对方来说是一种成功的希望,增加了幻想,因而也会带来更多的麻烦。

(2)遵守恋爱道德,讲究文明礼貌。在拒绝对方的要求时,要讲明道理,耐心说服;要尊重对方人格,不可嘲笑挖苦,更不能在别人面前揭露对方隐私。例如,不要公开对方追求你的细节,不要谈论对方曾经对你有过什么行为等。如果中断恋爱关系,自己有责任的,也应该主动承担责任,表示歉意。

(3)要正常相处,但要节制往来。恋爱不成,但仍是好同学、好朋友,不可结怨,更不可成为仇人、敌人。在交往中,最好要节制不必要的往来,让对方尽快消除由于失恋所造成的心理上的伤害。

(4)遇到困难,要依靠组织。在你认为向对方做了工作以后,可能效果不大,仍制止不了对方的纠缠,或者发现对方可能采取报复行为,这时要及时向老师和领导汇报,依靠组织妥善处理,防止发生意外事件。

(5)要自爱自重。作风上要稳重,生活上要俭朴,不要在和异性交往中占小便宜,要钱要物;要大方得体,不要随意进行肢体接触,以免异性有非分之想。

八、胁迫式性侵害有哪几种情况?应当怎样预防?

某大学的一位女生,其男友给她的一封信被人偷去,此信中涉及她与男友发生性关系时的情景。偷信人强行要同女生发生性关系,女生不允,此人则扬言:"如果你不同意,我就把信公开,让你永远见不得人。"在这种要挟和恐吓下,女生不敢反抗,多次受到奸污。

(1)这是典型的胁迫式性侵害。一般来说,胁迫式性侵害有三种情况:

①不法分子利用自己的职务、地位、权力,利用女生的某个要求或困难处境,对女生进行性侵害。

②利用女生的某些过错或隐私,要挟女生,进行性侵害。

③制造假象,进行欺骗,对女生进行性侵害。

(2)针对上述三种情况,为了有效地预防胁迫式性侵害,女大学生应当注意以下几点:

①要行为端正,以免授人以柄。俗话说"身正不怕影子歪",自己行为端正,坏人就无机可乘,从而从根本上消除胁迫式性侵害产生的条件。

②要筑起思想防线,提高识别能力。为了避免发生胁迫式性侵害,关键是思想上应筑起一道防线,注意识别坏人的诡计。坏人是极少数的,正因为如此,才更需要提高警惕。对于不相识的异性,不可随便说出自己的真实情况,更不能留下自己的姓名、电话号码、地址。如果对方来历不明、形迹可疑,而且对你特别热情,这时你头脑要十分清醒、冷静,一旦发现对方对你不怀好意或有越轨行为,你要严词斥责、大胆反抗,及时向班主任、辅导员、学院领导或保卫部门报告,以便保护你的人身安全。

③要相信和依靠组织,运用法律武器保护自己。即使你曾经有一定过错,也不要怕违法犯罪分子的要挟与讹诈。如果你的过错属于你自己的隐私,领导和组织会按照国家法律和相关部门的政策规定,为你严守秘密。所以,当面对犯罪分子的要挟和恐吓时,你应毫不退缩,正面斥责,同时要及时向组织和领导报告,检举、揭发、粉碎其阴谋。值得注意的是,当犯罪分子对

你进行要挟时,千万不能"私了",实践证明,"私了"的结果会使犯罪分子得寸进尺、没完没了。要知道,犯罪分子正是利用你有"小辫子"而又害怕暴露的心理,抓住你不放。你越担心、害怕暴露,坏人要挟、侵害你的气焰就越嚣张。对于犯罪分子来说,他们是没有人格和信誉可言的,千万不要相信他们的谎言。

④要"自力更生",以"我"为主解决困难。在大学里,作为学生,有时会遇到困难,需要帮助是正常的。但是有了困难,不要垂头丧气,不要"病急乱投医",而应当树立信心,立足于自己,想方设法克服困难,必要时依靠学校和组织,通过正常的途径寻求帮助。

九、女大学生如何防止上当受骗?

女大学生上当受骗的事件屡有发生,应当引起大家的重视。请看下面这个案例:

某大学一名女研究生,放假离开了学校,路经郑州,在郑州火车站对面的酒店里认识了一个自称是开美容院、年方二十四岁的姑娘。两人一见如故,非常亲切。在谈话中,那姑娘邀约女研究生去山东考查,并夸大美容院盈利。女研究生经不起诱惑,见对方年轻,未存戒心,于是同她搭伴前去。她万万没想到堂堂的大学高才生,竟被一个小姑娘以 22 480 元的身价卖给一个弓腰缩背的中年人为"妻"。在失去自由未被解救的 71 天里,女研究生虽进行过抗争,但还是被强奸。

试分析一下这个案例,我们可以从中得到哪些教训呢?这里提出几点意见供你参考:

一是要增强自身的防范能力。借用医学上的一句话,就是要让自身产生"抗体"。正正当当做人,不要想非分之所得,让坏人无空子可钻。

二是要学会辨别,提高识别能力。一般说来,拐卖人口的犯罪分子,通常具备这样的特点:一是名利诱惑,投你所好,攻你不备;二是假交朋友,暗藏祸心,图谋不轨;三是花言巧语,能言善辩,见风使舵。对此,你应当警惕,多问几个为什么,多想几个怎么办。

三是要结伴而行,尽可能不要独来独往、单独行动,要和朋友保持联络。

十、为什么要特别警惕社交性强奸?

社交性强奸是一种难以识别的犯罪。此类犯罪的特点是:罪犯是受害者的同学,或是亲友、邻居、同事、伙伴,或是新结交的朋友,或是因联系家教或工作等各种原因而认识的人。

人们一般认为只有在漆黑、偏僻的环境,妇女遭遇不相识者的突然袭击,罪犯采用暴力手段施行性犯罪才是强奸,而忽略了另一种方式的强奸——相识者违背妇女的意愿,使用威胁或暴力手段进行的强奸。

现代社会男女社交活动范围的扩大,为此类犯罪提供了客观条件,而受害者多数是涉世不深的青年,女大学生尤其容易成为被攻击的目标。

某大学一名女学生,在校内活动上认识了一名本校的男同学,交往数次后,该男生给女生过生日,请她吃饭,并劝她喝酒,当女生有醉意之后,又将女生领到他的宿舍,在女生不同意但又无力反抗的情况下,将她强奸。该女生身心受到极大伤害,但又不敢揭发。

某大学一名女学生,在校外就餐时见到一名个体商贩,该人穿着入时,花钱阔绰,外貌不俗,几句对话,便交上了朋友。从此课余经常约会,逛商场,该商贩为女生买过许多衣物、首饰等。一次外出旅游,该商贩将女生领到僻静处,在女生毫无思想准备的情况下,使用暴力将其强奸。该女生后悔莫及,虽与其断交,也不敢告发。

社交性强奸犯罪主体在实施犯罪前都是有计划、有安排的,其常常利用机会或创造机会把正常社交引向性犯罪。因此,女青年必须注意以下危险迹象:他是否对你动手动脚;是否频繁地以性为话题,进行挑逗勾引;是否企图把你带到可以受他控制的环境(他的卧室、他的家中或偏僻的角落)。假如你发现上述迹象,一定要保持警惕。

预防的策略有:

(1)不要轻易相信新结识的朋友,更不要单独跟随新认识的人去陌生的地方。

(2)控制住感情,不要在交往中表现轻浮。

(3)控制约会的环境。

(4)不要过量饮酒。

(5)不要接受过度的馈赠。

(6)对过分的举动要明确表明自己的反对态度。

(7)一旦发生此类性犯罪,不要只陷入内疚和自责,应勇于揭发,采取措施制止此类犯罪的再次发生。

十一、遇到强奸怎么办?

夏季某晚,某大学学生袁某,携带匕首,潜入某校女生宿舍进行盗窃活动。推门进入某寝室后,见一女生躺在床上看书,顿生邪念,欲行奸污。该女生毫不示弱,先是斥责、呼救,然后奋力反抗,与袁某进行搏斗。在夺刀中,她受了伤,袁某见无法下手,狼狈逃窜。袁某被公安部门缉拿归案后,以盗窃、强奸(未遂)罪被判处有期徒刑12年。

当遇到强奸时,应注意以下几个方面:

(1)要保持镇静,临危不惧。镇静不仅可以保证自己临危不惧,临阵不乱,同时,可以对罪犯起到震慑作用,使犯罪分子感到你并不软弱可欺,还可以使你能仔细观察对方举动和周围环境,寻找呼救和逃脱机会。

(2)要坚强,要有信心,要与犯罪分子软磨硬泡、拖延时间、顽强抵抗。某大学一女生,在宿舍中遭到校外流窜进来的犯罪分子的袭击,毫无惧色,先是严厉斥责,后是大声呼救,但宿舍四周无人,呼救不应,罪犯胆子更大,气焰更为嚣张。该生不甘示弱,与犯罪分子扭打成一团,犯罪分子终因无法下手,仓皇逃遁。

(3)选择适当机会和方式逃脱。机会是由自己创造的,例如,可先假装同意,然后趁他脱衣,使尽全力将他推倒,及时逃跑,并在逃跑时继续呼救;或者出其不意,猛击其要害,使其丧失攻击能力,趁机逃脱。

(4)利用日常用具正当防卫。如果双方体力相差悬殊,你无力反抗,也要想一想自己身上有无可以用作防卫的工具,当犯罪分子向你攻击时,用其刺伤犯罪分子的眼睛,趁机逃脱。

(5)记住犯罪分子的特征,及时报案。万一不幸受害,也要记住犯罪分子外貌特征,尽量在他身上留下反抗的伤痕,如在其面部、手背部留下抓痕、齿痕。你还要及时向公安机关报告,协助公安机关缉拿罪犯归案。

十二、怎样进行近身搏斗?

在与犯罪分子近身搏斗时,要注意打击其要害部位,犯罪分子的要害部位一旦被你击中,便会立刻丧失侵害能力。人体表面的要害部位很多,如头部的太阳穴、两眉之间的印堂穴,以及两侧颈部、小腹部、阴囊等部位。你只要对这些部位猛力进行拳击、掌砍、脚蹬、手抓,就有可能制服犯罪分子。此外,眼球组织附近的神经十分多,也可利用这一点使其剧痛难忍,立即丧失攻击能力。

你对犯罪分子的性攻击进行反抗自卫,是一种正当防卫行为,受到国家法律的保护。反抗自卫能否成功,关键在于你自己。

(1)要振作精神,树立必胜信心。犯罪分子虽然凶狠,但他的行为是见不得人的,内心是紧张而空虚的,你绝不能被其外强中干所吓倒。

(2)所面临的对手是性犯罪者或流氓恶棍,对这种人是不能讲什么"文明行为"的,因此你要不失时机地攻击其要害部位,绝不可羞羞答答,迟疑不决。

(3)不必担心在自卫反抗中会对犯罪分子造成一定伤害。法律规定,正当防卫不负刑事责任。在反抗自卫中,之所以要攻击犯罪分子的要害,一方面,是因为一般情况下,女性攻击力量不及男性,不采取攻击要害的方法难以达到自卫的目的;另一方面,只有击中犯罪分子要害,才可能制止其犯罪活动,为自己创造逃脱现场的条件,保证自己不遭到侵害。

十三、女性正当防卫十招

为了帮助女性在急难中能使用我国刑法界定的"正当防卫"手段,结合实践,以下几种"正当防卫"方法,可供女性在遭遇色狼时临时使用。

(1)喊。有道是"做贼心虚"。色狼在实施犯罪行为时,心虚的多。别小看喊声带来的风吹草动,它很有可能阻止犯罪嫌疑人的犯罪行为。假如色狼正处于犯罪初始阶段,女性应当大声呼救,以求得旁人闻警救助。如一女性在夜晚活动时,被一名心生歹意者突然截住。她不顾一切大声呼喊,色狼受到惊吓,在逃跑中被闻声赶来的众人抓获。此刻若该女心有所忌,不敢呼喊,则必将遭害。

(2)撒。若只身行路遭遇色狼,呼喊无人,跑躲不开,色狼仍然紧追不舍,女性可以干脆就地取材,抓一把泥沙撒色狼面部(城市女性为防侵害,可以在衣袋、书包内常备些食盐或喷雾),这样做可以抢出时间,跑脱后再调兵擒魔。

(3)撕。如果撒的办法不起作用,仍被色狼死死缠住,打斗不过时,女性可以在反抗中撕烂色狼的衣裤,令其丑态百出。而后将他的烂衣裤(碎片、衣扣、断带)作为证据带到公安机关报案。

(4)抓。使劲撕仍不能制止其加害行为时,可以向犯罪嫌疑人的面部、要害处抓去。抓时只有抓得狠、抓得死,将其抓破,才能达到制服色狼、搜集证据的目的。将留在指甲里的血肉送公安机关,作为遭到不法侵害的证据。

(5)踢。面对一时难以制服的色狼,可以拼命踢向他的致命器官,这样可以削弱他继续加害的能力。这一方法不少女性在自卫中使用过,极见成效。还应大声正告色狼,再猖狂将受法律制裁。

(6)变。若遭色狼跟踪,不要害怕,见机变换行走路线,一般都可将其甩掉。有一女工在夜间回家的路上,发现被盯上了。原线路前方不远即是偏僻路段。女工当机立断,迅速改变了回家路线,并在不远处果断地叩响了路边一户人家的大门。

(7)认。受到色狼不法侵害时,女性应当牢记色狼的面部和体态特征,多记线索,以便在报案(一定要争取在24小时之内)时提供给公安人员。某地区有一名女学生,遇害时牢牢记住了犯罪嫌疑人的脸面。她在公安民警侦破此案的路上遇到了这名色狼,当场指认出来。

(8)咬。色狼施暴时常常先将女性的双臂缚住,此时在不得已中应抓住时机咬住其肉体不松口,迫使其就范。有位女性在被害过程中,遭色狼强行接吻,情急中她"稳、准、狠"地咬住了色狼的舌头,致使其疼痛休克,被捉送公安机关。

(9)套。如果几经反抗不力,色狼强奸即遂,此时也不可轻易放过(有些受害女性到此时就彻底放弃反抗了),可以采取"套"的办法将其制服。如一位姑娘被害后哭着说:"这么一来,我连对象都没法找了,你要是没有对象就……"次日晚,当色狼再次去找姑娘"谈情说爱"时,被早已等在那里的公安人员抓获。

(10)刺。如果遇上色狼手中有凶器,女性仍要沉着,胆大心细,不要慌乱。色狼要行奸,必会自脱衣裤,此时可见机行事。有一妇女被持刀色狼相逼,她临危不惧,让色狼先行脱衣,当其高兴地动手脱衣时,妇女快速夺刀朝色狼身体要害处刺去。

强奸妇女案屡有发生,在此类犯罪中,犯罪嫌疑人的主观恶性深度不同,而女性被侵害时的情况也不尽相同,这就需要女性在遭遇色狼时胆大不慌、依法自卫。如能灵活使用上述方法,既有助于制服色狼、保全自己,又可为民除害。

第三节 社会治安事件及其防范

治安事件,即群体或个人为了满足特殊需要或者达到特殊目的,利用或选择适宜的场所、时机和环境,通过实施违法犯罪或采取不正当手段,导致或促使事态加剧、扩大,从而扰乱、破坏社会治安秩序的越轨行为。大学生年轻,思想上还不成熟,容易成为社会治安案件的受害者,同时也因为年轻冲动易与同学或他人之间产生矛盾从而成为社会治安案件的制造者。因此,大学生有必要接受防范社会治安事件的知识,在生活中努力防止治安案件的发生,保护好自己,同时也保护安全的校园环境。

一、打架的安全防范

(一)寻衅滋事防范措施

1. 发案的主要特点

(1)从犯罪主体结构上来看。犯罪嫌疑人呈日益年轻化趋势,尤以青少年居多。涉案人员文化程度普遍偏低,小学或初中文化占很大比例。无业人员或农民工占相当的比重。而且这里面,屡犯不止的有相当大的比例。

(2)从作案地点和时间上来看。案件大多发生在网吧、酒店、桑拿房、娱乐会所等消费娱乐场所,且作案时间不太固定,随机性很强,晚上10时后作案的明显居多。

(3)从作案形式手段上来看。群体作案的多,个体作案的少;累次作案的多,初次作案的少。在大多数案件中,犯罪嫌疑人都是作案3次以上,而且涉案人员临时聚集性较强,成员不固定,往往一名成员或几名成员与他人发生矛盾后,临时召唤同伙,予以报复。

(4)从案件发生起因上来看。大多是酗酒滋事,逞强斗狠,有的仅仅是因为被害人无意走错了歌厅、餐厅的包厢而挑起事端;有的甚至只是犯罪嫌疑人认为"看不顺眼",便对被害人进行殴打伤害。犯罪嫌疑人大多讲究所谓的江湖义气,往往遇事后头脑发热,因点滴小事逞狠,置国家法律于不顾,藐视社会道德,随意伤人,不计后果,情节非常恶劣。

2. 预防对策

(1)加强教育工作。加强对青少年的教育工作。青少年是寻衅滋事犯罪的高危人群,学校和家庭要针对他们的心理和生理特点,强化思想道德教育、科技文化教育和法律知识教育。

开辟多种宣传教育途径。除了家庭、学校外,各城镇、乡村基层组织应充分发挥各自的职能作用,通过报纸、电视、网络等媒体进行法制宣传,使群众知法、懂法、守法、用法,从源头上减少和消除寻衅滋事犯罪隐患。

积极开展多种形式的积极健康的文化、体育、娱乐活动,充实群众生活,使人们树立起正确的人生观、世界观,提高精神文化素质,创造出良好的社会氛围,减少犯罪行为的发生。

(2)拓宽就业渠道。地方政府要积极采取措施,不断拓宽就业渠道,为社会无业人员提供更多的就业机会。同时加大培训力度,增强这部分人员的社会综合竞争力,使其实现自食其力,减少犯罪机会。特别是要结合案件,抓住时机进行教育,加大管理力度,通过教育的约束和自我约束,进一步减少犯罪发生。

(3)加大司法宣传力度。深入开展普法教育。司法机关应变被动受理犯罪案件为主动进行法制宣传教育,通过典型案件通报、发放宣传资料、举办法律咨询活动、开展法制讲座、通过媒体宣传等途径普及法律知识。以案说法,进行法制教育,增强群众的法律意识,使其遇到纠纷时通过法律途径解决,避免矛盾激化和发生暴力事件,提高案件处理能力,使寻衅滋事犯罪案件得到及时公正的处理,提高司法公信力和法律权威。坚持打击与综合治理相结合,注重巩固和扩大严打战果,突出对群体性寻衅滋事犯罪分子的打击效果,防止以罚代刑、降格处理,杜绝"抓大放小"和就事论事,防止简单化、扩大化。

(4)加强综合治理。动用全社会力量减少和消除寻衅滋事案件隐患。家庭、学校要加强对青年学生的关注,对高危人员及时挽救、教育。职能部门要加大监管力度,加强对重点地域的管控,严防寻衅滋事苗头性事件。司法机关发现寻衅滋事犯罪隐患的,要及时遏制,对立案侦查和审判的案件,要严肃对待,惩治与教育相结合。通过全社会的联动防治,铲除引发寻衅滋事犯罪的土壤。同时,要依法强化对犯罪分子的教育改造、矫正其犯罪心理和行为,促进其回归社会。加强对劳释人员的管理和帮扶工作,有效降低再犯罪率。

(二)引发打架的心理动因

1. 打架的类型

(1)按打架时的心理状态分类

积犯型:打架的一方事先有明确的意识,对另一方有强烈的不满,长期看不顺眼一直想找机会打架,一旦能借题发挥,打架事件便一触即发。例如,某男生甲平时行为不佳,且自高自大。另一男生乙早就看他不顺眼,总想找机会"修理"他。某日,男生甲无意踩脏了男生乙的鞋,于是男生乙动手打了男生甲。

偶发型:在打架事件发生前,打架双方毫无思想和心理准备,在双方接触中,由于一言不合,加上冲动,双方就动起手。例如,双方在饭堂吃饭,甲方看了乙方一眼,乙方言语挑衅:"看什么看!"甲方回敬:"看你怎么样,找打是吧!"于是双方就打斗起来了。

(2)按参与打架的人数分类

团伙打架:一般一方人数在两个以上,甚至是多达十几人参与,多是为了哥们儿义气,占着人多势众来达到目的,其后果极为严重。

单独打架:这类打架若事先有所准备,使用刀、棒等工具,后果也很严重。

2. 打架斗殴的心理分析

学生打架的动机和原因是多方面的,从心理方面分析,主要有以下几种:

(1)心胸狭隘。有些学生往往做不到心胸宽阔。这类学生性格多内向、孤僻,看到别人谈笑风生,内心不舒服,往往采取挑衅的方法,借题发挥,寻求发泄。看到别人做了一点儿对自己不利的事,马上进行报复。

(2)冲动心理。有的学生遇事易冲动,易头脑发热,使意识处于麻痹的状态,无法有效控制自己。

(3)虚荣心理。虚荣心理是自尊心的过分表现,而在其背后掩盖的往往是自卑等深层心理。一些学生在学习或其他方面表现不佳时,为了满足自己的虚荣心理,不被其他同学瞧不起,往往依靠打架来证明自己不比别人弱。

(4)狭隘的集体观。在学校的日常管理中,经常进行各项评比。一些学生出于狭隘的集体观,为"集体"争光,引发打架事件。

3. 打架斗殴的心理特征

(1)认识方面。这些学生常常把盲目大胆视为"英雄"行为,把打架看作"勇敢";相反,他们通常缺乏道德观念和法制意识。

(2)性格方面。这类青年善于交际、喜欢热闹、不拘小节、好胜心强,易与他人发生冲突。他们的情绪不稳定,容易因为小事发生冲动。

(3)意志方面。他们明显地表现出缺乏自我控制的能力。

(4)动机方面。这类青年的攻击动机带有鲜明的情绪色彩,时常出于愤怒、敌意、不满和嫉妒等消极情绪而发起攻击行为。

4. 影响打架斗殴的因素

(1)社会因素。社会的种种不良因素会使学生误入歧途。例如,受到暴力影视的影响,争地盘或充"大哥",或因恋爱,或替人出头,等等。

(2)家庭因素。有的是家庭的负面影响,有的是缺少了父母的爱,有的是缺少了有效的沟通。

(3)心理因素。从心理学的角度来讲,青年攻击行为与性别因素是有关的。对这个问题,要看到社会因素是与性别因素结合在一起发生作用的。成年人普遍地希望男性比女性更活跃,让小男孩儿玩打仗的游戏,而且在育儿态度和方式上,家长对男孩儿和女孩儿也有许多区别。这样,逐渐形成性别因素对青年攻击性的明显差别,所以在现实生活中,打架斗殴的学生绝大多数是男孩儿。

(三)如何避免打架?

打架斗殴是一种与社会主义道德规范严重背道而驰的行为,它不仅损害了他人的人身健康,侮辱了人格,而且妨害了社会秩序。一旦矛盾激化,极易导致严重的斗殴、伤害和杀人案件发生。现在,有的同学脾气大,同学之间往往因一点小事儿就发生争吵,为几句话就可能大打出手甚至持械伤人,最后给自己或他人造成了不应有的痛苦和伤害,严重时甚至要承担法律责任。

和同学发生矛盾,要懂得谦让,以较高的姿态,主动向对方检讨自己行为的不妥之处。即使是自己有理,也要先把双方矛盾缓和下来,等对方情绪平稳时再细论各方对错。如果双方的矛盾已无法自行解决,应马上将情况报告给老师或家长,避免矛盾加深,引发斗殴。

注意自身修养,不能有不文明行为。如果别人冒犯了你,你就觉得受了气,吃了亏,非得骂对方一句,打对方一下,这样会使双方的矛盾激化,最终可能升级为打架斗殴。

当受到别人的无理嘲笑、起哄、漫骂或批评时,要心胸豁达开朗,切忌情绪激动,过分生气而和他人争吵。对方骂人、动手打人是不文明行为,但自己要显示出气度和修养,不与对方一般见识。

(四)遇到他人打架如何处理?

(1)不围观,不起哄,不介入。设法和老师或家长取得联系。如果有人晕倒或者骨折、流血,一定要向路人求助,请其帮忙通知学校,也可以打"110"电话报警,寻求警察的帮助。

如果想劝解,应当先问明情况,站在公正的立场上做双方的工作。若劝解无效,应迅速向学校有关领导和保卫部门报告,以防事态扩大。

打架的一方如果是自己的同学或熟人,在劝解时要主持公道,不可偏袒。在采取隔离措施时,应当首先拉自己的同学或朋友,以免被对方误解为拉偏架,或者将自己当作同学或朋友的"同伙"而受到无辜伤害。

(2)如果伤重,如严重流血等,只要能行动,一定要先去最近的医院或是卫生所处置外伤,再检查内伤。如果不能行动,可请人帮助,赶快到医院检查治疗。到了医院,一定设法通知学校或父母。

(3)及时到公安机关报案。报案时要说明出事的时间、地点、打人者的特征。看病治伤的医药单据和诊断书一定要收存妥当。公安机关抓到打人者后,要根据这些对其依法处置,看病治疗的医药费、营养费、护理费等也会依法得到合理的赔偿。

二、绑架的安全防范

(一)自我安全防范原则

1. 要强化自我保护意识,切实加强防范能力

大学生的社会经验不多,思想较为单纯,对社会的阴暗面和复杂性知之甚少。因此,大学生对自身安全关注不够,缺乏必要的自我保护意识。

2. 切勿因为一时的好奇心或义气而暴露自我

人际交往是大学生身心发展的需要。对于新入学的大学生来说,大学校园是一个全新的生活环境。远离了父母,远离了昔日的师长同学,来到一个完全陌生的生活环境,这使他们既怀念昔日的亲情、友情,又渴望新的友谊。这种特殊的生活环境增加了大学生对人际交往的需求。而在人际交往的过程当中,自我保护意识一方面是指对他人要真诚,要自尊、自爱,另一方面是要看清所交往对象的真面目。

3. 要增强法律意识

在飞速发展的社会中,良好的法律意识是每个人都必须具备的。由于没有足够的法律意识,缺乏法律知识,有的学生无意中触犯了法律。像同学间的纠纷,有的学生不能采取正确的方法解决,往往采取一些过激的,甚至愚昧的方式,最终造成了严重的后果;有的则是当自己的合法权益受到侵害时,不懂得如何用法律来保护自己。

■ **小提示**

《刑法》第二十条对"正当防卫"进行了如下定义:
为了使国家、公共利益、本人或者他人的人身、财产和其他权利免受正在进行的不法侵害,而采取的制止不法侵害的行为,对不法侵害人造成损害的,属于正当防卫,不负刑事责任。

正当防卫明显超过必要限度造成重大损害的,应当负刑事责任,但是应当减轻或者免除处罚。

对正在进行行凶、杀人、抢劫、强奸、绑架以及其他严重危及人身安全的暴力犯罪,采取防卫行为,造成不法侵害人伤亡的,不属于防卫过当,不负刑事责任。

4. 要提高应变能力

女生大都身单力薄,在社会上是弱势群体,很容易成为不法伤害的对象。遇到歹徒侵害时,女大学生往往孤立无援,而对方身强力壮,人多势众,这时若一味硬拼,不仅难以脱离险境,而且会危及生命安全,最好的方法是在有限的条件下,与之周旋,用智慧摆脱坏人,避免不法伤害。

(二)应对绑架的措施

绑架是一种恶性犯罪行为,其手段十分恶劣,往往使用暴力。一般说来,绑架的目的主要是索取高额钱财,其作案手段除了少数强行劫持外,更多的是采取诱骗的方法。因此,大学生对一些突如其来的热心人、陌生人,要多加小心,不要轻易跟他们走,以免落入"虎口"。

如果万一不慎落入"虎口",也要保持冷静,要善于智斗,见机行事,以争取时间,并在不被歹徒发觉、怀疑的情况下,尽可能巧妙地与外界联络报信。因为当你不幸被绑架后,你的父母、亲友及公安人员肯定在外面竭尽全力地营救你,所以你应把歹徒稳住,拖的时间越长,获救的机会也就越大。具体来说,应采取如下措施:

应尽量保持自己的情绪稳定,冷静思考对策,观察周围环境,看是否有逃脱的可能。如果附近人多或有警察、解放军和其他国家工作人员(工商、税务、城管监察人员等)经过时,可适时大声呼救,并抓住时机逃离。但要记住,所采取的行动一定要突然、果断。

如坏人将你转移,在路上要注意寻找求救的机会。如果经过繁华地区,要想办法引起行人的注意,如哭闹、坐在地上不走等,一旦有围观群众,应马上向大家讲明自己是被绑架的,有机会立即逃脱。

如果所处的地方较为偏僻,四周无人,不要盲目地呼救或与坏人搏斗。如不权衡利弊、不根据具体情况,就鲁莽地同坏人搏斗,可能会受到伤害。

要运用自己的智慧同坏人周旋。可以表面上装出顺从的样子,以降低其戒备心理,觉得你很听话,然后寻找机会脱身。

坏人如果问你的家庭情况,可以告诉他们你父母的姓名、电话号码,对其他情况,如父母及亲属的收入,最好说不知道。当要你给家里打电话时,应设法暗示或透露自己所处的地点和行踪。打电话时应尽可能地拖延通话的时间,以便公安机关确定通话地点,及时解救。

被坏人关押后,要观察关押处所及周围的情况,看是否有逃脱的可能,并寻找可用于报警的途径,如有临街的窗户,可写个纸条说明自己的情况扔下去请过路的行人帮助你报警;也可以用东西试着敲击暖气管、下水道,引起别人的注意。

要设法熟记歹徒的容貌、衣着、口音等特征,所驾车辆的车牌号码、车型以及歹徒对话的内容,以便协助公安机关破案。

三、黑车的安全防范

(一)坐黑车的危害

1. 严重影响道路交通秩序和安全

"黑车"司机除没有受过从业资格培训外,有的甚至从未参加过正规车辆驾驶培训,他们驾驶技术较差,漠视交通法规、安全意识淡薄,闯红灯、逆向行驶等危险性交通违法行为屡屡发生,极易引起重大交通安全事故。为最大限度地降低"黑车"上路成本,"黑车"司机经常私下购买未经过合格检验的二手车,甚至是报废车,这些车辆安全性能差,车况不佳,制动效果不好,行驶在道路上,不仅影响周边人、车安全,还大幅降低道路通行能力,给道路造成拥堵,影响正常交通秩序。在运行过程中,"黑车"司机为了逃避打击,行驶过程中注意力不集中,一旦发现有可能是执法人员的车辆,往往加速逃离或将车开进偏僻道路和便道,在这期间往往会由于路况的改变或者不熟悉等情况而造成事故。

2. 乘客人身财产安全存在威胁

"黑车"司机身份复杂,素质参差不齐,有的"黑车"聚集点甚至有拉帮结派的倾向。近年来,"黑车"强揽乘客,敲诈、勒索乘客的事件频发,有的甚至谋财害命,严重影响了乘客的出行安全。乘坐"黑车"的价格与出租汽车相比往往并不便宜,当正规出租车被排挤出市场后,"黑车"对部分区域进行垄断,"黑车"司机对于乘客能"宰"就"宰",甚至发生车辆行驶半路后以言语、器械威胁乘客,恶意加价的事件。历年来,执法部门从取缔的"黑车"上搜出的管制刀具不计其数,巨大的安全隐患威胁着乘客的人身及财产安全。

3. 乘客合法权益没有保障

相比正规出租车,乘坐"黑车"的乘客的合法权益得不到保障。正规客运车辆在法规强制下都购买了承运人责任险,这是国家为了保护道路运输受害人能够得到及时救助或赔偿而采取的一项强制保险,出租汽车均为乘客购买了意外伤害保险,一旦发生交通事故能够维护乘客权益,承担相应赔偿责任。但"黑车"没有固定的组织机构,没有购买营运车辆意外险,他们不会为乘客承担意外伤害保障,一旦发生问题,多数人会选择逃逸,想方设法逃脱责任追究,最后乘客往往找不到事主,投诉无门,自身合法权益受到侵害。所以,同学们千万不要乘坐没有保障的"黑车"。

4. "黑车"司机身体健康状况令人担忧

在执法部门历年来查获的"黑车"司机中,一些人的身体健康状况令人担忧。其中,患有精神疾病、传染性疾病的占有相当大的比例,甚至肢体残疾影响正常驾驶的人员也在从事"黑车"营运,给乘客的健康甚至生命安全带来巨大隐患。这些"黑车"没有正规的组织,司机也缺乏相应的管理,而正规的出租汽车从业人员由单位统一管理,会对从业人员的身体状况定期进行检查,确保身体健康,保证人民的出行安全和人身健康。

"黑车"屡禁不止,主要原因是:少数车主受到经济利益驱使,利用"黑车"运营成本低的优势,偷漏国家税费,非法从事旅客运输,牟取非法利益,特别是在公交农村支线、城乡接合部,遇节假日、学生放假、举办大型活动等造成的客流高峰期,"黑车"更为猖獗。

(二)加强学校周围的管理

1. 明确责任分工和整治重点

加强学校周边交通秩序的整治,在学校及学校周围设置交通警示标志,建立重点部位、主要时段出警制度;维护学校及周边交通秩序。打击"黑车"接送学生。依法规范学校及周边经营单位和场所的管理,对非法或违法经营的,坚决取缔和查处。

全面开展安全回头看、深入看活动,填补安全漏洞,消除安全隐患,切实保证校园内无安全事故的发生。通过以上集中整治,极大扩大专项整治的影响,为大范围、有力开展专项整治及督促各级措施落实到处起到积极作用。学校积极参与配合有关职能部门搞好整治行动,大力开展"平安高校"活动,对学校内部存在的问题主动整改。加强学校内部的治安安全管理工作,填堵管理上的漏洞。

2. 加强校园秩序管理

严格门卫登记,严禁校外无关车辆进入,要在校门口设立警示牌,建立自行车、摩托车进校门"推行"制度。

(三)辨别黑车的方法

1. 查看车身

从事客运的车辆必须在车身上喷印企业名称、行业统一编号和线路号,否则不能载客。如果没有这些标志,说明你找的这辆车极可能是黑车,千万不要随意搭乘。

2. 查看车辆牌照

车辆上路必须有公安部门分发的机动车辆牌照,车辆牌照模糊不清或者车牌照前后不相同,甚至没有车牌照的极有可能是"黑车"。

3. 查看线路标志牌

合法营运车辆必须有道路运输管理机构核发的线路标志牌,并且必须安放在车前挡风玻璃处。没有线路牌,或自制线路牌的必定是"黑车"。

4. 查看服务质量监督卡

正规营运车副驾驶前的工作台设有服务质量监督卡,上有驾驶员照片、公司名称和监督举报电话。

5. 查看计价器

出租车安装有计价器,按计价器收取费用。"黑车"没有车票,或以假票、废票搪塞乘客。

6. 查看司机态度

"黑车"不按时发车,不按营运线路行驶,且以低价揽客又大量超载。不分时段,公然在交通枢纽、地铁、汽车站、商业中心等地揽客。不少"黑车"司机在客户上车后态度差,狂违章。

(四)坐上黑车的应对方法

首先,在打车的时候尽量不要和陌生人拼车,因为谁也不知道车上坐的究竟是好人还是坏人。

上车前,不管是正规的出租车还是黑车,都需要记住或者拍下所乘车辆的车牌号,司机的样貌特征,发给自己的亲人或者朋友。

上车后,如果发现搭乘的是黑车,尽量找借口提前下车。

如果不想或者不能提前下车,要选择坐在司机后面的位置,不要坐到副驾驶座上,以便紧急情况逃跑。

其次,切记打开手机定位,确保司机是往目的地开去。

再次,不要在车上随意暴露自己的财产,保持自己手机有电,能够随时与人进行联络。

第四节　盗窃及其防范

盗窃,是指以非法占有为目的,秘密窃取国家、集体或他人财物的行为,是一种最常见、为人民群众所深恶痛绝的违法犯罪行为之一。

以作案主体进行分类,盗窃案可分为外盗、内盗和内外勾结盗窃三种类型。少数大学生对自己要求不严,人生观和价值观发生扭曲,不顾家庭和自己的经济承受能力,追求时髦,盲目攀比;有的学生法律意识淡薄,参与赌博,输了钱连日常生活都无以为继,于是铤而走险,走上了盗窃这条违法犯罪道路。这些是导致高校盗窃案件处于常发、多发状态的一部分原因。

> 1. 向某停放在公寓楼下的一台红色摩托车被盗,该车是向某花费 6 000 余元购买的。
> 2. 某日何某称其当天 18 点 50 分离开寝室去教学楼上课,20 点 40 分回到宿舍时发现笔记本电脑被盗。何某的宿舍门是防盗门,他和宿舍同学离开时锁了门,但是没有反锁。回到宿舍时门也是锁的。开门后看到床有被翻动过的痕迹。宿舍一共被盗 4 台笔记本电脑,价值合计 21 060 元。

一、高校盗窃案件的特点

一般盗窃案件都有以下共同点:实施盗窃前进行有预谋、有准备的窥测过程;盗窃现场通常会遗留痕迹,如指纹、脚印、物证等;盗窃手段和方法常带有习惯性;有被盗窃的赃款、赃物可查。

由于高校客观场所和作案主体的特殊性,高校盗窃案件有以下具体特点:

(1) 时间上的选择性。作案主体在有人的情况下是不行窃的,作案必然选择作案地点无人的空隙实施盗窃。例如,上课期间同学们都去教室上课了,作案人便会光顾宿舍;下班以后或节假日期间,实验室、办公室、财会室、计算机室通常均处于无人状态,作案人便会乘虚而入。

(2) 目标上的准确性。高校中内盗案件比较多。财会室、计算机室在什么位置,作案人会掌握得一清二楚;哪个学生有钱或贵重物品,常放在什么地方,有没有锁在箱子中或柜子里,钥匙放在何处,作案人也基本了解。不动手便罢,一旦动手,常会十拿九稳地得手。

(3) 技术上的智能性。高校中盗窃案件的作案主体,一般以高学历、高智商的人为主,有的本身就是大学生。他们智商较高,盗窃技能高于一般盗窃作案人员。他们经常会用你的钥匙开你的锁,或制作"万能"钥匙进行盗窃活动。

(4) 作案上的连续性。如上所述,由于作案人比较狡猾,加上作案对象疏于防范,所以其第一次作案很容易得手。"首战告捷"以后,作案人往往产生侥幸心理,加之破案有一定的滞后性,作案人极易屡屡作案而形成一定的连续性。

二、学生宿舍被盗案易发时间

1. 新生刚入学期间

这时新生对周边环境和人员都比较陌生,相互之间缺乏应有的照应,防盗意识薄弱,防范措施不力,加之此时宿舍内走动的人员较多,很多盗贼就是利用这一特殊时段行窃的。另外,此时同学们大都携带较多的现金,这也是盗贼会选择在此时段作案的一个重要原因。

2. 放假前后

放假前,学生都忙于复习考试,防范意识下降。放假期间,留校的同学较少,往往整个宿舍楼(区)只有几间宿舍有人,防范相对薄弱,盗贼会乘虚而入。

3. 上课、晚自习、清晨期间

其中以学生上午上第一、二节课为被盗案易发生的时间。上课时间是学生宿舍人员较少的时候,宿舍几乎是"真空"状态。而晚自习也可能因一些宿舍同学都不在而使盗贼有可乘之机。而清晨案发时间多为03:00—05:00,也就是学生熟睡期间。

4. 夏秋季节

由于天气炎热,不少学生在午休、晚睡时,除了窗户大开外,连宿舍门也照开不误,殊不知在大开"通风之门"时,也为盗贼打开了"方便之门"。

5. 重大节假日或大型校内活动期间

重大节假日,很多学生都走出校门去参加各种活动或结伴旅游,这时盗贼就可能会假装找人而伺机行窃,或深夜潜入宿舍行窃。在举行大型校内活动时,外来人员剧增,流动人员较多,学生大都去参加活动,这也使宿舍盗窃案发生的可能性增加。

三、学生宿舍盗窃案的主要作案手段

1. 乘虚而入

宿舍无人或午休、晚睡不关门或暂时离开不关门,都为此类盗贼提供了较好的作案条件,如入无人之境。这类盗贼进入宿舍后,往往是"全方位搜掠",特别是现金和贵重物品,更是成为他们偷盗的重要对象。

2. 撬门拧锁

此类盗贼多倾向于暴力型,撬门拧锁的手段较多,如使用金属、非金属制品工具拨暗锁或踢门、撞门使暗锁锁扣盒松动、脱离等。这类盗贼多先以找人来试探,若发现无人,即会迅速实施以上行为,尽快进入宿舍行窃。

3. 顺手牵羊

此类盗窃案既可以发生在走廊,又可发生在宿舍内,如将晾在走廊、阳台上的衣物偷走或上门推销商品时趁学生不注意,将桌上的手机、文具等偷走。

4. 挥竿入室,也称"钓鱼"

多以将铁钩、竹竿等作案工具伸入宿舍的方式,将桌上、床边的物品钩走,此类盗窃案多发生在夏秋季节,一楼宿舍往往首当其冲。

5. 偷配钥匙

多见于内部作案。盗贼多为被盗宿舍学生要好的朋友或同班同学,这些盗贼往往以各种理由借去被盗宿舍学生的钥匙,然后再偷配,伺机行窃。

6. 爬窗翻墙

此类盗窃案多发生在学生入睡或宿舍空无一人时,盗贼从通气窗或易攀越的墙爬入宿舍。此类盗贼往往是在作案前预先观察后才进行盗窃的。

四、学生宿舍防盗要点

(一)学生宿舍防盗知识

1. 做好宿舍的"坚壁"工作

门窗是盗贼侵入的主要途径,加固门窗虽不能彻底地防止盗贼侵入,但可以增加盗贼作案的难度、滞延作案时间,便于发现盗贼和遏制犯罪。因此,加固门窗,做好宿舍的"坚壁"工作是防止盗贼侵入的重要手段。发现门锁、门、窗户有损坏或关闭不严、无法关闭时,应马上通知管理人员维修。

2. 要养成最后离开者随手关门、锁门的习惯

据调查,有不少学生在暂时离开(如去洗衣服、到其他宿舍去借资料等)时,往往是不关门、锁门的,而盗贼就可能在此时乘虚而入。

3. 注意保管好自己的物品

尽量做到"物品入柜",不随意将贵重物品置于桌上等显眼处。放假离校、实习期间应将贵重物品带走或交同学保管。现金应存在银行,尤其是数额较大时要及时存入,切不可为贪图方便而将现金放在宿舍里。存入银行时应加密,最好能不定期更换密码。身份证不能与银行卡放在一起。

4. 对可疑人员提高警惕,但应注意方法

可疑人员大都有以下特点:四处走动、东张西望、盯着某处不放。当遇到这类人时,应大胆上前询问其单位、来干什么、找什么人,所找学生所在年级、专业等问题,若答非所问或神情慌张,应及时通知保卫部门。在这一过程中,要注意防止对方狗急跳墙,行凶逃跑。另外,在询问时,不能随意搜身,更不能肆意打人。

5. 保管好宿舍的钥匙

要谨记宿舍钥匙关系到整个宿舍的安全,切不可随意将宿舍钥匙交给他人或将钥匙放在门口、窗台上,若确需将其他钥匙借给他人,应将宿舍钥匙取下。若钥匙丢失,应及时通知其他同学,必要时应换锁。

6. 不要在学生宿舍留宿他人

教育部明确规定,不得在学生宿舍留宿他人。留宿他人,是极为不妥的,一来违反教育部的规定,二来为自己乃至整个宿舍的安全埋下隐患,会给大家造成不应有的损失。

7. 团结友爱,互相帮助

事实证明,舍友间的团结友爱、宿舍间的相互照应在一定程度上可预防盗窃案件的发生。

(二)学生宿舍里发现可疑人员怎么办?

(1)应主动上前询问或秘密观察。询问时态度应和气,但问题应细致。如果来人确有正当理由,一般都能够讲清楚。如来探亲访友的多半能说出他要找的人的姓名及所在院系、年级、班级等基本情况;如果支支吾吾什么也说不出,应特别注意,并进一步盘问,必要时还可帮其找人,以便进一步证实。

(2)来人回答疑点较多,如所说的专业、班级不对号,或要找的人根本不存在,神色慌张、左顾右盼等,必须进一步盘问,必要时可问其姓名、单位,然后要求看看有无身份证、工作证、学生证等证件。为避免矛盾,也可将其带到宿舍门卫或保卫部门,由值班人员出面询问。经核实身份无误,又未进一步发现其盗窃证据,可由值班人员记录其单位、姓名、来宿舍时间后让其离去。

(3)如果来人经盘问疑点很多,不肯说出真实身份或身边携带疑是赃物、作案工具等物品,应一方面设法将其拖住;另一方面,马上打电话报告学校保卫部门,由保卫部门尽快来人查处。

(4)盘查时要注意几个问题:一是态度始终要和气,即使可疑人员气愤争吵,也应按宿舍管理规定与之说理,切不可动手;二是不能随意进行搜查,因为随意搜身是违法的,必要时可请可疑人自己将口袋或包中物品拿出来看一下;三是如果可疑人员真是盗贼,还要防止其突然行凶或逃跑。

(三)怎样应对盗贼?

(1)平时要树立必要的警惕性。如果缺乏起码的警惕性和心理准备,一旦遇到盗贼就会惊慌失措,束手无策。有的盗贼进宿舍见门没锁就推,有机可乘就捞一把,屋里如果有人或被盘问就以找人等借口搪塞蒙混,如果同学们缺乏应有的警惕,就很容易让盗贼蒙骗过关。

(2)因地发挥集体力量。宿舍里绝大多数情况下或多或少总留有一部分同学,不管认识与否,只要听说宿舍里进来小偷,大多是会挺身而出的。在宿舍里发现盗贼,要根据当时的具体情况设法尽快告知其他同学,并及时采取控制盗贼逃脱的有效措施。如果盗贼未被惊动,应一面守住门或通道(包括后窗),一面就近叫同学帮忙,瓮中捉鳖。如果盗贼已被惊动,则应大呼抓小偷,并叫门卫值班人员关上宿舍大门,同时,招来同学一起抓贼。

(3)要鼓足勇气,以正压邪。盗贼做贼心虚,在学生宿舍这种寡不敌众的特定环境中,绝大多数盗贼是不敢轻举妄动的。如撞见盗贼正在作案应克服畏惧心理,鼓足勇气,一面尽快拿起手边可以用以自卫的工具,如棍子、瓶子、凳子等,堵住盗贼逃跑的出路,大声呵斥、警告,对其形成威慑,同时大叫捉贼,招来同学援助。如果盗贼胆敢行凶,可进行正当防卫,一般只要拖延一两分钟,同学和门卫值班人员就会纷纷赶到。

(4)要随机应变,注意安全。在援兵未到之前,要和盗贼保持一定距离,谨防其狗急跳墙行凶伤人,以能控制盗贼逃跑为目的。万一盗贼夺路而逃,应紧追其后盯住目标,同时呼叫"抓贼"!校园里师生众多,只要盗贼不脱离视线,就有机会抓住他。如遇两个以上的盗贼结伙作案,在他们分头逃跑时,要集中力量抓住其中一个。团伙作案被发现后,行凶伤人夺路而逃的可能性更大,应随机应变,注意安全。

(5)要沉着冷静,急而不乱。突遇盗贼正在作案一定要沉着冷静,积极采取对策。有时盗贼虽能冲出寝室,但不一定能逃出宿舍。现在学生宿舍大多只有一个出口,如果同学们闻声出来得快,来不及逃走的盗贼往往会溜进厕所、阳台、空房等处躲藏,这时首先要尽快安排同学守住宿舍出口和所有能够逃走的通道,如后窗、可翻越的围墙等。防止盗贼趁机逃跑。在追赶和搜寻盗贼过程中,要注意防止盗贼"贼喊捉贼"蒙混过关。

(6)抓住窃贼,妥善处理。一旦抓住窃贼,最好的办法是一面采取强制措施将其控制住,一面通知学校保卫部门来人处理。必要时可直接扭送盗贼到学校保卫部门。抓住盗贼后要注意:一是不能疏忽大意,要预防盗贼乘机逃走或伤人;二是强制程度要适当,不能随意殴打辱骂,如将盗贼打伤致残、致死将要承担法律责任。

(7)在无法当场抓获盗贼的情况下,应记住盗贼特征,包括年龄、性别、身高、胖瘦、相貌、衣着、口音、动作习惯,或者身上的痣、瘤子、斑、文身等,以及佩戴的戒指、手镯、项链、耳环等饰物的情况,以便向公安、保卫部门提供破案线索。

五、公共场所防盗要点

(一)图书馆

(1)严格遵守图书馆的规章制度。遵守图书馆的规章制度,不仅有利于保持图书馆的整洁、有序,对于预防盗窃案件的发生也有着重要的作用。

(2)在公共阅览室里,切不可将贵重物品随意放在桌子和椅子上,贵重物品要做到不离身,以防盗贼顺手牵羊。

(3)需暂时离开的,应将贵重物品带走或交同伴代管,且离开的时间不宜过长。

(4)不可用书、衣服、手机、电脑等物品占座。这种行为既有违公德,也是非常危险的。因这种行为而发生的盗窃案在图书馆盗窃的案件中占了很大比重。

(二)体育场所

(1)尽可能不携带过多贵重物品。这样做可以避免或减少损失。

(2)有保管处的,应将物品交由保管处保管,若无保管处,则应将物品集中置于显眼处由专人看管或轮流看管,不能随意乱放。

(3)对形迹可疑的人应提高警惕。对于那些东张西望或只注意别人物品或在物品周围徘徊的,要特别注意,必要时可上前询问,但应注意态度。

(4)离开前应清点物品。这样不仅可以避免物品遗漏,还可在物品被盗或者丢失时,及时报告保卫部门,有利于保卫部门迅速组织人员进行围堵,抓获盗贼,找回被盗物品。

(三)食堂

(1)排队(特别是买饭票、饭卡充值)时,应注意周边环境,提高警惕。特别是背着背包的同学尤其应注意身后的变化,以防有人浑水摸鱼。

(2)随身物品不能随意置于身旁、身后,离开时应把物品带走。

(3)饭卡不能随手置于桌上,最好加上密码,有必要时,设置单次最高消费额。

(4)若发现饭卡丢失,应立即挂失。

(5)切忌用手机等物品占座。

六、被盗后应注意的问题

(1)保护现场,立即报案。宿舍发案先报给辅导员或班主任,同时拨打学校保卫值班电话。犯罪现场是犯罪分子实施犯罪行为的客观反映,是犯罪证据的重要来源。使犯罪现场保持案件发生、发现时的状态,对公安、保卫人员迅速、准确地分析判断案件、确定侦查范围、搜集证据具有非常重要的意义。

保护现场应注意以下几点：

①封锁现场不准任何人进入，并迅速向学校保卫部门报告。

②不得翻动窃贼可能接触过的任何物品，切不可心急去查看物品丢失情况。

③若现场在室内，对于窃贼可能留下痕迹的门、柜子、窗等处不得触摸。

(2) 发现可疑人员，应立即组织同学围追堵截。在进行围追堵截时，应注意：

①立即派人向保卫部门报告。

②可疑人员还在室内的，应立即退出门外并上锁，同时，派人守候。

③应大声呼叫，充分发动周围的师生。

④一定要注意安全，以防可疑人员狗急跳墙。若可疑人员行凶，应大胆利用身边物品如木棒等进行反击。若确无法进行抓捕，应围而不抓，等候保卫人员的到来。

⑤抓获可疑人员的，应立即扭送保卫部门，切不可随意打人。

(3) 全面、客观地回答前来调查的保卫人员提出的问题。

(4) 积极主动地向保卫人员提供线索。

(5) 如发现存折或银行卡被盗或可能被盗，应尽快到银行挂失。

预防和打击校园盗窃是每个在校学生应尽的责任和义务。增强防盗意识，了解校园内盗窃犯罪的基本情况、规律和特点，掌握防盗的基本常识，是做好防盗、保证安全的基础。

第五节 抢劫及其防范

抢劫是指以非法占有为目的，以暴力胁迫或者其他方法将财物据为己有的一种犯罪行为。抢夺则是指以非法占有为目的，乘人不备，公然夺取他人财物的一种犯罪行为。这两类犯罪行为都会侵害他人的人身权利，且容易转化为凶杀、伤害、强奸等恶性案件，具有很高的社会危害性。

一、大学生如何避免被抢劫？

校园内发生的抢劫案件在时间上多发生在夜晚，地点大多是僻静处。尤其是正在恋爱的同学，不要在光线不好的僻静处行走或逗留。如果路面已无人，也不要逗留。如果必经偏僻路段，要三人以上结伴同行。

巧妙应对抢劫者可以采取下述措施：

(1) 案发时要尽力反抗。只要具备反抗的能力或有利时机，就应发动进攻，以制服作案人或使作案人丧失继续作案的心理和能力。

(2) 与作案人尽量纠缠。可利用有利地形和身边的砖头、木棒等足以自卫的武器与作案人形成僵持局面，使作案人短时间内无法近身，以便引来援助者并对作案人造成心理上的压力。

(3) 实在无法与作案人抗衡时，可以看准时机，向有人、有灯光的地方或宿舍区奔跑。

(4) 巧妙麻痹作案人。已处于作案人的控制之下而无法反抗时，可按作案人的需求交出部分财物，并采用语言反抗，理直气壮地对作案人进行说服教育，晓以利害，从而造成作案人心理上的恐慌。切不可一味地求饶，应当尽力保持镇定，与作案人周旋，采取默认方式表明自己已交出全部财物并无反抗的意图，使作案人放松警惕，以便自己看准时机进行反抗或逃脱其控制。

(5)采用间接反抗法。趁其不注意时,在作案人身上留下记号,如在其衣服上擦点泥土、血迹,在其口袋中装入有标记的小物件,在作案人得逞后悄悄尾随其后注意其逃跑方向等。

(6)注意观察作案人,尽量准确记下其特征,如身高、年龄、体态、发型、衣着、胡须、语言、行为等。

(7)及时报案。作案人得逞以后,很有可能继续寻找下一个抢劫目标,甚至还会在作案现场附近的商店和餐厅进行挥霍。所有高校一般都有较为严密的防范措施,及时报案和准确描述作案人特征,有利于有关部门及时组织力量布控,抓获作案人。

(8)只要有可能就要大声呼救,或故意高声与作案人说话,引起周围行人的注意。

二、大学生遭遇抢劫应如何处理?

大学生若遭遇抢劫,应针对不同的情况采取不同的对策:
(1)在遭遇持械抢劫时,同学们尽量不要抵抗,避免人身受到伤害。
(2)不要过于惊慌,但要装作很害怕的样子快速将少量的钱物交出,尽量减少损失。
(3)一定要尽量看清作案分子的体貌特征和逃跑方向。
(4)在案发现场附近寻找电话,以最快的速度报警,以便为公安机关破案提供时间和线索。
(5)只要有可能,就要大声呼救或故意与作案人高声说话。
(6)在单人作案且在没有持械的情况下,如果比抢劫人在身体条件或人数方面拥有明显优势,可以借故拖延,环视周围没有作案人同伙时,用语言分散其注意力,之后乘其不备将其制服或逃跑,然后就近扭送保卫部门或报案。

三、旅途中遇到坏人抢劫怎么办?

当有人跟踪你时,要注意这可能是坏人要对你下手的征兆,要立即改变方向,并不断地向背后察看,使跟踪你的人知道你已经发现了他的企图;要朝有人、有灯光的地方走,到商店、住户、机关等人多的地方寻求帮助;要记住跟踪你的那个人的体貌特征,及时向公安部门报告。

遇到抢劫,要胆大心细、勇敢机智,想办法调动和团结身边的群众,同犯罪分子斗争。如果只有你一人,力量不如犯罪分子大,则更要冷静,损失不大时,就"丢卒保车",以保护生命安全为原则。要尽量记住犯罪分子的身体特征(身高、年龄、衣服、文身等),及时向公安机关、保卫部门报告。重要的是智斗罪犯,利用犯罪分子的虚弱本质和心理来智取。

第六节 诈骗及其防范

社会治安日趋复杂,形形色色的犯罪分子往往在我们年轻幼稚、思想单纯的大学生身上打主意,借结交之机、以推销或招聘之名,变换手法,施展骗术,引诱学生上当。我们要掌握一定的防骗手段来进行自我保护。

■兼职"刷单"骗局

1.某高校彭某在兼职群里看到一条做"刷单"业务的兼职信息,于是加了对方的QQ。第二天,对方发了一个链接给她,是一笔120元的刷单任务,完成后对方返还给她126元

(120元是彭某的本金,6元是任务佣金)。2月21日,对方发来了第二个刷单任务,这次要求完成3个单,1个单刷3次,每次刷3件,彭某刷了8次,对方帮她垫付了1次,彭某总计花了10 882元。刷单后,对方称卡单退不了钱。于是彭某要求强制退款,对方又要求她提交押单回执系统,又要她交了1 200元。接着彭某联系对方,对方要求她联系他们的财务,财务说彭某自己的账户余额必须也要有12 082元才能返还,还发了一个二维码给她。此时,彭某发现是个付费陷阱,没有再上当,马上报了警。

2.某高校李某通过手机上兼职交流群看到一条刷单兼职信息。加对方QQ后填写入职申请表。李某通过支付宝账号刷了两笔单,分别将钱打到对方提供的两个账号上,一共被骗2 775元。

3.某日,马某通过QQ聊天认识一个派单客服。对方说可以介绍派单给马某赚钱,接着发了一个链接给马某去下单。马某第一单下了121.03元,3分钟后对方通过支付宝返还126.12元给她。当天晚上,马某下了第二单,第一次363.01元,第二次下了726.01元,第三次马某没有钱了,要对方退还本钱。对方不肯,说要刷完系统才会支付。于是,马某向朋友借了1 900元,完成了第三次下单1 815.08元。此时对方说系统卡在了99.7%还不能退还本金,还要继续下单。马某继续向朋友借钱,又做了一单1 815.08元,对方说还差0.1%,要求她还要做一单。最后马某又做了一单363.03元,几笔下来共计5 000多元。五分钟后,马某问为什么没有返还,对方回复系统卡了,他可以帮她申请强制退款,第二天上午10点左右可以退给她。第二天马某发现对方已改网名并联系不上,才觉察自己被骗。

■ 假冒身份

某日,报警人刘某接到陌生号码来电,对方自称是联通的工作人员,说刘某名下有一张山西大同电话卡欠费1 290元,要他报警,并可以帮其把电话转到公安局。刘某同意后,对方就将电话转到山西大同一号码上,转接后一名自称赵平的警察接了电话。刘某将联通工作人员告知的情况告诉了赵平。赵平说刘某可能是身份信息泄露了,需要做笔录,要证明欠费的电话卡不是他所为。同时还要帮他开一个财力证明,证明他有能力偿还所欠话费。如需开财力证明又要把电话转接到一名姓张的科长那里。电话转接后,刘某又把情况向张科长描述了一遍。张科长同意开财力证明,要刘某按照他的指示做。刘某根据对方指示,用自己的银行卡取了2 000元,然后到ATM机上操作。在ATM机首页上选择第一个选项无卡无折存款,接着出现中文和英文操作选项,对方要他用英文操作,但是点英文操作出现问题,改为中文操作。刘某点中文操作进去后,出现一个输入账号的对话框,对方念了一串数字要他输入进去,输入后出现一个银行卡账号信息。姓名是刘亚利。刘某表示自己不认识刘亚利,张科长说这个账号是和公安局挂在一起的,要他将2 000元存进去,才能开财力证明。刘某只放了一张100元人民币存进去。然后对方问他存了多少,刘某说只存了一张。张科长要他把剩下的1 900元也放进去,刘某又操作了一次把1 900元存了进去。存完后,张科长说可以开财力证明了,但是在总部查到刘某的身份信息在山西涉嫌洗钱,如果他要从涉嫌人变成受害人的话,他的账户上必须要有3 000元,要他去向同学借钱。后来刘某向同学借钱说了这件事,同学告知他可能被骗。刘某到派出所报警,并到银行查到了对方银行账户信息。刘某一共被骗2 000元。

人身与财产安全 第二章

■以"勤工俭学"为名

某日,一名女子到湖南某学院一宿舍内询问洪某,想不想勤工俭学,她有一批文具和日用品可以低价卖给她。交谈过程中该女子还让洪某的室友到宿舍楼下接了另外一名女生到宿舍来。之后,洪某和另外两名室友商量好一人出1 000元购买该女子的文具,再一起销售。她们分两笔(一笔2 000元,一笔1 000元)转账给该女子。在该女子离开后,洪某和室友检查文具和日用品,发现一共只有大约1 000根笔芯和20支笔、10个笔记本、2个充电宝、1副耳机、2个吹风机、2个保温杯、1个乒乓球拍。这些文具和日用品数量与之前讲好的完全不符,此时才发现上当受骗,拨打110报警。

■招聘陷阱

某日,欧某在某网站上看到一个招聘客服的工作信息,并咨询相关程序。对方用QQ加了欧某,并在QQ上要求她下一个"IS语音"软件,进入他们的工作频道了解相关工作流程。欧某进入了他们的频道加了一个人,该人介绍了他们的工作,称入职需要交保证金399元。欧某通过支付宝转了399元给对方。对方又称还要缴纳工号费400元,30分钟后会返回给她,欧某继续转了400元过去。这时,对方说安排工作要加另外一个人,是一个有IS号的资料员。资料员要求欧某交了30元资料费后,又要求欧某进一个频道加另外一个人,称这个人是负责审核返款和安排培训的。她加了这个人后,此人说上岗之前要交300元培训金,15分钟后会返还给她,欧某转给了他。接着,对方又要她加另外一个人,那个人要欧某办理底薪提前预付,交马甲费用500元,她又转了500元。对方说交了钱就可以培训了,要她进频道又加一个人,加了后,又要交199元押金。转了199元后,对方说要有编号才能正常兼职,需要交编号押金298元,转了就会返,欧某转了298元后,对方又说视频认证返款要399元,如果拒绝认证的话,之前交的钱都不会返还。此时,欧某才意识到自己被骗,没有继续交钱,于是报警。

■骗取信任

某日下午2点左右,熊某的QQ上收到一条来自表弟王某凯的消息。表弟王某凯称要买东西需要熊某通过支付宝转380元给他。熊某先问了对方表弟王某凯的基本信息,对方都能回答。他又要对方发一段语音过来确认一下,对方称在上课不方便语音,后来对方把熊某的名字打了出来,熊某便相信了,把自己的支付宝账号告诉对方。之后有一个支付宝账号王某良加他为好友。因为熊某的表弟王某凯的本名叫王某良,王某凯是小名,熊某更加确信了对方的身份,于是通过支付宝转账的方式从银行储蓄卡内向对方账号转了380元。到了下午3点半左右,熊某接到阿姨的电话说王某良的QQ被盗,如果问其借钱不要借。这时,熊某才知道自己被骗,随后报警,一共被骗380元。

■ 短信诈骗

某日22时,戴某手机收到一条短信:"淘宝会员你好,能在我淘宝店做一个好评吗?1单有50~80元,一天350元左右,不需交任何费用,详情M我扣。"戴某加了该QQ后,对方通过QQ发了一个工作流程给他。他填写了一个入职申请表,随后接到一个刷单任务。任务内容为对方给戴某一个淘宝链接,先提交订单,不要付款。接着对方发了一个二维码给他,让他支付120元,提交成功后截图给对方,对方就将本金120元和佣金5元返还给他了,对方还发了一个身份证照给他。戴某看到这种情况就相信了,接下来他又接到一个刷单任务,这次是刷三个买手表的单。戴某以为是买一个手表,支付了360元。对方说数量是三件,还要买两件。此时,戴某说自己没有钱了,能不能取消?对方说不能。戴某又问,是不是再买两个手表就给他结算?对方说是的,任务完成就可以了。于是,戴某又付款了两个360元,对方没有返钱给他,而是又发给他一个任务。这时,戴某感觉到自己上当受骗了,随即报警。

■ 信息外泄

黄某在某网站上买了11个纸质笔记本,收到快递的当天下午有个自称是本子生产商的人打电话给他,说黄某买的本子有问题,用了后手上会长水泡。现在商家要召回这些本子,并双倍赔偿给他,要黄某把支付宝告诉他然后转钱给他。对方加了黄某支付宝后,转了1 300元给他,之后说公司要一些转账证明,要黄某退1 223元给他,剩下77元作为补偿。黄某扫了对方发过来的二维码后转给对方999.2元,对方称看不到黄某转过来的转账记录,应该是黄某的芝麻信用不够,要通过贷款来凑这个信用额度。接着对方要黄某去下载一个软件,并去软件里贷2 500元。对方说这个软件是他们授权的,黄某去贷款后对方会还这个钱,然后再用贷到的这个钱转给对方。黄某就在该软件里填写了个人身份证、银行卡、密码,贷了2 500元。对方通过支付宝发了个二维码给黄某,黄某扫了后转了1 999.8元给对方。转钱后,对方说他会把这些贷款信息的后台关掉,黄某贷款的信息都不会记在他头上,然后要他在宿舍等,下午会有快递师傅来取件。后来黄某用银行卡去充值饭卡,发现银行卡里面钱少了,这时他联系对方,对方一直不接电话。

■ 网络诈骗

1. 唐某加入了一个名为"代课群"的QQ群,该群是学生自己组织的,旨在学生间互相提供帮助。3月13日下午,有人发了一条信息:"支付宝里的钱换微信的钱,手续费5元。"唐某信以为真,与对方私聊并加了微信。在微信上,对方说需要在微信上转账给弟弟300元钱,但是自己微信上没有钱,要唐某微信转300元给他,然后他用支付宝转账还给唐某。唐某通过微信红包第一次转了200元,第二次又转了100元给对方。后来对方说自己银行卡掉了并被冻结了,要过一阵才能还钱,接着又找唐某借钱。唐某觉得遇到骗子了,随即报警。

2. 3月17日,舒某用手机QQ在一个群里问有没有人可以帮助设计图片,一个网名为"尽量完美"的人联系舒某说他可以做。于是两人相互加了好友,谈好设计的图和价格,舒某支付了一半的钱给对方。3月19日,舒某QQ联系对方,发现被拉黑了,电话联系对方,也被拉黑了。舒某觉得自己被诈骗了,于是报警,一共被骗750元。

一、为什么有些大学生在交往中容易上当受骗?

(一)大学生群体易受骗原因

在当今的大学校园,大学生上当受骗的事时有发生,究其原因,主要有以下几个方面:

(1)思想单纯,分辨能力差。很多同学从小学、中学到大学都有"十年寒窗"的经历,与社会接触较少,思想单纯,对一些人或者事缺乏应有的分辨能力,更缺乏刨根问底的习惯,对于事物的分析往往停留在表象,或根本就不去分析,使诈骗分子有可乘之机。

(2)感情用事,疏于防范。帮助有困难的人,是我国的优良传统,是值得我们继承和发扬的。但如果不假思索地"帮"一个不相识或相识不久的人,这是很危险的。然而,遗憾的是,有不少大学生就是凭着单纯的怜悯之心,遇上那些自称走投无路急需帮助的"落难者",被骗子的花言巧语所蒙蔽,继而"慷慨解囊",自以为做了一件好事,殊不知已落入骗子设下的圈套之中。

(3)有求于人,粗心大意。每个人免不了求他人相助,但关键是要了解对方的人品和身份。有些同学在有求于人,而有人愿"帮助"时,往往放松了警惕,对于对方提出的要求,唯命是从,很"积极自觉"地满足对方的要求。

(4)贪小便宜,急功求成。贪心是受害者的心理缺点之一。很多诈骗分子之所以屡骗屡成,很大程度上也正是利用了人们的这种不良心态。受害者往往被诈骗分子开出的"好处""利益"所深深吸引,自以为可以用小的代价和付出,获得大的利益和好处,见"利"就上,趋之若鹜,对于诈骗分子的所作所为不加深思和分析,不做深入的调查研究,最后落得个"捡了芝麻,丢了西瓜"的可悲下场。

(二)女性相对更容易受骗的原因

尤其需要指出的是,在市场经济飞速发展的今天,一些"精明"的骗子越来越多地把目标锁定在女性身上,而且屡屡得手。

(1)女性大多珍视感情,且富有同情心,易对别人产生信任感和依赖感。一些人正是看准了女性的这一特点而更多地对女性行骗。

(2)女性大多爱面子,容易迁就对方。女性常常碍于情面,对本该认真的事羞于表达,对违背自己意愿的事又不忍拒绝,导致骗子得寸进尺。

(3)有的女性容易被一时之利诱惑。现实生活中有些女性仅仅因为对方的一两句"我爱你""说话算数",便很快对其形成了"讲信用,靠得住"的"良好"印象,一旦对方再施以小恩小惠,就很容易放松警惕,让骗子牵着鼻子走。

二、校内诈骗作案的主要手段

(1)假冒身份,流窜作案。诈骗分子往往利用假名片、假身份证与人进行交往,有的还利用捡到的身份证等在银行设立账号提取钱款。骗子为了既能骗得财物又不露出马脚,通常采用游击方式流窜作案,财物到手后即逃离。还有人以骗到的钱财、名片、身份证、信誉等为资本,再去诈骗他人、重复作案。

(2)投其所好,引诱上钩。一些诈骗分子往往利用被害人急于就业和出国等心理,投其所好、应其所急施展诡计而骗取财物。

(3)真实身份,虚假合同。利用假合同或无效合同诈骗的案件,近几年有所增加。一些骗子利用高校学生经验少、法律意识差、急于赚钱补贴生活的心理,常以公司名义、真实的身份让学生为其推销产品,事后却不兑现诺言和酬金而使学生上当受骗。

(4)借贷为名,骗钱为实。有的骗子利用人们贪图便宜的心理,以高利集资为诱饵,使部分学生上当受骗。

(5)以次充好,恶意行骗。一些骗子利用学生不"识货"又苛求物美价廉的特点,上门推销各种产品而使学生上当受骗,或者利用网上购物的方式达成"不见面也行骗"的诈骗效果。

(6)招聘为名,设置骗局。为了减轻家庭负担,勤工俭学已成为不少大学生谋生求学的重要手段。诈骗分子往往利用这一机会,以招聘的名义对一些急于求职打工的学生设置骗局,骗取介绍费、押金、报名费等。

(7)骗取信任,寻机作案。诈骗分子常利用一切机会与大学生拉关系、套近乎,或表现出相见恨晚而故作热情,或表现得十分感慨以朋友相称,骗取信任后寻机作案。

(8)编造谎言,骗取钱财。在车站、码头,甚至在校园内,经常发现一些青年人假冒从外地来本地实习的学生,向你装出一副可怜相,借口与同行的老师和同学失散,而学校又急电让其乘飞机返校,骗取大学生的钱财,且屡屡得逞。有的还以学生发生意外或生病急需用钱治病为由,骗取学生家长的钱财,这也往往容易得逞。

■ 三、高校诈骗案件的预防措施

(一)大学生应该如何预防诈骗?

(1)要有反诈骗意识。俗话说:"害人之心不可有,防人之心不可无。"当然,"防人"并不是要搞得人心惶惶,关键是要有这种意识,社会环境千变万化,青年大学生必须尽快适应环境,学会自我保护。要积极参加学校组织的法制和安全防范教育活动,多知道、多了解、多掌握一些防范知识,这对于自己有百利而无一害。在日常生活中,要做到不贪图便宜、不谋取私利;在提倡助人为乐、奉献爱心的同时,要提高警惕性,不能轻信花言巧语;对于任何人,尤其是陌生人,不可随意轻信和盲目随从。遇人遇事,应有清醒的认识,不要因为对方说了什么好话,许诺了什么好处就轻信、盲从。要懂得调查和思考,在此基础上做出正确的反应。不要把自己的家庭地址等情况随便告诉陌生人,以免上当受骗;不能用不正当的手段谋求择业和出国;发现可疑人员要及时报告,上当受骗后更要及时报案、大胆揭发,使犯罪分子受到应有的法律制裁。

(2)不要感情用事。诈骗分子的最终目的是骗取钱财,并且是在尽可能短的时间内骗走。因此,对于表面讲"感情""哥们儿义气"的诈骗分子(特别是遭受不幸的"落难者"、新认识的"朋友""老乡"),若对你提出钱财方面的要求,切不可被感情的表象蒙蔽,不要一味"跟着感觉走"而缺乏理智,要学会"听、观、辨",即听其言、观其色、辨其行,要懂得用理智去分析问题。最好能对比一下在常理下应做出的反应,如认为对方的钱财要求不合实际或超乎常理,应及时向老师或保卫部门反映,以避免不应有的损失。

交友要谨慎,避免以感情代替理智。人的感情是主体与客体的交流,既是主观体验也是对外界的反映,本身应该包含合理的理智成分。如果只感情用事、一味"跟着感觉走",往往容易上当受骗。交友的基本原则有两条:一是择其善者而从之。真正的朋友应该建立在志同道合、高尚的道德情操基础之上,是真诚的感情交流而不是简单的利益关系,要学会了解、理解和谅解。二是对于熟人或朋友介绍的人,要学会辨别,不能"一是朋友,都是朋友"。对于"初相识的朋友",不要轻易"掏心窝子",更不能言听计从,受其摆布利用。对于那些"来如风雨,去如微尘"的陌生人,不能轻信其言辞,应尽快查实其身份,对未经查实或查实不明的不能为他们提供与他们单独行动的时间和空间,以避免给犯罪分子创造作案条件。

(3)对过于主动自夸"本事"或"能耐"的人,或者过于热情地希望"帮助"你解决困难的人,要特别注意。那些自称"名流""能人"的诈骗分子为了能更快地取得你的信任,以达到其不可告人的目的,大多都会主动地在你面前炫耀自己的"本事",说自己如何了得,取得了什么成就,而且他正在运用他的"本事""能耐"为你解决困难或满足你的请求。当遇到这种人时,你应当格外注意,因为你面前的那个"能人"很可能是一个十足的诈骗分子,而且他正试图取得你的信任,此时你的反应很大程度上决定了你此后是否会上当受骗。

(4)切忌贪小便宜。对飞来的"横财"和"好处",特别是不是很熟悉的人所许诺的利益,要深思和调查。要知道,天上是不会掉馅饼的,尽可能克服贪小便宜和对突然到来的"好处"的过多追求。对于这些"横财"和"好处",最好的防范措施是三思而后行。

(5)同学之间要相互沟通,相互帮助。同学之间加强沟通,相互帮助,不仅能增进同学间的友谊,营造良好的同学关系,与此同时,由于相互间沟通、帮助的增多,更能从同学那里得到"参谋"意见,避免出现"当局者迷"的情况。

(6)服从校园管理,自觉遵守校纪校规。服从校园管理,减少一些图谋不轨的外来人员进入宿舍。自觉遵守校纪校规,也有利于减少接触到骗子的机会,减小受骗的可能性。

诈骗分子行骗的过程可分为两个阶段:①博得信任;②骗取对方财物。对于行骗者和受害者来说,第一阶段都是最重要的,也是行骗者行为表现最为突出的阶段。虽然行骗手段多种多样,但只要我们树立较强的反诈骗意识,克服一些不良心理,对于问题保持应有的清醒,做到"三思而后行、三查而后行",在绝大多数情况下是可以做到不上当受骗的。

(二)如何加强防骗意识?

1. 别等出事后才想起法律

具备法律意识,不仅是在事后知道要运用法律,更重要的是将法律意识贯穿于事前和事中。事前要履行完备的书面法律手续,不做口头协议。书面手续要力求明细化。

2. 不轻易相信陌生人

在与人交往中,对陌生人要时刻保持警惕,对其提出的问题或允诺不要轻易相信,不能把自己的身份、联系方式等轻易告诉他人,更不能随之独往。

3. 别幻想不劳而获

当面对诱惑时,千万不要急功近利,任何时候都得想一想:人家凭什么给我这么多好处?这样做是否符合常理?注意分析对方许诺给你的利益是否合理,就会得出比较客观和是否可行的结论。

4. 切忌感情冲动和意气用事

有很多不法之徒专以"交友""恋爱""求助"为名,利用女性的爱心和情感来行骗,要当心甜言蜜语或"慷慨义举"后所隐藏的欺诈。

5. 一旦发现受骗，必须镇定

一旦发现受骗千万别慌神，赶快想办法及时掌握对方有罪的证据，迅速报案，要防止打草惊蛇。有人认为把钱追回来是关键，所以，在发现上当后便想私了，于是主动找上门去恳求骗子返还财产。这是很愚蠢的做法，这等于告诉对方骗局已经暴露，提醒骗子赶快逃匿。聪明的做法是，一面装作仍蒙在鼓里，随时掌握对方行踪；一面查明对方所骗财产的流向，及时报告公安机关。

四、大学生如何提防"马路骗子"？

近年来，在诸多诈骗案中，"马路骗子"屡屡得手。在受骗的人中，年轻人占大多数，其中，不乏在校大学生。因此，作为在校大学生应特别注意提防"马路骗子"。

(1) 不要贪图小便宜。诈骗活动得逞的一个先决条件是受骗者有爱占小便宜的心理。

(2) 不要在马路上向无证摊贩购买自己不了解合理价格和质量标准的商品。不要听信货摊周围有人叫好、喊便宜，甚至争先恐后去抢着买，说不定他们就是所谓的"托"。

(3) 提防魔术行骗。许多魔术行骗看似公平，实则暗藏机关，一般人看不出行骗者做的手脚。如果稍有不慎，行骗者就有可乘之机，让你尝点甜头后，把你宰得头破血流。因此，遇到摆摊的魔术，一定莫入圈套。

(4) 不要轻易参与骗子的游戏活动。骗子的意图有时很容易被人看破，但是他往往利用人们的好奇心理或参与心理引你上钩。如一些"马路骗子"在街头巷尾摆设的游戏，总是先引诱你参与，设法使你在参与中享受到乐趣，而后诈骗你的钱物。

(5) 警惕骗子利用封建迷信诈骗。一些骗子利用看病、算命骗钱，利用想尽快好起来的心理引你上当，从而心甘情愿地拿钱去看病。得病应去正规医院诊治，不要被迷信迷惑。

第七节　防范传销与不合规信贷

一、防范传销

> 广西某大学生小玉，是女大学生中的佼佼者，获得过国家奖学金，并担任过学生会副主席。不料，在毕业求职时被高中同学利用，被骗入一个传销组织，在懵懂中，她将自己的同学、亲人带入其中，成为传销组织的网罗高手。但良知是无法被吞噬的。经历了种种的挣扎和痛苦，她举起正义之剑，向媒体和有关部门举报了传销组织的内幕。现在的小玉，已经找到了一份工作，虽然工资不高，但可以负担生活。"从传销组织刚出来的人，都面临着巨大的精神、生存压力，有交际障碍，似乎跟这个社会格格不入，但是我已经成功走出来了，如果以后有人需要我的帮助，我愿意竭尽全力。"小玉说。

直销一般是指企业不通过店铺经营等流通环节，将产品和服务直接销售、提供给消费者的一种营销方式。由于直销销售成本较低等优点，国外许多企业采用这种营销方式。直销传入我国后，一些不法分子利用其具有组织上的封闭性、交易上的隐蔽性和人员的分散性等特点，在我国市场经济体制尚不完善和群众消费心理尚不成熟的条件下,演变为传销,进行各种违法犯罪活动。传销不仅严重扰乱了正常的社会经济秩序,而且还严重危害了社会稳定,对商业诚信体系和社会伦理道德体系造成了巨大破坏,同时,更给参与者造成了很大的经济损失,给其家庭也造成了巨大伤害。

(一)大学生"被传销"的原因

大学生频陷传销陷阱的新闻报道,让我们意识到了一个令人不安的事实:传销机构已经把大学生当作了主要的发展对象。有关报道显示,大学生参与传销受骗的事件数量越来越多。

> 1. 车某通过熟人了解到某"培训网"和它的传销方式,认为这是条发财的途径,于是注册为网站会员。据悉,该"培训网"和其他培训网站的重要区别就是把该网站推荐给别人,可以"挣钱"。后来,车某以培训网站的名义在高校大学生中发展会员,并承诺发展下家可以奖宝马、房子,最终使北京及外地10余所高校的上千名大学生陷入网络传销中,车某通过网络传销获利8万余元。
> 2. 大江网曾报道某公安局破获了5起传销案,在解救的130余人中,八成是大学生。传销团伙正是利用了大学生急于找工作或者获得实践经验的心理,频频将黑手伸向涉世未深的大学生。传销有风险,兼职需谨慎。

1. 传销组织因素

(1)传销组织的诱惑力就是许诺"让你变为百万富翁,最慢只需一年"。他们把这种编造的一夜暴富的神话说得天花乱坠又天衣无缝。这种诱惑正好迎合了部分大学生急于"脱贫致富"的幻想。

(2)许多大学生易被传销组织提出的平等、互爱等虚拟的东西迷惑。人都有一种被社会承认、被他人关爱的需求。在学校里,部分大学生的这种需求被忽视了。他们缺乏亲情、友情的互动,而传销组织利用这一点,让大家组成"家庭",一起睡地铺,一起捡菜叶,一起分享感受,从而使人对传销集体产生心理依赖。此外,传销链具有很强的控制力,大学生一旦进入传销链条,身份证、现金、通信工具等都被没收,公司天天对他们进行"洗脑",让他们不得不信那些天花乱坠的说法。你讲得再荒唐,几个人在一起谈就不觉得荒唐;大家一起失败,痛苦成了大家的,这就是一种群体暗示和从众效应,一旦相信,他们会反过来再做其他同学的工作。

2. 大学生自身因素

大部分大学生对传销自身抵抗力不高,主要表现为:一是他们在进入大学校园努力学习改造客观世界的科学文化知识的同时,忽视了对主观世界的改造,受社会转型的各种错误思想观念的影响,"有钱就是成功"的暴富心态左右了他们的价值观念;二是大学生社会阅历浅,往往急功近利,对生活的期望值较高,很容易被那些自称能暴富的传销组织洗脑;三是法制观念淡薄,误入"传销邪教"的大学生,有法制观念的就想办法报案脱身,缺乏法制观念的就认命,在被骗后,无法索回交出的钱,又想挽回损失,于是又发展下线,越陷越深,不能自拔。

3. 社会环境因素

社会环境因素包括:一是社会职能部门在校园宣传与直销和传销相关的知识不够多,使大学生对传销的认识不够深入,对传销和直销的区别知之甚少;二是大学生就业压力和经济压力大,在急于工作挣钱养活自己的压力下容易受骗;三是在加大对非法传销组织和传销头目的打击力度的同时,相关部门和校方的配合机制不够强,若针对参与者只是找回就行,无法利用联运机制进一步对传销组织采取重点打击,达到震慑违法分子同时表达政府对大学生群体进行保护的作用;四是社会整体价值取向使大学生普遍存在急于"建功立业"和摆脱经济困境的心理,不能够正视现实,根据自己的能力和特长选择适合的工作,靠脚踏实地的辛勤劳动创造未来。

(二)传销与直销的区别

传销是指组织者或者经营者发展人员,通过对被发展人员以其直接或者间接发展的人员数量或者销售业绩为依据计算并给付报酬,或者要求被发展人员以缴纳一定费用为条件取得加入资格等方式牟取非法利益、扰乱经济秩序、影响社会稳定的行为。

直销是指销售人员以面对面的说明方式而不是固定店铺经营的方式,把产品或服务直接销售或推广给最终消费者,计算并提取报酬的一种营销方式。在不同的公司,这些直接销售人员被称为销售商、销售代表、销售顾问或其他头衔,他们主要通过上门展示产品、开办活动或者一对一销售的方式来推销产品。

二者的主要区别有以下几点:

(1)商品不同。传销的产品大多是一些没有什么品牌、质次价高的商品。而直销的商品大都为一些著名的品牌,在国内外有一定的认知度。

(2)加入的方式不同。传销要求推销员加入时,上线要收取下线的商品押金,一般以购物或资金形式收取"入门费"。直销指以面对面且非定点的方式销售商品和服务的交易形式。

(3)营销管理不同。传销的营销管理很混乱,上线推销员是通过欺骗下线推销员来获取自己的利益的。采用"复式计酬"的方式,即销售报酬并非仅仅来自商品利润本身,而是按发展传销人员的"人头"计算提成。直销的管理比较严格,推销员是不直接跟商品和钱接触的。自己的业绩由公司来考核,由公司进行分配。

(4)根本目的不同。传销的根本目的是无限制地发展下线,千方百计通过扩大下线来赚钱。而直销最终面对的终端是客户,通过商品交易来取得利润。

(5)报酬分配方式不同。非法传销通过以高额回报为诱饵招揽人员从事变相传销活动,参加者的上线从下线的入会费或所谓业绩中提取报酬。而直销企业为愿意勤奋工作的人提供务实创收的机会,而非一夜暴富。每位推销人员只能按其个人销售额计算报酬,由公司从营运费用中拨出,在公司统一扣税后直接发放至其指定账户,不存在上、下线关系。

(6)保障机制不同。直销企业的推销人员可根据个人意愿,自由选择继续经营或退出,企业为顾客提供完善的退货保障。而非法传销通常强制约定不可退货或退货条件非常苛刻。

(7)经营方式不同。直销企业设立开架式或柜台式店铺,推销人员都直接与公司签订合同,其从业行为直接接受公司的规范和管理。而非法传销的经营者通过发展人员、组织网络从事无店铺或"地下"经营活动。

(三)大学生如何抵制传销?

(1)要有一定的自我认知能力和自觉抵制危害的意识。面对某一新事物,要有敏锐的嗅觉和观察能力,洞悉事物本质,善于思考分析,从思考中获得真知;面对谣言蛊惑,要有强烈的辨别能力,不轻信他人言语、坚持自我立场、善于分清是非,从大是大非中寻找自我;面对危险要有冷静的头脑,临危不惧、有勇有谋,善于拉拢助手,从智慧中获得希望。

(2)学习法律知识,增强防范意识。认真学习国务院《禁止传销条例》等有关法律法规和国家的方针政策,增强对传销本质、形式和欺骗性、危害性、违法性的认识和了解,并对其危害性进行宣传,不断提高识别能力。

(3)加强科学理论知识的学习,加强品德修养,树立正确的人生观、价值观。培养奋斗精神,确立人生在于劳动、在于奉献的正确理念,在奉献与求知中获得乐趣;树立正确的价值观和金钱观,不崇拜金钱,坚定正确的价值体系;树立正确的择业观,立足兴趣,重在发展,戒除急功近利、投机暴富的心态。踏踏实实做人,老老实实做事,戒骄戒躁,诚实劳动,勤劳致富,自觉抵御传销歪理邪说的诱惑。

(4)加强同学之间的交流与沟通,做到诚信就业。在择业、就业过程中相互提醒、相互关心,以诚相待,诚实守信,坚决抵制关于传销的信息,即使被困,也不试图拉拢同学和朋友下水,而要寻找科学方法,伺机逃离或寻求帮助。

(5)完善在校大学生寻找兼职的方式。通过正规的机构以合法渠道获得信息,面试时请同学陪同,或是告知他人自己面试单位的联系方式和详细地址。在面试时要提高警惕,确保自身安全。

(6)针对大学生在求职中被骗的实例,大学生应该做到:

①积极参加学校等正规单位组织的招聘会,慎重对待网络信息,在认可网络信息之前,一定要认真查询招聘单位的相关信息和资料,查询该单位在网上招聘的入网信息。

②对多年不见的同学或朋友向你推荐的工作,要进行相关的筛选,应聘时不单枪匹马,要结伴而行,或是告知他人自己的行踪,以有利于发生意外时及时报案。

③在求职中保持高度的警觉性,认清形势,不贪图便宜误入歧途。

总之,大学生要养成正确的财富观念。一个人成功的标志不仅仅是金钱的多少,更重要的是事业的成功,金钱并非是衡量事业成功的唯一标准。树立劳动是获得回报唯一途径的思想。摈弃那种贪求既清闲又能获得高额回报的工作的不良心态,要明确财富的积累离不开艰辛的劳动和时间的积淀。

二、防范不合规信贷

现代大学生的个人消费已经从依赖家庭、依靠个人勤工俭学走向了面向社会借贷的生活消费时代。贷款本身是针对公司、企业或有一定社会经济基础及偿还能力的社会人所进行的借贷消费活动。但是,随着金融产品的多样化,小额贷款的发展已经走向更广泛的领域,甚至走进了大学生的日常生活。

"校园贷"到底是怎么回事、对学生的学习和生活会产生哪些影响,是作为一名大学生有必要了解和认真对待的问题。

(一)大学生身边的不良"校园贷"

河南某高校谭某因迷恋网上赌球,利用28名同学的身份信息通过网络借贷从十几家贷款公司贷款58.95万元。因经济压力巨大无法偿还而选择在青岛一家宾馆跳楼自杀。

红网、潇湘晨报、凤凰网报道了某高校学生因赌博借贷了十几万元。

湖南某高校黄某借用18名大学生个人信息贷款50万元。

长沙某学校一女生通过网络借贷平台贷款后被要求以手持身份证的全裸照为抵押进行借

贷,逾期未还后,裸照被公开。

湖南某高校学生会主席利用职位之便,多次以创业为名骗同学办理高额贷款,总额近100万元。他从担任学生会主席起,就开始利用学生身份在网络平台办理贷款业务,事成后给予提供身份信息的学生一定佣金。几年后,他在无力偿还贷款的情况下,还采用同样的手段,组织部分新生办理网络贷款,以贷款冲抵负债。最终因利息数额越来越大而无力偿还。涉案的本校学生达26人,其中大多数为新生,另有一名外校学生。每名学生被骗贷金额在1万元至7万元不等,涉案金额共计约85万元。该生已被刑拘。

一名大四学生将学费全部用来做不良借贷。不久之后失踪。

某高校刘某,因网上赌球,借了50多万元。父母变卖家产还债却仍未还清债务。随后,该生被勒令退学。

向某通过手机"必赢"软件在网上赌球,先后向本专业其他三名同学通过分期乐、爱学贷、名校贷、人人分期等付款、贷款软件借钱。其家长帮其还款11万余元,但仍未还请。

(二)"校园贷"的现状

各地加大对网络借贷信息中介机构(以下简称网贷机构)校园网贷业务的清理整顿,取得了初步成效。但部分地区仍存在"校园贷"乱象,特别是一些非网贷机构针对在校学生开展借贷业务,突破了校园网贷的范畴和底线,一些地方"求职贷""培训贷""创业贷"等不良借贷问题突出,给校园安全和学生合法权益带来严重损害,造成了不良社会影响。

(三)"校园贷"及其产生的背景

"校园贷"又称"校园网贷",是指一些网络贷款平台面向在校大学生开展的贷款业务,是互联网金融模式下产生的"金融创新"产品。

"校园贷"产生的背景可以总结为以下几个方面:

1. 大学生信用卡业务被叫停

银监会发文:禁止银行向未满十八周岁的学生发放信用卡,已满十八岁的学生需经由父母(第二还款来源方)的书面同意后才能发放。随后,所有的银行直接停止向学生发放信用卡的业务。

2. 贷款理念及社会诱惑蔓延到校内

就整个社会而言,贷款买车、买房等现象已经很普遍、很正常。这时社会有人给学生诱惑,很多学生就会禁不住诱惑去尝试。

3. 民间金融借贷向大学生延伸,门槛低、手续方便、速度快

学生群体人数众多,有父母作为第二还款来源。有关公司看中这个目标群体,通过在学校设摊或由高年级学生"地推",从而得到学生,尤其是入学新生的信赖。

(四)"校园贷"的基本形式

(1)单纯的P2P贷款平台。

2020年11月中旬,全国实际运营的P2P网贷机构完全归零。

(2)针对大学生的分期购物网站。

(3)电商平台提供的信贷业务。

(五)不良"校园贷"的主要特征及危害

1. 不良"校园贷"的主要特征

(1)利率畸高,学生网贷平台年化借款利率普遍在 10%～25%,极个别的,年利率甚至高达 70%以上。

(2)担保与催债的手段黑暗,如设置贷款陷阱、贷后暴力催收、逼迫大学生"裸条"担保等。

(3)网贷时,缺乏基本的反查机制,不进行还款能力考察,向并无太强偿还能力的大学生借款。

我们通过一个例子来分析一下"校园贷"的利率骗局:假设李同学借 10 000 元,分 12 期还款;网贷平台要扣除 2 000 元服务费,学生到手只有 8 000 元;网贷平台会再给李同学一张还款单,显示每月要还款 932.33 元。

$932.33 \times 12 = 11\ 187$ 元

实际还息:$11\ 187 - 8\ 000 = 3\ 187$ 元

年利率:$3\ 187 \div 8\ 000 = 39.8\%$

实际年利息竟高达近 40%。

那么 0.99% 的利息是怎么来的呢?

$(11\ 187 - 10\ 000) \div 12 = 99$ 元

$99 \div 10\ 000 = 0.99\%$

我们可以得出:

(1)利息一直按本金 10 000 元计算,没有扣除 2 000 元服务费。

(2)并非按"等额本息"还款方式计算,每月本金始终按 10 000 元计算,没有递减。

2. 不良"校园贷"的危害

危害 1:涉及"校园贷"的诈骗案件频发

(1)利息诈骗。

(2)以就业、创业培训不收钱为幌子,介绍学生找借贷公司借钱,培训机构承诺还钱,但一旦收钱后公司破产。

危害 2:滋长恶习、超前消费

高校学生的经济来源主要是父母提供的生活费,因此如果该学生具有攀比心理,且平时就有恶习,那么这部分学生可能会转向"校园贷"获取资金,并引发赌博、酗酒等不良恶习,甚至导致无法收场。

危害 3:引发各种纠纷

前面的案例中可以看出,绝大多数"校园贷"是通过窃取同学信息使用非本人信息进行贷款的,引发民事经济纠纷。但这样的案子,公安与法院是不受理的。在这个时候,人们总是倾向于把个人放在受害者的角色里,不自觉地把矛盾指向商业机构、指向学校、指向政府。被忽略的事实是:成年人应该为自己的行为负责,商业机构(借贷公司)的本质是逐利的。

(六)"校园贷"的应对措施

1. 警惕不良"校园贷"骗局的十个"凡是"

以下"校园贷"须警惕:

(1)凡是声称可以帮助同学"办理小额分期、手机分期等一些用款业务"的。

(2)凡是声称网上办理贷款"手续简单,当天可以办理"的。

(3)凡是要求借款人以手持身份证裸体照片替代借条实施借款的。

(4)凡是声称可以以"先拿钱后兼职还款"作为条件的。

(5)凡是声称以介绍同学、朋友参加"校园贷"贷款,便可轻松赚得每单几百上千元不等的"好处费"的。

(6)凡是声称"不需要任何抵押,动动手指就能借到钱"的。

(7)凡是不考察借款人的还款能力,不进行适当测评,就轻松放贷,发放小额现金的。

(8)凡是通过在校内寻找个别学生或辅导员老师进行"校园贷"代理、发展"眼线"等方式实施手机 App 借贷的。

(9)凡是声称可以找到内部人士,发放助学金的。

(10)凡是声称"只需提供学生证和身份证即可办理"的。

2. 牢记防骗三原则

(1)不参与——对以"十个凡是"为声称的小额信贷,不参与。

(2)多查寻——对声称可以提供内部助学金、发展党员等利益诱惑为由的所谓"内线"人士的身份和工作单位进行查寻,识破骗人把戏。

(3)先告知——要先告知家长、老师,在得到相关的查证后,再做决定。

3. 注意事项

(1)保护好个人隐私。平时同学们要注意放置好身份证等有关个人身份认证的物品,不能随便转借他人使用。如有谎称客服的人员拨打电话询问个人信息,一定要加以判断核实,避免个人信息被不法分子使用。

(2)树立正确的价值观,培养理性消费理念。合理管控自己的花销,有计划地安排日常开销。不要过于追求物质享受,抵制超前消费和过度消费,提高自己识别非法借贷的意识与能力。

(3)即使要贷款,在签署协议时一定要仔细阅读协议内容,尤其注意其利息之外的相关手续费、违约金、滞纳金等。

(4)家人永远是我们坚强的后盾。如果某个月因为消费过度,要过"吃土"生活了,那也不要走上贷款的道路。坦诚地向父母说明,父母是不愿看到自己的子女忍饥挨饿的,更不愿意看到子女因此背上沉重的还款包袱。

4. 进一步加大"校园贷"监管整治力度,从源头上治理乱象

(1)疏堵结合,维护"校园贷"正常秩序。

为满足大学生在消费、创业、培训等方面合理的信贷资金和金融服务需求,净化校园金融市场环境,使"校园贷"回归良性发展,商业银行和政策性银行应在风险可控的前提下,有针对性地开发高校助学、培训、消费、创业等金融产品,向大学生提供定制化、规范化的金融服务,合理设置信贷额度和利率,提高大学生"校园贷"服务质效,畅通正规、阳光的校园信贷服务渠道。开展"校园贷"的银行应制定完善的校园信贷风险管理制度,建立风险预警机制,加强贷前调查评估,认真审核、评定贷款大学生资质,重视贷后管理监督,确保资金流向符合合同规定。如发现贷款大学生存在资料造假等欺骗行为,应提前收回贷款。银行应及时掌握贷款大学生资金流动状况和信用评分变化情况,评估其还款能力,采取应对措施,确保风险可控。

针对当前各类放贷主体进入市场,缺乏相应制度和监管约束,以及放贷主体自身风险控制机制缺失等问题,为切实规范"校园贷"管理,杜绝"校园贷"欺诈、高利贷和暴力催收等行为,未经银行业监督管理部门批准设立的机构不得进入校园为大学生提供信贷服务。

(2)整治乱象,暂停网贷机构开展校园网贷业务。

各地金融办(局)和银监局要在前期对网贷机构开展校园网贷业务整治的基础上,协同相关部门进一步加大整治力度,杜绝网贷机构发生高利放贷、暴力催收等严重危害大学生安全的行为。现阶段,一律暂停网贷机构开展在校大学生网贷业务,逐步消化存量业务。要督促网贷机构按照分类处置工作要求,对于存量校园网贷业务,根据违法违规情节轻重、业务规模等状况,制订整改计划,确定整改完成期限,明确退出时间表。要督促网贷机构按期完成业务整改,主动下线校园网贷相关业务产品,暂停发布新的校园网贷业务标的,有序清退校园网贷业务待还余额。对拒不整改或超期未完成整改的,要暂停其开展网贷业务,依法依规予以关闭或取缔,对涉嫌恶意欺诈、暴力催收、制作贩卖传播淫秽物品等严重违法违规行为的,移交公安、司法机关依法追究刑事责任。

(3)综合施策,切实加强大学生教育管理。

各高校要把"校园贷"风险防范和综合整治工作作为当前维护学校安全稳定的重大工作来抓,完善工作机制,建立党委负总责、有关部门各负其责的管控体系,切实担负起教育管理学生的主体责任。一是加强教育引导。积极开展常态化、丰富多彩的消费观、金融理财知识及法律法规常识教育,培养学生理性消费、科学消费、勤俭节约、自我保护等意识。现阶段,应向每一名学生发放"校园贷"风险告知书并签字确认,每学期至少集中开展一次"校园贷"专项宣传教育活动,加强典型案例通报警示教育,让学生深刻认识不良"校园贷"危害,提醒学生远离不良"校园贷"。二是建立排查整治机制。开展"校园贷"集中排查,加强校园秩序管理。未经校方批准,严禁任何人、任何组织在校园内进行各种"校园贷"业务宣传和推介,及时清理各类借贷小广告。畅通不良"校园贷"举报渠道,鼓励教职员工和学生对发现的不良"校园贷"线索进行举报。对未经校方批准在校宣传推介、组织引导学生参与"校园贷"或利用学生身份证件办理不良"校园贷"的教职工或在校学生,要依规依纪严肃查处。三是建立应急处置机制。对于发现的学生参与不良"校园贷"事件要及时告知学生家长,并会同学生家长及有关方面做好应急处置工作,将危害消灭在初始状态。同时,对发现的重大事件要及时报告当地金融监管部门、公安部门、教育主管部门。四是切实做好学生资助工作。帮助每一名家庭经济困难学生解决好学费、住宿费和基本生活费等方面困难。五是建立不良"校园贷"责任追究机制。对校内有关部门和院系开展"校园贷"教育、警示、排查、处置等情况进行定期检查,凡责任落实不到位的,要追究有关部门、院系和相关人员责任。对因"校园贷"引发恶性事件或造成重大案件的,教育主管部门要倒查倒追有关高校及相关责任人,发现未开展宣传教育、风险警示、排查处置等工作的,予以严肃处理。

(4)分工负责,共同促进"校园贷"健康发展。

各部门要高度重视"校园贷"规范管理工作,明确分工,压实职责,加强信息共享,形成监管合力。各地金融办(局)和银监局要加强引导,鼓励合规机构积极进入校园,为大学生提供合法合规的信贷服务。要制定正负面清单,明确"校园贷"市场参与机构。要积极配合教育主管部门开展金融消费者教育保护和宣传工作。要加强信息共享与经验交流,以案说法,务求整治实效。各地教育主管部门、各高校要切实采取有效措施,做好本地本校工作分层对接和具体落实,筑好防范违规放贷机构进入校园的"防火墙",加强风险警示、教育引导和校园管理工作。各地人力资源社会保障部门要加强人力资源市场和职业培训机构监管,依法查处"黑中介"和未经许可擅自从事职业培训业务等各类侵害就业权益的违法行为,杜绝公共就业人才服务机构以培训、求职、职业指导等名义,捆绑推荐信贷服务。涉及校园网贷整治相关事项,有关部门应按照《关于进一步加强校园贷规范管理工作的通知》(银监发〔2016〕47号)要求贯彻落实。

思考与练习

1. 在食堂就餐,遇到他人打架,你该如何处理?
2. 哪些时间段容易发生学生宿舍盗窃?
3. 遇到诈骗怎么办?
4. 怎样防范"校园贷"?

第三章 校园安全

党的二十大报告指出:"我们要坚持教育优先发展、科技自立自强、人才引领驱动,加快建设教育强国、科技强国、人才强国,坚持为党育人、为国育才,全面提高人才自主培养质量,着力造就拔尖创新人才,聚天下英才而用之。"高校应培养造就大批德才兼备的高素质人才,而高校内外的安全环境是大学生安全学习生活的基础。在校内须教育大学生严格遵守校园及宿舍"安全用电"的相关制度,注意用电安全;教育大学生谨防火灾,当发生火灾后,须头脑冷静,理性逃生;平时谨防扒窃、入室盗窃、网络盗窃等。在校外应提高安全意识,注重安全。如公交车上注意安全、夜间行路注意安全、晚上按时回宿舍等,确保大学生自己的生命财产安全。

第一节 常见运动安全及其防范

一、军训安全

军训是大一新生迎接大学生活的第一堂课,也是大学生活中难忘的一段经历。军训的磨炼,在一定程度上,有助于锻炼学生的意志力,对于学生的身体素质、性格发展都有一定的帮助。现今,许多学生从小到大都被父母呵护、疼爱,习惯了以自我为中心的生活圈子。因此,集体精神、团结协作的观念较为淡薄,而军训为培养同学们团结与协作的精神提供了契机。但同时,军训也是对身体和意志的一个巨大考验,大学生要提高安全意识,保护好自身的安全。

(一)注意军训饮食

1. 正确补充水分

军训期间注意多补充水分,多喝运动饮料、茶水和盐水,还可以喝盐茶水、咸绿豆汤、咸菜汤和含盐汽水等。这样既可以消暑解渴,又能及时补充身体必需的盐分。最好是每天多喝几次,每次少喝一点。

军训中,学生经常在暴晒后通过猛灌冰水、冰冻饮料等来解除酷暑,这是不恰当的饮水方法,不但不能补充已丢失的水分,反而会损害健康,诱发中暑,引起胃肠道疾病。因为汽水、果汁、可乐等饮料中含有较多的糖精及电解质,这些物质会对胃产生刺激,影响消化和食欲,如大量饮用还会增加肾脏负担。冷饮吃得太多,肠胃受到大量冷饮的刺激,会加快蠕动,缩短食物在肠胃中的停留时间,直接影响人体对食物营养的消化和吸收。同时,胃肠里的温度比较高,骤然受到大量的冷刺激,有可能导致胃肠痉挛,引发腹痛。

不要拼命喝白开水,当心水质性中毒。千万不要喝生水,以免引起肠道传染病。大雨或大汗淋漓后不要急于喝水,稍微休息片刻再补充水分,以免突然加重肠胃负担。睡前不要喝咖啡,以免影响睡眠,影响第二天的军训。

2. 合理补充营养

军训期间体力消耗巨大,所以要注意补充体力。多吃一些肉类、蛋类,还要注意补充维生素,多吃点蔬菜。早饭一定要吃,否则会出现头晕、心慌等低血糖症状。不要挑食,以免能量不够,导致低血糖晕倒,影响身体健康。

吃饭不可过快或过饱,过快易把气体带入胃中,拉练行军途中会出现呃逆现象,过饱则易造成腹部胀满。有条件的话,晚上睡觉前喝点牛奶,既补充营养,又能提高睡眠质量。

军训期间很多学生晚上常有肌肉发胀、关节酸痛、精神疲惫之感,可多吃碱性食物,如水果、蔬菜、豆制品等,保持体内酸碱度平衡,尽快消除运动带来的疲劳。切忌饮酒解乏。

(二)军训期间的安全事项

1. 着装舒适

高校军训时间基本都安排在夏秋季节,这时天气炎热、温度高,所以在着装方面,给大家两点小的建议:

(1)迷彩服里面最好再穿一件棉制的背心,吸汗性好,否则你的迷彩服背部很快会晒出盐渍来;袜子也以棉制的运动袜为佳;鞋子里面最好垫软鞋垫,这样脚后跟会舒服一些,同时,对汗脚、脚臭也有一定的防治作用。

(2)学生宜穿球鞋、军鞋或旅游鞋,忌穿新鞋、高帮鞋以及高跟鞋。鞋号宜稍大一点,以免"小鞋"磨脚。

2. 注意个人卫生,注意休息

军训期间要注意个人卫生,衣服要勤洗勤换,保持干净整洁。要按时作息,养精蓄锐,为军训打下良好的基础。中午最好也休息一下,养足精神备战下午的训练。睡觉时,要注意保暖,以免着凉,感冒发烧。

3. 谨防"军训夏日病"

夏天是疾病多发的季节,很多学生容易得"军训夏日病"。

(1)热感冒

病因:热感冒的内在原因是人体在夏季抵抗力下降。很多同学贪图一时凉快,满头大汗地冲凉水澡,久开空调或久吹风扇等,导致温差较大,人体一时不能适应,细菌、病毒便会乘虚而入,导致感冒的发生。

预防:切忌受热后通过冲凉等方式"快速冷却",大汗淋漓后最好先以风扇降温,待体温下降后再开空调。或先喝一点水,等汗出完擦干后再采取冲凉措施。

(2)冷过敏

病因:夏天要防热还要防"冷"。在炎热的夏季喝冷饮时,若食用方式不当,很容易使上呼吸道遭遇低温的突然袭击,引起咳嗽、气喘等过敏症状。

预防:夏季口渴解热最好喝白开水。同学们可在军训前用水壶自带白开水,尽量少吃或不吃冷饮。若想"解馋"吃冷饮时,不要狼吞虎咽,要慢慢品尝。

(3)肠胃疾病

病因:军训中,学生在暴晒或大量运动后,又渴又热,常猛灌冰水或吃太多冷饮,或饮食不卫生,这些都容易诱发肠胃疾病。

预防:军训中要注意饮食健康,不吃过期和不卫生的食物,身体大量缺水时,要多喝盐水、茶水,但喝水不要太猛。

(4)中暑

病因:由于气温增高,人体产生的热量散不出去,产热与散热失去平衡,体温调节和其他生理机能产生障碍,就会引起中暑。此外,运动量过大,缺少适当休息,水和盐补充不足,衣服不透气等,也会导致中暑。

症状:突然头昏、恶心、昏迷、无汗或湿冷、瞳孔放大、发高烧。发病前常感口渴、头晕、浑身无力、眼前阵阵发黑。

救护:发生中暑时,应立即在阴凉通风处平躺,解开衣裤带,全身放松,再服藿香正气水、人丹等药物。发烧时可用凉水冷敷散热。如昏迷不醒,可掐人中穴、合谷穴使其苏醒。

(5)皮肤病

病因:夏天气温比较高,有利于一些细菌和真菌的繁殖,加上皮肤出汗比较多,汗液浸渍皮肤,尘埃黏附,容易招致葡萄球菌、链球菌和真菌感染,引起毛囊炎、脓疱疮、疖体癣、汗斑与股癣等皮肤病。

预防:预防皮肤病的关键是勤洗澡、勤换衣,保持皮肤清洁干燥。另外,要做好防晒工作,出勤前要记得涂抹防晒霜。袜子尽量选择纯棉质地的,贴身衣物要单独洗,出汗后要及时擦去,避免汗渍和细菌感染。细菌、真菌感染后,要用抗生素、癣药水等及时治疗。同时,夏季训练时要做好防晒、防蚊虫措施,少食辛辣、油腻及过甜食物。

(6)情绪病

病因:炎热的夏季,一般人的睡眠时间和饮食量都有所减少,加上出汗增多,人体内的电解质容易出现障碍,影响大脑神经的活动,从而导致情绪和行为异常,出现烦躁不安、易怒、精力不集中、遇到点小事就容易和人发生口角等问题。

预防:每天保持8小时的睡眠时间,以保证精力充沛。适当补充盐分,以菜汤、果汁为佳。一旦情绪不良,要及时进行化解,比如通过找同学聊天、参加娱乐活动等方式,让自己的情绪平静下来。

4. 其他注意事项

军训中要"坚持再坚持",但如果真感觉身体不适,实在支持不下去时,一定要休息,不要逞强硬撑,防止出现意外。特别是体质较差的同学,如感觉头晕、眼花,要晕倒时,应立即喊报告或拽一下旁边同学的衣角,然后原地坐下,待眩晕过后再到阴凉区域休息一会儿,喝些水,也可通过口含人丹、太阳穴涂清凉油等办法缓解症状。尽量避免直挺挺地倒下去,以免猝然倒地引发摔伤。

休息时不论蹲着还是坐着,起来时不可过猛,防止出现脑缺血而晕厥。要避免崴脚,一旦崴脚,切忌按摩和热敷,应该立即用凉水冲洗15分钟,再找校医处理。如遇烫伤,也应该及时用凉水冲洗,然后找校医处理。

军训卫生保健五大"不宜":

一不宜立即停下来休息。剧烈运动时血液多集中在肢体肌肉中,血液循环极快。如果剧烈运动刚一结束就停下来休息,肢体中大量的静脉血就会淤积在静脉中,心脏就会缺血。大脑也就会因心脏供血不足而出现头晕、恶心、呕吐、休克等缺氧症状。所以剧烈运动刚结束时还应做些放松调整活动。如快跑后逐渐改为慢跑,再走几步、揉揉腿,做几下深呼吸。

二不宜立即大量饮水。剧烈运动后,如果因为口渴一次性大量喝水,会使血液中盐的含量降低。天热汗多,盐分更易丧失,会导致肌肉抽筋等现象。一次性过量喝水还会引起脑血压升高,使人产生头疼、呕吐、嗜睡、视觉模糊、心律缓慢等水中毒症状。所以剧烈运动后应采用"多次少饮"的方法饮水,最好是饮用低浓度的食盐水或是绿豆汤之类的消暑饮料。

三不宜马上洗冷水澡、游泳、吹风或吹空调。剧烈运动后,马上就用电风扇吹风,进入空调房间或在阴凉风口处乘凉,会引起上呼吸道血管收缩,鼻纤毛摆动变慢,降低局部抗病能力,此时,寄生在呼吸道内的细菌、病毒就会大量繁殖,极易引发伤风、感冒、气管炎等疾病。还有些人剧烈运动后就立即下水游泳或立即进行冷水浴,由于肢体温度和水的温度相差悬殊,也易发生小腿抽筋。因此,剧烈运动后应先擦干汗液,等不再出汗时,再进行游泳或冷水浴。

四不宜立即饮啤酒。剧烈运动后,有人把啤酒当水大量地喝,这易使血液中尿酸急剧增加,导致痛风。

五不宜立即吃饭。剧烈运动时,血液多集中在肢体肌肉和呼吸系统等处,而消化器官血液相对较少,消化吸收能力差,运动后需要经过一段时间的调整,消化功能才能逐渐恢复正常。所以剧烈运动后,如果马上就吃饭,一般都吃不香,且对食物中营养的吸收能力也差。

二、体育课安全

1.山西某高校一学生在体育课上参加常规准备活动。集体慢跑中,该同学慢跑约200多米后突然倒地。任课教师与其他正在上课的教师迅速赶到该同学身边进行救治,并拨打校医院电话和120急救电话。校医院医务人员接到电话后5分钟赶到现场进行施救,120急救车也在接报后9分钟赶到现场,对该同学进行了现场急救,并迅速送往医院。但经过一系列抢救,还是没有挽回该同学的生命。

2.湖北某高校一名大四学生于立定跳远项目中突然倒下,送往医院抢救无效,不幸辞世。

世界卫生组织、国际心脏学会有关资料将运动性猝死定义为:有或无症状的运动员或进行体育运动的人在运动中或运动后24小时内的意外(非创伤性)死亡。

运动性猝死,冬季多见,20~40岁群体是高发人群,男性多于女性,女性的发病率低可能是由于女性较少有大强度运动,对疲劳或过度负荷不易耐受等原因。

国内外研究表明,除少数病例外,运动性猝死大多有因可循,运动诱发猝死前有些人有先兆或可通过体检发现,只是人们忽略这些信号和检查,致使悲剧发生。

运动性猝死的最主要原因是心源性猝死(占81%),大部分是由于潜在的心脏疾病导致。脑源性猝死占运动性猝死原因的第二位(17%),主要有脑血管畸形、动脉瘤或高血压等。

(一)大学生体育课猝死的原因分析

(1)大学生身体素质逐渐下降。学生在初、高中接受的学校教育中,家长和老师为了提高学生的学习成绩,往往压缩或者忽略了孩子的身体锻炼时间,使学生错过了最佳的锻炼时机。

(2)大学生在体育课中,应付了事,特别对一些长跑项目非常抵触。另外,他们在业余活动中,很少走进操场活动,而是以"宅"为主,比如选择在宿舍里上网、玩游戏,从而导致身体机能下降。

(3)一些意外事故的出现,导致高校管理层基于安全考虑,普遍缩小了长跑测试距离,甚至取消长跑活动,身体得不到有效的锻炼,从而导致大学生的身体素质普遍下降。

学生在运动中猝死,除了被大家诟病的体育锻炼少、体质下降等因素外,生活上的不良习惯也可能是导致猝死的"元凶"。

(二)让体育课成为"放心课"

大学生是个充满青春活力的群体,活泼好动,精力充沛,但由于掌握的卫生保健知识有限,在各项体育活动中,相对于其他人群较易出现意外损伤。加之缺少必要的急救常识,常贻误病情,从而导致伤病的加重,造成身体的损伤,甚至致畸、致残,带来身体和精神上的痛苦。所以,大学生要做好运动安全的预防工作。

1. 做好预防工作

(1)要有安全意识。要根据自己的身体情况,选择适合自己参加的运动项目。要根据自己对参加项目的熟练程度,确定自己的活动和锻炼方式。要根据锻炼方式的不同,注意运动过程中的安全环节。另外,要保持良好的作息规律,培养健康的生活习惯,早睡早起,不熬夜。可根据自身身体状况,多运动、多锻炼,但要量力而行、适可而止。运动贵在坚持,健康的身体不是一朝一夕锻炼的结果,需要长时间的坚持与培养。

(2)做好运动前的准备工作。一是在进行体育运动之前,做好设施安全检查工作。二是预先学习掌握运动防护动作、要领等。三是做好思想准备,针对运动内容、特点和可能发生的问题,提出安全要求和需要特别注意的问题。四是做好物质方面的准备。例如,必要的防护器材、个人的衣服、鞋袜、饮水等。在此提醒同学们,运动前要摘下胸针和各种金属、玻璃等装饰物,口袋里不要放尖锐的物品,以免划伤、碰伤。戴眼镜的同学尽量在运动时摘掉眼镜,或者提前准备运动专用的眼镜。

(3)做好运动前的热身活动。在运动开始之前,先做几分钟热身运动。特别是在冬季,寒冷的天气导致人体的血管收缩,肌肉的耐力和灵活性都会下降,所以运动前的热身活动非常重要。热身给大脑以刺激,让身体为正式运动做好准备。热身还可以避免运动中突然用力而拉伤肌肉。冬天准备活动时间要适当长一些,严禁不做准备就急于锻炼和比赛等情况的发生。

(4)做好运动中的保护。一是要做好自身保护。需穿戴保护用品的,要严格按规定穿戴;对自身易伤和较脆弱的部位要格外小心,并在活动时采取一定的保护措施;对有身体接触的单人项目比赛,要尽量避开与各方面都优于自己或与自己差距较大的选手比赛。二是组织好各个环节的专人保护。需要有专人保护的运动项目不要单独做,一定要安排专人保护,绝不能为了图省事就随意简化任何一个保护环节。三是要选择好器材、场地。不使用不安全的器材。一般不在条件太差的场地或者环境下进行锻炼,如锻炼也要格外谨慎,并做好相应的保护措施。

2. 做好善后补救工作

在体育运动中,经常会发生一些不同程度的损伤事故。例如,心脏骤停、骨折、脱臼、闭合性软组织损伤、开放性软组织损伤、中暑等。事故发生后,能够及时、正确地做好处置工作,结果会大不一样。

（1）不要惊慌失措，按照平时所学的救护知识积极地进行急救。

（2）如有大量出血和休克现象，应根据出血的部位采取相应的止血办法进行止血和抗休克。

（3）若出现心脏骤停，可原地仰卧，立即对伤者进行体外心脏按压或人工呼吸抢救，同时拨打120、通知校医院医生。

（4）若出现中暑，应尽快把病人抬到阴凉的地方，解开病人的衣扣和腰带，把上身垫高，用凉水敷头部及擦身，后用酒精擦全身。如果伤者神志比较清醒，可以饮用大量的凉茶或糖水、盐水、苏打水、西瓜汁等缓解中暑症状。

（5）如果伤势不明，又不知该采取什么措施时，应向周围有抢救经验的人求助，同时按就近原则找校医或拨打120。

三、游泳安全

1. 江苏某高校一女生在学校游泳池发生溺水，尽管医院奋力抢救，但最终还是没能挽救回该女生的生命。

2. 四川某高校学生在一湖内游泳时不慎溺亡。与溺亡学生同行的人表示，溺亡学生参加完同学聚会后来到湖区游玩，游泳时误入深水区，随后消失不见。当地警方、消防、搜救人员、120救护车到现场搜救，蓝天救援队等搜救人员找到溺水大学生时，该生已经没有了生命体征。

游泳是一项很能锻炼人身体的运动，同时又是一种风险性较大的运动方式，稍有不慎就可能发生危险。造成这一结果的原因多种多样。有的是溺水死亡，有的是被水呛着而死，有的是在游泳时被杂草、渔网缠身摆脱不掉而被淹死，有的是不了解水情，一头扎进水中，头部触到石头或扎进泥中而死，也有的是在游泳过程中忽然发病，导致溺水死亡。因此，大学生一定要高度重视游泳的安全性，确保自身安全。

（一）游泳的注意事项

（1）游泳前要了解自己的身体健康状况，最好经医生检查。平时四肢就容易抽筋者，不要游泳或不要到深水区游泳，以防发生危险。心脏不好的、感冒未愈的、皮肤溃烂的、有中耳炎等这些症状的人，不能游泳。

（2）上游泳课前，必须穿戴合身的游泳衣裤和游泳帽，做好准备活动，提倡佩戴泳镜、耳塞、鼻夹等辅助游泳用品。救生设备如救生圈、救生衣及浮板等不得自带入泳池。

（3）下水前要活动身体。如水温较低，应先在浅水处用水淋湿身体，适应后再下水游泳。镶有假牙的同学应将假牙取下，以防呛水时假牙落入食管或气管。如果是在游泳课上，要保持游泳池安静，禁止在游泳课上推搡、按压、打闹、追逐、跳水、潜水、奔跑等，以免呛水和溺水。禁止酒后游泳，也不要在精疲力竭时游泳。

（4）不要独自一人外出游泳，最好组织几名同学一起去，而且其中必须有熟悉水性的人，以便互相照顾。如果集体组织外出游泳，下水前后都要清点人数，并指定救生员做好安全保护工作。

（5）要到专门的游泳场（池）游泳，了解游泳场（池）哪些地方是浅水区，哪些地方是深水区，水下有无礁石、杂草,有无渔网,以及水域是否卫生等。不到有关部门或者单位禁止游泳的地方游泳,不贸然到不了解情况的水域游泳。

(6)正确估计自己的水性,水性不熟、游泳水平不高的人应在浅水区游泳,千万不能逞强到深水区去。不会游泳的人,应在游泳水平高的人辅导下先在浅水区内学习适应,然后再逐渐向深水区过渡。不会游泳的人,即便带上救生圈、气垫床等工具,也不要独自到深水区游泳,否则,在遇到大风大浪等复杂情况时容易溺水。

(7)水底情况不明时,绝不能贸然跳水游泳,以防碰上残存的木桩、树根、蛤蜊皮、碎玻璃瓶、渔网、尖石、密集水草地等受到伤害。跳水救人时,要采用下蹲式,以防受到伤害。

(8)天气不好及云层较低时不要下水游泳,如果此时正在游泳,应尽快撤离水面,以防雷击。不可在有旋涡或有急流的水域游泳,游泳时万一遇到旋涡,应采用自由泳或仰泳,尽快避开旋涡区,切不可踩水,因为水面与身体垂直时,人极易被旋涡吸入水底造成溺水。

(9)不要在大船附近游泳,至少要离开大船十米,离大船越近越容易被吸入船底。

(10)游泳过程中,如果突然感觉眩晕、恶心、心慌气短或四肢抽筋,要立即上岸或呼救。

(二)游泳意外事故应对

游泳中常会遭遇到的意外是抽筋、疲乏、旋涡、急浪等。掌握一定的自我救护技术,可以排除险情或争取时间等待他人救护。游泳中遇到意外事故时,要沉着、冷静,按照一定的方法进行自我救护。如果情况危急,要尽快发出呼救信号,以便及时得到同伴或救护人员的帮助与救护。

1. 水中抽筋自救法

在游泳时,有时会发生抽筋。抽筋的主要部位是小腿和大腿,有时手指、脚趾及胃部等也会发生抽筋。抽筋原因主要是下水前没有做准备活动或准备活动做得不充分,身体各器官及肌肉组织没活动开,下水后突然做剧烈的蹬水或划水动作,或因水凉刺激肌肉突然收缩而出现抽筋。在游泳时间长、过分疲劳及体力消耗过多、肌体大量散热或精神紧张、游泳动作不协调等情况下也会出现抽筋。

发生抽筋的时候,首先,必须保持冷静,不要慌张,可叫人来救护或自己解脱。在水中解除抽筋的办法主要是牵引抽筋的肌肉,使收缩的肌肉松弛和伸展。发生抽筋后,一般不要再继续游泳,应立即上岸擦干身体,按摩抽筋部位。当小腿或脚抽筋时,可用力蹬腿或跳跃,或自己用力按摩、拉扯抽筋部位,也可迅速改为仰泳姿势,让发生抽筋的腿部保持不动。

2. 溺水自救法

(1)身体放松,深吸一口气后,面向水底四肢放松下垂,让头部、后颈部露出水面,直至需要呼吸时为止。

(2)当想呼吸时,将双臂慢慢抬到肩部高度,同时一腿向上提高到腹部高度,另一腿尽量向上屈,头部姿势不变,以节省气力和防止身体下沉。

(3)将头仰起呼吸的同时,双手猛力向下推,双脚向下蹬,换气时向别人呼救。

(4)吸气后恢复开始的姿势,反复进行,可保持身体不会下沉,直到获救。

3. 救护溺水者的方法

某日下午,在汕头市潮阳区金灶镇一个小型水库里发生了一起意外溺亡事故,7名溺水者死亡。官方调查通报称,这起事故起因系其中一名孩子在水库边洗手失足落水,他的父母、兄弟姐妹以及其他亲戚接连试图进行救援,造成了这次悲剧。记者在当地采访得知,7名死者中包括3名孩子,其中,最小的为一名13岁男孩,最大的为一名17岁女孩。

一个孩子落水,致使全家7人溺亡,试想假若落水孩子会游泳,假若相继下水营救孩子的家人会游泳,又或者他们了解一定的施救知识,或许这场灾祸便可以避免。此事件再次敲响了要科学理性救人的警钟。

溺水救护可分为间接救护和直接救护。间接救护是根据现场条件在岸上就地取材,将溺水者救出水面。直接救护是救护者不借助任何救护器材,徒手对溺水者进行施救的一种技术。直接救护是一种技术救护方法,也就是说不具备这种技术的人,一般不要去直接救护。进行直接救护者还要有好的游泳水平,这样才能既保证自己的安全,又能将溺水者救护上来。直接救护包括:入水前的观察、入水、游近溺水者、拖运、上岸等过程。在直接救护中,要注意以下几点:

(1)在救护前要告诉溺水者不要慌乱,保持镇静。

(2)大声呼喊,让溺水者按自己的救护步骤进行配合,禁止溺水者乱推乱拉。

(3)如果溺水者精神无法自控,应采取果断措施,如猛击其头部使其暂时昏晕(但下手不能太狠),再实施救护。

(4)将溺水者救上岸后,要立即清除其口腔、鼻咽腔的呕吐物和泥沙等杂物,保持其呼吸畅通;应将其舌头拉出,以免后翻堵塞呼吸道;将溺水者的腹部垫高,使其胸及头部下垂,或抱其双腿将其腹部放在急救者肩部做走动或跳动"倒水"动作。恢复溺水者呼吸是急救成败的关键,应立即进行人工呼吸,可采取口对口或口对鼻的人工呼吸方式,在急救的同时应迅速将溺水者送往医院救治。

4. 水草缠身自救法

江、河、湖、泊靠近岸边或较浅的地方,一般有杂草或淤泥,游泳者应尽量避免到这些地方游泳。

如果不幸被水草缠住或陷入淤泥,该怎么办呢?

首先要镇静,切不可踩水或手脚乱动,否则就会使肢体被缠得更难解脱,或在淤泥中越陷越深。然后用仰泳方式(两腿伸直、用手掌倒划水)顺原路慢慢退回。或平卧水面,使两腿分开,用手解脱。

如随身携带小刀,可把水草割断,不然试试把水草踢开,或像脱袜那样把水草从手脚上捋下来。自己无法摆脱时,应及时呼救。摆脱水草后,轻轻踢腿而游,并尽快离开水草丛生的地方。

5. 身陷漩涡自救法

河道突然放宽、收窄处和骤然曲折处,水底有突起的岩石等阻碍物,有凹陷的深潭,河床高低不平等地方,都会出现漩涡。山洪暴发、河水猛涨时,漩涡会更多。海边也常有漩涡,要多加注意。

有漩涡的地方,一般水面常有垃圾、树叶等杂物在漩涡处打转,只要注意就可早发现,应尽量避免接近。如果已经接近,切勿踩水,应立刻平卧水面,沿着漩涡,用爬泳快速地游过。因为漩涡边缘处吸引力较弱,不容易卷入面积较大的物体,所以身体必须平卧水面,切不可直立踩水或潜入水中。

6. 疲劳过度自救法

过度疲劳时游泳或游泳过度后,都容易造成抽筋或因体力不支而溺水。碰上这种情况怎么办呢?觉得寒冷或疲劳,应马上游回岸边。如果离岸甚远,或过度疲乏而不能立即回岸,就仰浮在水上以保留力气。举起一只手,放松身体,让他人救护。不要紧抱着救护者不放。如果没有人来,就继续浮在水上,等到体力恢复后再游回岸边。

四、户外运动安全

近年来,随着生活水平的提高和健身意识的增强,户外运动越来越受到人们的喜爱。同样,大学生独立性、好奇心理逐渐增强,大学校园中户外运动的社团日益增多,也使得参与户外运动的同学越来越多。登山、攀岩、悬崖速降、野外露营、野炊、定向运动、漂流、探险……这些项目具有很大的挑战性与刺激性,满足了大学生挑战自我的需求,但同时,户外运动的安全性也是同学们应该关注的重要问题。在户外运动中,要始终坚持安全第一的原则,因为这些运动或多或少都存在一些未知因素,如果不注意就可能发生事故,甚至导致死亡。

除户外运动外,大学生中还流行一种户外休闲运动。而户外休闲运动中发生的安全事故,主要是指大学生在参加离开地面的空中休闲运动过程中发生的安全事故。这些空中休闲运动项目包括滑翔、摩天轮、海盗船、过山车、蹦极、热气球等。这些项目的参与者主要是年轻人,而且其具有的刺激性、挑战性等特点也正好满足大学生的好奇心和征服欲,大学生往往会忽略此类项目对肢体、技能、体力、机械设备的高要求以及该项目本身所存在的危险性。因此,此类事故在大学生户外休闲体育运动安全事故中占有一定的比例。

> 某日,16名"驴友"在仙居县丽人谷溯溪游玩时遭遇突发暴雨而引发的山洪,陷入险境。经过彻夜营救,遇险的14名"驴友"被救援力量安全救出,2人被洪水冲走遇难。
> 登山(低海拔登山)和徒步穿越连续多年成为事故频发的运动项目,迷路事故高居事故榜首,高坠和滑坠类事故在受伤和死亡事故中占比相当高,一旦发生就会导致受伤甚至死亡,后果非常严重。

针对户外运动,大学生应加强安全防护意识。

(1)户外运动最好不要单独进行,要提倡团队精神。或与志趣、爱好相同的朋友结伴而行,或与亲人一道举家出游,虽然个人的能力比较单薄,但"众人拾柴火焰高"。

(2)户外运动与其他体育运动一样需要循序渐进。要从简到繁,从易到难,从近到远,从低到高,逐渐积累经验。所以在活动中,一定要量力而行。要根据自己的体能、体质、经验等实际情况,选择相适应的户外运动。近几年,户外运动意外事故频发,很多是逞强所致。户外运动或外出郊游,面对的是大自然,人只有遵循了自然规律,才有可能融入其中,反之,就可能惨遭惩罚。

(3)掌握基本、必要的求生和自救技能,具备一定的相关知识,学会使用地图等定位工具。户外运动,绝对不能仅凭一腔热情。

(4)选择安全、专业的户外装备。户外运动是一项对装备有专业要求的运动,前期需投入一定经费。同时,要选择适合自己的场地,如果不是专业人士,不要轻易尝试高山、悬崖等场地。

(5)建议新手尽量选择正规户外团体。专业户外俱乐部一般会有活动预案,具备完善的后勤保障和联络系统。相比较而言,自发团体活动的盲目性和随意性很大,出现问题的概率也会大大增加。

第二节 消防安全

一、大学生为什么要了解消防知识?

火是人类赖以生存和发展的一种自然力,可以说,没有火的使用,就没有人类的进步和发展,也没有今天的物质文明和精神文明。当然,火和其他物质一样,也具有二重性,它给人类带来了文明和幸福,促进了人类物质文明的不断发展,但是,它也给人类带来过巨大的灾难,火一旦失去控制,超出有效范围燃烧,就会烧掉人类经过辛勤劳动创造的物质财富,甚至夺去人们的生命和健康,造成难以挽回和弥补的损失。这种超出有效范围的燃烧称为火灾。火灾是威胁人类安全的重要灾害,党和国家为了保护人民生命财产的安全,保卫社会主义现代化建设顺利进行,每年投入大笔资金用于防火工作。尽管如此,我国每年因火灾造成的人员伤亡数量仍然很大,经济损失相当严重。大兴安岭森林火灾、深圳清河仓库火灾、北京东炼火灾、克拉玛依火灾等都曾震惊全国,损失十分惊人。

火灾也是威胁大学校园安全的重要因素。大学里火灾比盗窃所造成的经济损失要高出十几倍。中华人民共和国成立以来,在我国 1 000 余所全日制高校中,从未发生过火灾的寥寥无几。

某日凌晨 3 时许,上海某大学南区一宿舍楼西侧露天临时堆放的分类垃圾桶发生火灾。所幸有学生及时发现,楼内学生及时疏散,未造成人员伤亡。消防救援人员到场后十几分钟,火被扑灭。

某日晚,某高校某女生在宿舍使用电吹风,因宿舍统一断电,该女生没有关闭电吹风电源,没有拔出电吹风插头,随手将电吹风放在电脑桌上后上床睡觉。第二天凌晨,宿舍统一送电,电吹风工作引燃周边可燃物导致宿舍火灾,幸亏发现及时,没有造成人员伤亡,但宿舍内财物多被烧毁。

从上面的例子可以看出,少数大学生思想上没有防火安全这根弦,严重忽视学校的防火安全制度,法律意识淡薄,造成火灾事故,危害了公共安全。大火无情,法亦无情,违规者应当受到违纪处分。

青年,尤其是大学生,是国家的未来和希望。保护国家、人民和公共财产的安全,保护他人和自身的安全,已成为当代大学生的神圣权利和应尽义务。了解、学习和掌握防火知识,协助学校做好防火工作,减少和杜绝火灾的发生,保障安全,是实现上述权利和义务的重要方面。如果火灾不断,危及人身和财产安全,又怎能完成大学期间的学习任务,继而担起重任呢?因而,学习、掌握一些防火、灭火的基本道理和常识,对于维护国家、学校和同学们的个人安全,是十分必要和有益的。

二、消防必备知识

(一)燃烧必须具备的条件有哪些?

燃烧俗称"起火""着火",是一种放热、发光的化学反应。它需具备三个条件:

1. 要有可燃物质

不论固体、液体、气体,凡能与空气中的氧或氧化剂起剧烈反应的物质,一般都称为可燃物质,如木料、汽油、酒精、氢、乙炔,以及同学们使用的书籍、纸张、蚊帐、衣服、被子等物品。

2. 要有助燃物质

凡能帮助和支持燃烧的物质都叫助燃物质。如空气(氧气)、氯气以及氯酸钾、高锰酸钾等氧化剂。可燃物质被加热后释放出的可燃气体与氧混合后才能燃烧。可燃物质完全燃烧,必须要有充足的氧气。据测定,氧气在空气中的体积一般约占21%,一般可燃物质在空气中的含氧量低于14%~18%时,不会发生燃烧。

3. 要有火源

凡能引起可燃物质燃烧的热能源都叫火源。如常见的火柴的火焰、油灯火、电火花等。要使可燃物质燃烧,需要有足够的温度和热量。各种不同的可燃物质,燃烧时所需要的温度和热量各不相同。

以上三个条件,必须同时具备,并相互结合、相互作用,燃烧才能发生。缺少其中任何一个条件,燃烧都不能发生。有时,在一定的范围内,虽然三个条件俱在,但由于它们没有相互结合、相互作用,燃烧的现象也不会出现。

我们掌握了物质燃烧的条件,就可以有的放矢地采取措施,有效地制止火灾的发生和减少火灾造成的损失。

一切防火措施,都是为了防止燃烧的三个条件同时具备,不让它们相互结合、相互作用。

一切灭火措施,都是为了破坏已经产生的燃烧条件。不管采用哪一种灭火方法,只要能去掉一个燃烧条件,火就会熄灭。

(二)引起火灾的火源有哪些?

火源是起火必须具备的三个条件之一,没有火源就不会起火。能引起火灾的火源很多,一般说来,可分为直接火源和间接火源两大类。

1. 直接火源

(1)明火:如生产、生活用的炉火、灯火、焊接火、火柴、打火机的火焰,香烟头火,烟囱火星,撞击、摩擦产生的火星、烧红的电热线、铁块,以及某些家用电热器、燃气取暖器等产生的火星。

(2)电火花:如电器开关、电动机、电钟、变压器等电气设备产生的电火花,还有静电火花。这些火花能引起易燃气体和质地疏松、纤细的可燃物质燃烧。

(3)雷电火:瞬时的高压放电,能引起可燃物质燃烧。

2. 间接火源

(1)加热自燃起火

这是由于外部热源的作用,把可燃物质加热到起火的温度而起火。加热自燃起火的情况比较复杂,常见的有:

①可燃物质接触被加热的物体表面,如可燃的粉尘、纤维聚集在蒸气管道上;棉布、纸张靠近灯泡;木板、木器靠近火炉烟道等,时间长了,被烤热起火。

②在熬炼和热处理过程中,由于温度未控制好,使可燃物质起火。如某学校用烘箱处理木质试件,温度过高,时间过长,引起了火灾。将可燃物质加热并堆积起来,如把刚炒过的米糠、瓜子、中药材等堆积起来,极易聚热起火。

③各种电气设备,由于超负荷、短路、接触不良等,形成电流骤增,线路发热而起火。同学们在学习、生活中接触电气设备的情况是很多的,超负荷、短路、接触不良等现象经常可以遇到,只要我们及时和妥善地处置,就可避免引起火灾。

④摩擦作用。如轴承的轴缺乏润滑油,发热起火。

⑤辐射作用。如把衣服挂在高温火炉的附近起火、用纸做灯罩起火等。

⑥聚焦作用。如玻璃瓶、平面玻璃的气泡,老花眼镜,以及斜放的镀锌铁皮、铝板等,由于日光的聚焦和反射作用,使被照射的可燃物质起火。

⑦化学反应放热的作用。如生石灰遇水即大量放热,使靠近的可燃物质起火。

⑧对某些物质施加压力进行压缩,产生很大的热量,也会导致可燃物质起火。如空气压缩到一定程度,产生高温可引起柴油燃烧。

(2)本身自燃起火

这是指在既无明火又无外来热源的条件下,物质本身自行发热,燃烧起火。能自燃的物质,也有两类:

①本身自燃起火的物质。如泥炭、褐煤、新烧的木炭和稻草、油菜籽、豆饼、麦芽、苞米胚芽、原棉,还有沾有植物油、动物油的纱头、手套、衣服、木屑、金属屑和抛光灰等。

②与其他物质接触时自燃起火的物质。如钾、钠、钙等金属物质与水接触;可燃物质与氧化剂、过氧化物接触,如木屑、刨花、稻草、棉花、松节油、石油产品、酒精、醚、丙酮、甘油等有机物与硝酸等强酸接触。

以上这些可能引起火灾的火源,同学们在学习、生活、科学实验中都可能接触到,但是,只要我们认识和掌握了它们存在和发生、发展的规律,认真对待,采取切实有效的措施,对它们严加控制和管理,就可以有效地预防火灾的发生。

(三)各类火灾怎样选用灭火器具?

凡失去控制,对财产和人身造成损害的燃烧现象,叫作火灾。

按燃烧物的性质划分,火灾有五种类型。各类火灾所适用的灭火器如下:

A类,含碳固体火灾。可选用清水灭火器,酸碱灭火器,泡沫灭火器,磷酸铵干粉灭火器,卤代烷1211、1301灭火器。

B类,可燃液体火灾。可选用干粉灭火器,卤代烷1211、1301灭火器,二氧化碳灭火器。泡沫灭火器只适用于油类火灾,而不适用于极性溶剂火灾。

C类,可燃气体火灾。可选用干粉灭火器,卤代烷1211、1301灭火器,二氧化碳灭火器。

D类,金属火灾。目前尚无有效灭火器。

E类,带电燃烧的火灾。可选用卤代烷1211、1301灭火器,干粉灭火器和二氧化碳灭火器。

关于各种灭火器的使用方法,灭火器具上都有说明,使用时同学们看一下即可了解。灭火器具类型很多,这里不做详述。

(四)怎样拨打火警电话?

救火必须分秒必争。发生火灾,首先,要及时扑救,同时,要立即拨打火警电话,报告消防机关,使消防人员和消防车迅速赶到火场,将火扑灭在初起阶段。"报警早,损失少"就是这个道理。

火警电话是专用紧急电话,现在统一规定使用的火警电话号码是"119",同学们应熟记在脑子里。

怎样打火警电话呢?

第一,打电话时要沉着镇定。

第二,听到对方报"消防队"时,即可讲清火灾的地点和单位,并尽可能讲清着火的对象、类型和范围。

第三,要注意对方的提问,并把自己所用的电话号码告诉对方,以便联系。

第四,当对方讲"消防车来了",即可将电话挂断,并立即派人在校门口和必经的交叉路口等候,引导消防车迅速到达火场。

及时、准确地报警,消防机关在接到报告后,就可迅速、正确地派出所在责任区的消防队,并针对燃烧物的性质"对症下药",出动消防车,投入灭火战斗。

三、防火、防爆与灭火

(一)如何防止火灾在学生宿舍发生?

学生宿舍内要预防火灾,必须做到以下几点:

(1)不乱接电源。

(2)不乱扔烟头。

(3)不躺在床上吸烟。

(4)不在蚊帐内点蜡烛看书。

(5)不焚烧杂物。

(6)不存放易燃易爆物品。

(7)不使用电炉等电热设备。

(8)不擅自使用煤炉、煤油炉、液化气灶、酒精炉等可能引发火灾的器具。如个别同学在实验室顺手带回实验用酒精,藏匿在床铺下,这些易燃液体物质燃点低,极易发生火灾,如有滴漏,一个烟头就可引起火灾或爆炸。

(9)人走灯关。嗅到电线胶皮糊味,要及时报告,采取措施。

(10)台灯不要靠近枕头和被褥。

(二)如何防止爆炸伤害事故发生?

爆炸可能给人们造成伤害。爆炸事故,即使遇上一次,其结果也是难以想象的。例如,湖北某大学的一名同学,在丹江水库工地进行实习,在爆破挖料场时,不幸砸伤腰部,住院治疗十多年未愈致残;又如江苏某大学一名同学参加爆炸实验演示,未按老师要求站到规定的方向和距离以外,擅自进入危险区内,被爆炸时飞出的物体击倒,当即身亡。

同学们在大学生活中,接触或操作爆炸物及使用有爆炸性能的仪器、容器的情况并不少,例如,进行化学实验时可能要接触易燃、易爆物品;有的专业实习时要到爆炸现场等。为了保障安全,防止爆炸事故发生,同学们应该了解一些防爆炸方面的知识。

(1)要了解爆炸物的性能。我们接触爆炸物之前,必须了解爆炸物的基本性能,比如它在什么条件下会爆炸,有多大的威力,可能造成什么样的伤害,等等。

(2)严格遵守各项法律、法规和规章制度。对于爆炸物的使用、管理、运输,国家有关部门都有严格的规定,单位也有各方面的规章制度。这些规定和规章制度,都是从实践中总结出来的,是安全的保证,我们必须严格遵守。比如爆炸演示、试验、参观等,未经领导和指导教师允许,不得参与;试验剩余的爆炸物,必须如数上交,不得私拿私用;不允许私带、私藏、转让、转卖、转借爆炸物;乘坐车、船和飞机,邮寄包裹,托运行李,不得夹带易燃品。这些规定必须严格遵守,切不可大意,否则,造成爆炸事故,将会受到严厉处罚,并受到法律制裁。

(3)要严守岗位职责。同学们在进行试验、实习时,常常是分组活动的。几个人应共同进行操作,听从统一指挥,协调行动,恪守职责,否则,可能导致爆炸事故发生。

(4)依靠组织,解决异常问题。比如丢失爆炸品,或发现有违反国家关于爆炸品管理规定的行为,同学们不要自行处理,更不能听之任之,必须及时报告老师、学校保卫部门或当地公安机关,便于组织上采取措施,防止危害事故发生。

(5)严格按操作规程办事。

(三)如何避免"乐中生悲"?

近年来,一些公共娱乐场所发生严重火灾,造成青年学生伤亡的事故多次发生。某日,南昌市红谷滩新区一家休闲会所发生一起重大火灾事故,造成10人死亡、13人受伤。某日,河南省焦作市一家录像放映厅发生特大火灾,看录像的80人全被烧死,其中有某大学学生4人。这些惨痛的现实教育我们在参与娱乐活动时必须要保持高度警惕,避免"乐中生悲"。

娱乐场所的防火工作,主要是娱乐场所业主的职责。可现在的一些私人业主为了省钱,装修时选用易燃材料,用电线路安装得也极不规范,易发生火灾。同学们要三思而行,不要到这样的地方娱乐,即使去了,也要注意以下几点,确保自己的人身安全:

(1)思想上要保持警惕,不能有丝毫的麻痹。

(2)要大体了解周围的环境,至少要知道安全通道在哪里,没有安全通道的场所,同学们一定不要去。焦作市的火灾悲剧就是录像放映厅老板反锁了大门,把通道堵死而造成的。

(3)要注意所处场所有没有灭火器具,搞清楚放在哪个位置,该如何使用,做到预先心中有数。这样,遇到紧急情况才不会慌乱。

(四)灭火的基本方法有哪些?

我们认识到燃烧必须同时具备三个条件——可燃物质、助燃物质和火源。前面我们已经介绍过灭火都是通过破坏已经产生的燃烧条件,即只要去掉一个燃烧条件,火即可熄灭。根据这个基本道理,从灭火斗争实践中,人们总结出了以下几种基本方法。我们只要掌握了这些基本方法,就可以按照客观的实际情况,创造出多种多样具体的、有效的灭火方法。

1. 隔离法

将着火的地方或物体与其周围的可燃物隔离或将其移开,燃烧就会因为缺少可燃物而停止。实际运用时,可将靠近火源的可燃、易燃、助燃的物品搬走;把着火的物件移到安全的地方;关闭电源、可燃气体、液体管道阀门,中止和减少可燃物质进入燃烧区域;拆除与着火物毗邻的易燃建筑物等。

2. 窒息法

阻止空气流入燃烧区域或用不燃烧的物质冲淡空气,使燃烧物得不到足够的氧气而熄灭。实际运用时,可用石棉毯、湿麻袋、湿棉被、湿毛巾被、黄沙、泡沫等不燃或难燃物质覆盖在燃烧物上;用水蒸气或二氧化碳等气体灌注容器设备;封闭起火的建筑和设备门窗、孔洞等。

3. 冷却法

将灭火剂直接喷射到燃烧物上,以降低燃烧物的温度。当燃烧物的温度降低到该物的燃点以下时,燃烧就停止了。或者将灭火剂喷洒在火源附近的可燃物上,使其温度降低,防止辐射热影响而起火。冷却法是灭火的主要方法,主要用水和二氧化碳来冷却降温。

4. 抑制法

这种方法是用含氟、溴的化学灭火剂(1211)喷向火焰,让灭火剂参与到燃烧反应中,使游离基链锁(俗称"燃烧链")反应中断,达到灭火的目的。

以上方法在实践中,可根据实际情况,一种或多种并用,以达到迅速灭火的目的。

(五)怎样参加灭火?

"火光就是命令,火场就是战场。"在历次灭火战斗中,出现了许多为保护国家财产和人民生命安全而奋不顾身的先进事迹和英雄人物。大学生是有高度文化和高度觉悟的青年,在同火灾斗争中,涌现出了大量的动人事迹。然而,火场常常是人员众多,情况十分复杂的场所,要迅速地扑灭大火,必须统一指挥,协调一致,才能做到有计划、有步骤、有成效地灭火。具体应该怎样做呢?

(1)一切行动听指挥。为了有效地进行灭火,火场一般都要成立指挥机构。学校发生火灾,同学们常常是灭火战斗的积极参加者。在火场上,同学们自觉地听从指挥机构的指挥,是有秩序地进行灭火的关键。参加灭火战斗的师生员工和各专业队伍,在火场指挥机构的统一领导下,一般要组成四支队伍协同战斗:一支是灭火战斗队伍,协同公安消防队伍扑灭火灾;一支是抢救人员和物资的战斗队,主要协助公安消防抢救人员和疏散主要物资;一支是警戒火场、维持秩序的战斗队;一支是后勤队,负责救护伤员,供应灭火战斗用的物资、器材和水。在火场上,战斗异常紧张,分配什么工作就要干什么工作,而且要主动、积极、认真地干好。

(2)要提高警惕,遵守火场秩序,防止坏人趁火场混乱之机,窃取财物,进行破坏活动。

(3)在灭火战斗中,要注意安全,避免不必要的伤亡。火场一般都较复杂,越是复杂的火场,越是要有条不紊。既要发扬"一不怕苦,二不怕死"的精神,敢于战斗;又要避免不必要的牺牲,讲究科学方法,善于战斗。要攻得上,撤得出,切忌盲目行动。火场人员多,流动频繁,人们思想处于紧张状态;器械多,经常挪动;杂物多,通道不畅;人、物相互撞击情况经常发生。有的火场带电,甚至有危险物品。许多安全问题,领导和他人难于关照,主要要靠自己勇敢机智、谨慎行事,保障自身安全。

(六)身体着火怎么办?

(1)不能奔跑,可就地打滚。某大学有一名女同学在进行实验时,不慎将正在燃烧的酒精灯打翻,酒精溅满了衣服,沾到哪里,烧到哪里,顿时全身起火。由于来得突然,她和一些在场的同学都惊慌失措,异口同声地叫:"快跑!快跑!"结果火越烧越旺。后来还是一位老师有经验,命令身上着火的同学"打滚"。那名女同学就地打滚后,在同学的帮助下,很快把火熄灭。可是,由于前面"快跑",所以烧伤仍然不轻。

(2)如果条件允许,可以迅速将着火的衣服撕裂脱下,浸入水中,或掼,或踩,用灭火器、水扑灭。

(3)倘若附近有河、塘、水池之类,可迅速跳入浅水中,但是,如果人体烧伤面积太大或烧伤程度较深,则不能跳水,防止细菌感染或其他不测。

(4)如果有两个以上的人在场,未着火的人需要镇定、沉着,立即用随手可以拿到的麻袋、衣服、扫帚等朝着火人身上的火点覆盖,扑、打,或帮他撕下衣服,或用湿麻袋、毛毯把着火人包裹起来。

(5)用水浇灭。但应注意,不宜用灭火器直接向人体喷射。

(七)楼梯着火时楼上的人如何脱险?

高等学校高楼甚多,教学楼、实验楼、学生宿舍,多半是多层建筑,少则五六层,多则十几层。同学们在这些场所生活、学习,一旦突然出现火灾,由于没有思想准备,可能会惊慌失措。当发现楼梯口通道烟雾弥漫或熊熊烈火烧着楼梯时,更是急得团团转,不知如何是好。

在这种火灾面前,我们要有压倒它的勇气,要有临危不惧的精神,要有敢于战胜它的胆识。当然,首先是要镇定自己的神志,保持清醒的头脑,想办法就地灭火,能扑灭的要尽量设法扑灭。例如,用水浇或用楼内存放的灭火器或采用其他消防措施,如用湿棉被等物覆盖等。如果不能马上扑灭,而火势越烧越旺,人有被火焰围困的危险,这时,我们应该避免不必要的牺牲,设法脱险。楼房着火,浓烟往往朝楼梯口通道蔓延,楼上的人容易产生错觉,以为楼梯已被烧断,没有退路了,其实并未烧着,完全可以设法掩护面部夺路而出。如果被烟呛得透不过气来,可用湿毛巾捂住口鼻,贴近楼梯或者干脆蹲下来走。即使楼梯被火焰封住,无其他出路,也可以用湿棉被等物作为掩护及早迅速地冲出去。如果楼梯确已被火烧断了,也应冷静地想一想、查一查,是否还有别的楼梯可走;是否可从屋顶或阳台上转移;是否可以破墙而走;是否可以越窗而出。在没绳子、皮带和竹竿的情况下,可用被单、被套和长裤撕成条状结起当绳子荡下来,也可顺水管滑下来。若有小孩、老人、病人等被火围困在楼上,更应用被子或毛毯之类的东西包好,用上述办法及早抢救脱险。

> 吉林某高校宿舍2舍一楼发生火灾,浓烟将十一层高的整个宿舍楼笼罩,楼上百余个寝室的500余名学生被困。在浓烟的威胁下,大部分学生采取用湿毛巾捂住口鼻、弯腰逃生等方式自救,但仍有个别学生因受不了浓烟的熏呛做出将要跳楼的举动。危急时刻,在消防队员制止下,这几名学生最终被送至安全地带。消防人员救人与灭火同步进行。大火被扑灭,被困的500余名学生被成功疏散到安全地带。确定起火的源头是该宿舍楼一楼干洗店干洗机旁边的一堆衣物,火势蔓延很快,并迅速产生很大的浓烟。

呼救,也是极为重要的。被火围困的人,没有办法出来,周围群众听到呼救,也会设法抢救,或报告消防队来抢救。

(八)精密仪器设备发生火灾用哪些灭火器?

同学们生活在高等学校,经常进出设备精良的实验室、测试中心、计算机中心、图书馆,这些地方发生火灾我们应该怎样去扑救?首先明确不能用水去对付,水虽然可以扑灭这类火灾,但是火灾扑灭了,仪器、图书、文物、档案同时也损坏了,达不到我们灭火的根本目的。这类火灾,我们常用二氧化碳灭火器来扑灭。

二氧化碳灭火器里的二氧化碳一般是液态灌装的,液态二氧化碳极易挥发为气体,这种气体比原来液态的体积大760倍。当它从灭火器里喷出来时,部分成白色的雪花状物(又称干冰),温度很低。干冰吸收热量雾化为二氧化碳气体,覆盖燃烧物的表面,而二氧化碳气体具有稀释和排除空气的作用,使氧或可燃气体的含量降低,当二氧化碳占空气的30%～35%时,燃烧就会停止。因此,二氧化碳具有窒息和冷却的作用。用它来灭火,事后不留痕迹,没有腐蚀、损坏作用。

(九)为什么挪用消防器材是违法行为？

挪用消防器材是违法的,主要从国家机关公布的两个法规来看：

(1)消防器材是专用器材,不能用在其他方面。《中华人民共和国消防法》第四十八条明确规定："消防车、消防艇以及消防器材、设备和设施,不得用于与消防和应急工作无关的事项。"

(2)《中华人民共和国消防法》第六十条规定：埋压、圈占、遮挡消火栓或者占用防火间距的；占用、堵塞、封闭消防车通道,妨碍消防车通行的,责令改正,处五千元以上五万元以下罚款。

有少数同学无视这些规定,损坏、挪用消防器具,损毁消防设施,受到了学校行政纪律处分,有的甚至受到公安机关的拘留、罚款或警告处罚。如某高校六名学生酒后兴奋,用干粉灭火器互相喷射嬉闹；两名学生在教学楼里谈恋爱至深夜,因楼门上锁出不来,用消防水带从二楼阳台上荡下来。他们均受到了学校保卫部门和行政部门的严厉处罚。

第三节 校园大型活动常见安全事故及其防范

大型活动是大学生活的重要组成部分,是高校文化传播与发展的重要渠道。高校大型活动是指包括任何单位在校内或学校在校外组织的,以学校、校内单位或部门为主体举办或承办的,以师生为主体人员参与的,有重要社会影响的教学、科研、文体或其他性质的大规模活动。常见的高校大型活动有文艺演出、体育比赛、展览、大型考试、毕业庆典,以及开学典礼等。由于大型活动参与师生人数较多,涉及面广,具有复杂性、不确定性、特殊性等特征,安全管理方面往往面临严峻考验。大学生在参加各类活动时应严格遵守秩序,注意了解现场安全出口和疏散通道的位置,遇到突发事件时,听从工作人员疏导,有序撤离现场,切实保护好自己的生命安全和财产安全。

一、高校大型活动安全管理的必要性

高校大型活动主要是面向全校师生,活动内容丰富多彩、活动形式不拘一格,其组织与实施是项复杂的系统工程。此外,高校大型活动安全管理受多重因素的影响。自然因素和人为因素导致的安全问题,场地与设施因素以及管控因素导致的安全问题都应该重点关注。安全管理是确保高校大型活动得以正常举行的中坚力量,加强大型活动安全管理是高校开展各类活动的首要任务。学校举办各类大型活动都应牢固树立"生命至上,安全第一,预防为主"的思想,为大学生提升综合素质和创造良好的学习以及生活环境提供安全保障。同时,高校还应扎实开展安全教育活动,定期组织应对地震、火灾、交通事故、溺水、拥挤踩踏等情况的应急演练,切实增强师生的安全防范意识。

某日,某球星亮相上海某高校引发混乱。现场数千名观众、球迷一度冲开操场大门造成踩踏事件。据报道,涌入该校体育场的球迷和观众人数近千名,现场拥挤不堪。如果场地无法容纳更多人,主办方就应及早做好疏导工作。主办方本应配备充足人手、采取各方面措施维护现场秩序。但在现场,保安一看到人太多,只是简单关闭大门了事,导致大量人员在门口聚集,埋下安全隐患。球星好不容易"挤"入体育场后,安保人员为求安全关闭铁门,并组成人墙维持秩序,而大批球迷却试图冲入其中,混乱就此发生。在受伤人员中,

3名安保人员受伤。1名男性安保人员比较严重,被推倒后磕掉门牙,脸上有血迹。此外,另有2名学生受轻微伤,多人崴脚或被擦伤。两辆救护车随后赶到了现场,对现场伤员进行了紧急救治。

二、大型活动常见的安全事故及原因分析

(一)大型活动中常见的安全事故

(1)活动场所建筑物(含临建)坍塌。
(2)活动场所发生火灾。
(3)现场秩序失控,发生拥挤、踩踏事故。
(4)现场发生重大刑事、治安案件。
(5)其他影响安全的、可能造成人员伤亡的事件。

(二)原因分析

大型活动中引发安全事故的直接原因主要有以下类型:

(1)突发自然灾害,包括地震、突发性地质灾害、灾害性天气等。这类事故的特点是难以预测,一旦发生,难以控制并会造成严重后果。

(2)设备设施故障,如断电、建筑物倒塌等。设备设施的风险具有可预测和可预防性,应在活动前加强安全隐患排查。

(3)管控措施失误。由于活动策划不全面、不细致,导致超出场地负荷的人数进入,或者局部人群密度过高,如果没有正确的人群疏导措施预案,容易触发人群失控事件。

(4)疏散设施不符合要求,国家对于楼梯、安全疏散通道的数量以及宽度等重要指标都有相应的规定,然而一些场馆由于年代久远或者根本不适合举办大型活动,一旦发生突发事件,极易产生导致人员拥堵的"瓶颈",从而引发事故。

(5)现场人员情绪不稳定,尤其在人群密度较大的区域容易产生严重后果。

三、大学生参加大型活动的注意事项

当代大学生参加各类大型群体性活动较多,大型活动往往车多、人多,现场秩序比较混乱,较难控制。一旦发生意外,极易造成财产损失,甚至人身伤害。所以,大学生在参加这类活动的过程中,一定要保持高度的安全防范意识,做自我安全的守护者。

(1)要了解大型活动的性质,不参与违反国家法律法规的活动,不得妨碍社会治安,影响社会秩序。

(2)提前做好出行准备,尽可能避开车流、人流高峰。活动开始前10~20分钟是入场的高峰时段,应尽可能避开高峰时段,最好提前入场。

(3)遵守大型活动场所治安、消防等管理制度,接受安全检查,不得携带具有爆炸性、易燃性、放射性、毒害性等的危险物品入内。

(4)到达或进入现场,注意观察现场情况和识别现场指示、警示标志,有意识地了解现场安全疏散通道出口位置,做到心中有数,有备无患。在上下楼或者通过台阶等狭窄危险路段时,不要抢行,听从现场管理人员的指挥。

(5)一定要做到有序,有序是安全的保障。为了自己和他人的安全,一定要配合安检和服

务人员的工作。

（6）服从安全管理，不得展示侮辱性标语、条幅等物品，引起现场秩序混乱；不得围攻工作人员，不得投掷杂物。

（7）不要携带贵重物品和大量现金参加活动，对确需携带的贵重物品加强保护，不要将物品交给不认识的人看管，注意身边的可疑人员，与其保持一定的距离，提高警惕。发现无主物、可疑物不要轻易触碰，应立即向现场工作人员报告。

（8）入、退场时自觉排队，听从现场工作人员的引导，有序进出，避免人为拥挤。

遇到突发事件时，不要惊慌乱跑，不要聚集围观，要在公安民警和现场工作人员的指挥下疏散，并注意收听现场安全提示。在疏散离开时要注意识别现场警示标志，不要逆行前进。

（9）参加夜晚举行的活动时，不要靠近湖面水域或有坠落可能的危险区域等，要注意互相礼让，尤其要注意脚下台阶、窄桥、水面等区域。尽量选择光线明亮区域通行，防止发生危险。

（10）参与节奏感强、气氛热烈的活动时，注意合理表达情绪，避免过激行为。遇有局部人员拥挤时，不要好奇围观，避免发生拥挤踩踏。

第四节　实验室安全

实验室的安全有序管理是实验工作正常进行的基本保证。凡进入实验室工作、学习的人员，必须遵守实验室有关要求。实验室本应是师生学习、工作的场所，创新创造的平台，科学成果的摇篮，但发生在校园实验室的安全事故，严重挑战着大学的正常秩序，严重威胁着师生的生命安全。

全体师生应牢记，实验室安全不容有失，每一名参与实验的教师、学生和工作人员都是实验室安全的第一责任人，在参与实验工作的任何环节都必须建立强烈的安全意识，严格按照安全规范操作，这既是为自身的生命安全考虑，也是对他人生命的珍视。

北京某高校在进行垃圾渗滤液污水处理科研实验期间，实验现场发生爆炸，3名参与实验的学生死亡。这起事故的直接原因在于，反应过程中产生了易燃气体氢气，由金属摩擦及碰撞产生的火花点燃而发生爆炸，爆炸的同时造成了镁粉粉尘爆炸和其他可燃物的剧烈燃烧。

高校实验室是教学、科研的重要基地。实验室中不乏易爆、易燃、辐射、腐蚀、剧毒等危险品，若缺乏系统、完善的实验室管理制度，很容易导致事故发生。除了爆炸与火灾，实验室事故还包括触电、腐蚀、辐射、中毒、感染等。

一、防火防爆

（1）所有电气设备在交付使用前必须进行安全检查。为防止发生意外，必须严格执行电气安全规程，定期维修，并注意导线绝缘是否符合电压和工作情况的需要。需要用水、用电的实验室应采取防范措施，注意不使水流到导线上。

（2）为防止线路超负荷而引起火灾，应保证导线的容量符合用电设备要求。如发生超载，应拆断线路上过多的用电设备，或者根据需要加装导线。

(3)导线与导线、导线与电气设备的连接要牢固可靠,以防过热而引起意外。

(4)有人触电时,应立即切断电源,或者用绝缘体将导线与人体分离后,才能实施抢救。

(5)使用易燃易爆物质,要严格遵守操作规程,实验人员必须事先熟悉其特性和有关知识。如学生实验中需使用易燃易爆物质,实验人员应在学生实验前向学生详细讲授安全使用易燃易爆物质的操作方法及注意事项,并加强指导,注意观察。

(6)易燃易爆物质要分类贮存,定期检查,防止自燃或其他意外事故发生。

(7)使用氢气、乙炔气等易燃气体进行实验的实验室必须符合有关要求,通风良好。内存氢气、乙炔气的设备和管道必须密闭,使用前必须进行试漏检查,以防氢气、乙炔气外逸或空气渗入而发生意外。

(8)实验室使用的压缩气体钢瓶,应保持最少的数量。钢瓶必须牢牢固定,以免碰撞倾倒,发生意外。绝不能在靠近暖气、直接日晒等温度可能很快升高的地方使用。压缩气体钢瓶使用时,必须装上合适的控制阀、压力调节器。这些部位绝不允许涂抹油脂和润滑剂。气瓶内气体不能用完,必须留有剩余压力。搬运压缩气体钢瓶必须小心注意、轻搬轻放,避免倾倒撞击。

二、防毒

毒害事故多发生在具有化学药品和剧毒物质的化学化工实验室和具有毒气排放的实验室。其发生的具体原因有:违反操作规程,将食物带进有毒物的实验室,造成误食中毒;设备设施老化,存在故障或缺陷,造成有毒物质泄漏或有毒气体排放不出,酿成中毒;管理不善,造成有毒物质散落流失,引起环境污染;废水排放管路受阻或失修改道,造成有毒废水未经处理而流出,引起环境污染。

> 安徽某高校化工楼实验室里,两名学生搬移硫化氢钢瓶时,发生硫化氢泄漏事故,现场一老师在处置突然状况时出现不适,被送往医院。

实验室防毒注意事项:

(1)实验室的剧毒物品如氰化物、砷化物等,由专人集中保管。

(2)领用剧毒物品准备实验时,必须详细写明用途、领取数量,并经实验管理室负责人签字同意后,方可领取。实验完毕后,领用的剧毒物品如有剩余,应及时退还集中管理。

(3)在实验过程中,尽量采用无毒或低毒物质代替剧毒物质。在必须使用有毒物品时应事先了解其性质,做到安全使用。

(4)进行有毒气产生的实验时,应在通风柜内操作,并尽可能密闭化。学生实验产生有害气体时,实验室内要进行良好的局部排风和全面排风。

(5)实验人员严禁在非实验场所使用毒物,或在有可能被毒物污染的实验室内存放其他物品,禁止用手直接接触。

三、防菌

(1)生物实验室应定期进行消毒灭菌,以保持工作环境的洁净,消灭细菌繁衍生长的条件。实验后的废弃物应及时妥善处理,不得随意丢弃。

(2)实验操作时必须细心谨慎,减少细菌向容器外繁衍的可能。操作完毕,应立即用消毒液等清洗有关器皿。

四、防腐蚀

（1）腐蚀性物品存放时，注意其容器的密封性。酸性和碱性物质严禁混放，应分类隔离贮存。

（2）置有精密仪器设备的实验室内，严禁存放具有产生腐蚀性挥发气体的物品。

（3）使用腐蚀性物品时，要细心谨慎，严格按照操作规程，在通风柜内进行。使用完毕，立即盖好容器。谨防试剂溅出灼伤皮肤，损坏仪器设备和衣物等。酸、碱废液必须经过处理后才可排放，不能直接倒入下水道。

（4）搬运、使用腐蚀性物品要穿戴好个人防护用品。若不慎将酸或碱溅到衣服或皮肤上，应用大量清水冲洗。如溅到眼睛里，应立即用清水冲洗后就医，以免损伤视力。

五、实验室安全事故频繁发生的原因

（1）实验操作不规范。违规操作或误操作，如使用易挥发的化学试剂时，不按操作要求，不及时加盖；高压高能的实验装置操作不当或不合格；蒸馏或浓缩易挥发的有毒化学试剂时，未在通风橱中进行操作等。

（2）实验室危险物品未妥当放置。如化学药品、废弃物没有按规定分类存放，随意乱倒有毒废液、乱扔废物等。

（3）实验室安全管理疏忽。在所有原因中，最主要的还是实验室对于安全管理的疏忽。思想上的忽视和麻痹在很多情况下导致了事故的发生。举例如下：

①实验室设备设施老化或缺失，如通风设施不能将有毒的气体收集、排放，无废弃化学物收集器等。

②在实验室进食、饮水，误食被污染的食物。

③不按规定穿戴防护用品等。

六、实验室安全须知

（1）提高安全意识。实验室每一名师生都要认识到忽视安全问题的严重性和危害性，对实验操作规范、安全规章制度心怀敬畏之心，实验工作中时刻绷紧安全之弦，保持高度警觉，把控工作环节，严防事故发生。

（2）落实安全责任。严格按照"谁主管、谁负责，谁使用、谁负责，谁操作、谁负责"要求，层层落实安全责任，制定安全规章制度，加强技术安全建设，开展隐患排查整改，组织安全教育培训，营造安全文化氛围。

（3）评估安全风险。全面准确评估实验项目，提前管控安全风险，充分掌握应急措施，熟练操作应急设备，危险性的实验项目必须全程有人值守，绝不开展超出认知和风险管控能力的实验项目。

（4）杜绝危险隐患。全面了解、掌握本实验室的各项危险源情况及应急处置方法；不在实验室开展超出实验室安全配置等级或与实验操作无关的工作；不在实验室嬉戏、饮食、睡觉、存放私人物品。

（5）规范危化品使用。公安管制类试剂要做到按需领取、及时回库，并完整记录台账信息；通过正规途径购买危险化学品并控制在一周用量或最小用量；试剂标签清晰完整，不叠放，固体、液体化学品不混放，配伍禁忌化学品不混放，使用完毕及时归位；气体钢瓶防倾倒措施完

备,标签准确、检查到位、使用规范。

(6)规范用水用电用火。严格执行用水用电用火规定,维护保持设施设备状态完好、使用无碍、无堵水隐患,保证管路畅通;不私拉电线保证电路规范,未申请审批严禁使用明火,坚决做到"人走、停水、断电、灭火";严禁设备非必要长期接电待机;严禁在实验室给电瓶、移动电源等蓄电池充电。

(7)保护自身安全。熟悉逃生路线,掌握逃生技能;严格做好个人防护,进入实验室必须穿着实验服,根据需要佩戴口罩、护目镜,不得穿拖鞋;特殊场所和特种设备须严格执行相应安全防护规范,按需佩戴安全帽、束发,不得穿戴围巾、领带、吊坠、长裙等衣饰。

(8)保持环境整洁。实验室设备器材摆放整齐,确保通道畅通,不遮挡消防设施及应急救援物资,及时处置报废的设备及实验废弃物;落实值日制度,及时清理实验台面和地面,保持环境整洁。

(9)坚守环保底线。产生有毒有害气体的实验必须在通风橱内开展,通风橱挡板必须降至指定高度以下;实验产生的实验弃物要做好分类并统一处置,严禁私自倾倒实验废弃物。

思考与练习

1. 怎样让体育课变成"放心课"?
2. 参加大型活动,应该注意哪些事项?
3. 进入实验室做实验之前,应该了解哪些安全知识?

第四章 社会实践安全

党的二十大报告指出,要"落实立德树人根本任务,培养德智体美劳全面发展的社会主义建设者和接班人"。大学生通过社会兼职、实习、暑期"三下乡"等方式开展的社会实践,具有加深对本专业的了解、增强就业竞争优势,了解社会、认识国情,增长才干、奉献社会,锻炼毅力、培养品格等多方面意义。高校应充分发挥实践育人作用,加强大学生社会实践安全教育,提高大学生社会实践安全意识,帮助大学生在社会实践中成长成才。

第一节 社会兼职与实习安全

近年来,随着毕业生数量的增加和就业压力的不断增大,大学生的就业焦虑越来越严重,求职心情更加迫切,许多毕业生为了找到一份满意的工作,遍投简历,广搜信息,只要是符合自己意愿的招聘信息,就积极行动,绝不放过,但这也给不法分子以可乘之机。有的不法之徒利用大学生求职心切的心理,设置求职陷阱。面对这些问题,结合学校的实际情况,广大毕业生在外求职和实习应该提高警惕,增强自我防范意识。

随着大学生兼职的普及,越来越多的人开始关注大学生兼职这个新兴的领域。大学生兼职也逐渐受到全社会的关注,这其中也包括相当一部分不法分子。他们看中了大学生的单纯和不成熟,通过各种欺诈手段,想要从中牟取私人利益。这其中尤以大量非法中介的横行现象最令人担忧。

外出找兼职,尽量不要一个人去,多邀请几个人做伴,万一出现问题也气壮。另外,任何需要事先交钱的兼职一定是假的,有些兼职中介会让你在不知不觉中就交钱了,所以要提高警惕。建议女大学生不要去离学校太远的地方,同时考虑兼职的环境。如做家教,如果学生住的地方很偏僻,或者附近治安状况不好,建议不去。

一、大学生兼职安全

现在很多的大学生会选择在寒暑假或课余时间兼职,很多学生认为利用假期增加一些社会实践对于以后找工作有很多好处,这是对的,但是在兼职的同时,也要注意对自己人身安全的保护。近年来的案件中,大学生是被侵害的重要群体。作为社会的相对弱势群体,大学生在跨入社会的过程中注意防骗显得非常重要。大学生被骗的情况往往集中出现在做兼职的过程中,兼职学生与商家之间发生的劳资纠纷,很多情况下是不按劳动关系去处理的,而按民事关系去处理。因此,大学生在兼职过程中,一定要谨慎,防止自身利益受到侵害。如何在兼职期间,不被欺骗或吃亏呢?以下的防骗招数,希望对即将走上"工作岗位"的大学生有所帮助。

> 某大学的学生小马在学期中就开始联系寒假兼职了,可是直至期末考试时她还没有找到合适的工作。"从11月10日开始,我先后去了三四家中介公司,都让我先交押金,然后等消息。"小马说,几经考虑之后,11月12日,她和同学一起来到某大厦中的一家中介公司,每人交了120元的"信息费"。
>
> 当时工作人员表示,她们一年内都可以享受公司提供的招聘信息,可两个星期过去了,中介公司并没有主动给她们提供信息,她打电话询问时,中介找了几个公司让她们去面试,而面试后,她们才发现这些公司都在报纸上登了招聘广告,并没有委托中介来招聘。据小马介绍,像她这样交了中介费却找不到兼职的同学太多了,由于他们没有那么多的时间和精力与中介交涉,拖了一段时间后就只好放弃了。

由于大学生和中介之间的关系不是劳动关系,只是合同关系,并不在劳动法保护范围之内,因此一定要选择合法的正规中介。最好对这个中介有所了解,看看对方是否有固定的营业场所,办公设备的软硬件配备,工作人员的多少,是否有营业执照、职业介绍、许可证等相关的合法执照证件,还要把中介老板等人的电话记好。要熟悉相关就业政策,用人单位无权收取求职者抵押金、风险金等费用,兼职单位要求交纳押金时,一定要小心谨慎,不要上当。

如果发生求职纠纷,要采取友好协商的方式解决,若上当受骗可到相关劳动部门进行投诉,也可以采取法律手段解决。

(一)选择正规中介和大企业

有些大学生找兼职会选择中介机构或招聘网上的信息。某些不法中介,可能在赚取中介费后就逃之夭夭,有的甚至是"皮包公司"。因此,大学生一定要选择合法的、正规的中介。另外,大学生做兼职最好选择信誉好的大企业,一般知名的大企业招聘的人数较多,即便是兼职的员工,也会统一管理。

(二)不交押金,不押身份证

大学生应聘兼职工作,碰到有商家要求交纳所谓的押金、培训费或要求抵押身份证时,同学们一定要谨慎对待,事先交纳押金和扣身份证等要求,都是不合理的。学生们一定要提高防范意识,以免上当受骗。

(三)用工合同要仔细阅读

在做兼职期间,当企业要求签用工合同或协议时,学生们一定要仔细阅读合同或协议的所有条款,不要被少数用人单位的文字游戏所迷惑。如果与用人单位发生劳资纠纷,首先采取友好协商的方式去解决,若发现上当受骗,应立即到相关劳动部门进行投诉,必要时采取法律手段解决。

(四)做家教可先试讲

不少大学生在假期做兼职会选择做家教。但做家教,双方大多数以口头协议为主,极少签署书面协议。建议同学和家长约定好做家教期间的辅导内容、课时费用等事宜。最好先试讲,对方满意后再正式辅导。做家教的前提条件是要保障人身安全,特别是女学生,要核实对方身份和家庭地址的真实性。不要轻信陌生人,不要轻易提供家里的电话给别人。

(五)防止陷入传销陷阱

本来是以销售人员的名义上岗工作,公司却让应聘者如法炮制共骗别人。有些同学在高回扣的诱惑之下,甚至不惜欺骗自己的同学、亲戚、老师和朋友,结果骑虎难下,最终只得使自己的身心受到巨大伤害。通过同学或朋友介绍找工作的学生,也要注意维护自己的合法权益,防止陷入传销陷阱。

二、大学生实习安全

学校既是培养专业人才的摇篮,也是社会的一部分。校园生活是学生进入社会开始独立人生的第一站。随着我国教育的迅速发展,学校办学规模不断扩大,校园社会化现象日趋明显,一些危及学生人身财产安全的案件或有学生参与的违法犯罪案件等在校园中也时有发生。通过对学生中一些常见案件的分析,可以得出这样的结论:学生与其他社会群体相比,普遍比较年轻,社会经验不足,缺乏安全防范意识,法制意识淡薄,从而容易导致一些案件的发生。

(一)校内实习安全规定

(1)在实习前接受安全教育。

(2)严格遵守所到单位的安全、保卫规定,严格遵守操作规程,并接受所在单位的指导。到达实习场所后,要请所在单位相关人员对实习人员进行安全教育。

(3)实习师生必须按规定统一着装,实习中未经允许,不得擅自调换工种和设备,更不得私自动用其他设备、仪器和车辆。

(4)指导老师对违反操作规程和安全制度的实习人员,要提出批评,对严重危及人员和设备安全的行为有权制止。

(5)实习活动要注意安全,遵守交通规则。实习人员要离队活动时,必须向实习队负责人请假,并按时返回。实习期间,学生一般不得离队外宿。

①要注意饮食卫生,严格执行作息制度,注意居住房屋的防火和用电安全。

②实习期间,实习人员严禁下水游玩。

(二)学生校外实习期间安全要求

(1)同学们要自觉遵守法律、法规、校规、校纪以及实习单位的各项规章制度,认真学习,做一名遵纪守法的实习生。进入新环境,首先观察安全出口,对不熟悉的机器设备不要因好奇而动手,要尽快适应新环境的安全要求和岗位工作要求,自觉参加实习单位的各类培训。

(2)在交通安全上,要自觉遵守交通规则,不违规骑车、走路。骑自行车要严格遵守"各行其道"的规定,严禁在马路上玩耍。过马路时注意观察,要走人行横道线。上下班以及回家和返校的路上要注意交通安全,不搭乘路边不明情况的车辆。

(3)在防止意外伤害上,工作时要集中精力,注意观察。业余时间不追逐、吵闹,不做危险性游戏和违法行为,上下楼梯要靠右行走。不打架、不吸烟、不酗酒,遭他人敲诈、威吓时要及时向老师报告,也可及时报警。遇到台风、暴雨、大雪等天气更加要注意安全。

(4)在安全生产、实习劳动过程中,要尊重实习单位的实习老师,要服从管理,并严格按照有关要求进行,不得擅自行动。

(5)在饮食安全上,要注意饮食卫生。不吃腐烂变质的食品,不到路旁无证小摊贩处买食品,在商店、超市购买食品时要注意保质期,防止中毒和疾病交叉感染。

(6)在消防安全上,要注意防火,在单位或居住地不得私自使用电热棒、电热毯等电器设备,不要吸烟,熄灯后严禁使用蜡烛。在发现火情时,首先要逃生,打"119"报警,在确保自身安全的前提下,用消防器材进行灭火。

(7)在防盗安全上,个人钱、卡、贵重物品要妥善保管,做到随身携带,并做好宿舍的安全防范措施,人离开宿舍要及时关门上锁。

(8)要有是非观,加强法制学习,增强法制观念,多看书,巩固专业知识,弥补自己知识的不足。要自尊自爱,不参赌、观赌,不看黄色书刊、录像及不健康网站,拒绝毒品。

(9)在用电安全上,不私拉乱接电线,工作时要查看工作场所的电气设备、导线,必须绝缘良好,带电部分不得外露。必须保护工作场地干燥、清洁。在操作未明电路前必须验电,在确认安全的情况下才可操作。

(10)要遵守岗位实习安全规定的要求。在校外生产单位实习时,自觉参加单位组织的学习和活动,要经常与班主任或其他老师联系,报告实习、生活等情况。同学之间也要保持沟通,互相团结、帮助。执行实习单位的劳动纪律时,做到不迟到、早退,离开单位外出时履行手续,节假日回家时要告知单位部门领导及班主任,不得以任何理由擅自离开实习单位,遇到难以处理的事情,要与辅导员、班主任或实习老师联系。

(三)遵守实习、实践各个环节的安全规范

与学生全日制在校学习不同,企业实习和实践涉及对学生的管理方面,主要是校企交通、企业现场实习、企业食宿、企业周边日常生活等方面,特别是数周连续在企业住宿的实习,学生完全处于一个相对陌生的环境中,周围实习环境的危险因素较多,必须遵守安全规范才能保证学生的安全。

1. 校企交通

遵守安全交通规则。如果学校派车接送,注意不要在上车和行车过程中的随意打闹。如果是乘公交,若数十人同时出行,建议组成10人以下的小组错时错车出行,特别要避免乘坐一些非正常营运的简易交通工具。

2. 企业现场实习

每个企业都有安全规章制度,学生在企业实习前,企业必须进行安全教育。由于各个企业管理及生产情况不一样,因此都有符合其企业具体情况的安全规章制度,在实习前,一定要让企业对学生进行安全培训。值得重点提示的是,班级应有专人与企业卫生所的医务人员建立通畅的联系,出现紧急情况时及时获得医务人员救助。

3. 企业食宿

数周连续的在企业住宿的实习,必须在企业食宿。在饮食方面,尽量与企业职工一起餐饮;住宿方面,严格遵守企业职工住宿要求,如有网络等特殊要求可以通过学校与企业沟通解决,平时日常生活等方面遵守企业和社会的法律法规。

第二节 大学生暑期"三下乡"社会实践活动安全知识

大学生"三下乡"是各高校在暑期开展的一项意在提高大学生综合素质的社会实践活动。

大学生是我国科学技术发展的后备军,应该发挥其知识技能的优势,为农村建设服务,为农民群众服务。广大的农村需要大学生去发挥聪明才智,大学生也需要到农村去,在服务农民群众的实践中接触社会,了解国情,增强社会责任感和历史使命感。通过"三下乡",大学生可以改造世界观、价值观,把农村建设的需要和青年学生的成长很好地结合起来,走正确的成长成才道路。暑期社会实践活动以"安全第一"为原则,所有实践活动的开展,必须以保证参与同学的人身和财产安全为前提。安全工作是社会实践在筹备和实践过程中的头等大事,任何活动都不得违反这一原则。参加社会实践的全体同学应该认真学习安全知识,在实践中始终把安全问题放在首位。

一、安全出行

(1)实践出行前,实践团队应商量好出行路线,并告知每一位队员。

(2)实践过程中,实践队伍应统一出行并建立严格的请假销假制度,原则上不允许单个队员脱离实践队伍单独行动;必要情况下,有队员单独行动时,必须向队伍说明事由、前往地点、返回时间并确保联络畅通;实践队伍应尽量减少夜间外出,尤其禁止队员夜间单独外出;一般情况下,尽量不要让女生单独行动。

(3)注意交通安全,尽量乘坐具有安全保障、合法客运资格的车辆,不乘坐超载车辆。

(4)注意实践地点的天气、水文和地质情况,了解当地的洪涝灾害和地质灾害高危地区,避免在存在灾害隐患的地点活动。

(5)实践活动避免在危险地带进行,避免参加野外登山、探险活动;严禁实践过程中在河流、湖泊、水库、池塘等无安全保障的水域游泳;雷雨天气不要在高处、树下、避雷设施附近活动,不要接打手机;严禁在野外用火,尤其是森林、草原等高火险地区。

(6)注意实践地点的治安状况,减少在案件多发地区和多发时间的活动;禁止酗酒、赌博;不参与、不围观打架斗殴行为,避免和他人发生冲突;避免卷入各种群体性事件,防止被人利用或胁迫。

二、食宿安全

(1)实践团队应统一食宿,每天定时清点人数,如有队员擅自离队或请假但未按时归队,需立即与之联系,如超过约定时间联系不上应及时告知指导老师、辅导员,并立即寻求当地警方协助。

(2)合理安排作息,避免过度劳累,保证睡眠时间。

(3)搞好个人卫生,根据当地情况准备合适的个人卫生用具并妥善保管,减少由于高温、高湿、蚊虫叮咬等原因引起的各种疾病。

(4)注意用电安全,在居住地点和活动地点不要私拉电线,尽量避免在距离电力设施和高压电线很近的地方活动。

(5)注意饮食卫生,尽量少食用生冷食品,尽量不要饮用生水,如无绝对必要,不食用和饮用野外采集的食物和水源。外出就餐注意选择具有一定卫生条件的场所。

三、合理着装

(1)实践过程中推荐穿长裤、袜子和运动鞋,减少被划伤和被蚊虫叮咬的可能性。

(2)为便于紧急情况下的迅速行动,建议女生不要穿裙子,不推荐穿拖鞋,推荐长发同学将头发扎紧,野外活动尤其如此。

(3)女生建议朴素着装,以防暴力犯罪事件的侵害。如遇治安案件和犯罪案件及时寻求警方的协助。

(4)如无必要,出行时不佩戴首饰,尤其是贵重首饰。

> 高温是指最高气温达到35 ℃以上的天气现象,达到或超过37 ℃时称为酷暑。高温防范措施主要有以下几点:
> 白天尽量避免或减少户外活动,尤其是10时至16时不要长时间在烈日下活动;
> 不宜在阳台、树下睡觉或露天睡觉,适当晚睡早起,中午宜午睡;
> 室外活动时应该戴上遮阳帽,穿浅色衣服,并且应备有饮用水和防暑药品,如感到头晕不适,应立即停止活动,到阴凉处休息;
> 满身大汗时,不宜立即用冷水洗澡,应先擦干汗水,稍事休息后再用温水洗澡;
> 室内空调、电扇不要直接对着头部或身体的某一部位长时间吹;
> 避免皮肤被蚊虫咬伤,开水烫伤等。

四、外出活动防止中暑

中暑是持续处于高温条件或受阳光暴晒所致,大多发生在烈日下长时间站立、劳动、集会、徒步行军时。轻度中暑会感到头昏、耳鸣、胸闷、心慌、四肢无力、口渴、恶心;重度中暑可能会伴有高烧、昏迷、痉挛等。

主要预防措施有以下几点:

(1)喝淡盐水。大量出汗后,要及时补充水分。外出活动,尤其是远足、爬山或去缺水的地方,一定要带够充足的水。条件允许的话,还可以带些水果等解渴的食品。

(2)降温。外出活动前,应该做好防晒的准备,最好准备太阳伞、遮阳帽,着浅色、透气性好的服装。外出活动时一旦有中暑的征兆,要立即采取措施,寻找阴凉通风之处,解开衣领,降低体温。

(3)备药。可以随身带一些人丹、十滴水、藿香正气水和风油精等药品,以缓解轻度中暑引起的症状。如果中暑症状严重,应该立即就近送医院诊治。

五、避免社交中的冲突

(1)在与外人交往过程中,时刻注意行为礼貌,时刻严格规范自己的言语、行为,避免言语不当造成的冲突。

(2)理智化解交往过程中产生的误会,避免误会恶性发展。

(3)同学们一定要充分了解实践地的生活习惯,尊重实践地群众的生活习惯。

(4)在少数民族聚居区实践的同学,一定要充分了解该民族的民族习惯,在交往中时刻尊重其民族习惯。

(5)在交往过程中,如不慎影响到他人正常生活或侵犯他人生活习惯,应以真诚的态度向他人道歉,防止矛盾恶化。

六、财产安全

（1）注意贵重物品的保管和存放；队员之间互相熟悉携带的行李，便于互相照看；上下交通工具、更换住宿地点时注意清点物品，避免遗失；乘坐列车时记住车厢、座位号，乘坐汽车等交通工具时注意记录车号，便于出现问题时查找和联系。

（2）夜间乘坐交通工具，贵重物品注意贴身存放，睡眠过程中不要将贵重物品放在行李架上，减少被盗窃的可能。

（3）出行时注意防范扒窃和抢劫案件，钱包、手机等物品不要放在双肩背包里或者挂在胸前；如无必要，不佩戴首饰，尤其是贵重首饰。

（4）注意防范银行卡犯罪，妥善保管证件，有效证件和银行卡不要放在一处；不携带大量现金，并且尽量不要集中一处存放；使用ATM机应注意周围是否有可疑人员，注意ATM机上是否有可疑的附加设备；ATM机吞卡时应持回单及时和ATM所在银行联系或者向发卡行挂失；任何情况下，不将卡号、密码、短信验证码以及身份证号码告诉陌生人（包括银行职员）。

（5）注意防范诈骗案件，定期和家人联系，不向陌生人泄露自己的身份证号码和家庭联系方式；请家人不要轻易相信陌生人传达的消息，如有任何消息应及时和学校有关部门联系，切勿向陌生人或者陌生账号转账及汇款。

七、防范气象灾害

（一）暴雨避险

4小时降雨量50毫米以上的叫暴雨。

黄色预警：6小时降雨量将达50毫米，或者已达50毫米且降雨可能持续。

橙色预警：3小时降雨量将达50毫米，或者已达50毫米且降雨可能持续。

红色预警：3小时降雨量将达100毫米，或者已达100毫米且降雨可能持续。

同学们在社会实践中遇到暴雨应立即停止户外活动，危旧房屋或在低洼地势房屋的人员应及时转移到安全地方；及时关闭室内煤气和总电源开关。

（二）山洪避险

同学们在实践过程中遇到山洪，应保持冷静，听从指挥，向较高地方转移；不要沿沟谷往下跑，而要向两侧高处快速躲避；不要涉水过河；被山洪困住时，应及时与当地有关部门取得联系或发出求救信号。

（三）泥石流避险

同学们在实践过程中要了解当地情况，尽量不要到泥石流多发山区活动；野外扎营时，不要在山坡下或山坡谷、沟底扎营；一旦遭遇大雨、暴雨，要迅速转移到高处，要到两边的山坡上面躲避，不要在土质松软、山体不稳定的斜坡停留，以免斜坡失稳下滑，应在基底稳固又较为平稳的地方躲避；不可在泥石流中横渡，上树躲避也不可取。

八、安全汇报

（1）实践团队负责人每天活动结束后必须清点队员人数并确定队员的身体健康和财物安全情况，向学院带队老师汇报情况。

（2）需要立即上报带队老师、学院领导，联系当地警方、医疗机构和政府部门的安全事件包括：

①导致队员人身伤害或者威胁人身安全的事故。例如，交通事故，触电、溺水等事故，野外活动不慎导致的大面积擦伤、骨折、烫伤、感染等伤害。

②影响队员身体健康或者威胁队员身体健康的事件。例如，食物中毒，需要接受治疗的中暑、日射病、热射病，队员个人身体状况不好导致的其他疾病。

③可能影响到集体安全的事件，如洪水、泥石流等地质灾害，疫情。

④队员擅自脱离队伍、走散、失踪。

⑤严重的财物损失。如住宿地点遭遇盗窃、抢劫等情况。

⑥其他经实践团队认定为影响到安全并需要学校相关部门协助的事件。

思考与练习

1. 大学生在兼职过程中需要注意哪些安全隐患？
2. 在校外实习中，有哪些安全规范需要遵守？
3. 在"三下乡"社会实践中，要注意哪些安全事项？

第五章 食品安全及疾病预防

国以民为本,民以食为天,食以安为先,高校的食品安全是保证大学生健康和校园稳定的重要一环。食品是指各种供人食用或者饮用的成品和原料以及按照传统既是食品又是中药材的物品,但是不包括以治疗为目的的物品。食品安全是指食品无毒、无害,符合应当有的营养要求,对人体健康不造成任何急性、亚急性或者慢性危害。食品安全事故往往与严重的食品污染事故紧密关联,而食品污染就是导致食源性疾病和食物中毒的常见条件之一。

第一节 饮食卫生与饮食习惯

一、注意饮食卫生

饮食卫生是指为使人们通过饮食能得到足够的营养、促进生长发育、增强体质所采取的卫生安全措施。随着物质生活水平的提高,人们的饮食水平也有相应提升,菜的样式增加不少,但食品卫生安全问题也时有出现。常言道"病从口入",饮食卫生安全关系到大学生的身体健康,同时也是大学生正常生活、学习的保证。大学生在用餐时要特别注意饮食卫生,养成良好的饮食习惯,尽量远离不卫生的小餐馆和不健康的快餐夜市摊,谨慎点餐,以防食物中毒事件的发生。

(一)安全饮食习惯的养成

(1)尽量在学校的食堂就餐。学校的食堂都是高校标准化食堂,由学校统一严格管理,食品卫生和食物来源都有保障。

(2)不随意购买、食用街头无照(证)商贩出售的外卖盒饭及食品、饮料以及三无(无产地、无生产日期、无保质期)食品、饮品;不到卫生条件较差的地方进餐,以防病从口入。

(3)在夏季应注意对剩余饭菜的处理。剩的饭菜、点心、牛奶等都容易滋生细菌,不彻底加热会引起细菌性食物中毒,尽量吃煮沸的食品。

(4)不食用病死的禽畜肉,不生吃或吃半生不熟的海鲜、河鲜、肉类等。

(5)不吃冷菜、生菜,不吃腐烂变质的食物;不食用过期食品和饮料;不吃霉变的粮食、甘蔗、花生米等食物;不随意吃野菜、野果,对于瓜果、蔬菜要认真清洗、消毒,最好去皮或用食品清洁剂清洗。

(6)不喝生水,防范饮水机使用过久和消毒不严格而导致的饮用水二次污染。

(7)在饮、食各种食品前,要对食品进行一闻、二看、三品,如有异常应立即停止食用。另外,提醒同学们不要吃陌生人递送的食物及饮品;发现饮品味道、颜色发生变化时,切勿饮用。

(8)如因食物中毒或食物细菌感染而引起腹痛、腹泻、呕吐等不良症状,应及时就医。

(二)变质食物的气味

1. 腐臭味

腐臭味是指富含蛋白质的食物腐败变质后,蛋白质分解产生大量腐臭味。容易发生此类腐败的食物是鱼肉、猪肉、鸡蛋、豆腐、豆腐干等。

2. 哈喇味

哈喇味是指富含脂肪的食物在紫外线、氧气和水分的影响下发生氧化导致变质,出现酸败,产生一股又苦又麻、刺鼻难闻的味道。常见的肥肉由白色变成黄色就属于这类反应。容易发生此类变质的食物有食用油、坚果、点心、油炸食品等。

3. 霉味

霉味是指受霉菌污染的食物在不通风的温暖潮湿环境下发霉变质后产生的气味。所以存放粮食一定要保持通风,以防霉菌生长。霉菌可能产生毒素,如我们熟悉的黄曲霉毒素。食物发霉后一定要坚决丢弃。容易发霉的食物有粮食、花生、面包、蛋糕、米饭、馒头等。

4. 酸味

酸味是指富含碳水化合物类的食物在变质后会产生有各自特征的酸味。如米饭变馊、糕点变酸、水果腐烂就属于这类变质现象。粮食、蔬菜、水果、糖类及其制品等容易发生这类变质。

(三)常见饮食卫生误区

在日常生活中,同学们的有些饮食习惯看似十分卫生,实则并不安全。常见的饮食卫生误区包括:

1. 用白纸或卫生纸包装食物

许多人觉得白纸或卫生纸看上去干干净净的,可以用来包装食物。而事实上,这些纸张在生产过程中,会加用许多漂白剂及带有腐蚀作用的化工原料,纸浆虽然经过冲洗过滤,仍含有不少化学成分,会污染食物。至于用报纸来包装食品更不可取,因为印刷报纸时,会用许多油墨或其他有毒物质,对人体危害极大。

2. 用卫生纸擦拭餐具

这是大学校园十分普遍存在的一种现象。许多学生就餐后懒得冲洗餐具,就用卫生纸擦拭,自认为非常卫生。其实许多卫生纸因消毒不彻底而含有大量细菌,即便是消毒较好,卫生纸也会在摆放的过程中被污染。因此,用普通的卫生纸擦拭碗筷或水果,不但不能将食物擦拭干净,反而会在擦拭的过程中给食品带来更多的污染机会。

3. 用毛巾擦干餐具或水果

我国城市自来水大都经过严格的消毒处理,所以说用洗洁剂和自来水彻底冲洗过的食品基本上是洁净的,可以放心食用,无须再用干毛巾擦拭,因为干毛巾上常常会有大量病菌。

4. 用酒消毒碗筷

用白酒来擦拭碗筷达不到消毒的目的,白酒毕竟不同于医用酒精。因为医学上用于消毒的酒精浓度为75%,而一般白酒的酒精浓度多在56%以下。

5. 将变质食物煮沸后再吃

医学实验证明,细菌分泌的毒素是非常耐高温的,不易被破坏分解。用高温煮的方法处理轻微变质的剩余食物的方法是不可取的。

6. 把水果烂掉的部分剜掉再吃

这是错误的,当水果已经烂了一部分时,就应扔掉,不宜食用。微生物学专家认为:即使把水果上面已烂掉的部分削去,剩余的部分也已通过果汁传入了细菌的代谢物,甚至已经有微生物开始繁殖,其中的毒菌可导致人体细胞突变而致癌。

二、养成良好的饮食习惯

大学生要拥有强健的体魄,将来才能更好地工作,完成时代赋予的使命。在校期间是大学生生长发育、强健体魄最为关键的时期,生理和心理的变化相对复杂,各器官机能逐渐趋向成熟,脑力和体力的活动十分频繁,思维能力活跃而敏捷。而生长发育状况、学习效率、生活能力及抗病力、劳动效率、运动能力等,都与膳食营养有着密切的关系。大学生不仅要学习掌握一定的科学技术知识、专业技能,还应掌握一定的营养知识,树立正确的食品卫生安全意识,养成不暴饮暴食,不吃不洁、腐败、变质食物的良好饮食卫生习惯,增强防病能力,确保大学期间科学合理的营养与膳食平衡及身体健康安全。

(一)健康的饮食习惯

1. 早餐要吃好,中餐要吃饱,零食要少吃

不吃早餐易患胆石症,所以大学生一定要改掉不吃早餐的坏习惯,要重视早餐,多吃一些营养价值高,少而精的食物。午餐的营养搭配也要合理。晚餐吃多少要因人而异,脑力劳动者晚餐不宜少吃,要使晚餐摄入的热量和营养能够支持晚间的学习。另外,同学们要少吃零食,零食大多含有高脂肪、高糖类,而蛋白质相对较少。零食吃得过多会影响正餐的进食,长此以往就会破坏人体的营养均衡。控制零食的方法除了自我约束外,还需要按时、按量进食正餐。

2. 饮食要适量,要有规律

一些同学常常节食减肥,不健康地盲目控制饮食,每餐只吃很少一点食物,导致蛋白质摄入过少,虽然在短期内体重可能会下降得比较明显,但长期节食减肥很伤害身体,甚至会导致厌食症的产生,最终导致全身脏器营养不足,对疾病的抵抗力降低,严重者可导致贫血、血糖过低等。相反,如果营养摄入过多,不仅会造成食物浪费,而且营养过剩会给机体加重负担,同时可能引起肥胖、糖尿病、高脂血症、高血压、心脑血管病等。因此,要养成科学合理的饮食习惯,不要因为食物而焦虑,也不要用别人的饮食标准来评判自己的饮食。另外,要选择身体需要的食物作为日常饮食,进食要有规律性,定时定量,早、中、晚进食时间尽量固定。需要的才是最好的。这样既不需要通过节食来减肥,还能养成良好的饮食生活习惯。

3. 进餐时要专心

有些学生边吃饭边看书,或者边吃饭边玩电脑、玩手机、听广播,这些声音、画面一起刺激大脑神经,会引起感情急剧变化,精神分散,影响进食,引起消化不良。久而久之,消化功能减退,会引起胃肠道疾患。还有,避免空腹或饱餐后立即进行紧张的学习活动,这样容易引起消化不良、胰腺炎等消化系统疾病,而且大量血液集中在胃肠中,易引起脑供血不足,影响学习效果和身体健康。

4. 多吃水果,多饮水

水果中含有丰富的维生素和钙等矿物质,多吃水果能增强皮肤的抵抗力,补充人体所需的水分,美容养颜,促进消化,增强食欲,对口角炎、维生素C缺乏病、软骨病、高血压、器官老化等也有一定的预防作用。需要注意的是,水果也有热寒之分,要针对自身情况选择食用。如脾胃虚寒的人,宜少吃西瓜而多吃木瓜;有胃病、虚咳者,不宜吃菠萝。

水是生命之源,在生活中,多饮水不仅有利于身体健康,而且也有利于身体排毒。在没有患心脏和肾脏疾病的情况下,要养成"未渴先饮"的习惯。每天饮水1 000～1 500毫升,有助于预防高血压、脑出血和心肌梗死等疾病的发生。早晨起床后喝一杯凉开水有利于肝、肾代谢和降低血压,防止心肌梗死,有的人称之为"复活水"。专家认为人经过几个小时睡眠后,消化道已排空,晨起饮一杯水能促进血液循环,稀释血液,等于对体内各器官进行了一次"内洗涤"。

5. 学习繁忙和考试期间,要加强营养

学习任务比较繁重时,要摄入充足的热能和优质蛋白质,除了要有足够的主食外,每天应补充鸡蛋、瘦肉、牛奶、大豆及豆制品;应摄入丰富的胡萝卜素、B族维生素、维生素C和纤维素;增加摄入坚果类食品等作为辅助,如花生米、葵花子、芝麻等;菜肴应以清淡、少油腻的为佳。

6. 多吃谷类,供给充足的能量

谷类是我国膳食中主要的能量和蛋白质来源。青少年能量需求大,每日需400～500克,因活动量的大小而有所不同。保证鱼、肉、蛋、奶、豆类和蔬菜的摄入,这些物质含有丰富的蛋白质和钙。蛋白质是组成器官增长及调节生长发育和性成熟的各种激素的原料,蛋白质摄入不足会影响青少年的生长发育,青少年每日摄入的蛋白质应有一半以上为优质蛋白质,为此膳食中应含有充足的动物性和大豆类食物。钙是建造骨骼的重要成分,青少年正值生长旺盛时期,骨骼发育迅速,需要摄入充足的钙。此外,应参加体力活动,避免盲目节食。

7. 培养饭前洗手、饭后漱口等良好卫生习惯

此外,还应培养饭前洗手、饭后漱口等良好卫生习惯。

(二)大学生饮食习惯误区

1. 洁癖型饮食

对食品的清洁要求过度,多见于有洁癖的学生。饮食上要求绝对的绿色、无公害食品。不吃有防腐剂的食品,不吃有添加剂的食品,不吃剩饭,不吃电冰箱中的食品……吃饭时,绝不用手接触食物,严格执行"无菌观念"。这种饮食习惯使人难以与其共食,不适合学校的团队生活,适应环境的能力差,影响身心健康。

2. 西洋型饮食

有些学生饮食上很西化,喜欢牛排、炸鸡、面包、牛奶、碳酸饮料、巧克力、蛋糕等,每天都要喝咖啡,休息日喜欢去西餐厅就餐。这样的饮食习惯,往往会造成热量摄入过多,容易引发肥胖,而且还会造成营养不均衡,影响健康。

3. 相悖型饮食

主食与副食相悖。一般来说,我国的饮食习惯以主食为主,副食为辅,以米、面、谷物为主要食物,佐以肉类、蔬菜、糖、茶、水果等。实践证明,这种饮食搭配是科学的,对身体是有益的。部分在校学生饮食主副颠倒,把副食作为主食,每日三餐以糕点、面包、水果、肉、糖为主,很少吃饭和蔬菜。另外,不按正常时间进食,饮食不顺应四时气候,这些都属于相悖型饮食,很不利于健康。

4. 放纵型饮食

有些学生家庭富裕,在家时山珍海味吃惯了,来校后受不了委屈,经常到校外饭馆大吃大喝。这些学生喜欢享受美食,不计较花钱多少。腹泻、胀满、呕吐等病症不断,对身体健康极为不利。

5. 愚昧型饮食

有些学生自恃身强体壮、消化功能好,认为"不干不净,吃了没病"。饮食不讲究搭配,不讲究节制,不讲究卫生。饥一顿饱一顿,饮食全无规律。食堂、饭馆、路边摊、校外盒饭,想吃就吃,毫无顾忌。这类型的饮食者多不注意调养,以致出现胃部发炎、肝脾不和等病症。

6. 区域型饮食

高等学府中,学生来自五湖四海。不同区域的学生有不同的饮食习惯,比如山西学生喜欢面食,湖广学生喜食大米等。学生带着各自的地区饮食习惯进入高等学府,不能适应学校的普通饮食而坚持区域性饮食,不能因地制宜,亦为饮食之误,往往会给生活带来烦恼。

第二节 食物中毒及其防范

食物通常由碳水化合物、脂肪、蛋白质或水构成,是能够借由进食或是饮用,为人类或者其他生物提供营养或愉悦的物质。食物是维持人体生命和活动的物质基础,被人摄入后,在人体内经过消化、吸收和代谢,转为人体所需要的营养和能量,以保证人体正常的生长发育、组织修复,维持体内各种生理功能,提高机体抵抗力和免疫力。

央视新闻:针对江西某学院 2023 年"6·1"食品安全事件,江西省教育厅、公安厅、国资委、市场监督管理局组成的联合调查组,本着实事求是原则开展调查,经勘查现场,调取监控视频发现,6月1日,学生在食堂吃出疑似为"鼠头"的异物,被涉事食堂工作人员事发当日丢弃。通过查看食堂后厨视频,查阅采购清单,询问涉事食堂负责人、后厨相关当事人、当事学生和现场围观学生等,判定异物不是鸭脖。根据国内权威动物专家对提取的当事学生所拍现场照片和视频进行专业辨识,判定异物为老鼠类啮齿动物的头部。南昌高新区市场监督管理局昌东分局、学院未认真调查取证,发布"异物为鸭脖"结论是错误的。

经认定,江西某学院对此次事件负主体责任,涉事企业负直接责任,市场监督管理部门负监管责任。目前,依据《中华人民共和国食品安全法》及其实施条例,南昌市市场监督管理局已吊销涉事食堂食品经营许可证,对涉事企业和法定代表人顶格处罚。下一步,将依法依规严肃处理学院、南昌高新区市场监督管理局昌东分局等相关责任单位、涉事企业和责任人,并在全省开展食品安全专项整治,抓好源头治理,切实保障人民群众食品安全。

一、食源性疾病及其影响因素

（一）食源性疾病

食源性疾病是指通过摄食而进入人体的有毒有害物质（包括生物性病原体）等致病因子所造成的疾病。一般可分为感染性和中毒性，包括常见的食物中毒、肠道传染病、人畜共患传染病、寄生虫病以及化学性有毒有害物质所引起的疾病。食源性疾病的发病率居各类疾病总发病率的前列，是当前世界上突出的卫生问题之一。

（二）与食品安全问题相关的诸多食源性疾病影响因素

1. 农药污染的致病因素

我国是世界上农药生产和消费较高的国家。由于多施和不按规定要求滥用农药，我国每年因农药引起的食物中毒事件时有发生，特别是蔬菜中有机磷农药中毒。最近几年，我国相继出台了一系列关于农药生产、销售和使用的规定，加大了对农药的监管力度，但是，由农药大量使用产生的农药污染所引发的食品安全问题，目前仍然存在。

2. 化肥污染的致病因素

我国每年大量、超量或不合理的施用化肥于农作物上，使化肥在土壤中的残留越来越多。肥料施用不当、滥用化肥而生产的植物性食物对人类健康造成的威胁，并不亚于农药残留。滥用化肥引起的硝酸盐、亚硝胺的反应产物带来的食品安全问题，给人体带来巨大的危害，因此已引起人们越来越多的关注。

3. 激素类和抗生素类化学药物污染的致病因素

为了预防和治疗因家畜和水产品患病而大量投入抗生素，如磺胺类等化学药物，往往造成药物残留于动物组织中。国内外发生的因兽药残留不安全引起的消费者中毒事件，增加了消费者对食用畜产品的担心和关注。

4. 重金属污染的致病因素

重金属污染对食品安全的影响非常重大，属于化学物质污染的重要内容之一。大多数重金属在体内有蓄积性，半衰期较长，能产生急性和慢性中毒反应，可能还会有致畸、致癌和致突变的潜在危害。

5. 食品添加剂使用不当的致病因素

近年来发生的多起涉及食品添加剂的食品安全事故，问题不在于食品添加剂本身，而在于食品生产加工过程中超限量使用食品添加剂、超范围使用食品添加剂。个别食品生产企业为了使产品颜色鲜艳，超量使用发色剂或滥加化学合成色素。此外，方便面、饮料、酱油、油等，一般均程度不同地含有多种防腐剂，主要有山梨酸、山梨酸钾、苯甲酸、植物杀菌素、亚硝酸盐等。其中，亚硝酸盐侵入人体后会发生亚硝化反应，生成致癌物亚硝胺，使肝脏、食管等器官发生癌变。

6. 毒素等致病因素

毒素是目前人们极为重视的安全问题，主要表现为自然毒素，如贝类毒素和真菌毒素等。贝类毒素与真菌毒素不易被加热破坏，所以其危害性是相当大的。真菌存在于大多数农产品中，真菌毒素直接或间接进入食物链，导致动物食品受到毒素污染。在众多的真菌毒素中，黄曲霉素是最危险的毒素之一，属于强致癌物。

7. 人为恶意导致的致病因素

不法分子为牟取利益,用病死变质禽畜加工成熟食,其含有大量病毒、细菌和致癌物质。用福尔马林泡制的水产品,人食用后轻则出现消化不良、反胃、呕吐等反应,重则诱发肝炎、肾炎和酸中毒。人为非法添加非食用物质到食品中,造成了许多起影响恶劣的食品安全事件,如"三聚氰胺""瘦肉精""苏丹红""吊白块"事件。此外,用非食用色素制成的蛋糕、粉条、饮料、果冻,被人体摄入后会导致中毒和引起多种疾病,成为影响人体健康的"隐形杀手"。

8. 食品贮存不当的致病因素

有一些食源性致病因素与食品安全问题,是在对食品进行冷藏、密封保存等贮存过程中产生的。冰箱(柜)是以低温方式保存食物的,如果不经除菌(如洗净、加热等)就直接食用冰箱中暴露存放的食物是十分危险的。长久存放的食物被污染风险增大,如长时间保存的罐头、腊肉和发酵的豆制品上会寄生一种肉毒菌,其芽孢对高温高压和强酸的耐力很强,并极易通过胃肠黏膜进入人体,仅数小时或一两天就会引起中毒。又如过久盛放的食糖,不但容易结块、变色、串味,而且在湿热的条件下易被螨虫侵入,损害人体肠膜而形成溃疡,引起腹痛、腹泻、恶心、呕吐等症状,还可能因螨虫侵入泌尿道引起感染,导致尿急、尿频、尿痛、血尿等症状。而食品包装容器、工具、管道等食品贮存和运输材料如果选择不当,其中存在的有害物质如金属铅、锌及橡胶、塑料制品中的防老剂和增塑剂等,也极易引发食品安全问题,损害人体健康。

9. 餐饮器洗涮不彻底的致病因素

有的餐饮店用工业级洗洁精洗涮餐具,有的餐饮店使用的餐具不能达到人次消毒,食品安全失去了必要的保证。有的餐饮器具不消毒或消毒不彻底,这种潜在的致病因素会促使类似乙肝这种消化道传染病的肆虐传播。

10. 烹制不当的致病因素

烹制不当引起的致病因素主要包括以下几方面:腌制食品可使其亚硝酸盐的含量增加,亚硝酸盐与胺类结合可形成致癌的亚硝胺类化合物;不少食物经过熏烤、煎炸后,形成热裂解产物,如致癌物苯并芘和环芳烃,其具有较强的致癌性;制作不当的油条、油饼、羊肉串等快食小吃也对人的健康构成潜在的威胁,如油条中常加入的明矾在人体内积蓄,会使骨骼变松,并使记忆力减退,甚至痴呆。

11. 酗酒引起的致病因素及其他危害

医学界对酗酒定义为:一次喝 5 瓶或 5 瓶以上啤酒,或者血液中的酒精含量达到或高于 80 毫克/100 毫升。简单来说,就是饮酒超出适量饮酒或一般社交性饮酒的标准。过量饮酒不仅会对身体造成很大伤害,而且会引发违法犯罪行为。因此,同学们要增强食品安全意识,养成良好的生活习惯,聚餐少喝酒,不酗酒,不相互劝酒。

(1)过量饮酒严重伤害身体

酒精是中枢神经抑制剂。随着饮酒量的增加,酒精对中枢神经的抑制作用会逐渐增强,从而引发言语无度、行为失控、极度兴奋等现象,易引发意外事故。另外,饮酒过量还可能造成酒精中毒,重度酒精中毒会出现昏厥休克、呼吸困难、瞳孔放大、双目失明、肝功能衰竭等严重后果,甚至死亡。

(2)过量饮酒后易滋事触犯法律

过量饮酒后,人体血液中的酒精达到一定浓度时,就会使大脑皮质受到抑制,中枢神经失控后,人在识别力、注意力、记忆力、洞察力与自控力等方面都会减弱,导致失言、失礼、失德之事轻易发生。失去理智后的状态下易与周围的人发生打架斗殴、寻衅滋事等。治安案件中酒后滋事是大学生恶性斗殴事件的主要原因之一。

世界卫生组织的专家认为酒精中毒是当今世界的第一公害。经医学研究发现,乙醇的中毒剂量对每个个体的差异很大,一般成年人的中毒剂量为75~80毫升,致死量为250~500毫升;血液中乙醇浓度低于0.05%时不产生症状,达到0.4%~0.5%时即可致死。酒精过量会损害人的大脑、肝脏、心脏、肾脏、胃肠及神经肌肉等脏器,对肝脏的损伤尤其明显,并严重危及生殖和心理健康。世界卫生组织提供的数据表明,至少有60种疾病与过量饮酒有关。

《刑法》第十八条第四款:醉酒的人犯罪,应当负刑事责任。

《中华人民共和国治安管理处罚法》第十五条:醉酒的人违反治安管理的,应当给予处罚。醉酒的人在醉酒状态中,对本人有危险或者对他人的人身、财产或者公共安全有威胁的,应当对其采取保护性措施约束至酒醒。

二、食物中毒

(一)食物中毒的特点及分类

食物中毒是指摄入了含有有毒有害物质的食品或者把有毒有害物质当作食品摄入后出现的急性、亚急性疾病。这是一类经常发生的疾病,会对人体健康和生命造成严重损害。食物中毒的特点是潜伏期短,突然地、集体地爆发,多数表现为肠胃炎的症状,并和食用某种食物有明显关系,没有传染性。

> 1.2023年5月15日,北京某学院发生了一起集体食物中毒事件,引发了社会的广泛关注。据报道,该校西校区的多名学生在食堂用餐后出现了呕吐、腹泻等症状,经检测,有5人诺如病毒阳性。
>
> 2.2023年6月14日,江苏某大学一校区,有学生在食堂就餐食用米线后一天呕吐了7次。

1. 特点

(1)发病呈爆发性。潜伏期短,来势凶猛,短时间内可有多人发病。

(2)具有相似的临床症状。中毒病人一般都有相似的症状,多表现为恶心、呕吐、腹痛、腹泻等消化道症状。

(3)发病与食物有关。患者在近期内食用过某种变质、有毒的食物,发病范围局限在食用该类有毒食物的人群,停止食用该食物后,发病现象很快消失。

(4)食物中毒不具有传染性,没有个人与个人之间的传染过程。

2. 分类

(1)细菌性食物中毒。细菌性食物中毒是指人们摄入含有细菌毒素的食品而引起的食物中毒,发生原因与不同地区人群的饮食习惯有密切关系。如在美国,肉、蛋及糕点的摄入较多,葡萄球菌引起的食物中毒较多见;日本和我国沿海地区居民喜食生鱼片等海产品,副溶血性弧菌引起的食物中毒较多见。

细菌性食物中毒多发生在夏秋炎热季节,因为气温高,适宜细菌生长繁殖,且炎热季节人体肠道的防御功能下降,对疾病的易感性增加。细菌性食物中毒的发病率高,但病人恢复较快。

(2)真菌毒素食物中毒。真菌毒素食物中毒主要是指因食用被霉菌及其产生的毒素污染的食品而引起中毒。其发生具有明显的地区性、季节性和波动性。如霉变甘蔗中毒,在我国多发生于2~3月的北方省份,甘蔗霉变的原因是将广东、广西等地11月收割的甘蔗运至北方储存,第二年春季由于温度升高,导致部分甘蔗霉变。因此,在甘蔗储存过程中应防止霉变,存放时间一般不要超过2周,甘蔗一旦霉变后就不要食用。

(3)植物性食物中毒。引起植物性食物中毒的食品主要有三种:第一种,天然含有有毒成分的植物或其加工制品,如桐油;第二种,在加工过程中未能破坏或除去有毒成分的植物,如木薯、苦杏仁等;第三种,在一定条件下产生了大量有毒成分的可食用植物性食品,如发芽土豆等。

(4)动物性食物中毒。引起动物性食物中毒的食品主要有两种:第一种,天然含有有毒成分的动物或动物的某一部分,如河豚、猪甲状腺等;第二种,在一定条件下产生了大量有毒成分的可食用动物性食品,如贝类、鲐鱼等。

(5)化学性食物中毒。引起化学性食物中毒的食品主要有四种:第一种,被有毒有害的化学物质污染的食品,如被农药、杀鼠药污染的食品;第二种,被误认为是食品、食品添加剂、营养强化剂的有毒有害化学物质,如工业酒精、亚硝酸盐等;第三种,添加非食品级的、伪造或禁止使用的食品添加剂、营养强化剂的食品以及超量使用食品添加剂的食品,如将增白剂加入面粉增白,将甲醛加入水发产品中防腐等;第四种,营养素发生化学变化的食品,如油脂酸败等。

(二)食物中毒的预防

近年来,假鸡蛋、速生鸡、地沟油、农药菜等,都为我们敲响了食品安全的警钟。预防食物中毒的关键是把好"入口关"。在日常生活中,因食用被细菌及毒素污染的食物而引起的食物中毒较为多见。大学生在饮食安全方面要重点预防细菌性食物中毒,应注意以下几点:

(1)不要采摘、捡拾、购买、加工和食用来历不明的食物、死因不明的畜禽或水产品,以及不认识的野生菌类、野菜和野果。有病的或病死的禽畜肉类千万不能吃。

(2)购买和食用定型包装食品时,要注意查看有无生产日期、保质期和生产单位,不要食用超过保质期的食品。

(3)加工、贮存食物时要做到生、熟分开;隔夜食品在食用前必须加热煮透。

(4)养成良好的个人卫生习惯,在烹调食物和进餐前要洗手,接触生鱼、生肉和生禽后必须再次洗手。妥善保管好食品,避免苍蝇叮爬。

(5)当心冰箱贮藏食物引起的食物中毒。使用冰箱一定要做到生、熟食品分开贮存,以防止交叉感染。保存时间不宜过长,鱼和肉类夏天不能超过5天。

(6)防止食用动物肝脏中毒,食用毒蘑菇中毒,食用扁豆(四季豆)、苦瓠子、发了芽的马铃薯中毒,防止多食白果、杏仁中毒,防止食用变质银耳中毒。饮用未煮开的豆浆也容易发生中毒。

(7)瓜果、蔬菜生吃时一定要洗净,肉类食物要煮透,防止外熟内生。

(8)饮酒一定要掌握尺度,量力而行,适可而止,不要刻意地培养或放任自己的饮酒习惯。

(三)食物中毒自救

出现食物中毒症状时,首先要拨打120急救电话。在救护车到来之前,如条件许可,可做如下工作：

(1)想吐的话，就吐出。出现脱水症状时，要到医院就医。用塑料袋留好呕吐物或大便，带着去医院检查，有助于诊断。

(2)不要轻易地服用止泻药，以免贻误病情。当体内毒素排出之后，再向医生咨询。

(3)催吐。进餐后如出现呕吐、腹泻等食物中毒症状时，可用筷子或手指刺激咽喉帮助催吐，排出毒物。但因食物中毒导致昏迷的时候，不宜进行人为催吐，否则容易引起窒息。

(4)导泻。如果进餐的时间较长，已超过2小时，而且精神较好，则可服用些泻药，促使有毒食物和毒素尽快排出体外。

(5)解毒。如果是吃了变质的鱼、虾、蟹等引起食物中毒，可取食醋100毫升，加水200毫升，稀释后一次性服下。若是误食了变质的饮料或防腐剂，最好是用鲜牛奶或其他含蛋白的饮料灌服。

(6)卧床休息，饮食要清淡。先食用容易消化的流质或半流质食物，如牛奶、豆浆、米汤、藕粉、糖水煮鸡蛋、蒸鸡蛋羹、馄饨、米粥、面条，避免食用有刺激性的食物，如咖啡、浓茶等含有咖啡因的食物以及各种辛辣调味品，如葱、姜、蒜、辣椒、胡椒粉、咖喱、芥末等，多饮盐糖水。吐泻、腹痛剧烈者暂时禁食。

(7)出现抽搐、痉挛症状时，马上将病人移至周围没有危险物品的地方，并取来筷子，用手帕缠好塞入病人口中，以防病人咬破舌头。

三、安全食品标识

安全食品是指食品要具有相应的色香味形等感官性状，没有发生腐败变质等异常变化。在购买食品前，一定要对相关食品安全认证标识有所了解。

(1)QS标志(图5-1)。QS是英文"质量安全"(Quality Safety)的首字母缩写。QS标志是工业产品生产许可证标志的组成部分，也是取得工业产品生产许可证的企业在其生产的产品外观上标示的一种质量安全的外在表现形式。QS标志从2010年6月1日起已陆续换成新样式，主要是在标志的中文字样上有所变动，原QS标志下方的"质量安全"字样已变为"生产许可"字样。

图5-1　QS标志

(2)无公害农产品标志(图5-2)。广义的无公害农产品包括有机农产品、自然食品、生态食品、绿色食品、无污染食品等。这类产品生产过程中允许限量、限品种、限时间地使用人工合成的安全化学农药、兽药、肥料、饲料添加剂等，符合国家食品卫生标准，但比绿色食品标准要宽。无公害农产品是保证人们对食品质量安全最基本的需要，是最基本的市场准入条件，所有食品都应达到这一要求。

(3)绿色食品标志(图5-3)。绿色食品在中国是对无污染的安全、优质、营养类食品的总

图 5-2 无公害农产品标志

称,是指按特定生产方式生产,并经国家有关的专门机构认定,准许使用绿色食品标志的无污染、无公害、安全、优质、营养型食品。

图 5-3 绿色食品标志

(4)有机食品标志(图 5-4)。有机食品(Organic Food)也称生态或生物食品等,是国际上对无污染天然食品比较统一的提法。有机食品通常来自有机农业生产体系,是根据国际有机农业生产要求和相应的标准生产加工的食品。

图 5-4 有机食品标志

第三节 常见传染性疾病及其预防

大学生群体普遍是在一个相对密集的场所生活和学习的,一旦学生出现传染性疾病后很容易发生传播,会对广大师生的工作、学习产生严重影响。所以认识一些常见的疾病、有效地进行预防是现代大学生文明、进步的体现,既有益于个人又有益于社会。

传染病是由病毒、细菌、衣原体等病原体引起的,是具有传染性并会导致不同程度流行的疾病。传染病还具免疫性,少数传染病一次患病后,以后几乎不再患病,称为"持久免疫"或"终身免疫"。但多数传染病随机体免疫能力下降还会再度感染。

传染病流行过程有三个基本环节:传染源、传播途径和易感人群。传染源是指病人、病原携带者、受染动物;传播途径是指如空气、水、饮食、接触、虫媒等;易感人群是指免疫水平较低者。预防传染病是针对传染病流行过程的三个基本环节进行的,即控制传染源、切断传播途径、保护易感人群。

为有效预防与控制传染性疾病在学校的发生和流行,下面介绍一些常见传染性疾病的传播途径、主要症状和预防措施,让同学们掌握一些预防知识,提高自我保护意识。

常见的传染性疾病包括流行性感冒、病毒性肺炎、急性传染性结膜炎、细菌性痢疾、结核病、麻疹、水痘、流行性腮腺炎、风疹、流行性脑脊髓膜炎、猩红热、病毒性肝炎等。

预防疾病最主要的是要养成良好的学习、生活习惯,劳逸结合,合理饮食,保证各方面的营养,加强体育锻炼,保证足够的睡眠,提高自身机体抵抗力,保持身体的健康。

一、常见的急性呼吸道传染性疾病

(一)流行性感冒

1. 流行性感冒的发病症状

流行性感冒(简称流感),是由流感病毒引起的急性呼吸道传染性疾病,具有很强的传染性。潜伏期为数小时到 4 天,主要症状为发热、头痛、流涕、咽痛、干咳、全身肌肉关节酸痛不适等,发热一般持续 3~4 天,体温可达 39~40 ℃,伴畏寒,一般持续 2~3 天,也有的表现为较重的肺炎或胃肠型流感。传染源主要是病人,自其潜伏期末即有传染性,传染期为 1 周。传播途径以空气飞沫直接传播为主,也可通过被病毒污染的物品间接传播。人群对流感普遍易感,老人、婴幼儿、有心肺疾病者或接受免疫抑制剂治疗者患流感后可发展为肺炎。

2. 预防原理

流感病毒主要通过空气传播和接触传染。这两种传播途径最主要的入侵点都在鼻腔。流感病毒随空气、被污染的物品或手在接触到鼻子时进入鼻腔。正常情况下,鼻腔本身具备一定的排毒能力,能够及时将流感病毒清理掉。在出现诱发因素的情况下,如受凉、淋雨、过度疲劳等情况下,鼻腔排毒能力减弱,流感病毒会长时间停留在鼻腔。洗鼻法可帮助人体在出现诱发因素的情况下将流感病毒清除出鼻腔,从而极大降低感染概率。过低的设置空调温度易诱发该病。

3. 预防流行性感冒的常用小措施

(1)室内经常开窗通风,保持空气新鲜。

(2)少去人群密集的公共场所,避免感染流感病毒。

(3)加强户外体育锻炼,提高身体抗病能力。

(4)秋冬气候多变时,注意加减衣服。

(5)多饮水,多吃清淡食物。

(6)注射流感疫苗。

4. 饮食禁忌

流行性感冒是由于流感病毒引起的急性呼吸道传染病,传染力强、发病快。虽然容易治愈，但由于婴幼儿体质较弱，加之饮食不合理，所以极容易引起感冒的反复发作。所以，感冒除药物治疗外，饮食调理也不可或缺。

(1) 禁吃咸食

食用咸食后，易使致病部位黏膜收缩，加重鼻塞、咽喉不适等症状。而且过咸的食物容易生痰，刺激局部，导致咳嗽加剧。

(2) 禁食甜、腻食物

甜味能助湿，而油腻食物不易消化，故感冒患者应忌食各类糖果、饮料、肥肉等。

(3) 禁食辛热食物

辛热食物易伤气灼津、助火生痰，使痰不易咳出，故感冒患者不宜食用，尤其是葱一定要少吃。

(二) 肺结核

结核病俗称"痨病"，是全球流行的传染病之一。随着近年来流动人口的骤增、耐药结核病的蔓延、结核菌与艾滋病病毒的双重感染等变化，结核病发病率居高不下，不容乐观。世界卫生组织已将结核病列为重点控制的三种传染病之一，强调遏制结核病已经到了刻不容缓的程度。

大学生处于青春发育后期，是结核病的易感人群。学习压力大、过度疲劳、饮食结构不合理致营养相对不足等原因，会导致人体抵抗力下降。同时，大学生又属于特殊的流动人群，生活、学习都在相对集中的环境中，一旦出现传染源即有可能感染或者发病。

1. 肺结核病及其主要症状

结核病是结核杆菌侵入人体引起的一种慢性传染病，可在身体各个器官发病，但多发生于肺部。

咳嗽咳痰三周以上，或痰中带有血丝，应怀疑得了肺结核病。连续三周以上的咳嗽、咳痰通常是肺结核的一个首要症状，如果同时痰中带有血丝，就有极大的可能性是得了肺结核病。其他常见的症状还有低烧、夜间盗汗、疲乏无力、体重减轻、月经失调等。咳嗽、咳痰是肺结核病的主要症状；咯血是肺结核病常见症状之一，痰中带血每次多少不一，血色鲜红带泡沫；胸痛即位置不定的隐痛或钝痛，有时胸闷；午后潮热，体温一般在38℃左右，午后逐渐升高，夜间盗汗。

2. 肺结核病的分期

(1) 进展期。新发现的活动性肺结核，随访中，病灶增多增大，出现空洞或空洞扩大，痰菌检查转阳性，发热等临床症状加重。

(2) 好转期。随访中，病灶吸收好转，空洞缩小或消失，痰菌转阴，临床症状改善。

(3) 稳定期。空洞消失，病灶稳定，痰菌持续转阴性(1个月1次)达6个月以上；或空洞仍然存在，痰菌连续转阴1年以上。

3. 肺结核病的传播与控制

肺结核病是一种经呼吸道传播的慢性传染病，主要通过病人咳嗽、打喷嚏或大声说话时喷出的飞沫传播给他人，特别是有咳嗽症状的排菌肺结核病人，其传染性大，是主要的传染源。健康人吸入了飘浮在空气中的结核杆菌就有可能感染上将肺结核病。控制肺结核病传播的有效措施是尽早发现病人并进行积极有效的治疗。通过药物杀死结核杆菌，降低和消除传染性。此外，病人不要当面对他人咳嗽、打喷嚏或大声说话，必要时用手帕捂住口鼻，不要随地吐痰，居室门窗常开,保持室内通风和空气新鲜。

4. 肺结核病的治疗

肺结核病是国家列入归口管理的乙类传染病。如出现肺结核病可疑症状应及时到当地疾病预防控制中心(肺结核病防治机构)接受检查和治疗。国家对传染性肺结核病人实行免费治疗,对咳嗽、咳痰超过2~3周的可疑肺结核病人实行免费检查,对传染性肺结核病人提供免费的由世界卫生组织制订的统一治疗方案所需的抗结核药品。每次药物都要当着医务人员的面服用,通常需要三种或四种抗结核药物一起服用,遵医嘱每日或隔日服用(逢双日服药),但必须连续服用6~8个月。肺结核的治疗原则是:早期、联合、适量、规律、全程。通过正规治疗,95%以上的肺结核病人都可以治愈。经过治疗,两星期后传染性可基本消除,若在服药初期症状好转后,治治停停,就容易复发或产生耐药性,形成复治或难治性肺结核。

5. 肺结核病的预防

肺结核病主要是通过吸入传染性肺结核病人咳嗽、打喷嚏或大声说话时喷出的飞沫而感染的。一个未经治疗的传染性肺结核病人,一年可传染10~15个健康人。因此,预防肺结核病应注意以下几个方面:

(1)如果连续咳嗽、咳痰2周以上并有咳血、痰中带血等,应及时到医院诊治。

(2)及时发现和隔离肺结核病人,直到规范治疗后病情痊愈,以保护健康人群免受结核菌感染。

(3)一旦发现有肺结核病人,其家属及周围的密切接触者应及时做X线胸透检查和结核菌素(PPD)试验,以确定是否还有其他传染源存在。

(4)高发季节应少去拥挤的公共场所活动。

(三)麻疹

1. 麻疹的主要症状

麻疹是由麻疹病毒引起的急性传染性疾病,潜伏期为8~12天,一般10天左右可治愈。典型的临床症状可概括为"三、三、三",即前驱期3天,出疹前3天出现38℃左右的中等度发热,伴有咳嗽、流涕、流泪、畏光,口腔颊黏膜出现灰白色小点(麻疹特征);出疹期3天,病程第4~5天体温升高达40℃,红色斑丘疹从头而始渐及躯干、上肢、下肢;恢复期3天,出疹3~4天后,体温逐渐恢复正常,皮疹开始消退,皮肤留有麦状脱屑及棕色色素沉着。麻疹病毒通过呼吸道飞沫途径传播,病人是唯一的传染源。患病后可获得终身免疫,二次发病者极少见。未患过麻疹又未接种过麻疹疫苗者普遍具有易感性,尤其是6个月到5岁幼儿发病率最高(占90%)。近年来,20岁左右的成人麻疹发病率呈逐渐增加趋势,与儿童麻疹不同的是成人感染麻疹后发病症状有的比儿童更严重,主要是肝损坏发生率高。另外,恶心、呕吐、腹泻及腹痛等胃肠道症状多见;还有骨骼肌病,包括关节和背部痛,麻疹黏膜斑存在时间长,可达7天,眼部疼痛多见,但少见有畏光现象。

2. 麻疹的预防

(1)被动免疫

在接触麻疹后5天内立即使用免疫血清球蛋白,可预防麻疹发病;超过6天则无法达到上述效果。使用过免疫血清球蛋白者的临床过程变化大,潜伏期长,症状、体征不典型,但对接触者仍有潜在传染性。被动免疫只能维持8周,以后应采取主动免疫措施。

(2)主动免疫

采用麻疹减毒活疫苗是预防麻疹的重要措施,其预防效果可达90%。进入大学的青年人要再次进行麻疹免疫。急性结核感染者如需注射麻疹疫苗应同时进行结核治疗。

(3)控制传染源

要做到早期发现,早期隔离。一般病人隔离至出疹后5天,合并肺炎者延长至10天。接触麻疹的易感者应检疫观察3周。

(4)切断传染途径

病人衣物应在阳光下曝晒,病人曾住房间宜通风并用紫外线照射,流行季节中做好宣传工作。

(四)风疹

1. 风疹的主要症状

风疹是一种由风疹病毒引起的急性呼吸道传染性疾病。春季是风疹的高发季节,潜伏期长短不一,一般为14~21天。开始一般仅有低热及很轻的感冒症状,多在发病后1~2天出现皮疹。皮疹的形状及分布与麻疹相似,出疹迅速,由面部开始发展到全身只需要1天的时间,发热即出疹,热退疹也退。枕后、耳后、颈部淋巴结肿大也是本病常见的体征。风疹患者及带有风疹病毒却没发病的人和先天性风疹患者是此病的传染源。儿童及成人都可能得此病,发病前5~7天和发病后3~5天都有传染性,起病当天和前一天传染性最强。感染后基本上能获得永久免疫。空气飞沫传播是风疹的主要传播途径,日常的密切接触也可传染。

2. 风疹的病因

风疹病毒是RNA病毒,属于披膜病毒科,是限于人类的病毒。风疹病毒的抗原结构相当稳定,现知只有一种抗原型。风疹病毒可在胎盘或胎儿体内(以及出生后数月甚至数年)生存增殖,产生长期多系统的慢性进行性感染。本病毒可在兔肾、乳田鼠肾、绿猴肾、兔角膜等细胞培养中生长,能凝集家禽、飞禽和人"O"型红细胞。病毒在体外的生活力弱,对紫外线、乙醚、氯化铯、去氧胆酸等均敏感。pH酸碱度<3.0可将其灭活。本病毒不耐热。

(1)传染源

患者是风疹唯一的传染源,包括亚临床型或隐性感染者。亚临床型或隐性感染者的实际数目比发病者高,因此是易被忽略的重要传染源,起病当天和前一天传染性最强。患者的口、鼻、咽分泌物以及血液、大小便等中均可分离出病毒。

(2)传播途径

一般儿童与成人风疹主要由飞沫经呼吸道传播,人与人之间密切接触也可经接触传染。胎内被感染的新生儿,咽部可排病毒数周、数月甚至1年以上。

(3)易感人群

风疹一般多见于儿童,流行期中青年、成人和老人中发病也不少见。风疹较多见于冬、春季。近年来春夏发病较多,可流行于幼儿园、学校、军队等聚集群体中。

3. 风疹的预防

(1)免疫接种是预防风疹的有效方法。风疹疫苗属于减毒活病毒株,使用已超过40年。单剂接种可获得95%以上的长效免疫力,与自然感染诱发的免疫力接近。

(2)风疹疫苗可以单价配方(仅针对一个病原体的疫苗)或者与其他疫苗制成联合配方,比如与麻疹(MR)、与麻疹和流行性腮腺炎(MMR)或者与麻疹、流行性腮腺炎和水痘(MMRV)

配制而成的疫苗。

(3)接种后的不良反应一般较轻微。可能出现的反应有:注射部位疼痛、发红、低烧、皮疹、肌肉疼。

4. 风疹的治疗

风疹患者一般症状轻微,不需要特殊治疗,诊断明确后,主要为对症治疗。症状较显著者,应卧床安静休息,流质或半流质饮食,做好皮肤、口腔的清洁护理,对高热、头痛、咳嗽、结膜炎者可予对症处理。

(五)急性呼吸道传染病的预防注意事项

(1)定时开窗、自然通风。通风可有效降低室内空气中微生物的数量,改善室内空气质量。宿舍、教室、计算机房、图书馆等公共场所应经常通风。高发季节应尽量避免到拥挤的公共场所活动。

(2)养成良好的卫生习惯。保持工作、生活场所卫生,饭前便后、外出归来一定要按规定程序洗手,咳嗽或打喷嚏时要用纸巾遮住口鼻,用过的纸巾不要随地乱扔,应该扔进垃圾箱,勤换、勤洗、勤晒衣服和被褥,不随地吐痰,个人卫生用品切勿与他人混用,个人毛巾、牙刷、餐具应定期消毒或更换。

(3)加强锻炼,增强免疫力。积极参加体育运动,锻炼身体,增强抵抗力。

(4)生活要有规律。劳逸结合,保证睡眠,对提高自身的免疫力相当重要。

(5)春季气候多变,乍暖还寒,应适时增减衣服,合理膳食,注意营养,宜多食用富含优质蛋白及微量元素、高维生素的食物,如瘦肉、禽蛋、大枣、蜂蜜和新鲜蔬菜、水果等,多喝温水、戒烟限酒,尽量减少对呼吸道的刺激。

(6)及时就医。由于传染病初期多有类似感冒的症状,易被忽视,因此身体若有不适应及时就医,特别是有发热、皮疹等症状,应尽早就医,明确诊断,及时治疗。

二、常见的肠道传染性疾病

(一)细菌性痢疾

肠道传染性疾病包括感染性腹泻,如细菌、病毒、霉菌、原虫等引起的急性肠炎、细菌性痢疾、伤寒、副伤寒、霍乱、副霍乱、阿米巴痢疾等。

1. 细菌性痢疾的主要症状

细菌性痢疾的主要症状为腹痛、腹泻、排黏液脓血样大便,并伴发冷、发热。中毒型菌痢起病急骤,突然高热,反复惊厥,嗜睡、昏迷,可迅速发生循环衰竭和呼吸衰竭,而肠道症状轻或没有,病情凶险。本病根据典型的临床症状、流行病学史及粪便标本的显微镜检查即可诊断。

2. 细菌性痢疾的病因

细菌性痢疾(简称菌痢、痢疾),是由一种叫痢疾杆菌的细菌引起的肠道传染病。本病全年都可发生,夏秋季最多。急、慢性患者及带菌者都是传染源。传播方式是接触被病人粪便污染的衣物、用品、玩具等,通过手、碗筷、食物、水或饮料等经口传染。苍蝇是传播痢疾的罪魁祸首,尤其是食物及水被污染后可引起爆发流行。引起细菌性痢疾的病原菌为志贺菌,又称痢疾杆菌,属于肠杆菌科志贺菌属,为兼性厌氧的革兰阴性杆菌,有菌毛、无鞭毛、荚膜及芽孢,不具动力,适宜于需氧生长。按抗原结构和生化反应不同将志贺菌分为4群(痢疾志贺菌、福氏志贺菌、鲍氏志贺菌、宋氏志贺菌）和 51 个血清型。我国以福氏和宋内志贺菌占优势，某些地区仍有痢疾志贺菌流行。

志贺菌进入机体后是否发病与细菌数量、致病力和人体抵抗力有关。痢疾志贺菌的毒力最强，可引起严重症状。宋氏志贺菌感染多呈不典型发作。福氏志贺菌感染易转为慢性。致病力强的志贺菌只要 10～100 个细菌进入人体即可引起发病。某些慢性病、过度疲劳、暴饮暴食等因素可导致人体抵抗力下降，有利于志贺菌侵入。

志贺菌侵入肠黏膜上皮细胞和固有层后，引起炎症反应和小血管循环障碍，导致肠黏膜炎症、坏死及溃疡。病变主要累及直肠、乙状结肠，严重时可波及整个结肠和回肠末端。

所有志贺菌均能产生内毒素和外毒素。内毒素可引起全身反应，如发热、毒血症、感染性休克及重要脏器功能衰竭。外毒素有肠毒素、神经毒素和细胞毒素，分别导致相应的临床症状。

人群对痢疾杆菌普遍易感，学龄前儿童患病多，与不良卫生习惯有关；成人患者患病与机体抵抗力降低、接触感染机会多有关，加之患同型菌痢后无巩固免疫力，不同菌群间及不同血清型痢疾杆菌之间无交叉免疫，故造成重复感染或再感染而反复多次发病。

3. 细菌性痢疾的治疗

本病有有效的抗菌药治疗，治愈率高。疗效欠佳或慢性迁变多是因为未经正规治疗、未及时治疗、使用药物不当或耐药菌株感染造成。因此，早诊断、早治疗是治愈的关键。

（二）肠道传染性疾病的预防措施

肠道传染性疾病严重危害健康，我们必须贯彻"预防为主"的方针，积极做好防治工作。针对"病从口入"的流行病学特点，可以采取以下一些具体措施：

（1）管理传染源：及时发现可疑患者和带菌者，并进行有效隔离和彻底治疗。重点监测从事饮食业、保育及水厂工作的人员，慢性患者和带菌者不得从事上述行业的工作，感染者应立即隔离并给予彻底治疗。病人的受污染物品和排泄物要彻底消毒处理，防止传染病传播。

（2）切断传播途径：一是注意个人卫生，养成良好的个人卫生习惯，饭前便后及时洗手，尤其应注意饮食和饮水的卫生情况。另外，个人卫生用品切勿混用，个人用品如毛巾、牙刷、餐具应定期消毒或更换，要使用经过严格消毒的餐具，尽量到餐具消毒比较规范的餐厅用餐，不要去那些餐具消毒不严的个体饮食网点就餐，不喝生水或未烧开的水，瓜果要尽量去皮、清洗消毒，不吃未熟透的水产品，不吃腐败变质或不洁食物。二是各类食品的生产、加工、储存、销售都必须符合卫生要求，认真落实"三防"措施（防蝇、防尘、防污染），同时要加强餐具的消毒保洁工作。食品生产、加工、储存、销售要严格生熟分开，防止交叉污染。三是大搞卫生运动。抓好除害灭病，搞好管粪管水工作，保持环境卫生清洁，特别注意加强饮用水消毒和卫生管理工作，保证饮用符合卫生标准的生活饮用水。

（3）保护易感人群：接种疫苗是预防传染性疾病最经济、最有效的手段之一。口服活菌苗可使人体获得免疫性，免疫期可维持 6～12 个月。目前可以接种的疫苗有痢疾、伤寒、甲肝疫苗等。

三、病毒性肝炎

病毒性肝炎不仅严重危害人民身体健康，而且给国家和个人带来重大的经济损失。据上海市对病毒性肝炎的门诊和住院费用调查结果推算，我国每年因病毒性肝炎所致的直接经济损失至少为 300 亿元人民币。

(一)什么是病毒性肝炎?

病毒性肝炎是由多种肝炎病毒引起的以肝脏损害为主的常见传染病,具有传染性强、传播途径复杂、流行面广泛、发病率较高等特点,目前,已知的肝炎病毒有甲、乙、丙、丁、戊、庚等数种。各型肝炎在我国均有发病,以甲、乙型最为常见。近年来,由于甲、乙型肝炎疫苗的推广接种,其发病率有了明显下降。以疲乏、食欲减退、肝大、肝功能异常为主要表现,部分患者会出现黄疸,常见无症状感染。甲肝和戊肝多为急性发病,预后良好;乙肝和丙肝易发生慢性化,危害较大;丁肝病毒只有与乙肝病毒同时感染或在乙肝病毒感染的基础上才可能感染。

(二)病毒性肝炎的传播途径是什么?

甲肝和戊肝主要通过粪-口途径传播,常因食用或饮用受到污染的食品或水而感染;乙肝、丙肝和丁肝主要通过血液途径传播,常经血液制品、静脉注射、分娩和性接触等方式感染。

(三)病毒性肝炎的预防措施有哪些?

预防病毒性肝炎的关键是加强落实各项预防措施,深入开展健康教育,采取综合性防治措施。对甲肝和戊肝的预防采取以切断传播途径为主的措施,保护好饮水、食品和环境卫生,加强服务行业、幼托机构及学校的卫生管理,从源头上杜绝潜在的传播来源。在对乙肝、丙肝和丁肝(包括庚肝和输血传播肝炎)的预防方面,均应严格管理血液和血液制品,预防家庭内经密切接触传播。此外,还可以通过甲肝和乙肝疫苗接种来有效预防甲肝和乙肝。

(四)转氨酶升高一定是病毒性肝炎吗?

这是一种错误的见解。转氨酶升高只是肝脏受损的一种表现。因为转氨酶不仅存在于肝组织中,在其他组织和器官中,如心肌和骨骼肌等也存在。当这些组织和器官发生病变时,亦可出现血清转氨酶升高。此外,由酗酒、熬夜、药物、寄生虫引起的肝脏损害,甚至剧烈运动都会引起转氨酶升高。因此,诊断病毒性肝炎,应根据流行病学、症状和体征、肝功能检查、血液中肝炎病毒标志物检测进行综合诊断。

(五)如何预防甲型肝炎?

甲型肝炎是由甲型肝炎病毒(HAV)引起的急性肝脏炎症,主要经粪-口途径传播。例如,进食了受病毒沾染而未经煮熟的食物,特别是贝壳类食物,或饮用了受病毒沾染的水和饮品。

旅行途中需注意个人卫生及饮食卫生,餐前便后勤洗手,避免饮用来源不明的水或含冰饮料,不进食未彻底煮熟的食物,特别是贝壳类海产品,或未经煮熟的蔬菜和已切开的水果。另外,旅行启程前 4 星期可接种甲肝减毒疫苗,以获得持久的免疫力。

(六)如何预防丙型肝炎?

1. 严格筛选献血员

严格执行《中华人民共和国献血法》,推行无偿献血。通过检测血清抗(HCV)、丙氨酸氨基转移酶(ALT),严格筛选献血员。应发展 HCV 抗原的检测方法,提高对窗口期感染者的检出率。

2. 预防经皮肤和黏膜途径传播

推行安全注射。对牙科器械、内镜等医疗器具应进行严格消毒。医务人员接触患者血液及体液时应戴手套。对静脉吸毒者进行心理咨询和安全教育,劝其戒毒。不与他人共用剃须刀及牙具等,理发用具和文身等用具应严格消毒。

3. 预防性途径传播

对有性乱史者应定期检查,加强管理。建议丙型肝炎感染者在性交时使用安全套。对青少年应进行正确的性教育。

4. 预防母婴传播

对 HCV、RNA 呈阳性的孕妇,应避免羊膜腔穿刺,尽量缩短分娩时间,保证胎盘的完整性,减少新生儿暴露于母血的机会。

据查,目前尚无有效疫苗预防丙型肝炎。

(七)如何预防戊型肝炎?

戊型肝炎的预防措施与甲型肝炎相同,包括保护水源、加强食品管理、改善卫生设施等。目前,HEV 分子克隆技术的成功为研制其疫苗提供了基础。

四、急性传染性结膜炎

(一)急性传染性结膜炎的发病特点

急性传染性结膜炎,俗称"红眼病",是一种传染性很强的急性眼病。根据不同的致病原因,可分为细菌性结膜炎和病毒性结膜炎两类,其临床症状相似,但流行程度和危害性以病毒性结膜炎为重。传染源是患急性结膜炎的病人。

急性传染性结膜炎发病急,一般在感染细菌1~2天内开始发病,且多数为双眼发病。本病由于治愈后免疫力低,因此可重复感染(如再接触病人还可再得病),从几个月的婴儿至八九十岁的老人都可能发病,而且传染性强,流行快。患病后,常常是一人得病,1~2周内可在家庭、幼儿园、宿舍、学校等广泛传播,不分男女老幼。此病一年四季均可发生,尤以适宜细菌、病毒生长繁殖的夏秋季多发。

(二)急性传染性结膜炎的传染方式

急性传染性结膜炎主要通过接触传播。病人患眼的分泌物带有大量的细菌或病毒,这些分泌物污染了病人的手或物品,健康的人直接或间接接触了患者的生活用具(如洗脸用具)、学习用具或患者摸过的东西,如计算机键盘、门把手、公共汽车扶手、各种用具等,或接触了被污染的水,如游泳池,池塘水等,就可能被传染。人群普遍对这些细菌或病毒易感,更增加了流行的危险性。

(三)急性传染性结膜炎的主要症状

急性传染性结膜炎多是双眼先后发病。患病早期,病人感到双眼发烫、烧灼、畏光、眼红,自觉眼睛磨痛,像进入沙子般地疼痛难忍,紧接着眼睑红肿、眼分泌物多、怕光、流泪。早晨起床时,眼睑常被分泌物粘住,不易睁开。有的病人眼结膜上出现小出血点或出血斑,分泌物呈黏液脓性,有时在睑结膜表面形成一层灰白色假膜,角膜边缘可有灰白色浸润点,严重的可伴有头痛、发热、疲劳、耳前淋巴结肿大等全身症状。急性传染性结膜炎一般不影响视力,如果细菌感染影响到角膜(黑眼珠)时,则畏光、流泪、疼痛加重,视力也会受一定程度的影响。

(四)急性传染性结膜炎的预防

与预防其他传染病一样,预防急性传染性结膜炎必须消灭传染源、切断传播途径和提高身体抵抗力。

（1）积极治疗患者，并进行适当隔离。尽可能避免与病人及其使用过的物品接触，如洗脸毛巾、脸盆等。

（2）流行季节尽量不去公共场所（如游泳池、影剧院、商店等）。对个人用品（如毛巾、手帕等）或幼儿园、学校、理发店、浴室等公用物品要注意消毒（煮沸消毒）。

（3）要注意手的卫生，养成勤洗手的好习惯。注意不用脏手揉眼睛，勤剪指甲，饭前便后洗手。

（4）得了急性传染性结膜炎或感到眼部不适，应该及时到医院诊治，在眼科医生指导下用药。

第四节 常见非传染性疾病及其预防

一、偏头痛

偏头痛（Migraine）是临床常见的原发性头痛类型之一，临床以发作性中重度、搏动样头痛为主要表现，头痛多为偏侧，一般持续4～72小时，可伴有恶心、呕吐症状，光、声刺激或日常活动均可加重头痛，环境安静、休息可缓解头痛。偏头痛是一种常见的慢性神经血管性疾患，多起病于儿童和青春期，中青年期达发病高峰，女性多见，男女患者比例为1∶2～1∶3，人群中患病率为5%～10%，常有遗传背景。对于学生来说，因为学习压力比较大，身体随之会有一些疾病。偏头痛就是其中之一。

（一）偏头痛的症状

偏头痛是一种原发性疾病，严重的时候会出现呕吐、头疼等症状。偏头痛发作时可分为5期。需要指出的是，这5期并非是每次发作必备的，有的患者可能只表现其中的数期，大多数患者表现2期或2期以上，有的仅表现其中的1期。另一方面，每期特征可以存在很大的不同，同一个体不同时期的发作症状也可不同。

（1）约有60%的偏头痛患者在头痛开始前数小时至数天出现前驱症状。前驱症状并非先兆，不论是有先兆偏头痛还是无先兆偏头痛均可出现前驱症状。可表现为精神、心理改变，如精神抑郁、疲乏无力、懒散、昏昏欲睡，也可情绪激动，易激怒、焦虑、心烦或具有欣快感等。尚可表现为自主神经症状，如面色苍白、发冷、厌食或明显的饥饿感、口渴、尿少、尿频、排尿费力、打哈欠、颈项发硬、恶心、肠蠕动增加、腹痛、腹泻、心慌、气短、心率加快、对气味过度敏感等。不同患者前驱症状具有很大的差异，但每例患者每次发作的前驱症状具有相对稳定性。这些前驱症状可在前驱期出现，也可于头痛发作中出现，甚至持续到头痛发作后成为后续症状。

（2）约有20%的偏头痛患者出现先兆症状。先兆症状多为局灶性神经症状，偶为全面性神经功能障碍。典型的先兆症状应符合下列4条特征中的3条，即重复出现、逐渐发展、持续时间不多于1小时，并随之出现头痛。大多数病例先兆症状持续5～20分钟。极少数情况下，先兆症状可突然发作，也有的患者于头痛期间出现先兆症状。尚有伴迁延性先兆症状的偏头痛，其先兆症状不仅始于头痛之前，尚可持续到头痛后数小时至7天。

（3）头痛可出现于围绕头或颈部的任何部位，可位颞侧、额部、眶部。多为单侧痛，也可为双侧痛，甚至发展为全头痛，其中，单侧痛者约占2/3。头痛性质往往为搏动性痛，但也有的患者描述为钻痛。疼痛程度往往为中、重度痛，甚至难以忍受。往往是晨起后发病，逐渐发展，达高峰后逐渐缓解。也有的患者于下午或晚上发病,成人头痛大多历时 4 小时至 3 天,而儿童头痛多历时 2 小时至 2 天。尚有持续时间更长者,可持续数周。有人将发作持续 3 天以上的偏头痛称为偏头痛持续状态。

(4)为数不少的患者于头痛缓解后出现一系列后续症状,表现为怠倦、困钝、昏昏欲睡。有的感到精疲力竭、饥饿感或厌食、多尿、头皮压痛、肌肉酸痛。也可出现精神心理改变,如烦躁、易怒、情绪高涨或低落、少语、少动等。

通过上面的介绍,大家是不是发现偏头痛这种疾病是对健康危害非常大的一种疾病呢?所以希望大家在日常生活当中,如果身体出现上述症状,及时到医院接受检查和治疗,避免这种疾病对身体造成伤害。

(二)偏头痛的发病原因

偏头痛的病因尚不明确,可能与下列因素有关:

1. 遗传因素

约 60% 的偏头痛病人有家族史,其亲属出现偏头痛的风险是一般人群的 3~6 倍。家族性偏头痛患者尚未发现一致的孟德尔遗传规律,反映了不同外显率及多基因遗传特征与环境因素的相互作用。家族性偏瘫型偏头痛是明确的有高度异常外显率的常染色体显性遗传,已定位在 19p13(与脑部表达的电压门 P/Q 钙通道基因错译突变有关)、1q21 和 1q31 三个疾病基因位点。

2. 内分泌和代谢因素

本病女性多于男性,多在青春期发病,月经期容易发作,妊娠期或绝经后发作减少或停止。这提示内分泌和代谢因素参与偏头痛的发病。此外,5-羟色胺(5-HT)、去甲肾上腺素、P 物质和花生四烯酸等代谢异常也可促使偏头痛的发生。

3. 饮食与精神因素

偏头痛可由某些食物和药物诱发。食物包括:含酪胺的奶酪、含亚硝酸盐防腐剂的肉类和腌制食品、含苯乙胺的巧克力、含食品添加剂如谷氨酸钠(味精)的红酒及葡萄酒等。药物包括:口服避孕药和血管扩张剂,如硝酸甘油等。另外,一些环境和精神因素,如紧张、过劳、情绪激动、睡眠过度或过少、月经、强光也可诱发。

(三)偏头痛的治疗

偏头痛的治疗目的是减轻或终止头痛发作,缓解伴发症状,预防头痛复发。治疗包括非药物治疗和药物治疗两个方面。非药物治疗主要是物理疗法,可采取用磁疗、氧疗、心理疏导等,缓解压力,保持健康的生活方式,避免各种偏头痛诱因。治疗药物包括:非特异性止痛药,如非甾体消炎药(NSAIDs)和阿片类药物;特异性药物,如麦角类制剂和曲普坦类药物。药物选择应根据头痛程度、伴随症状、既往用药情况等综合考虑,进行个体化治疗。

1. 偏头痛的食疗法

偏头痛是一种常见的疾病,很多人因为压力大、精神紧张,年纪轻轻就落下了偏头痛的病根。治疗偏头痛的有效方法之一是药物治疗,但是药物治疗有很大的副作用,很多人想选择健康的治疗方法。下面有几种食疗方法可帮助缓解偏头痛:

(1)芹菜粥。取连根芹菜 12 克,粳米 250 克。将粳米淘洗后煮成粥,加芹菜连根洗净切碎再煮沸即可。此粥具有清热止痛之功效,适用于肝火而致偏头痛者。

(2)桑菊豆豉粥。取桑叶10克,甘菊花15克,豆豉15克,粳米100克。先将桑叶、甘菊花、豆豉水煎取汁,再将洗净的粳米放入砂锅煮成稀粥,加入药汁,稍煮即成。此粥具有疏风清热、清肝明目之功效,适用于风热所致偏头痛,症见头痛而胀、口渴便秘者。

(3)疏肝止痛粥。取香附9克,玫瑰花3克,白芷6克,粳米或糯米100克,白糖适量。将香附、白芷水煎取汁,再将粳米洗净后加入药汁和水,煮至水沸,将漂洗干净的玫瑰花倒入,用文火慢熬10分钟,服时加糖。此粥具有疏肝解郁、理气止痛之功效,能防治偏头痛,经常服用能明显减少偏头痛的发作次数。

(4)山药枸杞炖猪脑。取怀山药30克,枸杞30克,猪脑1个,黄酒、精盐少许。将猪脑浸于碗中,撕去筋膜备用,再将怀山药、枸杞分别用清水洗净,与猪脑一起放入锅里,加水适量,炖两小时后,加黄酒、精盐,再炖10分钟即可。此汤具有滋养肝肾、补中益血之功效,适用于偏头痛之血虚为主者。

2. 偏头痛如何进行康复治疗?

偏头痛是一种比较常见的疾病,发病率也比较的高,有些人因为各种原因,可能会患上这种疾病,但是不要害怕,只要正确地治疗,就会有康复的一天。下面我们就偏头痛的一些康复疗程做一个介绍。

(1)冷敷与热敷

有些偏头痛是气温骤冷骤热的变化引起的。有的人冬天洗脸后一出屋吹风,头就开始像爆炸一样疼痛,这就是中医说的头风。为什么有冷敷与热敷之分呢?就是因为头风有冷头风和热头风的区别。有的头痛伴随着脸部和眼睛红肿,还有咽部疼痛;有的是由喝酒引起的。这种情况就需要冷敷,冷敷的部位就是颞骨,即太阳穴附近。热敷方法不常使用,因为头痛本来就是血管扩张激烈造成的。

(2)让颈部得到放松

很多喜欢平躺睡觉的人也容易患偏头痛,有些有其他不良的睡觉姿势的人还会造成颈部疼痛。头痛和颈部的关系很大,如果颈部得到很好的放松,头部也会因得到休息而缓解偏头痛的症状。

(3)做脸部的放松美容操

做脸部的放松美容操也能缓解头部疼痛,因为面部紧张也会引起头部神经紧张。有的人面部表情不丰富,其实这是一种心理写照。但是如果你对照镜子不停地做些表情甚至鬼脸,就可以起到活动自己面部肌肉的作用,也能使精神得到放松。通过一系列表情让自己的五官都得到放松才能彻底达到舒缓神经的目的。

(四)偏头痛的预防

1. 避免偏头痛诱发因素

要预防偏头痛的发作,首先应消除或减少偏头痛的诱因。日常生活中应避免强光的直接刺激,如避免直视汽车玻璃的反光,避免从较暗的室内向光线明亮的室外眺望,避免对视光线强烈的霓虹灯。避免情绪紧张,避免服用血管扩张剂等药物,避免饮用红酒和食用含奶酪的食物,如咖啡、巧克力、熏鱼等。

2. 药物治疗

预防性治疗适用于频繁发作,尤其是每周发作1次以上,严重影响日常生活和工作的患者;急性期治疗无效,或因副作用和禁忌证无法进行急性期治疗者;可能导致永久性神经功能缺损的特殊变异型偏头痛,如偏瘫性偏头痛、基底型偏头痛或偏头痛性梗死等。预防性药物需每日服用,用药后至少2周才能见效。若有效,应持续服用6个月,随后逐渐减量到停药。

3. 偏头痛的调理

目前无特效治疗方法可根除偏头痛,相对有效的治疗方法是在偏头痛发生的间隙期通过避免诱发因素进行预防。具体如下:

(1)远离酪胺酸类食物。酪胺酸是造成血管痉挛的主要诱因,易导致头痛发作。这类食物包括:奶酪、巧克力、柑橘类食物,以及腌渍沙丁鱼、鸡肝、西红柿、牛奶、乳酸饮料等。

(2)减少酒精摄入。所有酒类饮料都会引发头痛,特别是红酒,含有更多诱发头痛的化学物质。如果一定要喝,可选择伏特加、白酒这类无色酒。

(3)学会减压。放松心情,选择泡温水浴、做瑜伽等放松运动可以避免偏头痛。

(4)规律运动。对有偏头痛的人来说,要着重进行训练呼吸、调息的运动(如瑜伽等),可帮助患者稳定自律神经系统、减缓焦虑、肌肉紧绷等症状。

(5)规律生活。营造安静的环境,维持规律的作息,即使在假日也要定时睡觉、起床。

二、胃炎

在校大学生是胃炎的高发人群,胃炎的患病率为16.1%,已经严重影响了大学生的正常学习和生活。由于学习压力大,有的学生饮食没有规律,不吃早餐或中餐;有的学生经常喝浓茶或咖啡;有的学生吃饭速度很快等,这些生活习惯会引起消化系统疾病,特别是胃病的发生。

(一)急性胃炎

1. 病因

引起急性胃炎的原因主要有:理化因素和生物因素。理化因素有食用过冷、过热或粗糙的食物或饮用饮料、浓茶、咖啡、烈酒,服用部分消炎镇痛药。这些因素可刺激胃黏膜,引起胃黏膜充血、水肿、糜烂和出血。生物因素是指细菌及其他毒素,最常见的是沙门氏菌和金黄色葡萄球菌。患者常在进食了被细菌污染的食物后发生胃炎,并常同时合并肠炎,即称急性肠胃炎。

2. 临床表现

多数人发病较急。主要表现为上腹饱胀、隐痛、食欲减退、恶心、呕吐。如果是进食了被细菌污染了的食物,常伴有急性肠炎症状,如腹泻、腹痛、发热。严重呕吐、腹泻者可发生脱水和电解质紊乱。

3. 防治措施

注意饮食卫生,不吃过冷、过热或不卫生的食物,不喝不卫生的水,不吃未经加热消毒的隔夜饭菜和直接从冰箱中拿出的熟食,进食时应细嚼慢咽。避免不必要或长期服用消炎止痛药。一旦发病,应卧床休息,进食清淡流质食物,不能进食时,可静脉补液,细菌感染者应给予抗生素治疗。

(二)慢性胃炎

1. 病因

慢性胃炎的病因尚未完全阐明,一般认为是物理、化学、生物因素等有害因素长期反复作用于人体。物理因素主要是长期饮浓茶、烈酒、咖啡,吃过冷、过热、粗糙的食物。化学因素主要是长期大量服用消炎镇痛药,如阿司匹林等,吸烟。生物因素主要是胃黏膜细菌感染,尤其是幽门螺杆菌感染。以上各种因素破坏了胃黏膜,可引起浅表性胃炎和萎缩性胃炎。

2. 临床表现

慢性胃炎绝大多数是浅表性胃炎,缺乏特异性症状,有程度不同的消化不良症状,如上腹隐痛、食欲减退、餐后饱胀、反酸等。萎缩性胃炎患者可能有贫血、消瘦、腹泻等症状。部分病人无临床症状。

3. 防治措施

选择易消化、无刺激性的食物,忌烟酒、浓茶,进食宜细嚼慢咽。慢性胃炎无特效疗法,发病后可服中药冲剂及其他保护胃黏膜的药物。幽门螺杆菌感染者应服用抗生素。

三、缺铁性贫血

(一)病因

缺铁性贫血是体内长期铁负平衡,引起体内贮存铁耗尽,继之发生的贫血。引起缺铁的原因主要有以下三种:一是饮食中缺乏足够的铁或食物结构不合理导致铁的吸收和利用减少,如一些人以进食含血红素铁较少的谷物和蔬菜为主,而肉和蛋吃得很少,尤其女性月经期失血引起铁丢失,更需要额外增加进食含血红素铁丰富的食物;二是慢性失血,如胃肠道消化性溃疡出血、痔疮出血、月经量过多、胃肠道肿瘤出血、农村钩虫感染引起慢性消化道失血等;三是铁吸收障碍,如慢性腹泻、小肠疾病。

(二)临床表现

缺铁性贫血除有贫血一般症状外,尚有组织缺氧导致的各种临床表现。主要临床表现有:皮肤黏膜苍白、疲倦、乏力、头晕耳鸣、记忆力衰退、思想不集中、心率加快、活动后呼吸急促明显。血常规检查可见男性血红蛋白低于12克/升,女性低于11克/升。

(三)防治措施

合理膳食,加强营养;注意多吃富含血红素铁的食物,如瘦肉、蛋等;也应多吃富含维生素C的蔬菜和水果,以帮助铁的吸收。积极治疗胃肠道疾病,防止慢性失血,促进铁的吸收。一旦患了缺铁性贫血,应进行补充铁剂治疗,直到贫血症状缓解,体内贮存铁恢复正常为止。常用的是口服铁剂,一般口服铁剂2个月左右血红蛋白恢复正常,贫血被治愈,但应继续服药6个月补足贮存铁。

四、脂肪肝

脂肪肝,是指由于各种原因引起的肝细胞内脂肪堆积过多导致的病变。脂肪性肝病正严重威胁国人的健康,成为仅次于病毒性肝炎的第二大肝病,已被公认为隐蔽性肝硬化的常见原因。脂肪肝是一种常见的临床现象,而非一种独立的疾病。其临床表现轻者无症状,重者病情凶猛。一般而言,脂肪肝属可逆性疾病,早期诊断并及时治疗常可恢复正常。

(一)病因

1. 肥胖性脂肪肝

肝内脂肪堆积的程度与体重成正比。30%～50%的肥胖症合并脂肪肝,重度肥胖者脂肪肝病变率为61%～94%。肥胖者体重得到控制后,其脂肪浸润亦减少或消失。

2. 酒精性脂肪肝

长期嗜酒者肝穿刺活检,75%～95%有脂肪浸润。还有人观察,每天饮酒 80～160 克,则酒精性脂肪肝的发生率增长 5～25 倍。

3. 快速减肥性脂肪肝

禁食、过分节食或其他快速减轻体重的措施可引起脂肪分解短期内大量增加,消耗肝内谷胱甘肽(GSH),使肝内丙二醛和脂质过氧化物大量增加,损伤肝细胞,导致脂肪肝。

4. 营养不良性脂肪肝

营养不良导致蛋白质缺乏是引起脂肪肝的重要原因,多见于摄食不足或消化障碍,不能合成载脂蛋白,以致甘油三酯积存肝内,形成脂肪肝。

5. 糖尿病脂肪肝

糖尿病患者中约 50% 可发生脂肪肝,其中,以成年病人为多。因为成年后,糖尿病患者有 50%～80% 是肥胖者,其血浆胰岛素水平与血浆脂肪酸增高。脂肪肝既与肥胖程度有关,又与进食脂肪或糖过多有关。

6. 药物性脂肪肝

某些药物或化学毒物通过抑制蛋白质的合成而导致脂肪肝,如四环素、肾上腺皮质激素、嘌呤霉素、环己胺、依米丁以及砷、铅、银、汞等。降脂药也可通过干扰脂蛋白的代谢而形成脂肪肝。

7. 妊娠脂肪肝

多在第一胎妊娠 34～40 周时发病,病情严重,预后不佳,母婴死亡率分别达 80% 与 70%。

8. 其他疾病引起的脂肪肝

结核、细菌性肺炎及败血症等感染时,也可发生脂肪肝,病毒性肝炎病人若过分限制活动,加上摄入高糖、高热量饮食,肝细胞脂肪易堆积;接受皮质激素治疗后,脂肪肝更容易发生。控制感染后或去除病因后脂肪肝迅速得到改善。还有胃肠外高营养性脂肪肝、中毒性脂肪肝、遗传性疾病引起的脂肪肝等。

(二)临床表现

脂肪肝的临床表现多样,轻度脂肪肝多无临床症状,仅有疲乏感,而多数脂肪肝患者较胖。脂肪肝病人多于体检时偶然发现。中、重度脂肪肝有类似慢性肝炎的表现,可有食欲不振、疲倦乏力、恶心、呕吐、肝区或右上腹隐痛等症状。肝脏轻度肿大,可有触痛,质地稍韧、边缘钝、表面光滑,少数病人可有脾肿大和肝掌。当肝内脂肪沉积过多时,可使肝被膜膨胀、肝韧带牵拉,而引起右上腹剧烈疼痛或压痛、发热、白细胞计数增多,容易被误诊为急腹症而做剖腹手术。此外,脂肪肝病人也常有舌炎、口角炎、皮肤瘀斑、四肢麻木、四肢感觉异常等末梢神经的改变。少数病人也可有消化道出血、牙龈出血、鼻衄等。重度脂肪肝患者可以有腹腔积液和下肢水肿、电解质紊乱,如低钠、低钾血症等。脂肪肝表现多样,诊断困难时,可做肝活检确诊。

(三)诊断

(1)无饮酒史或饮酒折合乙醇量男性每周 140 克,女性 70 克。

(2)排除病毒性肝炎、药物性肝病、全胃肠外营养、肝豆状核变性等可导致脂肪肝的特定疾病。

(3)除原发疾病临床表现外,有乏力、消化不良、肝区隐痛、肝脾肿大等非特异性症状及体征。

(4)可有超重(内脏性肥胖)、空腹血糖增高、血脂紊乱、高血压等代谢综合征。

(5)血清转氨酶和谷氨酰转肽酶水平可由轻至中度增高,通常以丙氨酸氨基转移酶升高为主。

(6)肝脏影像学表现符合弥漫性脂肪肝的影像学诊断标准。

(7)肝活检组织学改变符合脂肪性肝病的病理学诊断标准。

凡具备上述第1~5项和第6项或第7项中任何一项者即可诊断为脂肪肝。

(四)并发症

脂肪肝可以是一个独立的疾病也可以是某些全身性疾病的并发表现。

1.常并发有酒精中毒的其他表现

如酒精依赖、胰腺炎、周围神经炎、贫血舌炎、酒精性肝炎、肝硬化等。

2.营养过剩型脂肪肝

如肥胖症、糖尿病、高脂血症、高血压、冠状动脉粥样硬化性心脏病(简称冠心病)、痛风、胆石症等。

3.营养不良性脂肪肝常与慢性消耗性疾病并存

如肺结核病、溃疡性结肠炎等。

4.妊娠急性脂肪肝

常并发有肾功能衰竭、低血糖、胰腺炎、败血症、弥散性血管内凝血(DIC)等。

5.重症脂肪肝患者

可有腹腔积液和下肢水肿,其他还可有男性蜘蛛痣、男性乳房发育、睾丸萎缩、阳痿;女子有闭经、不孕等。

(五)治疗

1.一般治疗

(1)找出病因

有的放矢地采取措施。如长期大量饮酒者应戒酒;营养过剩、肥胖者应严格控制饮食,使体重恢复正常;有脂肪肝的糖尿病患者应积极有效地控制血糖;营养不良性脂肪肝患者应适当增加营养,特别是要加强蛋白质和维生素的摄入。总之,去除病因才有利于治愈脂肪肝。

(2)调整饮食结构

提倡高蛋白质、高维生素、低糖、低脂肪饮食。不吃或少吃动物性脂肪、甜食(包括含糖饮料)。多吃青菜、水果和富含纤维素的食物,以及高蛋白质的瘦肉、河鱼、豆制品等,不吃零食,睡前不加餐。

(3)适当增加运动

促进体内脂肪消耗。行走、做仰卧起坐或用健身器械锻炼都是很有益的。

(4)补硒

补硒能让肝脏中谷胱甘肽过氧化物酶的活性达到正常水平,对养肝、护肝起到良好作用。

以硒麦芽粉、五味子为主要原料制成的养肝片,具有免疫调节的保健功能,对化学性肝损伤有辅助保护作用,有养肝、保肝、护肝作用。

2. 药物治疗

到目前为止,西药尚无防治脂肪肝的有效药物,中药长期调理性的治疗方法较好。

(六)预防

1. 合理膳食

每日三餐膳食要调配合理,做到粗细搭配、营养平衡,足量的蛋白质能清除肝内脂肪

2. 适当运动

每天坚持体育锻炼,可视自己体质选择适宜的运动项目,如慢跑、打乒乓球、羽毛球等。要从小运动量开始循序渐进逐步达到适当的运动量,以加强体内脂肪的消耗水平。

3. 慎用药物

任何药物进入体内都要经过肝脏解毒,在选用药物时更要慎重,谨防药物的毒副作用,特别是对肝脏有损害作用的药物绝对不能用,避免进一步加重对肝脏的损害。

4. 控制情绪

不暴怒、少气恼,注意劳逸结合等也是相当重要的。

■ 五、肾结石

(一)病因

肾结石的形成是某些因素造成尿中晶体物质浓度升高或溶解度下降,呈过饱和状态,析出结晶并在局部聚集,最终形成结石。引起的原因有:尿量过少或钙、草酸、尿酸等在尿液中浓度升高;尿液 pH 酸碱度下降或升高等。另外,反复尿路感染、饮用硬水、营养不良等也是引起肾结石的原因。肾结石的部位以肾盂最常见,肾盏次之。肾结石可引起肾损伤、感染和阻塞,较小的肾结石可存在在输尿管中或进入膀胱。

(二)临床表现

疼痛是肾结石的主要临床症状,多发生于患侧肋脊角或上腹部。肾绞痛是较小的结石在肾盂或输尿管内移动引起的,可以剧烈运动为诱因,常突然发作,疼痛开始于背、腰或肋腹部,沿输尿管向下腹部、大腿内侧、外阴部放射,可伴有排尿困难、恶心呕吐、大汗淋漓等症状,数分钟至数小时后可突然消失。可有尿频、尿急和尿痛症状,常有血尿。

(三)防治措施

保持充分饮水,尤其是夏天和夜间,睡前最好饮水,饮用含矿物质少的磁化水更好。调整饮食结构,避免长期大量食用含草酸钙的食物,如菠菜、番茄、土豆、果仁、茶叶、巧克力等;高尿钙者应限制含钙食物的摄入,如牛奶等。如第一次发现结石,且无临床症状者可不采取药物治疗。对伴有感染者应采用抗生素治疗。部分较小结石可通过口服药物、大量饮水使之溶解并随尿排出。较大结石可通过体外震波碎石术或手术取出。

第五节　艾滋病及其预防

一、艾滋病的特征

艾滋病的医学全称为"获得性免疫缺陷综合征"（英文缩写为 AIDS），是由艾滋病病毒（医学全称为"人类免疫缺陷病毒"，英文缩写为 HIV）引起的一种严重传染病。艾滋病病毒侵入人体后，破坏人体的免疫功能，使人体易发生多种感染和肿瘤，最终导致死亡。

（1）艾滋病病毒感染者及病人的血液、精液、阴道分泌物、乳汁、伤口渗出液中含有大量艾滋病病毒，从人体的血液中检测出艾滋病病毒抗体需 2～12 周时间，在检测出抗体之前感染者已具有传染性，且传染性很强。艾滋病病毒对外界环境的抵抗力较弱，离开人体后，常温下可存活数小时到数天。这种病毒在 100 ℃ 的高温环境下，只要停留 20 分钟，即可将其完全灭活。干燥以及常用消毒药品都可以杀灭这种病毒。

（2）艾滋病病毒感染者经过平均 7～10 年的潜伏期发展成为艾滋病病人，他们在发病前外表上与常人无异，可以没有任何症状地生活和工作多年，但能将艾滋病病毒传染给他人。

（3）当艾滋病病毒感染者的免疫系统受到严重破坏、不能维持最低的抗病能力时，感染者便发展成为艾滋病病人，其会常出现原因不明的长期低热、体重下降、盗汗、慢性腹泻、咳嗽、皮疹等症状。

（4）在世界范围内，性接触是艾滋病最主要的传播途径。输入被艾滋病病毒污染的血液或血液制品，使用未严格消毒的通过手术、注射、针灸、拔牙、美容等进入人体的器械，都能传播艾滋病。

（5）在日常生活和工作中，与艾滋病病毒感染者或病人握手、拥抱、礼节性接吻，共同进餐，共用劳动工具、办公用品、钱币等不会感染艾滋病。艾滋病不会经马桶圈、电话、餐饮用具、卧具、游泳池或浴池等公共设施传播。咳嗽、打喷嚏和蚊虫叮咬不会传播艾滋病。

（6）已有的抗病毒药物和治疗方法，虽不能治愈艾滋病，但实施规范的抗病毒治疗可有效抑制病毒复制，降低传播风险，延缓发病，延长生命，提高生活质量。

二、中国的性教育与艾滋病状况

（一）首次发生性行为的年龄越来越小

全球调查显示，首次发生性行为的全球平均年龄是 17.7 岁，这个数字有越来越小的趋势。当代年轻人首次发生性行为的平均年龄要小于上一代人。在年龄超过 45 岁的人群中，首次发生性行为的平均年龄为 18.2 岁；而在 21～24 岁的人群中，首次发生性行为的平均年龄是 17.5 岁；16～20 岁的青少年人群中，首次发生性行为的平均年龄为 16.5 岁。我国首次发生性行为的平均年龄为 18.1 岁，并有逐渐提前的趋势，这一点不得不引起人们的重视。

随着思想观念的解放，对以前讳莫如深的性教育问题已经有了相当大的改观。调查显示，中国人首次接受性教育的年龄是 13.7 岁，与全球范围内接受正式性教育的平均年龄 13.1 岁仅差 0.6 岁。但值得注意的是，在全球范围内仍有超过 1/6 的人称他们从未接受过正式的性教育，而在中国，这个数字接近于世界的平均水平，为 17.9%。

(二)艾滋病成为最为关注的性健康问题

全球有一半的参与调查者对艾滋病的担心程度甚于其他性传播疾病。在中国,有28%的人对艾滋病最为担心。这也是参与调查的中国人最为关注的性健康方面的问题。在参与调查的中国人中,21%的人认为,政府应该开展性教育活动;在16~20岁的青少年中,有40%的人认为,政府应该增加在性教育领域的投资,来帮助人们预防性传播疾病。此外,有35%的人曾经在不了解其性伴侣性经历的情况下,与他们发生过无保护的性行为。在中国,这个数字已经接近全球平均水平,为31%。通过调查所显示出来的中国人最关注的性健康问题中的几个数据,充分证明了中国在性安全方面,具有加强教育引导的必要性和紧迫性。

(三)中国男性同性恋人数及感染HIV病毒情况

据中国性病艾滋病预防控制中心的研究人员调查,男性同性恋艾滋病感染率在中国艾滋病高危人群中居第二位,仅次于吸毒。由于男性同性恋者多性伴侣、安全套使用率低,如果防控不力,艾滋病感染率很可能快速上升,并加速向一般人群扩散。

中国的性教育和预防艾滋病教育大致经历了禁忌、恐慌和理性三个阶段。在禁忌阶段,性教育和预防艾滋病教育几乎是一片空白,即使有那么可怜的一星半点的知识,人们也都心照不宣地讳莫如深,中学的生理卫生课讲到生殖和性行为的章节,老师一般都让学生自己看书,或者干脆跳过去不讲,避之不及。在恐慌阶段,鉴于性病、艾滋病在局部地区和高危人群中持续高发,有人内心充满了极度的惊惧,有人对患者投以鄙薄、歧视和敌意的目光。事实证明,禁忌和恐慌都不利于人们获得全面的信息和科学的知识,也不利于社会对性病、艾滋病的预防与控制。从前几年开始,一些地方在公共场所公开发放安全套,有的地方专门给娱乐场所的从业人员体检,并推广使用安全套,包括在北京、上海、浙江、山东、云南等地开展的同伴教育活动,标志着中国的性教育和预防艾滋病教育进入了理性阶段。

防艾教育事关社会公共安全,更与每个公民的健康息息相关,所以,防艾教育既要提升到社会发展和文明延续的高度,也要具体落实到每个公民的日常生活和行为之中。要让越来越多的人认识到,预防艾滋病首先是社会成员自己的事,预防艾滋病教育从本质上讲是公民的自我教育;要让越来越多的学生认识到,艾滋病并不是远在天边,而是近在眼前的。

三、艾滋病的主要传播途径

艾滋病病毒是一种极小的微生物,它主要存活于感染者的血液、精液、淋巴液、阴道分泌物及乳汁中。因此,艾滋病的传播方式主要有三种:

(1)性传播。在未采取保护措施的情况下,艾滋病病毒通过性交的方式在异性和同性之间传播。性伴侣越多,感染艾滋病病毒的危险越大。目前,全球约90%的艾滋病病毒感染是通过性途径传播的。在我国,通过性接触感染艾滋病病毒的比例呈逐年上升趋势。

(2)血液传播。主要包括:经共用注射器进行静脉吸毒;输入被艾滋病病毒污染的血液及血制品;使用被艾滋病病毒污染且未经严格消毒的注射器、针头;移植被艾滋病病毒污染的组织、器官以及与艾滋病患者或感染者共用剃须刀、牙刷等。以上方式都可能感染艾滋病病毒。目前在我国,经共用注射器进行静脉吸毒是传播艾滋病的主要方式。

(3)母婴传播。感染了艾滋病病毒的妇女,在怀孕、分娩时,可通过血液、阴道分泌物感染胎儿;哺乳时,也可通过乳汁使婴儿染上艾滋病。在没有采取母婴药物阻断等医学措施的情况下,已感染的母亲将艾滋病病毒传染给胎儿的概率为25%~35%。

1. 王某为摆脱贫穷只身到外闯荡,并加入了卖血的行当。在一次卖血中,王某染上了艾滋病病毒。在外靠卖血挣了一些钱后,王某回到他的家乡,在家乡娶妻生子。这时,他全然不知自己已经患上了艾滋病。一次偶然患上的感冒使王某检查出患有艾滋病。尤为可怕的是,王某早已把艾滋病病毒传染给了妻子,他的妻子又通过母婴传播将艾滋病病毒传染给了儿子。当这一切揭晓的时候,王某已经不治,很快撒手人寰。接下来的结果可想而知,王某的妻子于次年遭受同样的厄运。不久,幼子也离开了人世。两年时间,一家三口死于艾滋病,这不能不说是个惨痛的悲剧。

2. 美国一杂志报告了8个婴幼儿艾滋病病例。他们都出生在美国纽约附近的内瓦克地区,年龄最大的8个月。其中,一个男孩于1980年6月出生,在出生后的前3个月身体还很健康,后来他突然得了肺炎,而且病情恶化,这引起了医生们的注意,经多方检查,结果为:脑电图有改变,显示大脑皮层萎缩;肺部活检证实有卡氏肺囊虫;血液检查发现T淋巴细胞减少。尽管医生做出了很大的努力,但这个男孩的病情仍继续恶化,在出生后5个月就死亡了。在调查中,医生们发现他的父亲是个吸毒者,并同样也出现了T细胞减少症状,而且口腔有白色念珠菌感染,这位父亲患的是艾滋病。其他7个艾滋病患儿,3个已死亡。他们的背景是,一个患儿的父母均是艾滋病高发区人;另一个患儿的母亲出生在艾滋病流行区;其他婴儿的父母均为一方或双方是吸毒者,或与许多人有性关系者。

四、艾滋病防控要点

艾滋病是一种危害大、病死率高的严重传染病,但它是可以防控的。虽然目前尚无有效疫苗和治愈药物,但已有较好的治疗方法,可以延长生命,改善生活质量。艾滋病关系到每一个人和每一个家庭,影响着社会的发展和稳定,因此,预防艾滋病是全社会的责任。

(1) 洁身自爱、遵守性道德是预防经性接触感染艾滋病的根本措施。树立健康的恋爱、婚姻、家庭及性观念是艾滋病、性病传播的治本之策。

(2) 性自由的生活方式、多性伴且没有保护的性行为可极大地增加感染、传播艾滋病和性病的危险。正确使用质量合格的安全套,及早治疗并治愈性病可大大减少感染和传播艾滋病、性病的危险。

(3) 预防血液途径传播艾滋病。一是避免不必要的注射、输血和使用血液制品;必要时,使用经过艾滋病病毒抗体检测合格的血液或血液制品,并使用一次性注射器或经过严格消毒的器具。二是提倡无偿献血,杜绝贩血卖血,加强血液管理和检测是保证用血安全的重要措施。三是酒店、旅馆、澡堂、理发店、美容院、洗脚房等服务行业所用的刀、针和其他能刺破或擦伤皮肤的器具必须经过严格消毒。

(4) 对感染艾滋病病毒的孕妇、产妇及时采取抗病毒药物干预、减少产时损伤性操作、避免母乳喂养等措施,可大大降低胎儿、婴儿被感染的可能性。

(5) 艾滋病自愿咨询检测是及早发现感染者和病人的重要防治措施。关心、帮助、不歧视艾滋病病毒感染者和病人,鼓励他们参与艾滋病防治工作,是控制艾滋病传播的重要措施。

(6) 要拒绝毒品,珍爱生命。

五、预防艾滋病是全社会的责任

（1）我国艾滋病已进入快速增长期，处在从高危人群向一般人群扩散的临界点。如不能及时、有效地控制，将对我国的经济发展、社会稳定、国家安全和民族兴旺带来严重影响。

（2）我国预防、控制艾滋病的基本原则是：预防为主、防治结合、综合治理。

（3）艾滋病防治绝不只是卫生部门的责任，必须建立政府主导、多部门合作和全社会共同参与的艾滋病预防和控制机制，形成有利于艾滋病防治的社会环境。

（4）非政府组织是艾滋病预防控制的重要组成部分，在重点人群宣教、高危人群干预、感染者和病人关怀等方面能够发挥重要作用。

（5）公民应积极参与预防和控制艾滋病的宣传教育工作，学习和掌握预防艾滋病的基本知识，避免危险行为，加强自我保护，并把了解到的知识告诉他人。

（6）在青少年中开展预防艾滋病、性病和拒绝毒品的教育，进行生活技能培训和青春期性教育。保护青少年免受艾滋病、性病和毒品的危害，是每个家庭、每个学校、每个社区，甚至是全社会的共同责任。

第六节　远离毒品

根据《刑法》第三百五十七条规定，毒品是指鸦片、海洛因、甲基苯丙胺（冰毒）、吗啡、大麻、可卡因以及国家规定管制的其他能够使人形成瘾癖的麻醉药品和精神药品。《麻醉药品及精神药品品种目录》中列明了121种麻醉药品和130种精神药品。根据中国禁毒网的权威发布，毒品分为传统毒品、合成毒品、新精神活性物质（新型毒品）。其中常见的主要是麻醉药品类中的大麻类、鸦片类和可卡因类。

毒品一般是指使人形成瘾癖的药物。这里的药物一词是个广义的概念，主要指吸毒者滥用的鸦片、海洛因、冰毒等，还包括具有依赖性的天然植物、烟、酒和溶剂等，与医疗用药物是不同的概念。

制毒物品是指用于制造麻醉药品和精神药品的物品。毒品，有些是可以天然获得的，如鸦片就是通过切割未成熟的罂粟果而直接提取的一种天然制品，但绝大部分毒品只能通过化学合成的方法取得。这些加工毒品必不可少的医药和化工生产用的原料就是我们所说的制毒物品。因此，制毒物品既是医药或化工原料，又是制造毒品的配剂。

一、法律依据

《刑法》的有关规定如下：

第三百四十七条　走私、贩卖、运输、制造毒品，无论数量多少，都应当追究刑事责任，予以刑事处罚。

走私、贩卖、运输、制造毒品，有下列情形之一的，处十五年有期徒刑、无期徒刑或者死刑，并处没收财产：

（1）走私、贩卖、运输、制造鸦片一千克以上、海洛因或者甲基苯丙胺五十克以上或者其他毒品数量大的；

（2）走私、贩卖、运输、制造毒品集团的首要分子；

(3)武装掩护走私、贩卖、运输、制造毒品的；

(4)以暴力抗拒检查、拘留、逮捕,情节严重的；

(5)参与有组织的国际贩毒活动的。

走私、贩卖、运输、制造鸦片二百克以上不满一千克、海洛因或者甲基苯丙胺十克以上不满五十克或者其他毒品数量较大的,处七年以上有期徒刑,并处罚金。

走私、贩卖、运输、制造鸦片不满二百克、海洛因或者甲基苯丙胺不满十克或者其他少量毒品的,处三年以下有期徒刑、拘役或者管制,并处罚金；情节严重的,处三年以上七年以下有期徒刑,并处罚金。

单位犯第二款、第三款、第四款罪的,对单位判处罚金,并对其直接负责的主管人员和其他直接责任人员,依照各该款的规定处罚。

利用、教唆未成年人走私、贩卖、运输、制造毒品,或者向未成年人出售毒品的,从重处罚。

对多次走私、贩卖、运输、制造毒品,未经处理的,毒品数量累计计算。

第三百四十八条　非法持有鸦片一千克以上、海洛因或者甲基苯丙胺五十克以上或者其他毒品数量大的,处七年以上有期徒刑或者无期徒刑,并处罚金；非法持有鸦片二百克以上不满一千克、海洛因或者甲基苯丙胺十克以上不满五十克或者其他毒品数量较大的,处三年以下有期徒刑、拘役或者管制,并处罚金；情节严重的,处三年以上七年以下有期徒刑,并处罚金。

第三百四十九条　包庇走私、贩卖、运输、制造毒品的犯罪分子的,为犯罪分子窝藏、转移、隐瞒毒品或者犯罪所得的财物的,处三年以下有期徒刑、拘役或者管制；情节严重的,处三年以上十年以下有期徒刑。

缉毒人员或者其他国家机关工作人员掩护、包庇走私、贩卖、运输、制造毒品的犯罪分子的,依照前款的规定从重处罚。

犯前两款罪,事先通谋的,以走私、贩卖、运输、制造毒品罪的共犯论处。

第三百五十条　违反国家规定,非法生产、买卖、运输醋酸酐、乙醚、三氯甲烷或者其他用于制造毒品的原料、配剂,或者携带上述物品进出境,情节较重的,处三年以下有期徒刑、拘役或者管制,并处罚金；情节严重的,处三年以上七年以下有期徒刑,并处罚金；情节特别严重的,处七年以上有期徒刑,并处罚金或者没收财产。

明知他人制造毒品而为其生产、买卖、运输前款规定的物品的,以制造毒品罪的共犯论处。

单位犯前两款罪的,对单位判处罚金,并对其直接负责的主管人员和其他直接责任人员,依照前两款的规定处罚。

第三百五十一条　非法种植罂粟、大麻等毒品原植物的,一律强制铲除。有下列情形之一的,处五年以下有期徒刑、拘役或者管制,并处罚金：

(1)种植罂粟五百株以上不满三千株或者其他毒品原植物数量较大的；

(2)经公安机关处理后又种植的；

(3)抗拒铲除的。

非法种植罂粟三千株以上或者其他毒品原植物数量大的,处五年以上有期徒刑,并处罚金或者没收财产。

非法种植罂粟或者其他毒品原植物,在收获前自动铲除的,可以免除处罚。

第三百五十二条　非法买卖、运输、携带、持有未经灭活的罂粟等毒品原植物种子或者幼苗,数量较大的,处三年以下有期徒刑、拘役或者管制,并处或者单处罚金。

第三百五十三条　引诱、教唆、欺骗他人吸食、注射毒品的,处三年以下有期徒刑、拘役或者管制,并处罚金;情节严重的,处三年以上七年以下有期徒刑,并处罚金。

强迫他人吸食、注射毒品的,处三年以上十年以下有期徒刑,并处罚金。

引诱、教唆、欺骗或者强迫未成年人吸食、注射毒品的,从重处罚。

第三百五十四条　容留他人吸食、注射毒品的,处三年以下有期徒刑、拘役或者管制,并处罚金。

第三百五十五条　依法从事生产、运输、管理、使用国家管制的麻醉药品、精神药品的人员,违反国家规定,向吸食、注射毒品的人提供国家规定管制的能够使人形成瘾癖的麻醉药品、精神药品的,处三年以下有期徒刑或者拘役,并处罚金;情节严重的,处三年以上七年以下有期徒刑,并处罚金。向走私、贩卖毒品的犯罪分子或者以牟利为目的,向吸食、注射毒品的人提供国家规定管制的能够使人形成瘾癖的麻醉药品、精神药品的,依照本法第三百四十七条的规定定罪处罚。

单位犯前款罪的,对单位判处罚金,并对其直接负责的主管人员和其他直接责任人员,依照前款的规定处罚。

第三百五十五条之一　引诱、教唆、欺骗运动员使用兴奋剂参加国内、国际重大体育竞赛,或者明知运动员参加上述竞赛而向其提供兴奋剂,情节严重的,处三年以下有期徒刑或者拘役,并处罚金。

组织、强迫运动员使用兴奋剂参加国内、国际重大体育竞赛的,依照前款的规定从重处罚。

第三百五十六条　因走私、贩卖、运输、制造、非法持有毒品罪被判过刑,又犯本节规定之罪的,从重处罚。

第三百五十七条　本法所称的毒品,是指鸦片、海洛因、甲基苯丙胺(冰毒)、吗啡、大麻、可卡因以及国家规定管制的其他能够使人形成瘾癖的麻醉药品和精神药品。

毒品的数量以查证属实的走私、贩卖、运输、制造、非法持有毒品的数量计算,不以纯度折算。

(二)相关司法解释

最高人民法院《关于审理毒品犯罪案件适用法律若干问题的解释》自2016年4月11日起施行:

第一条　走私、贩卖、运输、制造、非法持有下列毒品,应当认定为刑法第三百四十七条第二款第一项、第三百四十八条规定的"其他毒品数量大":

(1)可卡因五十克以上;

(2)3,4-亚甲二氧基甲基苯丙胺(MDMA)等苯丙胺类毒品(甲基苯丙胺除外)、吗啡一百克以上;

(3)芬太尼一百二十五克以上;

(4)甲卡西酮二百克以上;

(5)二氢埃托啡十毫克以上;

(6)哌替啶度冷丁二百五十克以上;

(7)氯胺酮五百克以上;

(8)美沙酮一千克以上;

(9)曲马朵、γ-羟丁酸二千克以上;

(10)大麻油五千克、大麻脂十千克、大麻叶及大麻烟一百五十千克以上;

(11)可待因、丁丙诺啡五千克以上;

(12)三唑仑、安眠酮五十千克以上；

(13)阿普唑仑、恰特草一百千克以上；

(14)咖啡因、罂粟壳二百千克以上；

(15)巴比妥、苯巴比妥、安钠咖、尼美西泮二百五十千克以上；

(16)氯氮䓬、艾司唑仑、地西泮、溴西泮五百千克以上；

(17)上述毒品以外的其他毒品数量大的。

国家定点生产企业按照标准规格生产的麻醉药品或者精神药品被用于毒品犯罪的，根据药品中毒品成分的含量认定涉案毒品数量。

第二条 走私、贩卖、运输、制造、非法持有下列毒品，应当认定为刑法第三百四十七条第三款、第三百四十八条规定的"其他毒品数量较大"：

(1)可卡因十克以上不满五十克；

(2)3,4-亚甲二氧基甲基苯丙胺（MDMA）等苯丙胺类毒品（甲基苯丙胺除外）、吗啡二十克以上不满一百克；

(3)芬太尼二十五克以上不满一百二十五克；

(4)甲卡西酮四十克以上不满二百克；

(5)二氢埃托啡二毫克以上不满十毫克；

(6)哌替啶（度冷丁）五十克以上不满二百五十克；

(7)氯胺酮一百克以上不满五百克；

(8)美沙酮二百克以上不满一千克；

(9)曲马朵、γ-羟丁酸四百克以上不满二千克；

(10)大麻油一千克以上不满五千克、大麻脂二千克以上不满十千克、大麻叶及大麻烟三十千克以上不满一百五十千克；

(11)可待因、丁丙诺啡一千克以上不满五千克；

(12)三唑仑、安眠酮十千克以上不满五十千克；

(13)阿普唑仑、恰特草二十千克以上不满一百千克；

(14)咖啡因、罂粟壳四十千克以上不满二百千克；

(15)巴比妥、苯巴比妥、安钠咖、尼美西泮五十千克以上不满二百五十千克；

(16)氯氮䓬、艾司唑仑、地西泮、溴西泮一百千克以上不满五百千克；

(17)上述毒品以外的其他毒品数量较大的。

第三条 在实施走私、贩卖、运输、制造毒品犯罪的过程中，携带枪支、弹药或者爆炸物用于掩护的，应当认定为刑法第三百四十七条第二款第三项规定的"武装掩护走私、贩卖、运输、制造毒品"。枪支、弹药、爆炸物种类的认定，依照相关司法解释的规定执行。

在实施走私、贩卖、运输、制造毒品犯罪的过程中，以暴力抗拒检查、拘留、逮捕，造成执法人员死亡、重伤、多人轻伤或者具有其他严重情节的，应当认定为刑法第三百四十七条第二款第四项规定的"以暴力抗拒检查、拘留、逮捕，情节严重"。

第四条 走私、贩卖、运输、制造毒品，具有下列情形之一的，应当认定为刑法第三百四十七条第四款规定的"情节严重"：

(1)向多人贩卖毒品或者多次走私、贩卖、运输、制造毒品的；

(2)在戒毒场所、监管场所贩卖毒品的；

(3)向在校学生贩卖毒品的；

(4)组织、利用残疾人、严重疾病患者、怀孕或者正在哺乳自己婴儿的妇女走私、贩卖、运输、制造毒品的;

(5)国家工作人员走私、贩卖、运输、制造毒品的;

(6)其他情节严重的情形。

第五条　非法持有毒品达到刑法第三百四十八条或者本解释第二条规定的"数量较大"标准,且具有下列情形之一的,应当认定为刑法第三百四十八条规定的"情节严重":

(1)在戒毒场所、监管场所非法持有毒品的;

(2)利用、教唆未成年人非法持有毒品的;

(3)国家工作人员非法持有毒品的;

(4)其他情节严重的情形。

第六条　包庇走私、贩卖、运输、制造毒品的犯罪分子,具有下列情形之一的,应当认定为刑法第三百四十九条第一款规定的"情节严重":

(1)被包庇的犯罪分子依法应当判处十五年有期徒刑以上刑罚的;

(2)包庇多名或者多次包庇走私、贩卖、运输、制造毒品的犯罪分子的;

(3)严重妨害司法机关对被包庇的犯罪分子实施的毒品犯罪进行追究的;

(4)其他情节严重的情形。

为走私、贩卖、运输、制造毒品的犯罪分子窝藏、转移、隐瞒毒品或者毒品犯罪所得的财物,具有下列情形之一的,应当认定为刑法第三百四十九条第一款规定的"情节严重":

(1)为犯罪分子窝藏、转移、隐瞒毒品达到刑法第三百四十七条第二款第一项或者本解释第一条第一款规定的"数量大"标准的;

(2)为犯罪分子窝藏、转移、隐瞒毒品犯罪所得的财物价值达到五万元以上的;

(3)为多人或者多次为他人窝藏、转移、隐瞒毒品或者毒品犯罪所得的财物的;

(4)严重妨害司法机关对该犯罪分子实施的毒品犯罪进行追究的;

(5)其他情节严重的情形。

包庇走私、贩卖、运输、制造毒品的近亲属,或者为其窝藏、转移、隐瞒毒品或者毒品犯罪所得的财物,不具有本条前两款规定的"情节严重"情形,归案后认罪、悔罪、积极退赃,且系初犯、偶犯,犯罪情节轻微不需要判处刑罚的,可以免予刑事处罚。

第七条　违反国家规定,非法生产、买卖、运输制毒物品,走私制毒物品,达到下列数量标准的,应当认定为刑法第三百五十条第一款规定的"情节较重":

(1)麻黄碱(麻黄素)、伪麻黄碱(伪麻黄素)、消旋麻黄碱(消旋麻黄素)一千克以上不满五千克;

(2)1-苯基-2-丙酮、1-苯基-2-溴-1-丙酮、3,4-亚甲基二氧苯基-2-丙酮、羟亚胺二千克以上不满十千克;

(3)3-氧-2-苯基丁腈、邻氯苯基环戊酮、去甲麻黄碱(去甲麻黄素)、甲基麻黄碱(甲基麻黄素)四千克以上不满二十千克;

(4)醋酸酐十千克以上不满五十千克;

(5)麻黄浸膏、麻黄浸膏粉、胡椒醛、黄樟素、黄樟油、异黄樟素、麦角酸、麦角胺、麦角新碱、苯乙酸二十千克以上不满一百千克;

(6)N-乙酰邻氨基苯酸、邻氨基苯甲酸、三氯甲烷、乙醚、哌啶五十千克以上不满二百五十千克;

（7）甲苯、丙酮、甲基乙基酮、高锰酸钾、硫酸、盐酸一百千克以上不满五百千克；

（8）其他制毒物品数量相当的。

违反国家规定，非法生产、买卖、运输制毒物品、走私制毒物品，达到前款规定的数量标准最低值的百分之五十，且具有下列情形之一的，应当认定为刑法第三百五十条第一款规定的"情节较重"：

（1）曾因非法生产、买卖、运输制毒物品、走私制毒物品受过刑事处罚的；

（2）二年内曾因非法生产、买卖、运输制毒物品、走私制毒物品受过行政处罚的；

（3）一次组织五人以上或者多次非法生产、买卖、运输制毒物品、走私制毒物品，或者在多个地点非法生产制毒物品的；

（4）利用、教唆未成年人非法生产、买卖、运输制毒物品、走私制毒物品的；

（5）国家工作人员非法生产、买卖、运输制毒物品、走私制毒物品的；

（6）严重影响群众正常生产、生活秩序的；

（7）其他情节较重的情形。

易制毒化学品生产、经营、购买、运输单位或者个人未办理许可证明或者备案证明，生产、销售、购买、运输易制毒化学品，确实用于合法生产、生活需要的，不以制毒物品犯罪论处。

第八条　违反国家规定，非法生产、买卖、运输制毒物品、走私制毒物品，具有下列情形之一的，应当认定为刑法第三百五十条第一款规定的"情节严重"：

（1）制毒物品数量在本解释第七条第一款规定的最高数量标准以上，不满最高数量标准五倍的；

（2）达到本解释第七条第一款规定的数量标准，且具有本解释第七条第二款第三项至第六项规定的情形之一的；

（3）其他情节严重的情形。

违反国家规定，非法生产、买卖、运输制毒物品、走私制毒物品，具有下列情形之一的，应当认定为刑法第三百五十条第一款规定的"情节特别严重"：

（1）制毒物品数量在本解释第七条第一款规定的最高数量标准五倍以上的；

（2）达到前款第一项规定的数量标准，且具有本解释第七条第二款第三项至第六项规定的情形之一的；

（3）其他情节特别严重的情形。

第九条　非法种植毒品原植物，具有下列情形之一的，应当认定为刑法第三百五十一条第一款第一项规定的"数量较大"：

（1）非法种植大麻五千株以上不满三万株的；

（2）非法种植罂粟二百平方米以上不满一千二百平方米、大麻二千平方米以上不满一万二千平方米，尚未出苗的；

（3）非法种植其他毒品原植物数量较大的。

非法种植毒品原植物，达到前款规定的最高数量标准的，应当认定为刑法第三百五十一条第二款规定的"数量大"。

第十条　非法买卖、运输、携带、持有未经灭活的毒品原植物种子或者幼苗，具有下列情形之一的，应当认定为刑法第三百五十二条规定的"数量较大"：

（1）罂粟种子五十克以上、罂粟幼苗五千株以上的；

（2）大麻种子五十千克以上、大麻幼苗五万株以上的；

(3)其他毒品原植物种子或者幼苗数量较大的。

第十一条　引诱、教唆、欺骗他人吸食、注射毒品,具有下列情形之一的,应当认定为刑法第三百五十三条第一款规定的"情节严重":

(1)引诱、教唆、欺骗多人或者多次引诱、教唆、欺骗他人吸食、注射毒品的;

(2)对他人身体健康造成严重危害的;

(3)导致他人实施故意杀人、故意伤害、交通肇事等犯罪行为的;

(4)国家工作人员引诱、教唆、欺骗他人吸食、注射毒品的;

(5)其他情节严重的情形。

第十二条　容留他人吸食、注射毒品,具有下列情形之一的,应当依照刑法第三百五十四条的规定,以容留他人吸毒罪定罪处罚:

(1)一次容留多人吸食、注射毒品的;

(2)二年内多次容留他人吸食、注射毒品的;

(3)二年内曾因容留他人吸食、注射毒品受过行政处罚的;

(4)容留未成年人吸食、注射毒品的;

(5)以牟利为目的容留他人吸食、注射毒品的;

(6)容留他人吸食、注射毒品造成严重后果的;

(7)其他应当追究刑事责任的情形。

向他人贩卖毒品后又容留其吸食、注射毒品,或者容留他人吸食、注射毒品并向其贩卖毒品,符合前款规定的容留他人吸毒罪的定罪条件的,以贩卖毒品罪和容留他人吸毒罪数罪并罚。

容留近亲属吸食、注射毒品,情节显著轻微危害不大的,不作为犯罪处理;需要追究刑事责任的,可以酌情从宽处罚。

第十三条　依法从事生产、运输、管理、使用国家管制的麻醉药品、精神药品的人员,违反国家规定,向吸食、注射毒品的人提供国家规定管制的能够使人形成瘾癖的麻醉药品、精神药品,具有下列情形之一的,应当依照刑法第三百五十五条第一款的规定,以非法提供麻醉药品、精神药品罪定罪处罚:

(1)非法提供麻醉药品、精神药品达到刑法第三百四十七条第三款或本解释第二条规定的"数量较大"标准最低值的百分之五十,不满"数量较大"标准的;

(2)二年内曾因非法提供麻醉药品、精神药品受过行政处罚的;

(3)向多人或者多次非法提供麻醉药品、精神药品的;

(4)向吸食、注射毒品的未成年人非法提供麻醉药品、精神药品的;

(5)非法提供麻醉药品、精神药品造成严重后果的;

(6)其他应当追究刑事责任的情形。

具有下列情形之一的,应当认定为刑法第三百五十五条第一款规定的"情节严重":

(1)非法提供麻醉药品、精神药品达到刑法第三百四十七条第三款或者本解释第二条规定的"数量较大"标准的;

(2)非法提供麻醉药品、精神药品达到前款第一项规定的数量标准,且具有前款第三项至第五项规定的情形之一的;

(3)其他情节严重的情形。

第十四条　利用信息网络,设立用于实施传授制造毒品、非法生产制毒物品的方法,贩卖毒品,非法买卖制毒物品或者组织他人吸食、注射毒品等违法犯罪活动的网站、通讯群组,或者发布实施前述违法犯罪活动的信息,情节严重的,应当依照刑法第二百八十七条之一的规定,以非法利用信息网络罪定罪处罚。

实施刑法第二百八十七条之一、第二百八十七条之二规定的行为,同时构成贩卖毒品罪、非法买卖制毒物品罪、传授犯罪方法罪等犯罪的,依照处罚较重的规定定罪处罚。

本解释自 2016 年 4 月 11 日起施行。最高人民法院《关于审理毒品案件定罪量刑标准有关问题的解释》(法释〔2000〕13 号)同时废止;之前发布的司法解释和规范性文件与本解释不一致的,以本解释为准。

> 某高校大二学生江某在暑假期间应朋友邀请到 KTV 办生日 Party。在包厢里,江某碍于面子轻信朋友"吸一点,不会上瘾"的劝说,用吸管吸了毒从此就一发不可收拾。整个假期里他多次与朋友出入娱乐场所,吸毒的次数多了,也就慢慢地上瘾了。已经被毒瘾控制了的江某对父母谎称学校已经安排外出实习,向父母索要每月 1 200 元生活费和 5 000 元学费,然后离开家门在出租房过上了"神仙"般的生活:上午睡饱觉,下午外闲逛,晚上吸毒。直到有一天凌晨,几个毒友正聚在江某租住的地方吸毒,江某等人被民警逮个正着并被送到强制戒毒所。经过强制脱毒和康复治疗,江某状况较好。他非常后悔地告诫年轻大学生们,为了自己的前途和生命,请远离毒品,谨慎交友,千万不要为了好奇而尝试毒品。
>
> 江某因结识社会上的不良青年一起"娱乐"而染上毒品,误入歧途,把父母的血汗钱全部用在吸食毒品上,放弃学业后发展到向家人、朋友、同学骗钱过日子,开始"职业吸毒生涯"的地步,最终被公安民警抓获。综合其他大学生吸毒的案例来看,大学生吸毒大都是吸毒、贩毒分子怂恿和引诱的结果。吸毒、贩毒分子以"好朋友""铁哥们"的身份,与大学生套近乎、拉关系,利用大学生社会阅历较少、思想单纯、对毒品不甚了解、喜欢追求时尚、易接受新奇事物的特点,用"找一下吸毒的感觉""尝尝新鲜""吸毒减肥""吸一口不要紧"等刺激性语言极力怂恿,使个别大学生身陷其中,不能自拔,走上违法犯罪道路。

二、毒品危害

近年来,发生在大学生中的吸毒、贩毒案件有明显上升的趋势。究其原因,一是对毒品知识及危害不甚了解;二是对与毒品有关的法律知识不了解或一知半解。据调查,在青少年吸毒者中,80%以上是在不知道毒品危害的情况下吸毒成瘾的。截至 2021 年 4 月,全国登记在册的吸毒人员已达 258 万人。我国每年因吸毒造成的直接经济损失达数千亿元。一些地方 60% 至 80% 的"两抢一盗"案件系涉毒人员所为;全国现存活的艾滋病感染者和病人中,有 19.3% 是注射吸毒所致。吸毒的巨大危害主要有以下几点:

(1)损害健康,危及生命。滥用毒品对人脑神经、呼吸、血液循环、消化系统等都有巨大的损害,吸毒者随时可能死于各种并发症。吸毒是性病、艾滋病蔓延的主要原因。全世界每年吸毒致死和丧失劳动能力的人分别达到 250 万和 1 000 万。自幼吸毒者平均寿命不足 40 岁。吸毒者平均寿命较一般人群短 10~15 年,25% 的"瘾君子"会在 30~40 岁死亡。吸毒者的自杀率较一般人群高出 10~15 倍。

(2)摧残灵魂,丧失理智。毒品使人丧失人性、理智和信念,对学习、工作及任何事物毫无兴趣。吸毒者犯起毒瘾来恰似"万刀刺骨,乱箭穿心",感到生不如死,常常采取自残、自杀行为以求解脱。

(3)耗尽资财,毁灭家庭。毒品消费昂贵至极,一旦染上毒瘾,即使有万贯家财也必将耗损殆尽,最终一贫如洗,家破人亡、妻离子散。

(4)诱发犯罪,危害社会。吸毒与犯罪如同孪生兄弟,为筹集毒资,多数吸毒者都会走上盗窃、抢劫、毒驾肇事、暴力攻击甚至杀人的犯罪道路。

三、毒品抵制

(1)不要吸烟,尤其不要吸来历不明的烟或别人再三怂恿递过来的烟。
(2)不要因好奇而吸毒,不要听信吸毒是"高级享受""吸一次不会成瘾"之类的谎言。
(3)不要找刺激、赶时髦、贪图享受去吸毒,"吸毒一口,痛苦一生"。
(4)不要结交有吸毒、贩毒行为的人。
(5)不要在吸毒场所停留。

"毒海无涯,回头是岸。"吸食毒品害人害己,青年大学生要做到"五个不要"坚决防范和抵制毒品,自觉地维护社会稳定和法律秩序,珍爱生命,拒绝毒品,做一个守法的合格大学生。

第七节 高校与大学生群体在食品安全中的使命任务

中国特色社会主义进入新时代,我国社会主要矛盾已经转化为人民日益增长的美好生活需要和不平衡不充分的发展之间的矛盾。大学生作为国家未来的栋梁,是国家未来发展的希望,这个群体是我国社会主要矛盾的见证者和矛盾解决的主要力量,美好生活需要更是他们这一代人的美好追求,他们的食品安全意识、饮食习惯和不良饮食嗜好等都会给身体健康和社会稳定带来严重影响。大学校园内的食品安全问题事关师生们的身心健康和生命安全,更关乎一个国家的稳定、社会的发展。特别是近年来,食品安全问题频发,一些食品安全问题成为两会期间讨论的热点。要想转变和提高大学生的食品安全意识,在提高高校食品安全管理的基础上,必须让广大大学生积极参与进来,赋予大学生使命任务,一起来思考问题解决办法。

一、高校在食品安全管理工作上应进一步加强

1. 明确食品安全第一责任人和管理部门人员职责

严格落实好学校食品安全第一责任人责任制,主要是把学校食堂和校内商店作为重点抽查和定期检查部位。检查工作不搞形式主义,要做到有数据、有档案、有处罚、有奖励、有考评。

2. 食堂及餐饮门店的管理部门要加大食品安全知识的宣教,安全监管部门还要教会学生正确维权知识

可以利用多种形式宣传食品安全相关知识,如高校食品安全监管部门自行组织或者邀请专家进行专题讲座、在校内人流密集场所张贴海报或散发传单、定期举办食品安全知识竞赛等与师生生活及食品安全意识密切相关的活动,指导学生社团等对学生进行食品安全知识、事件、正确维权的培训工作。通过以上种种改善师生的卫生意识和饮食习惯,达到有效减少食物中毒事件发生的目的。

3. 食堂提高伙食质量，延长服务时间，吸引学生回归食堂

大学生在外就餐和点外卖的几个重要理由一是错过食堂供饭高峰时间，二是伙食味道单一。解决办法一是食堂延长供饭时间，二是深入学生中间了解、收集学生对食堂卫生状况的意见，或者做问卷调查及指导学生社团收集学生反映的问题和正确的意见，并及时告知学生问题处理结果。

4. 严格食品加工与经营单位准入，切实做好从业人员素质提升工作

对高校供餐机构严格执行准入制度，生产或经营者必须取得合法的食品生产经营卫生许可，严格执行《中华人民共和国食品安全法》《餐饮服务食品安全操作规范》等相关规定的食品原材料采购、加工、储存、售卖及餐厨垃圾处理等流程，并定期对食品从业人员进行健康体检，对其业务素质进行考核，对食品加工设备和条件进行检查。

5. 进一步完善校园食品安全事件防控预案及应急预案

收集整理调查数据，由保卫、后勤、学工等部门共同对问题数据进行分析，共同制定和实施可预见的食品安全事件防控预案和应急预案，提高食物中毒事件的应急处置能力，由各部门包括食堂、校医室、保卫科等共同制定和实施。

二、学生应积极主动参与

（一）主动提高对食品安全的认知度，不断增加关注点

由于经济利益的驱使，或因食品加工者责任心不到位的原因，国内外食品安全事件层出不穷，在严重影响人们身体健康的同时也使人们对食品安全的信任度急剧下降，同时，作为特定群体的高校大学生，其食品安全意识在总体上还不是特别高，但随着社会的不断发展和社会主要矛盾的正式转化，人民的生活水平不断提高，作为高校大学生，食品安全正逐渐为大学生这个群体所重视。

1. 提高对食品安全的认知度

经调查，大学生群体主要通过学校宣传教育和网络媒体平台的曝光来关注食品安全事件。随着科技的高度发展，对食品安全的认知度和要求从未像今天这样引起全社会的广泛关注，食品是否安全、是否影响健康以至是否会造成对生命的威胁都成了大家的热门话题。有个别同学说他每天都从新闻报道上关注这方面的信息，而且现在好多的"三无"产品他都不敢吃。可见，食品广告与新闻对观众的影响是比较大的，保持和加强媒体对食品安全事件的报道和宣传力度是很有必要的。

2. 增加对食品安全的关注度

大学生培养理性的消费观念和提高对食品安全的重视度，这个非常重要。在购买食品时，要注意关心食品的生产厂家、生产日期、保质期、品牌、质量标志、成分和营养等，尤其是食品是否含有色素、添加剂、防腐剂和有毒有害物质。要选择那些信誉好、规模大的商场和超市购买食品，如果选择在个体小摊点临时购买，则要细心地检查所购买的面包、牛奶、糖果、糕点及无包装的粮食制品是否存在过期、霉变、以劣充优的现象。

（二）知晓维权的重要性，积极维权

在高校中，大部分学生如果买到伪劣、变质有毒的食品，不知道如何去迅速地维权。他们对食品安全偶发事件，实感无奈。有调查数据显示，有36.36%的大学生在吃过校外食品小摊

点的东西之后,出现了一系列的不良反应,比如呕吐、胃痛、拉肚子等,还有些学生在点外卖进食后出现症状,他们中部分学生一般不会对可能会发生的不良反应事件主动维权,而是下次不再选择这些店铺就餐,虽然能有效避免自身再次发生相似事件,但更多的其他学生有可能会遭遇相同的伤害,故这种解决方法未能充分保障学生权益,不可取。

高校大学生务必要知道增强对食物安全事故的维权意识极其必要。在遭受伤害后,同学们可选择向学校保卫部门报警处理或者向消费者协会投诉,并在学校保卫部门指导下在学校相关平台发言,以避免更多学生受害。在高校这个消费相对集中的环境里,同学们养成良好的维权意识,不仅能有效保障学生消费权益,更是能督促商家进行整改,督促其为学生提供更健康的食物,如此形成一个食品安全的良性循环。

不过,在进行过食品消费维权的大学生中,仅有35.37%的大学生表示遇到的食品安全问题已妥善解决,47.96%的大学生表示举报的食品安全问题中部分得到解决,剩下16.67%的大学生表示维权后并没有得到妥善的处理。《中华人民共和国消费者权益保护法》为消费者提供了多种维权途径,《中华人民共和国侵权责任法》和《中华人民共和国食品安全法》也提供了诸多权益保障规定。作为大学生消费者,要带头引领起维权的大旗,认真学习国家相关法律,不应该以"经济成本较低,维权无意义""维权程序烦琐,缺乏投诉途径""不了解相关法律常识"为理由放弃对食品安全消费问题的维权。

为使维权顺利进行,同学们要养成消费留痕的习惯。调查数据显示,93.33%的大学生认为自己对食品安全知识有初步了解,但是消费后有保留小票等证据习惯的仅有37.3%。通信技术飞速发展,索要纸质消费凭证、保留电子消费凭证都是很容易得到的证据。大学生应加强自己的维权意识,多学习有关知识并加强理解,在学校保卫部门的帮助下,更好地懂得用法律武器捍卫自己的权益。

(三)积极发挥学生组织作用,大力做好食品安全相关工作

高校大学生在校集中就餐,不同程度上受到食品安全问题的威胁,同时大学生文化程度高,对社会上发生的食品安全重大事件比较关心。"鼠头鸭脖"事件更加证实了全社会人员对在食品安全方面违法行为的零容忍态度。在高校,除了学校开展的食品安全专题讲座外,作为高校青年大学生,更应积极作为,可通过成立高校食品安全专门组织等行动,扛起高校食品安全相关工作的大旗,让广大学生主动参与食品安全管理和食品安全知识讲座,为学校整体食品安全环境做出自己应有的贡献。

(1)可组建学校食品安全学生监督管理协会。在学校保卫部门、后勤管理部门指导下开展工作。主要是针对校内食堂、食品超市与小卖部等进行食品安全抽查和定期检查,对学生外卖食品的源头商家进行调查干预,发现问题及时报学校后勤、保卫等部门联系。食品安全无小事,高校协同市场监督管理部门共同进行处理,并坚持每周一次在校内专门平台进行食品安全检查周报的推送,坚决打击违法违规生产经营食品的行为。

(2)可组建学校食品安全学生维权中心。在学校保卫、后勤、学工等部门指导下,通过主题班会、专题讲座等形式,组织学生开展多种形式的食品安全知识培训及维权法律知识培训,掌握必要的食品安全和维权知识。在学生发生食品安全问题时,敢于发声并同违法违规行为做斗争,找出引起食品安全问题的源头,积极会同学校保卫、后勤等部门寻求解决办法,共同坚决维护学生利益。通过定期分布维权结果,增加广大同学对食品安全维权的责任意识和参与度,让引起食品安全的源头无处藏身,从而达到有效降低食品安全问题发生率的目的。

(3)可组建学校食品安全学生调研与考评中心。在学校保卫、后勤、学工等部门指导下,负

责对高校食堂工作人员、高校职能管理部门人员、广大学生、外卖商家、食品执法单位执法人员等开展食品安全方面包括但不限于问卷调查等形式的调研工作，对调查结果进行认真分析，找出可能引起食品安全的症结所在，分别对症下药以防范因食品安全给高校和师生带来的危害。

思考与练习

1. 饮食卫生应该注意哪些因素？
2. 常见的传染性疾病有哪几类？分别如何预防？
3. 毒品的危害有哪些？
4. 大学生应如何提高食品安全意识？

第六章 心理健康安全

党的二十大报告指出,"要推进健康中国建设",要"把保障人民健康放在优先发展的战略位置,完善人民健康促进政策",特别强调要"重视心理健康和精神卫生"。良好的心理素质是大学生身心健康、人格健全的良好基础。大学生心理没有完全成熟,有时会因学业、情感而引发恶性行为。新形势下高校应重视大学生的心理健康安全教育,建立科学的学生心理健康教育与管理体系,通过开设心理教育课程、专家讲座,建立心理健康档案、创造和谐良好的校园文化氛围,以及融洽的人际关系,促进大学生心理健康。

第一节 大学生心理健康概述

一、心理健康的定义

目前在心理学理论中,特别是在人格心理学和临床心理学中,心理学家杰哈塔(Jahoda M.)的"心理健康"定义最为著名,他提倡一种"积极的精神健康"(Positive Mental Health),对于现代社会中的人们来说很有教益。主要包括六个方面:

(1)自我认知的态度。心理健康的人,能对自我做出客观的分析,对自己的体验、感情、能力和欲求等能做出正确的判断和认知。

(2)自我成长、发展和自我实现的能力。心理健康的人的心态绝对不会是消极的、厌世的或万念俱灰的,他会努力去实现自己内在的潜能,自强不息,即使遇到挫折,也会成长起来,去追求人生真正的价值。

(3)统一、安定的人格。心理健康的人能有效地处理内心的各种能量,使之不产生矛盾和对立,保持均衡心态。他对于人生有一种统一的认知态度,当产生心理压力或欲求不满时,有较高的抗压力及坚韧的忍耐力。

(4)自我调控能力。对于环境的压力和刺激,能保持自我相对的稳定性,并具有自我判断和决定的能力。不依附或盲从于他人,拥有善于调节自我情绪的能力,果断地决定自己的发展方向。

(5)对现实的感知能力。心理健康的人,在现实生活中不会迷失方向,他能正确地认知现实世界,判断现实。

(6)积极地改善环境的能力。心理健康的人,不会受环境的支配、控制,而是顺应环境、适应环境,并积极地发问、变革环境,使之更适合人类生存。这样的人热爱人类,适当地工作和游戏,保持良好的人际关系,并有效率地处理、解决问题。

由此可见,心理健康是指人的内心世界与客观环境的一种平衡关系,是自我与他人之间的一种良好的人际关系的维持,即不仅能获得自我安定感和安心感,还能自我实现,具有为他人的健康贡献、服务的能力。

我国学者把"心理健康"的定义做了一个概括:
(1)有幸福感和安定感。
(2)身心的各种机能健康。
(3)符合社会生活的规范,自我的行为和情绪相适应。
(4)具有自我实现的理想和能力。
(5)人格统一、调和。
(6)对环境能积极地适应,具有现实志向。
(7)有处理、调节人际关系的能力。
(8)具有应变、应急及从疾病或危机中恢复的能力。

以上的心理健康定义,是与心理障碍和疾患相对而言的。随着国际、国内社会的飞速发展,人类对心理健康的概念也有一个不断修正、完善的过程。

一般来说,心理健康的人都能够善待自己、善待他人、适应环境、情绪正常、人格和谐。心理健康的人并非没有痛苦和烦恼,而是他们能适时地从痛苦和烦恼中解脱出来,积极地寻求改变不利现状的新途径。他们能够深切领悟人生冲突的严峻性和不可回避性,也能深刻体察人性的阴阳善恶。他们是那些能够自由、适度地表达、展现自己个性的人,并且能够和环境和谐地相处。他们善于不断地学习,利用各种资源,不断地充实自己。他们也会享受美好人生,同时也明白知足常乐的道理。他们不会去钻牛角尖,而是善于从不同角度看待问题。心理健康的人都拥有美好的生活。

心理学家认为,人的心理健康包括以下七个方面:智力正常、情绪健康、意志健全、行为协调、人际关系适应、反应适度、心理特点符合年龄。了解什么是心理健康,对于增强与维护人们的整体健康水平有重要意义。人们掌握了心理健康标准,就可以以此为依据,对照自己,进行心理健康的自我诊断。发现自己的心理状况某个或某几个方面与心理健康标准有一定距离,就可以有针对性地加强心理锻炼,以达到心理健康水平。如果发现自己的心理状态严重地偏离了心理健康标准,就要及时地求医,以便早期诊断、早期治疗。

二、心理健康的标准

心理学家将心理健康的标准描述为以下几点:
(1)有适度的安全感、自尊心,对自我的成就有价值感。
(2)适度地自我批评,不过分夸耀自己也不过分苛责自己。
(3)在日常生活中,具有适度的主动性,不为环境所左右。

(4)理智、现实、客观,与现实有良好的接触,能容忍生活中挫折的打击,无过度的幻想。

(5)适度地接受个人的需要,并具有满足此种需要的能力。

(6)有自知之明,了解自己的动机和目的,能对自己的能力做客观的估计。

(7)能保持人格的完整与和谐,个人的价值观能适应社会的标准,对自己的工作能集中注意力。

(8)有切合实际的生活目标。

(9)具有从经验中学习的能力,能适应环境的需要改变自己。

(10)有良好的人际关系,有爱人和被爱的能力。在不违背社会标准的前提下,能保持自己的个性,既不过分阿谀,也不过分寻求社会赞许,有个人独立的见解,有判断是非的标准。

三、大学生心理现状

近年来,大学生的心理健康问题已引起了社会的广泛关注。因心理问题休学、退学的现象时有发生。自杀、凶杀等一些反常或恶性事件不时见诸报端。比如发生的重庆某高校大学生虐猫事件,暴露出来的诸多问题之一,就是大学生的心理健康问题。

大学生的心理健康问题主要体现在以下几个方面:

(一)迷茫与困惑

大学阶段,大学生处于自我确认、自我重塑的成长过程中。在这个过程中,一些同学往往体现出困惑丛生、无所适从的心理状态。我国绝大多数大学生在进入大学以前,很少接触社会,对纷繁复杂的社会现象缺乏了解,并且对社会的认识过于理想化。进入大学以后,大学生对未来充满着希望,对未来有无限的期盼,当理想在现实面前不能得到实现时,理想与现实的冲突将在所难免,有的同学甚至产生了"厌学"心理。

(二)情绪波动与情感挫折

在大学生活中,大学生既有对友情、爱情的追寻和渴望,也有情感的迷惑、失落,处理不好,就会受到压抑、抑郁等情绪的困扰。

当今的大学生相当一部分在家里受到家长无微不至的关心和照顾,享受到家庭的温暖和父母无私的爱,进入大学以后,由于离开了家乡和父母,一些同学难以适应大学生活,不能及时进入到大学的学习状态,产生了情绪波动。他们渴望关爱和友情,苦闷、孤寂、烦恼等情绪时时会袭扰同学们的内心。

大学生进入大学以后,独立意识增强和独立生活能力弱的反差,也造成了比较大的心理压力。

在性与恋爱上,开放的校园使性与恋爱成为大学生的重要话题,一些学生难以把握住自己,一旦出现问题就可能走向极端。

(三)学习与就业焦虑

焦虑是大学生中常见的情绪障碍,其中学习焦虑和就业焦虑尤为突出。高考竞争的胜利,使许多大学生受到教师、家长、亲朋好友的赞许,受到了他人的羡慕,其自信心、自豪感和优越感油然而生。然而,进入大学以后,许多同学发现自己来到了一个"人才云集"之地,昔日的高才生走到一起,一些同学没有了往昔的优势,学习压力增大。特别是有些同学发现自己已不是老师和同学关注的"中心"时,产生了深深的失落感。自信心和失落感的相互交织,导致一些同学产生焦虑情绪。

近年来,日趋激烈的就业竞争给在校大学生带来新的压力。想到大学毕业以后面对的就业形势,部分同学陷入了焦急和忧虑之中。

(四)人际关系不适

大学生的感情世界十分丰富而敏感,渴望与人交往,获得友谊、尊重和理解,希望能够找到一个同甘共苦、无话不说的知己。然而,不同的地域、不同的生活习惯、不同的性格、不同的兴趣爱好造成的差异和同学之间的相互竞争,又使得一些同学对人际交往产生了戒备心理,甚至形成闭锁心理。这种渴望交往与心理闭锁的矛盾,在心理上形成一个悖论,即一方面,渴望与同学们真诚、平等地进行交往,渴望获得友谊、理解和尊重;但另一方面,在与人交往的过程中,却怀有多疑、戒备、封闭的心理。对人际交往的期望值越高,在人际交往过程中的猜忌、戒备心理就越重,越是不愿轻易向他人敞露心扉,自我封闭的状态也就越严重。反过来,自我封闭越严重,内心的孤独感也就越强,因而更加渴望与人交往,更加渴望真情和理解。封闭与交往的冲突,也是当前一些学生产生失落和自卑心理的重要原因之一。

四、大学生健康心理的培养

(一)掌握一定的心理卫生知识

大学生要增强心理卫生意识,学习一些心理卫生知识。掌握一定的心理卫生知识,就等于把握了心理健康的钥匙,在必要时就可以用来进行自我调节。这可以说是掌握了心理健康的主动权。

(二)建立合理的生活秩序

许多住校大学生是第一次过自主的生活,开始时往往觉得时间多得不知该怎样利用。因此,必须尽快建立合理的生活秩序。应注意以下几个方面:

(1)用来进行学习的时间要适当。
(2)确立合理的生活节奏。
(3)注意用脑卫生。

(三)保持健康的情绪

保持健康的情绪,首先,应学会合理宣泄,找到充分表达自己情绪的方法,既不要压抑自己,也不要放纵自己。其次,对于消极情绪,要学会几种自我疏导、自我排遣的方式。在忧郁的时候,找知心朋友或亲人倾诉,大哭一场也不失为一种调整机体平衡的方式。也可以用转移的方式;不要总去注意一件令人沮丧的事,而要将注意力转移到别的事物上去,暂时离开这件不愉快的事,去看看电影、听听音乐,使忧闷排遣出来。幽默也是一种很好的调节方式,有助于保持心理健康。

(四)建立良好的人际关系,学会去爱

建立良好而真诚的人际关系,是非常重要的心理保健途径。在交往过程中应该意识到,现实生活中的每个人都不可能是完美无缺的,在个性、行为习惯、价值观念和情绪状态等各个方面都可能会有各自的优点与不足。因此,对他人要有一种宽容的态度,不要期望过高,对他人期望过高,往往会失望,其结果是使自己的心理平衡受到干扰,对自己造成更大的不良影响。

(五)树立符合实际的奋斗目标

一个心理健康的人,应该能对自己的能力做出客观的评价,并依此付诸社会实践,做到这一点,对于保护个体少受挫折及充分发挥自身才能等都是非常重要的。因此,不对自己过分苛求,把奋斗目标确定在自己能力所及的范围内,使自己通过艰苦努力,能最终实现这一目标。这些成功的体验,对于维持心理健康是极为重要的。此外,树立切实的目标,还包括不盲目地处处与人竞争。每个大学生应根据自己的实际情况,选择竞争的领域。这样,一方面有利于充分发挥自己的优势,争取获得成功;另一方面,也会有助于身心的健康发展。

(六)学会自娱

大学生如果能注意培养和发展自己的业余爱好,进行多方面的自我娱乐活动,就可以在寂寞孤独、烦闷忧郁时,通过自我娱乐缓解内心的压抑,这对心理健康是极有好处的。

> 1.某日早晨,某高校一女生被人发现死在校内的一个山坡上。经公安机关侦查,排除他杀的可能,认为是自杀。在整理遗物时发现她在日记中写道,她平时成绩很好,这次期末考试成绩下降,而同宿舍一名平时学习成绩不如她的同学这次却考得比她好,难以接受。于是她整天郁郁寡欢、闷闷不乐,心理极不平衡,遂产生自杀行为。
>
> 2.某高校一名大二男生,竟在宿舍用床单将自己吊死在床头的栏杆上,他的尸体被同宿舍的室友发现。自杀的男生平时性格比较孤僻,不太爱讲话,喜欢独来独往,在同学中间也没有什么好朋友,因上学期期末考试有五科不及格,因此在校复习准备补考。事发前,他曾经给自己的同学发过短信,短信的内容大体意思是,功课不及格,自己的压力很大,心情很郁闷。事发后,校方第一时间通知了他的家属。

在实践中,我们认为,大学生心理健康应从以下几个方面把握:

(1)智力正常。这是大学生学习、生活与工作的基本心理条件,也是适应周围环境变化所必需的心理保证。衡量智力是否正常的关键在于大学生是否正常、充分地发挥了自身效能,即是否有强烈的求知欲,乐于学习,能够积极参与学习活动。

(2)情绪健康。情绪健康标志是情绪稳定和心情愉快。其内容包括:愉快情绪多于负面情绪,乐观开朗、富有朝气,对生活充满希望;情绪较稳定,善于控制与调节自己的情绪,既能克制又能合理宣泄;情绪反应与环境相适应。

(3)意志健全。意志是人在完成一种有目的的活动时,所进行选择、决定与执行的心理过程。意志健全者在行动的自觉性、果断性、顽强性和自制力等方面都表现出较高的水平。意志健全的大学生在各种活动中都有自觉的目的性,能适时地做出决定并运用切实、有准备的方式解决所遇到的问题,在困难和挫折面前,能采取合理的反应方式,能在行动中控制情绪和言行,而不是行动盲目、畏惧困难、顽固执拗。

(4)人格完整。人格指的是个体比较稳定的心理特征的总和。人格完整就是指有健全统一的人格,即个人的所想、所说、所做都是协调一致的,人格结构的各要素完整统一,具有正确的自我意识,不产生自我同一性混乱,以积极进取的人生观作为人格的核心,并以此为中心把自己的需要、目标和行动统一起来。

(5)自我评价正确。正确的自我评价是大学生心理健康的重要条件,大学生应自我观察、自我认定、自我判断和自我评价,做到自知,恰如其分地认识自己,摆正自己的位置,既不以自己在某些方面高于别人而自傲,也不以在某些方面低于别人而自惭,应能够自我悦纳,喜欢自己、接受自己,自尊、自强、自制、自爱适度,正视现实,积极进取。

(6)人际关系和谐。良好而深厚的人际关系,是事业成功与生活幸福的前提。其表现为:乐于与人交往,既有广泛而深厚的人际关系,又有知心朋友;在交往中保持独立而完整的人格,有自知之明,不卑不亢;能客观地评价别人和自己,善取人之长,补己之短,宽以待人,乐于助人,积极的交往态度多于消极态度,交往动机端正。

(7)社会适应正常。个体与客观现实环境要保持良好秩序。对现实环境做客观观察以取得正确认识,以有效的办法对应环境中的各种困难,不退缩。还要根据环境的特点和自我意识的情况努力进行协调,或改革环境适应个体需要,或改造自我适应环境。

(8)心理行为符合大学生的年龄特征。大学生是处于特定年龄阶段的特殊群体,大学生应具有与年龄和角色相适应的心理行为特征。

第二节 常见心理问题及其调适

一、引发大学生心理问题的因素有哪些?

(一)交际、交往困难是诱发心理问题的首要因素

进入大学的青年男女在现实生活中是一个独立的个体,较中学相比缺少父母、亲朋、师长的更多关照。因此,有些大学生不会独立生活,不知道如何与人沟通,不懂交往的技巧与原则。有的同学有自闭倾向,不愿与人交往;有的同学为交际而交际,不惜牺牲原则随波逐流。

导致大学生交际困难有以下几个原因:一是目前大学生多生活在"温室",对其教育不当造成了一些负面效果,如任性自私、为所欲为;二是由于从小缺乏集体环境而导致缺乏集体感与合作精神;三是家长的过分包办使子女上大学之后缺乏最起码的独立生活及为人处世的能力。交际困难,一方面,导致大学生产生自闭偏执等心理问题,另一方面,因无倾诉对象,有问题的学生更会加重心理压力,还易导致心理疾病。

(二)情感困惑和危机是诱发心理问题的重要因素

当前,大学生对情感方面的问题能否正确认识与处理,已直接影响到大学生的心理健康。其影响因素主要有:首先是大学生的性困惑问题,男生因对遗精产生误解而紧张,对手淫认识有偏差而产生负罪感;女生在月经前后精神紧张,在性意识与自我道德规范的冲突中产生心理矛盾。其次是大学生因恋爱所造成的情感危机,这是诱发大学生心理问题的重要因素。恋爱失败往往导致大学生心理变化,有的人因此而走向极端,甚至造成悲剧。

(三)角色转换不良与大学生活适应能力低是诱发心理问题的又一重要因素

大学新生都有一个角色转换与适应的过程。每年刚入学的大学生往往会出现各种各样的

心理问题,心理学上将这一时期称为"大学新生心理失衡期"。导致新生心理失衡的原因首先是现实中的大学与他们心目中的大学不统一,由此产生心理落差;其次是新生对新的环境、新的人际关系、新的教学模式不适应,产生困惑而造成心理失调;再次,部分新生作为大学生中普通的一员,与其以前在中学里作为佼佼者的感觉大不一样。

大学新生对新环境不适应,如果得不到及时的调整,便会产生失落、自卑、焦虑、抑郁等心理问题,有的学生还会因长期不适应而退学。

(四)学习与生活的压力也会诱发心理问题

进入大学后,教师的授课方式、学生的学习方法、习惯都会因环境的变化而有很大的变化,大学生被迫加以调整;部分大学生所学的专业并非自己理想的专业,这使他们长期处于冲突与痛苦之中;课程负担过重,学习方法有问题,精神长期过度紧张也会带来压力。另外,还有参加各类证书考试及考研所带来的应试压力等。精神长期处于高度紧张的状态,极可能导致大学生出现强迫、焦虑甚至是精神分裂等心理疾病。生活的压力主要在于学生不善于独立生活和为人处世,以及生活贫困也会造成心理压力。有些人虚荣心太强,经不起贫困带来的精神压力,总觉得穷是没面子的事,不敢面对贫困,与同学相处敏感且自卑,甚至采取逃避、自闭的做法,有的同学甚至发展成自闭症、抑郁症而不得不退学。

(五)就业压力的增大也是诱发心理问题的因素之一

近几年来,由于大学毕业生数量逐年攀升,社会竞争加剧,就业压力加大,大学生找工作或找比较理想的工作较困难。这对大学里众多高年级学生造成很大的精神、心理压力,使他们因焦虑、自卑而失去安全感,许多心理问题也随之产生。

(六)对网络的依赖是引发心理问题的一个重要原因

不少大学生一方面因交际困难而在网络的虚拟世界里寻找心理满足,另一方面,也被网络本身的精彩深深吸引。所以,有些大学生对网络的依赖性越来越强,有的甚至染上网瘾,每天花大量时间上网,沉溺于虚拟世界,自我封闭,与现实生活产生隔阂,不愿与人面对面交往。久而久之,会影响大学生正常的认知、情感和心理定位,还可能导致人格分裂,不利于健康性格和人生观的塑造。迷恋网络还会使人产生精神依赖性,在日常生活和学习中举止失常、神情恍惚、胡言乱语、行为怪异,甚至发展成为"网络综合征"。

(七)家庭对子女教育不当造成的后遗症,是导致大学生心理问题频发的另一诱因

升入大学前家庭对子女的教育不当,使得子女出现任性、自私、不善交际等问题,而这些问题往往源于其从小就备受家人的溺爱,缺乏集体合作精神。在溺爱环境中长大的孩子,常会养成许多不良习性,而这些习性则会成为诱发心理疾病的原因,使人产生暴力倾向和行为。

(八)家庭及外界环境的不利影响也会引发大学生心理问题

家庭及外界环境的不利影响也会成为诱发大学生心理问题的因素,比如不当的家教方式、单亲家庭环境及学校环境的负面影响,消费上攀比、对贫困生的歧视、学习节奏过于紧张等。

二、大学生有哪几种常见的心理问题容易引发违法犯罪行为？

（一）追求享乐心理

这是大学生中较为普通的一种心理现象。在校大学生没有经济收入，但一些人往往又追求高消费、摆阔气，整天想着不劳而获，做人上之人。这类大学生的家庭条件往往并不困难，但他们追求高消费，享乐成了优势需要，一旦手头"吃紧"，向家里伸手又难以满足时，便产生通过盗窃、诈骗等手段获取不义之财的动机。

（二）打击报复心理

大学生正处于心理走向成熟的过渡期，看问题缺乏全面性，对困难和挫折缺乏承受力，有较强的报复心理。有的人恋爱不成而生恨，有的人被对方非礼后千方百计寻求报复，有的人仅仅因为一两句话或一点小事，就认为被对方侮辱了便打伤或杀害对方。

（三）寻求刺激心理

大学生普遍具有较强的求知求新欲望，但如果在求知求新过程中低级的情绪体验——寻求刺激成为优势需要时，往往会迎合那些情调低下的东西或满足自我畸形的求新求奇的心理而形成不正常的寻求刺激心理。

（四）逆反心理

这是一种故意对对方的要求采取相反的态度和言行的心理状态。青年学生中常会出现个别人"不受教""不听话"，与教师"顶牛""对着干"的现象。这种与常理背道而驰，以反常的心理状态来显示自己的"非凡""高明"的行为，往往来自"逆反心理"。

（五）嫉妒心理

嫉妒心理是面对他人的某种优势而产生的不愉快的情感。它俗称"红眼病"，是对别人的优势以心怀不满为特征的一种不快、自惭、怨恨、恼怒，甚至带有破坏性的负面感情。青年学生一方面，心理发育不完全成熟，另一方面，社会交往范围日益扩大，置身于一种充满竞争的学校或社会环境中，于是个别差异在相互交往中被突出了。因此，优势地位成了他们追求的目标，看到别人的长处，而自己又无力或不愿改变现状，于是就对对方表示不满、怨恨，甚至加以伤害。

三、大学生如何调适自己的情绪？

一个人对事物及问题的认识不同，会产生不同的情绪。大学生正处在世界观、人生观、价值观的形成阶段，对事物的认识和对问题的看法往往有失全面性和客观性。如果不注意完善、提高自我，就会陷入情绪化、不理智中，对未来失去信心，长此以往，还可能形成不健康的心理。大学生要及时调整自己的情绪，不妨采取以下方法：

（一）调整认识角度

心理学家艾里森在20世纪50年代创立的被称为"合理情绪疗法"的理论认为，情绪困扰不一定是由诱发性事件直接引起的，常常是由经历者对事件非理性的解释和评价引起的。如果改变了非理性观念，调整了对诱发事件的认识和评价，领悟其中的理性，情绪困扰就会消除。现实生活中的许多情绪困扰都是这样，如果从非理性的角度去认识某一事物或问题，会使人愤恨不已；如果换个角度理性一些去认识，就会使人豁然开朗。正所谓"退一步海阔天空",或者说"换个角度天地宽"。

(二)学会难得糊涂

对一些无关大局的非原则性的外部刺激,在认识上要模糊一些,在心理感受上要淡漠一些,当别人在背后说自己几句坏话时,或因一些小事与人发生口角时,或偶遇失意时,不妨有意识地控制一下自己的情绪,坦然处之,不斤斤计较,不耿耿于怀,做到大事清楚,小事糊涂。这种超然的处世态度,显示出一个人的态度、自信和修养,需要有意识地经常加以培养。

(三)合理进行宣泄

人处于压抑状态时,应该加以合理宣泄,这样才能调节机体的平衡,缓解不良情绪的困扰,恢复正常的情绪、情感状态。如遇到挫折和失败,内心苦闷难受时,畅快地哭一场,或者找人诉说一通,都是缓解情绪压抑的好办法。国外一家企业,设立专门部门,设置旋转吊袋,供对企业有不满情绪的人拳打,发泄后再畅谈一番。国外一些城市、大学内,设立多种形式的心理咨询机构,如"自杀咨询电话""大学生心理咨询中心"等。自己应该将自己信任的老师、同学、老乡、恋人,特别是受过专门训练的心理咨询人员,作为倾吐的对象。国内大学也有心理咨询的老师与机构。这些人可以成为我们缓解消极情绪和压力的"精神港湾"。

(四)通过活动转换

当出现不良情绪反应时,头脑中有一个较强的"兴奋灶",此时如果能够在头脑中建立起另外的"兴奋灶",可以使原先的"兴奋灶"被冲淡或抵消。这就是利用环境的调节和活动的转移来排忧解愁的又一方法。例如,苦闷烦恼时,出去散步或听听音乐,会使人心情舒畅一些;当怒不可遏时,可强迫自己做一些别的事情,分散注意力,从而稳定情绪;失恋中的青年,可以把学习或工作的日程排得满一些,紧凑一些,使自己沉浸于繁忙的学习和工作中。

(五)巧用幽默缓解

幽默感是消除不良情绪很有用的工具。当我们遇到某些无关大局的不良外界刺激时,如别人的讪笑、挖苦等,要避免陷入被激怒状态,最好的办法是超然洒脱一些。一个得体的幽默,一句适宜的俏皮话,常常可以使已经紧张的局面轻松起来,使一个窘迫难堪的场景消逝。幽默,是智慧的表现,是成熟的表现。乐观地对待生活,不为任何挫折、失败和痛苦所压倒,这样的人才是真正的强者。幽默感,正是在这样的意志锤炼中培养起来的。

第三节　大学校园常见心理问题及其调适

一、大学生如何面对挫折?

一个人的一生不可能总是一帆风顺。风华正茂的大学生将随着知识的积累、阅历的丰富逐步走向成熟。在这个过程中,大大小小的挫折将时刻伴你左右,只有敢于并善于直面人生挫折,才能在挫折中奋发,在拼搏中成功。

（一）要正确地认识挫折

挫折是指人在达到自己人生目标过程中所受到的困难以及因无法克服这种困难而产生的一种紧张状态和情绪反应。从哲学上讲，挫折的产生既是必然的，又是偶然的。说其必然，是指在人生整个过程中，人们总是或多或少，或轻或重地遇到各种不同的挫折；说其偶然，即在人生旅途中，每个人可能遇到什么样的挫折、什么时候发生挫折是很难预料的。了解到挫折的特征，我们就容易应对人生挫折了。

（二）冷静且客观地分析挫折产生的原因

挫折产生的原因不外乎客观原因和主观原因。客观原因即外界条件的限制和阻碍，这种条件主要包括自然条件和社会条件。自然条件如天灾人祸；社会条件如社会政治动荡、战争等。无论是自然的天灾人祸，还是社会变迁的影响，对于个体都是不可选择的。人不可能选择家庭出身、社会时代，更不可能选择自然条件。主观原因即主体条件的限制和阻碍，它主要包括行为者自身的条件和认识的偏差两个方面。个体自身的条件包括容貌、身高、健康、经济状况、智力、心理素质等影响个人目标实现的因素。认识的偏差表现为目标过高和期望值过高，致使行动无论怎样努力都难以达到目标。

青年正处于自我意识确立的敏感期，思维方式的两极波动异常使青年走向简单否定。因此，冷静地对产生挫折的原因进行客观的分析不仅需要掌握唯物辩证法这个基本武器，还要善于改变自身的不良个性。

（三）积极寻求战胜挫折的方法

认识和分析挫折的目的是战胜挫折。要战胜挫折，就必须找到适当的方法。

1. 热爱生活

从人生态度的层面上看，热爱生活反映了人生的一种基本信念，提示了人对自己、社会及其生活的一种积极倾向，这种倾向内在地奠定了人们正视可能产生的任何挫折的心理基础。

2. 锻炼意志力

在今天这个多变的社会中，一个人要想成功必须要具备顽强的意志。只有智力而没有坚强意志力的人是很难适应社会进步的。

3. 重建目标系统

当人陷入某种困境时，理性的迷失或理性水平的降低都是常见的情形。因此，要走出认识上、心理上的某些误区，重建自己的目标体系。这才是一个理智的、成熟的人的标志。

4. 有成败两手准备

这是前人人生经验的总结，更是生活辩证法的揭示。有了"最坏"的准备，就等于增强了心理承受力。有了较强的对挫折的心理承受力，再加上向"最好"处努力，就能够构成积极的人生态度。这有利于在人生实践中把握自觉性，减少盲目性；增强主动性，减少被动性。

二、特困大学生如何应对经济上的困难？

在校的大学生中，家庭困难者很多。试想一个农村家庭或收入较低的城市家庭，除了日常开支以外，再供养一个大学生，花销无疑是很大的。对上学困难的同学而言，没有必要为此自卑、烦恼。因为家庭不会因为你不上学就能富裕起来，你毕业后在很大程度上还能给父母和家庭以较大的帮助。而且国家对贫困学生有各种形式的补助政策，使学生不会因贫困而辍学。

问题是你应当在节约每一笔开支的基础上努力做到以下几点：

(1) 虽然艰苦一点，但能过得去，你就应当努力学习，争取以更好的成绩报答父母，还可获得各种奖学金。

(2) 利用节假日多参加一些勤工助学活动或参加学校勤工俭学中心的一些活动。如做家教、兼职文员，参加一些服务行业的活动，增加收入，减少对家庭的依赖。

(3) 申请助学贷款，在毕业后逐年偿还。

(4) 如果你的困难靠自己的努力无法克服，你可以向老师和班干部反映，同学和学校在了解了你的处境后，一定会想方设法地帮助你。

(5) 你应当抛弃自卑思想，敢于面对现实。其实经历贫困对你而言未必就是坏事，它可能会成为你的人生动力和精神财富。

三、大学生应如何看待自杀行为？

自杀是个人有意识地结束自己生命的行为，是在个人陷入极度的绝望中无法解脱时所选择的"解脱"自己的一种自残行为。一个心理健康的人，一个有社会和家庭责任感的人，一个对人生价值和意义有发现的人，是不会为了自己精神和肉体的解脱而选择自杀的。人的价值往往是在与厄运的抗争中呈现出来的。鲁迅说过："伟大的心胸，应该表现出这样的气概——用笑脸来迎接悲惨的厄运，用百倍的勇气来应对一切的不幸。"屈原遭放逐作《离骚》，司马迁受宫刑作《史记》，他们都是在挫折环境下抗争的典范。对于那些因失恋、生活困难、别人不能理解自己、身体有痛疾而自杀的人来说，自杀是屈服于挫折和逆境的表现，是一种脆弱的表现，是一种不负责任的逃避行为。自杀不但不会解决什么问题，反而会给生者留下无限的遗憾和痛苦。生命对于我们每一个人只有一次，父母为我们付出了很大的心血，寄予了很大的希望。一个人的自杀也许会导致他的亲友由充满希望变为绝望，由欢乐变为永远地痛苦，因此，自杀并不可取。

哲学家黑格尔曾说过自杀是一种"卑贱的勇敢"。试想当你以自杀方式自以为得到解脱时，你的家人、朋友该有多难过，尤其是家人，会带给他们一生的痛苦。当遇到困难时，应该学会这样做：

1. 自我安慰

应该相信自己是很不错的，应该欣赏自己。当事情没有如你所希望的那样发展时，也要试着去接受它，要善于满足现状，要很高兴地感到：事情原本还会更糟呢！

2. 培养多方面的兴趣

要有多方面的兴趣，如打球、绘画、听音乐、下棋等，这些对青年人来说是很重要的。当遇到挫折和失败时，可以将注意力转移到兴趣中去，从中体验到快乐，忘却烦恼。

3. 结交知心朋友

当烦恼、迷惘、焦虑、不满时，如果有知心朋友陪伴左右，听你倾诉心里话，宣泄你的情感，并对你表示理解，忧郁可能就会减少一半。

4. 寻求社会力量的帮助

可以去学校的心理咨询中心或到专门的心理门诊寻求心理工作者的帮助，也可以打热线电话宣泄烦恼，在与他们的交谈中，他们对你的情绪疏导，可能会使你放弃自杀这一很不明智的想法。

思考与练习

1. 心理健康主要包括哪些内容？
2. 引发大学生心理问题的因素有哪些？
3. 大学生应如何面对挫折？

第七章 网络及信息安全

党的二十大报告指出:"加快建设法治社会。法治社会是构筑法治国家的基础。弘扬社会主义法治精神,传承中华优秀传统法律文化,引导全体人民做社会主义法治的忠实崇尚者、自觉遵守者、坚定捍卫者。"网络是当今大学生了解社会信息、学习知识的重要工具和途径,当代大学生的教育离不开网络技术。网络信息技术的发展给意识形态安全带来了新的挑战。网络安全问题关系到国家意识形态的安全,也关系到高校大学生学习的安全。为此,为防止不良的破坏性网络行为发生,高校须强化网络安全责任感,引导高校大学生提高网络信息辨别能力。

第一节 网络及信息安全概述

"网络及信息安全"是一个由"网络及信息"和"安全"两个概念组成的复合概念,是随着互联网科技发展需不断加强的一种安全思想与实践能力,网络及信息安全概念的产生、定义及内涵,是一个不断发展的过程。

一、网络及信息安全的定义

网络及信息安全是指网络系统的硬件、软件及其系统中的数据受到保护,不因偶然的或者恶意的原因而使信息系统(包括信息网络)的硬件、软件及其数据、内容等遭受到破坏、更改、泄露,确保网络及信息系统连续可靠正常地运行,网络及信息服务不中断的一种状态。根据不同的环境和应用,网络安全的主要类型包括运行系统安全、网络上系统信息安全、信息传播安全和信息内容安全。

计算机技术和网络技术的飞速发展已经成为社会发展的重要基础和保证,与之而来的互联网在线教育、网络聊天、电子商务、虚拟社区、网络游戏等新兴事物,不断融入人们的日常生活中,它们丰富了人们生活的同时也给人们带来了极大的便利,成为现代社会不可缺少的学习、社交工具和载体。信息的生产、累积、流传都以前所未有的速度推进,快捷、丰富的信息资源也给我们的生活带来了全新的体验。互联网是一个虚拟的世界,在这个世界中,我们也会遇到犯罪分子的侵害,也会遇到各种各样的安全问题。国家坚持网络安全与信息化并重,既要鼓励网络技术创新和应用,又要建立健全网络安全保障体系。

在当今的信息时代,加强大学生的网络防骗教育刻不容缓,这需要充分利用身边资源、采取多种形式,不断加强和改进当代大学生的教育水平,通过有效提高大学生自身的安全防范能力,防微杜渐,为大学生的健康成长营造良好的环境。

二、影响网络及信息安全的常见因素

据央视新闻客户端消息,2023年3月2日,中国互联网络信息中心(CNNIC)发布第51次《中国互联网络发展状况统计报告》(以下简称《报告》)。《报告》显示,截至2022年12月,我国网民规模达10.67亿,较2021年12月增长3 549万,互联网普及率达75.6%。其中青少年占比达到了50%。作为当代大学生,应该了解维护网络安全的法律、法规、条例,加强网络安全防范意识,排除网络安全方面存在的各种隐患。

从高中紧张学习的校园走向相对自由的大学校园,透过高校大学生发生过的网络安全案例分析,可以看出当代大学生面对鱼龙混杂的信息,有时显得无能为力。究其原因,普遍存在以下特点:

(一)网络监管有一定难度,其体制仍待健全

虽然一些网络购物平台提供了消费者申诉维权平台,但目前并未有一个具有较强实际意义的举报平台。

(二)大学生群体安全防范意识的缺乏

(1)思想单纯,易交友不慎而上当受骗。对骗子以各种理由借钱的谎言深信不疑,稀里糊涂便轻易将钱借出,事后才意识到上当受骗,后悔莫及。

(2)对事物的鉴别力有限、自我保护意识不强和社会经验不足是成为不法分子主要攻击对象的根本原因。他们对新生事物的接受能力较强,但缺乏足够的认识,易轻信他人,遇事考虑不周,防范意识不强,一些居心叵测的人便会通过这些新媒体工具,进行欺诈等行为。甚至在马路上开台好一点的车,说两句好话就能轻易用延时转账换取学生手中的钱。

(3)缺乏应有的网络相关知识,对虚拟网络疏于用心防范。网络是虚拟性与复杂性的结合体,网络上的所有操作,都应掌握其正确的流程,并检查网站的安全性与合法性,时刻保持警惕,当出现异常时,要及时向周围的同学求助、向有关部门报告。

(4)对自身信息的保护意识不强。随意在网上发布求职信息和随意乱扔带有个人信息的快递包装,导致个人信息泄露。不法分子获得大学生个人信息后,利用大学生家校之间距离较远和家长爱子心切的特点,通过冒充学生的老师向家长谎报学生出车祸、患重病、受重伤、违法犯罪、交培训费用等原因,要求汇款到指定账户。有些家长存在"病急乱投医"的心理,轻信了陌生人冒充的身份,待汇款成功后才想起打电话与孩子确认,结果为时已晚。

(5)成事心切求人办事,心存侥幸。有些大学生甚至是家长明知道有些事情是不可行的,但依然存有侥幸心理,不知求证地盲目听信别人,导致上当受骗。

(6)缺乏对新型诈骗技术的了解。当今社会不法分子进行诈骗的手段层出不穷,稍不留意,便容易上当受骗。若不时刻了解新型的诈骗手法,保持消息畅通,加强自卫技能的学习和训练,辨别真假会有一定难度。

(7)随意打开陌生链接、陌生二维码和不明邮件。如果是不法分子发过来的,一旦点击,就会自动跳转到一个下载网页,"小木马"迅速下载并后台运行在电脑里,把自己的个人隐私信息、银行账户信息传输给犯罪分子。

(8)大学生因法律知识的缺失或为避免麻烦等原因而未采取法律手段及时进行处理,这进一步加剧了不法分子对其权益的侵犯。

(三)相信天上掉馅饼,贪小便宜和急功近利思想作祟

俗话说:"天上掉下大馅饼,不是坑,就是井。"轻松获利的贪婪心理是大学生受害者最大的心理缺点之一。很多诈骗分子之所以屡骗屡成,正是利用受害人的这种不良心态。"贪"与"贫"仅一念之差,因为这一念之差才会误入歧途。在贪欲心作怪下,才会上"刷单返佣""中奖信息""高薪兼职""无息低息贷款"等圈套。受害者往往是被所谓的"好处""利益"深深吸引,乐观地认为可以用最小的代价,获得最大的利益和好处,见"利"就上,趋之若鹜。对诈骗分子的所作所为不加深思和分析,不做深入的调查研究,一旦投入成本,往往又被"拒绝沉没成本"陷阱围困,最后落得"人财两空"的下场。

(四)黄色信息对大学生的诱惑难以抵挡

大学生正处于身心成长的重要阶段,一方面是生理和心理逐渐成熟,性、情意识逐渐活跃;另一方面是社会经验欠缺,性、情克制力较差,很容易成为网络色情的受害者,甚至成为制造和传播网络色情的违法者。在最近的被骗案例中,学生参与网络裸聊而被骗的案件逐渐增多,为了满足学生对性的好奇心,一些不法分子通过围猎大学男生,通过刷单等形式,逐渐开放对黄色图片或视频的数量,最后按照网络刷单的套路诈骗学生钱财。有的不法分子则直接通过诱导学生点击不明链接,在受害人手机或电脑里种下"木马",盗取受害人的通讯录资料后,通过威胁将受害人的裸聊图片发送给其朋友而敲诈钱财得手。

(五)心智不坚,底线不明,甚至沦为罪犯

部分大学生面对社会的名利诱惑,没有正确的价值取向,为了过上自以为的"好生活",满足自己不断膨胀的私欲,不惜丢掉底线,企图不劳而获,最终沦为诈骗他人钱财的罪犯。有的学生毫无底线,花钱修改成绩获取非法利益,成为某些不法分子破坏计算机信息罪的帮凶,导致这类犯罪行为在高校有生存之地,他们既害人又害己,毁掉了大好前程。

第二节 网络不良信息的影响与预防

大量事实证明,长时间使用电脑、手机在网络中学习、娱乐等操作对人的身心健康确有损害。有的因受不良信息的干扰,导致财产甚至是生命受到威胁,所以同学们应养成科学、健康、安全地使用电脑、手机等在互联网上学习、工作、娱乐的习惯。

一、防范身心受损

(1)不要长时间连续上网,每隔1小时应该休息一会,活动一下身体,做做眼保健操或眺望远处,尽量放松眼部肌肉。必要时可滴点眼药水,防止视力下降。

(2)上完网后应及时洗手、洗脸,注意清洁皮肤,积极预防各类疾病。

(3)注意上网环境的卫生状态,要经常保持通风换气。

(4)不使用翻墙软件浏览违法网站和不健康网站、不参与网络赌博。

(5)注意补充营养,多吃新鲜水果和蔬菜,多喝牛奶和绿茶,补充相应的维生素和蛋白质,增强身体免疫能力。

二、防范电信网络诈骗

概括地说,电信网络诈骗就是犯罪分子借助于手机、固定电话、网络等通信工具和现代的网银技术实施的非接触式的诈骗犯罪。

当前电信诈骗的主要目标:中老年群体和大学生群体。

(一)法律链接

代刷行为本来就是违法行为,雇人或者请第三方从事代刷信誉活动,从而导致消费者无法正确评价网点的信誉情况,进行消费,侵犯了消费者的知情权,构成虚假宣传,涉嫌商业欺诈。

《中华人民共和国反电信网络诈骗法》第三十八条规定:组织、策划、实施、参与电信网络诈骗活动或者为电信网络诈骗活动提供帮助,构成犯罪的,依法追究刑事责任。

前款行为尚不构成犯罪的,由公安机关处十日以上十五日以下拘留;没收违法所得,处违法所得一倍以上十倍以下罚款,没有违法所得或者违法所得不足一万元的,处十万元以下罚款。

《中华人民共和国反电信网络诈骗法》第四十六条规定:组织、策划、实施、参与电信网络诈骗活动或者为电信网络诈骗活动提供相关帮助的违法犯罪人员,除依法承担刑事责任、行政责任以外,造成他人损害的,依照《中华人民共和国民法典》等法律的规定承担民事责任。

(二)警钟格言

害人之心不可有,防人之心不可无。——(明)洪应明《菜根谭》

一个人最伤心的事情无过于良心的死灭。——郭沫若

诚者,天之道也;思诚者,人之道也。——(战国)孟子

能够享受幸运的人,同时也会提防幸运。——(古罗马)塞涅卡

生命不可能从谎言中开出灿烂的鲜花。——(德)海涅

闪光的东西并不都是金子,动听的语言并不都是好话。——(英)莎士比亚

(三)高校常见的电信网络诈骗及案例

1. 兼职刷单、中奖

虚假兼职刷单、中奖是通过前期高回报、高收益、易获利为诱惑,利用学生想用手机兼职轻松赚钱的心态,以前几单高回报方式诱导学生进行虚假刷单。学生很容易上当。

1.2022年4月,湖南某高校男生谢某某被陌生人拉进群,听陌生人说关注公众号并截图可赚钱,在骗子一系列指导下,刷单返利678元后被骗46 022元。

2.2023年3月,湖南某高校研究生程某在宿舍玩手机时发现一个名叫"知云学术"的发送给自己一个二维码图片,上面还说明了是一个可以做兼职的App程序,该研究生扫码识别,加了一个自称客服的人,按客服的要求两次添加不同的"接待员",实现刷单返利。在第三次刷单操作时,被告知自己和另一个人操作错误导致商家数据混乱,资金被冻结,需要进行补单操作,资金才能解冻。该同学补单后又被告知需要进行两笔补单才能解冻,此时该同学发觉不对劲马上报警了,但此时已经被骗8 655元。

点评:

(1) 关注就能获取佣金,押注就能中奖加积分,真是天上掉馅饼!这种轻而易举就能获利的诱惑力很难让受害人拒绝不去尝试。

(2) 骗子环环相扣,逻辑清晰,左拉陌生群右加陌生人,运用不同当事人化解受害人的疑惑,让受害人如同羊入虎口。

(3) 转出去300回来20算赚钱吗?其实这都是自己的钱,被骗子偷换了概念。

(4) 转完几笔钱看似获得小利,但真正的套路是骗子说操作有误,让受害人因受"拒绝沉没成本"心理影响只想追回本钱,选择继续相信骗子的话继续投入,如此循环直到自己明白被骗。

(5) 有病乱投医,自作聪明,在第一次被骗后再次碰到另一个骗子。

(6) 案件中,受害人给不同账号转钱,试想一下正规公司会有这么多银行账号用来资金转账吗?绝对不会如此折腾。

2. 冒充身份

(1) 冒充同学、熟人等

不法分子通过盗取QQ、微信等密码后,通过冒名顶替,向被盗QQ、微信等的好友借钱。需要特别提醒的是一些冒充熟人的网络视频诈骗,犯罪分子通过盗取图像的方式,用"视频"与受害人聊天,可千万别上当。还有一种方式就是以手机通话中故意让受害人"猜猜我是谁"套取信任,然后冒充熟人、好友,谎称在外地出事或嫖娼被公安机关抓获急需用钱缴纳罚款,或谎称在医院抢救急需用钱的方式诈骗受害人钱财。

1. 2022年9月,湖南某高校一男生付某收到高中同学急需用钱的信息后,转账1 500元给"朋友"被骗。受害人描述如下:2022年9月24日19时左右,我的高中同学在QQ给我发消息,她说她有一个朋友出了事情需要急用钱,她自己的微信限制无法登录了,要我直接把钱转到她朋友的卡上,然后她说我转5 800元,我说我没有这么多,最多只能转1 500元,对方就发来一张截图,意思是给我转了1 500元,但是要2小时后到账,我就没有怀疑给对方转了1 500元,直到2小时后,我还没有收到对方的钱,我打电话给这个QQ号的同学,她告诉我并没有这回事,我才意识到自己被骗了。

2. 2023年4月,湖南某高校刘某因同学QQ被盗借钱被骗6 000元。

点评:

① 不法分子就是利用盗用的QQ号冒充原QQ主人,并用该QQ与QQ内其他好友(尤其是原QQ号主人的父母)取得联系,进而实施钱财诈骗。

② 很多受害人在收到类似信息时,因为一般都是之前的同学,而且不法分子对之前与该同学的一些日常往事也非常知悉,导致受害人毫无怀疑。

③ 碍于同学面子,不好意思用面对面微信视频或者是电话先予以证实,往往是转账后才敢于向同学或朋友询问证实,结果已经受骗。

④ 网络好友借钱的预防措施就是记得一定要主动打电话给对方进行证实、通过微信视频确认后再决定是否借钱,千万不要碍面子先进行转账后再确认。

（2）冒充客服、公安等

不法分子通常获取大学生网购信息,利用改号软件让大学生手机显示的号码为淘宝、唯品会、快递、保险、银行转账等平台客服或公检法机关的座机,冒充客服骗取学生货物损坏或遗失后进行高额赔偿,以信誉不够为由让学生缴纳保证金等手段实施诈骗;利用多数大学生对法律不熟悉的心理,冒充公检法等身份进行恐吓后要求将银行卡上的钱转出实施诈骗。

1. 2022 年,湖南某高校学生姚某被冒充快手平台的客服承诺高额赔偿而被骗 35 096.38 元。受害人描述如下:在宿舍玩手机时接到一个自称是快手平台售后的电话,说我在直播间购买的一款售价 9.9 的眼线笔出现了问题,联系我进行赔偿,并说已经帮我申请了备用金,如果不执行的话就会扣我支付宝上的钱,每次扣 500 元。在对方的"指导"下,我下载了一个 Zoom 软件,并按照对方要求在 Zoom 软件上的房间进行沟通交流。我按照对方的指示分四次用中国银行 App 向对方四个不同的账户分别转账 6 716.29 元、3 180.09 元、1 800 元、23 400 元,共计 35 096.38 元。

2. 2022 年 5 月,湖南某高校毕业班生黄某被冒充公安人员的骗子骗走 33 150 元。受害人描述如下:5 月 9 日 9 时,我在宿舍休息,突然接到一个电话,对方自称是湖南通信管理局工作人员陈伟,告知我有人利用我的身份信息注册了一个电话号码 188＊＊＊＊0301,发布了多条诈骗信息并实施了诈骗,如果在当天中午 11 点前不处理的话,我名下的所有电话号码都会被封掉。如果要解决的话,可以打北京市大兴公安局的电话开一个备案证明单。在"陈伟"的转接下,我联系了自称"宋杰"的警官开备案证明单。在"宋杰"的指导下,我加了他 QQ,通过视频通话进行联系,视频中显示对方是戴警帽穿警服的年轻男子。在交流中"宋杰"再三叮嘱做笔录时旁边不能有人,不能有电话打入,并"指导"我在手机上进行了设置。在做笔录期间"宋杰"发了一个《北京市人民检察院协查令》给我,要求我认真阅读,并且告知我的身份信息在北京办了一张招商银行卡,涉嫌犯罪团伙洗钱一案,我的征信会受影响、会留案底。我阅读完后感觉很害怕,稀里糊涂地按照他的要求,在网上进行了系列的转账、贷款操作,当我感觉被骗后,向北京大兴市公安局询问是否有宋杰此人时,对方回复我可能被骗。

点评:

①网购作为新型的购物方式,以独特的购物理念和便捷的特点而颇受当代大学生青睐,同时也成了不法分子经常光顾之地。

②案例 1 中姚某开始是有一定警惕心的,但在骗子冒充客服说每月要从支付宝里扣钱时,头脑因受到恐吓而失去防范思维,一步步地被骗子牵着走,又是下载软件,又是给四个不同账号转账,最终为了 9.9 元的商品而被骗三万五千多元。

③案例 2 中黄某因在视频中看到穿着警服的人员,因缺乏必要的法律知识,没有在第一时间打 110 确认,最终被骗三万三千多元。

④在以上两个案例中如何做到防范被骗呢?切记在接到此类电话、短信、QQ 消息、微信消息后,不可惊慌,要做到清醒更不要轻信,尤其不要急于打钱,要主动与官方客服进行联系确认。要有"不做亏心事,不怕鬼敲门"的心态,一定要在第一时间拨打学校保卫部门的电话或者 110 电话进行确认。若对方继续骚扰,应高声斥责对方,并告之你已报案。并在第一时间告家人朋友,尤其是老人,以免他人被骗。若已受骗,应该立即向学校保

卫部门报案,并提供相关证据(短信、聊天记录、银行账号等)协助开展调查。切记公安机关绝对不会网上办案,机关单位也绝不会让市民将银行卡上的钱转出。

⑤00开头的境外电话要慎接或拒接。

3. 无担保贷款

不法分子通过手机短信或报纸、网站发布信息,如果受害人与之联系,对方会声称贷款必须先付保证金或部分利息,并要求受害人自己办理一张银行卡,先给卡上打一笔验资款,证明受害人的还款能力,然后开通电话查询功能供其查询。而实际上,犯罪分子利用新办银行卡的初始密码,就把钱转走了。此类案件在高校学生中时有发生,不过近年来逐渐呈下降趋势。

4. 二手平台购物诈骗

不法分子通过在闲鱼等二手平台发布廉价商品信息,或者冒充买家以卖家信誉不够须缴纳保证金为理由,推荐假冒的客服与受害人联系,进一步诱导受害人上当受骗。此类案件在高校中发生比例较大。

2023年2月,湖南某高校学生杨某在闲鱼网销售二手运动鞋时被骗走5 000元。受害人描述如下:2月21日晚,我通过手机在闲鱼App内上架了一双运动鞋,然后我就直接收到了一位顾客发来的消息,其自称已经在闲鱼上将我上架的商品拍下,并自称因购买了我的鞋子导致他的银行卡被冻结,并提供了一个自称是闲鱼客服的二维码给我要求我添加,添加该客服人员后,他告诉我如需解冻他的银行卡号,需向指定账户转账5 000元,我在按照对方的指示操作后,对方仍然要求我继续转账操作,我便意识到被骗了,于是便报了警。

点评:

①以上案例是大学生在网上售卖二手商品,不法分子以买家身份准备好聊天剧本,诱使受害人上钩并逐步引导其转账。

②如果学生在转账前冷静思考一下,主动联系官方客服,那么这个自称是客服的不法分子就无空可钻,也就能够避免钱财损失。

5. 裸聊诈骗

不法分子利用部分大学男生迷恋色情网站的癖好,在网上假冒美女进行聊天,然后进行诈骗。此类诈骗分两种情形,一类是通过与受害人进行所谓的裸聊,截取受害人裸聊照片并在受害人手机或电脑上种植木马后盗取其通讯录信息,然后通过威胁受害人称其如果不将钱款转账到指定账户,就将视频发送给手机通讯录里的朋友,迫使受害人被诈骗。另一类就是通过向受害人发布色情图片或者网站,以开放观看权限为条件,让受害人通过网络刷单的方式逐步落入不法分子的圈套中,进而被骗。此类案件在高校中呈增长发案趋势,需提高警惕。

6. 网上买卖装备诈骗

网上买卖装备是很多大学生喜闻乐见的事情,不法分子盯上这一领域,结合多种已成熟的诈骗手法,让受害人被骗。

1. 2020年11月10日,湖南某高校学生王某在网上购买游戏账户被对方以资金被冻结需要解冻账号为由,要求王某转账进行验证,王某分两笔转账至对方账号被骗共计6 750元。

2. 2021年9月14日,湖南某高校学生苏某在网上"交易猫"App里将"原神"游戏账号卖出,App内有人联系并发给一个所谓的客服二维码,以第一次交易需缴纳保证金为由,让其向对方发来的二维码里支付999元,后又以需提升积分为由,让其向对方发来的二维码里支付2 997元,在对方又提出还要缴纳安全验证码的钱后发现被骗。苏某共损失钱财3 996元。

点评:

①此类案件都离不开"操作失误"、"缴纳保证金"、陌生二维码、陌生网站和涉及多张收款银行卡等因素,只要受害人一旦进行了转账,就会受"拒绝沉没成本"心理影响将损失进一步扩大。

②此类案件一般都会与冒充客服诈骗高度关联,学会如何防范非常重要。

(四)电信网络诈骗

电信网络诈骗由于极具隐蔽性,已经成为骗子最爱使用的手段之一,也成为当前全国公安机关打击刑事犯罪的最强对手。提醒同学们注意以下应对措施:

(1)警惕网络色情聊天与反动宣传。有一些组织或个人利用社交工具进行反动宣传、拉拢、腐蚀、间谍活动等,这些都应引起大学生的警惕。

(2)在聊天室或上网交友时,尽量避免使用真实姓名,不轻易告诉对方自己的电话号码、住址等有关个人真实信息。

(3)网络聊天时,不要轻易打开来历不明的网址链接或来历不明的文件,以防中病毒或被盗取个人信息。

(4)不轻易与网友见面。许多同学与网友沟通一段时间后,感情迅速升温,不但提供真实姓名、电话号码,而且还有一种强烈见面的欲望。一定不要轻信对方所说的话,不贪图便宜。谨记,天上没有掉下来的馅饼,没有人会无缘无故对你好。

(5)如果与网友见面,要有自己信任的同学或朋友陪伴,不要一个人赴约。约会的地点尽量选择在公共场所、人员较多的地方,尽量选择在白天,不要选择偏僻、隐蔽的场所,否则一旦发生危险情况,难以得到他人的帮助。

(6)对那些表明自身条件优越、炫耀投资获利丰厚的人要特别提高警惕,尤其是谈及借钱、出钱等。

(五)五花八门的其他诈骗手段

(1)利用求助进行诈骗。

(2)虚假中奖进行诈骗。

(3)网络投资诈骗。

(4)网络传销。

(5)网络交友诈骗。

三、防范黄色淫秽陷阱

不法分子利用计算机和互联网制作、复制、贩卖、传播色情淫秽物品(信息)的情况,在一些国家和地区十分严重。这种违法犯罪活动具有影响范围广、影响力度大和危害腐蚀性强的特点,有人称淫秽电子物品(信息)为"电子海洛因"。近年来,不法分子利用黄色诱惑为手段屡屡在电信网络诈骗上得手,值得大家警醒与加强防范。

四、防范网络赌博陷阱

为了躲避公安部门的追踪,很多网络赌博伪装成不是赌博的样子,令很多人掉入陷阱。网络赌博的几种常见形式:一是不法分子恶意利用移动支付平台和网络红包衍生出的新型赌博形式。他们利用网络红包的随机性,进行押尾数大小、单双等形式的赌博。二是基于体育竞技、福利彩票的结果等进行外围赌博,比如赌球网站等。三是利用网站或App通过直播的方式把线下赌场搬上网络,赌客只要注册个人账户并充值后,即可参与赌博。还有一种网络赌博是利用一些休闲游戏平台,不法分子通过盗号、外挂、作弊等非法手段获取大量游戏币,并向玩家兜售,与人民币进行双向兑换,利用差价和"汇率"牟利。

应对措施:

首先要学会辨识网络赌博,远离网络赌博。其次,凡是涉及钱的,不管是被骗钱还是赌博时输钱,都要及时清醒,及时止损。再次,如果发现自己已经上瘾,一定要勇敢面对,告诉身边的亲朋好友,寻求支持,并求助于专业的心理咨询机构。

温馨提示:网络赌博是违法行为,为了家庭幸福,请远离赌博!

五、防范网恋陷阱

网恋是存在于网络虚拟世界里的一种社会现象,由于网络交往的双方一般只是通过对方的语言及自己的直觉、想象来感知和认知对方,极易因对对方了解不全面及想象的偏差。正处于青春期的大学生很容易因为这种对对方形象的美化及个人情感的冲动而陷入虚幻的网恋之中。有的同时和许多人发展网恋关系,有的人从网恋发展为网上邻居、网上结婚、网上离婚。与现实生活中的恋爱相比,网恋世界的欺骗性、危害性更大。网恋一旦被别有用心的人利用,就好似一个玫瑰式的陷阱,给受害的当事一方带来巨大的身心伤害。真诚善良的人们,在网恋中遭遇欺骗,被玩弄,破财失身,甚至丧失生命的情况屡屡发生,其中不乏大学生。

网络媒体先后有报道:《图财杀害女网友 武汉一大学生被判死刑》《三次网恋深受伤害 女大学生绝望服药自杀》《网友非女子 一怒动杀机》《"天使"竟是后妈 大学生网上交友遇尴尬》《上网恋爱引狼入室 女大学生存折被偷》《网上"好哥哥"原是大色狼》《千里迢迢会见"网恋"男友 女大学生踏上死亡之旅》等。虚幻的网恋,真实的伤害,在网络交往中,我们要充分认识网络世界存在的虚拟性和险恶性,对网络恋情时刻保持警惕。

六、防范网络游戏陷阱

盛行于互联网上的网络游戏吸引了许多青少年,一些在现实生活中默默无闻的学生,在网络世界中成了大名鼎鼎的侠客英雄,有的说:"只有在玩游戏的时候我才活得像个人。"人生有得必有失,一些大学生因为沉迷于游戏世界,本末倒置,损害了身体健康,荒废了学业,最终导致退出大学生的行列。青少年通宵达旦玩游戏,过度劳累,引发疾病猝死的事件也时有发生,这是得不偿失的。

一些游戏以性暴力或恐怖袭击为主题,显然不利于青少年的身心健康。在校大学生首先要以学业为重,玩电脑游戏应有限度、有选择,避免损害身心健康。

七、防范邪教陷阱

互联网上有一些邪教组织网站,他们冒用宗教、气功或其他名义,大肆宣传反人类、反社会、反科学的歪理邪说,造谣生事,采用电子手段发展组织,扰乱社会秩序,危害社会稳定。同学们应保持高度的政治警惕性,充分认识邪教组织严重危害人类、危害社会的实质,自觉反对和抵制邪教组织的影响。

八、防范其他陷阱

其他陷阱包括网上算命、网络"免费服务"、网络一夜情、网络同性恋、网上贩毒、网上"枪手"、网络窥探隐私等。

第三节　信息网络犯罪

一、信息网络犯罪的定义

信息网络是指包括以计算机、电视机、固定电话机、移动电话机等电子设备为终端的计算机互联网、广播电视网、固定通信网、移动通信网等信息网络,以及向公众开放的局域网络。

网络犯罪是指行为人运用计算机技术,借助于网络对其系统或信息进行攻击,破坏或利用网络进行其他犯罪的总称。网络犯罪既包括行为人运用其编程、加密、解码技术或工具在网络上实施的犯罪,又包括行为人利用软件指令、网络系统或产品加密等技术及法律规定上的漏洞在网络内外交互实施的犯罪,还包括行为人借助于其居于网络服务提供者特定地位或其他方法在网络系统实施的犯罪。

简言之,网络犯罪是针对和利用网络进行的犯罪,网络犯罪的本质特征是危害网络及其信息的安全与秩序。

2019年10月,最高人民法院、最高人民检察院联合对外发布《最高人民法院、最高人民检察院关于办理非法利用信息网络、帮助信息网络犯罪活动等刑事案件适用法律若干问题的解释》,并公布了四起非法利用信息网络罪、帮助信息网络犯罪活动罪典型案例。

二、信息网络犯罪的具体内容与表现形式

(一)信息网络犯罪的具体内容

(1)利用信息网络设立用于实施诈骗、传授犯罪方法、制作或者销售违禁物品。

(2)利用信息网络设立管制物品等违法犯罪活动的网站、群组,或发布有关制作或者销售毒品、枪支、淫秽物品等违禁物品。

(3)利用信息网络发布管制物品或者其他违法犯罪信息,或为实施诈骗等违法犯罪活动发布信息,情节严重的行为。

(二)针对网络的犯罪的表现形式

(1)网络窃密。利用网络窃取科技、军事和商业情报是网络犯罪最常见的一类。

(2)制作、传播网络病毒。网络病毒是网络犯罪的一种形式,是人为制造的干扰破坏网络安全正常运行的一种技术手段。网络病毒的迅速繁衍,对网络安全构成最直接的威胁,已成为社会一大公害。

(3)高技术侵害。这种犯罪是一种旨在使整个计算机网络陷入瘫痪、以造成最大破坏性为目的的攻击行为。

(4)高技术污染。高技术污染是指利用信息网络传播有害数据、发布虚假信息、滥发商业广告、侮辱诽谤他人的犯罪行为。由于网络信息传播面广、速度快,如果没有进行有效控制,造成的损失将不堪设想。

综上所述,网络犯罪是针对和利用网络进行的犯罪,网络犯罪的本质特征是危害网络及其信息的安全与秩序。行为人通过网络以其为工具、攻击网络以其为标的,以及使用网络以其为获利来源进行的各种犯罪活动都是网络犯罪。

三、法律依据

【拒不履行信息网络安全管理义务罪】

《刑法》第二百八十六条之一:

网络服务提供者不履行法律、行政法规规定的信息网络安全管理义务,经监管部门责令采取改正措施而拒不改正,有下列情形之一的,处三年以下有期徒刑、拘役或者管制,并处或者单处罚金:

(1)致使违法信息大量传播的;

(2)致使用户信息泄露,造成严重后果的;

(3)致使刑事案件证据灭失,情节严重的;

(4)有其他严重情节的。

单位犯前款罪的,对单位判处罚金,并对其直接负责的主管人员和其他直接责任人员,依照前款的规定处罚。

有前两款行为,同时构成其他犯罪的,依照处罚较重的规定定罪处罚。

四、背景介绍

1997年我国刑法修订,将信息网络部分行为予以犯罪化吸收到刑法典中,刑法理论界对该类犯罪行为也早有探讨。但不论已有的理论成果还是现行刑法规定,都更多关注计算机信息系统,而对网络问题少有专门探讨。在计算机科学上,计算机网络毕竟不同于计算机信息系统本身,二者在外延上存在差别。

2011年1月8日国务院颁布的《中华人民共和国计算机信息系统安全保护条例》第二条规定:所称的计算机信息系统,是指由计算机及其相关的配套的设备、设施(含网络)构成的,按照一定的应用目标和规则对信息进行采集、加工、存储、传输、检索等处理的人机系统。由此可见,计算机信息系统是由计算机作为信息载体的系统。例如,一台计算机出厂时,只要已安装程序文件或应用文件,并具有信息处理功能,即构成一定信息系统,但由于未投入使用,没有按照一定的应用目标和规则对信息进行采集、加工、存储、传输、检索等处理,因而不能被称为"人机系统",其信息安全当然不受上述条例保护,更不受刑法保护。

新兴的网络科学认为计算机网络是用电缆、光缆、无线电波或其他物理链路,将地理上分散的计算机信息系统连接起来的资源共享系统。通过上述定义的比较,可以认为计算机网络与计算机系统在概念的外延上是有交叉的,计算机信息系统并非一定存在着网络,通过计算机网络组建的计算机信息系统是其高级形式。因此,计算机网络实际上是多个单机信息系统的连接。

根据《中华人民共和国计算机信息网络国际联网管理暂行规定》,我国主要存在以下几种网络形式:国际互联网、专业计算机信息网、企业计算机信息网。其中,国际互联网是指中华人民共和国境内的计算机互联网络、专业信息网络、企业信息网络,以及其他通过专线进行国际联网的计算机信息网络同外国的计算机信息网相连接。专业计算机信息网是为行业服务的专用计算机信息网络;企业计算机信息网是企业内部自用的计算机信息网络。

由于受到计算机犯罪概念的影响,理论界有学者认为"网络犯罪就是行为主体以计算机或计算机网络为犯罪工具或攻击对象,故意实施的危害计算机网络安全的,触犯有关法律规范的行为。"从此概念出发,网络犯罪在行为方式上包括以计算机网络为犯罪工具和以计算机网络为攻击对象两种;在行为性质上包括网络一般违法行为和网络严重违法即犯罪行为两种。此概念的界定过于宽泛,不利于从刑法理论对网络犯罪进行研究。综观现有的关于网络犯罪的描述,其大体可归纳为三种类型:

第一,通过网络以其为工具进行各种犯罪活动;

第二,攻击网络以其为标的进行的犯罪活动;

第三,使用网络以其为获利来源的犯罪活动。

第一种以网络为犯罪手段,视其为工具,可以称之为网络工具犯。由于网络已渗透到人们生活的方方面面,其被犯罪分子利用进行犯罪活动的表现形形色色,可以说刑法分则中除了杀人、抢劫、强奸等需要两相面对的罪行以外,绝大多数都可以通过网络进行。

后两类型均以网络为行为对象,可称其为网络对象犯。它包含着以网络为获利来源的犯罪行为和以网络为侵害对象的犯罪行为,分别可称为网络用益犯和网络侵害犯。

五、信息网络犯罪的特点

同传统的犯罪相比,网络犯罪具有一些独特的特点:成本低、传播迅速,传播范围广;互动性、隐蔽性高,取证困难;具有严重的社会危害性;是典型的计算机犯罪。

1. 成本低、传播迅速,传播范围广

就电子邮件而言,比起传统寄信所花的成本低得多,尤其是寄到国外的邮件。网络不断发展,只要敲一下键盘,就可以把电子邮件发给众多的人。理论上而言,接收者是全世界的人。

2. 互动性、隐蔽性高,取证困难

网络发展形成了一个虚拟的电脑空间,打破了社会和空间界限,使得双向性、多向性交流传播成为可能。在这个虚拟空间里对所有事物的描述都仅仅是一堆冷冰冰的密码数据,因此谁掌握了密码就等于获得了对财产等权利的控制权,就可以在任何地方登录网站。

3. 严重的社会危害性

随着计算机信息技术的不断发展,从国防、电力到银行和电话系统此刻都是数字化、网络化,一旦这些部门遭到侵入和破坏,后果将不可设想。

4. 是典型的计算机犯罪

时下对什么是计算机犯罪理论界有多种观点,其中双重说(行为人以计算机为工具或以其为攻击对象而实施的犯罪行为)的定义比较科学。网络犯罪比较常见的偷窥、复制、更改或者删除计算机数据、信息的犯罪,散布破坏性病毒、逻辑炸弹或者放置后门程序的犯罪,就是典型的以计算机为对象的犯罪,而网络色情传播犯罪、网络侮辱、诽谤与恐吓犯罪,以及网络诈骗、教唆等犯罪,则是以计算机网络形成的虚拟空间作为犯罪工具、犯罪场所进行的犯罪。

(一)智能性

计算机犯罪手段的技术性和专业化使得计算机犯罪具有极强的智能性。实施计算机犯罪,罪犯要掌握相当的计算机技术,需要对计算机技术具备较高专业知识并擅长使用操作技术,才能逃避安全防范系统的监控,掩盖犯罪行为。

所以,计算机犯罪的犯罪主体许多是掌握了计算机技术和网络技术的专业人士。他们洞悉网络的缺陷与漏洞,运用丰富的电脑及网络技术,借助四通八达的网络,对网络系统及各种电子数据、资料等信息发动进攻,进行破坏。由于有高技术支撑,网上犯罪作案时间短,手段复杂隐蔽,许多犯罪行为的实施,可在瞬间完成,而且往往不留痕迹,给网上犯罪案件的侦破和审理带来了极大的困难。随着计算机及网络信息安全技术的不断发展,犯罪分子的作案手段日益翻新,甚至一些原为计算机及网络技术和信息安全技术专家的人员也铤而走险,其作恶犯科所采用的手段则更趋专业化。

(二)隐蔽性

网络的开放性、不确定性、虚拟性和超越时空性等特点,使得计算机犯罪具有极高的隐蔽性,增加了计算机犯罪案件的侦破难度。据调查,已经发现的利用计算机或计算机犯罪的仅占实施的计算机犯罪总数的5%~10%,而且往往很多犯罪行为的发现是出于偶然,如同伙的告发或计算机出了故障。

大多数的计算机犯罪,都是行为人经过狡诈而周密的安排,运用计算机专业知识,所从事的智力犯罪行为。进行这种犯罪行为,犯罪分子只需要向计算机输入错误指令,篡改软件程序,作案时间短且对计算机硬件和信息载体不会造成任何损害,作案不留痕迹,使一般人很难觉察到计算机内部软件上发生的变化。

(三)复杂性

计算机犯罪的复杂性主要表现为:第一,犯罪主体的复杂性。任何罪犯只要通过一台联网的计算机便可以在电脑的终端与整个网络合成一体,调阅、下载、发布各种信息,实施犯罪行为。而且由于网络的跨国性,罪犯完全可来自各个不同的民族、国家、地区,网络的时空压缩性特点为犯罪集团或共同犯罪提供了极大的便利。第二,犯罪对象的复杂性。计算机犯罪就是行为人利用网络所实施的侵害计算机信息系统和其他严重危害社会的行为。其犯罪对象也是越来越复杂和多样。有盗用、伪造客户网上支付账户的犯罪;电子商务诈骗犯罪侵;犯知识产权犯罪;非法侵入电子商务认证机构、金融机构计算机信息系统犯罪;破坏电子商务计算机信息系统犯罪;恶意攻击电子商务计算机信息系统犯罪;虚假认证犯罪;网络色情、网络赌博、洗钱、盗窃银行、操纵股市等。

(四)跨国性

网络冲破了地域限制,计算机犯罪呈国际化趋势。互联网络具有"时空压缩化"的特点,当各式各样的信息通过网络传送时,国界和地理距离的暂时消失就是空间压缩的具体表现。这为犯罪分子跨地域、跨国界作案提供了可能。犯罪分子只要拥有一台联网的终端机,就可以通过互联网到网络上任何一个站点实施犯罪活动。而且,可以甲地作案,通过中间结点,使其他联网地受害。由于这种跨国界、跨地区的作案隐蔽性强、不易侦破,危害也就更大。

(五)匿名性

罪犯接收网络中的文字或图像信息的过程往往是不需要任何登记的,完全匿名,因而对其实施的犯罪行为也就很难控制。罪犯可以通过反复匿名登录,几经周折,最后直奔犯罪目标,而对计算机犯罪的侦查,却需要按部就班地调查取证,等到接近罪犯时,犯罪分子早已逃之夭夭了。

(六)损失大,对象广泛,发展迅速,涉及面广

计算机犯罪始于19世纪60年代,70年代迅速增长,80年代形成威胁。美国因计算机犯罪造成的损失已在千亿美元以上,年损失达几十亿美元,甚至上百亿美元。英国、德国的年损失也达几十亿美元。随着社会的网络化,计算机犯罪的对象从金融犯罪到个人隐私、国家安全、信用卡密码、军事机密等,无所不包。而且犯罪发展迅速。这类案件危害的领域和范围将越来越大,危害的程度也更严重。计算机犯罪涉及面广,从原来的金融犯罪发展到时下的生产、科研、卫生、邮电等几乎所有计算机联网的领域。

(七)持获利和探秘动机居多

计算机犯罪作案动机多种多样,但是最近几年,越来越多计算机犯罪活动集中于获取高额利润和探寻各种秘密。据统计,金融系统的计算机犯罪占计算机犯罪总数的60%以上。全世界每年被计算机犯罪直接盗走的资金达20亿美元。我国发现的计算机作案的经济犯罪每年100余件,涉及金额达1 700万元,在整个计算机犯罪中占有相当的比例。

(八)低龄化和内部人员多

主体的低龄化是指计算机犯罪的作案人员年龄越来越小和低龄的人占整个罪犯中的比例越来越高。从时下发现的计算机犯罪来看,犯罪分子大多是具有一定学历、知识面较宽、了解某地的计算机系统、对业务上比较熟练的年轻人。

此外,在计算机犯罪中犯罪主体为内部人员的也占有相当的比例。据有关统计,计算机犯罪的犯罪主体集中为金融、证券业的"白领阶层",身为银行或证券公司职员而犯罪的占78%,并且绝大多数为单位内部的计算机操作管理人员;从年龄和文化程度看,集中表现为具有一定专业技术知识,能独立工作的大、中专文化程度的年轻人,这类人员占83%,案发时最大年龄为34岁。利用电脑搞破坏的绝大多数是心怀不满的企业内部人员,通常他们掌握企业计算机系统内情。

(九)巨大的社会危害性

网络的普及程度越高,计算机犯罪的危害也就越大,而且计算机犯罪的危害性远非一般传统犯罪所能比拟,不仅会造成财产损失,还可能危及公共安全和国家安全。

在科技发展迅猛的今天,世界各国对网络的利用和依赖将会越来越多,同时也越来越多地受到来自世界各地的攻击,因而网络安全的维护变得越来越重要。计算机犯罪能使个人隐私泄露,一个企业倒闭,或是一个国家经济瘫痪,这些绝非危言耸听。

六、信息网络犯罪的构成

（一）犯罪主体

犯罪主体是指实施危害社会的行为、依法应当负刑事责任的自然人和单位。网络犯罪的主体应是一般主体，既可以是自然人，也可以是法人。从网络犯罪的具体表现来看，犯罪主体具有多样性，各年龄、各职业的人都可以进行网络犯罪，对社会所造成的危害都很大。一般来讲，进行网络犯罪的主体必须是具有一定计算机专业水平的行为人，但是不能认为具有计算机专业知识的人就是特殊的主体。按照我国刑法学界通行的主张，所谓主体的特殊身份，是指刑法所规定的刑事责任的行为人人身方面的资格、地位或者状态。通常将具有特定职务、从事特定业务、具有特定地位，以及具有特定人身关系的人视为特殊主体。我国虽然授予具有计算机专业知识的人工程师的职称，发放各种计算机等级合格证书等，但是从网络犯罪的案例来看，有相当一部分人水平高超却没有证书或者职称。同时，应当看到在计算机网络飞速发展的今天，对所谓具有计算机专业知识的人的要求将会越来越高，网络犯罪却将越来越普遍，用具有计算机专业知识这样的标准是不确切的。另外，网络的发展给企业发展电子商务带来了新的生机，企业法人为了争夺新的市场空间，其作为主体的网络犯罪也应当不足为奇。

（二）犯罪主观方面

犯罪主观方面是指犯罪主体对自己的危害行为及其危害的结果所抱的心理态度，它包括罪过（犯罪的故意或者犯罪的过失）以及犯罪的目的和动机这几种因素。犯罪在主观方面表现为故意。因为在这类犯罪中，犯罪行为人进入系统以前，需要通过输入、输出设备打入指令或者利用技术手段突破系统的安全保护屏障，继而利用信息网络实施危害社会的行为，破坏网络管理秩序。这表明犯罪主体具有明显的犯罪故意，而且这种故意常常是直接的。即使是为了显示自己能力的侵入系统的犯罪，行为人也具备明显的"非要侵入不可"等念头，显示了极强的主观故意。

（三）犯罪客体

计算机网络犯罪的客体是指计算机网络犯罪所侵害的，为我国刑法所保护的社会关系。由于计算机网络犯罪是以犯罪的手段和对象，不是以犯罪的同类课题为标准而划分的犯罪类型，所以计算机网络犯罪侵害的客体具有多样性。计算机网络犯罪一方面对计算机系统的管理秩序造成严重破坏，另一方面也往往会直接严重危害到其他社会利益。计算机网络犯罪侵犯的是复杂客体，即计算机犯罪是对两种或者两种以上直接客体进行侵害的行为。比如在非法侵入计算机系统犯罪中，一方面侵犯了计算机系统所有人的排他性权益，如所有权、使用权和处置权，另一方面又扰乱、侵害甚至破坏了国家计算机信息管理秩序，同时还有可能对受害人的计算机系统当中数据所涉及的第三人的权益造成危害。进行计算机犯罪，必然要违反国家的管理规定，从而破坏这种管理秩序。这是计算机网络犯罪在客观方面的显著特征。

（四）犯罪客观方面

犯罪客观方面是刑法所规定的、说明行为对刑法所保护的社会关系造成侵害的客观外在事实特征。表现为利用计算机实施偷窥、复制、更改或者删除计算机信息，诈骗、教唆犯罪，网络色情传播，以及网络侮辱、诽谤与恐吓等犯罪。还有违反有关计算机网络管理、法规，侵入国家事务、国防建设、尖端技术领域的计算机系统，对计算机信息系统功能、数据和程序进行删除、修改，或者破坏计算机系统软件、硬件设备等侵害计算机系统安全的行为。网络犯罪的行为只能是积极的作为,这是因为犯罪人必须利用自己掌握的计算机及网络技术通过自己的思考在计算机上输入计算机命令通过防火墙(网络安全保障系统)来侵入网络,造成破坏。这种网络犯罪的行为就是积极的作为。

七、信息网络犯罪的种类

(一)在计算机网络上实施的犯罪种类

非法侵入计算机信息系统罪;破坏计算机信息系统罪。表现形式有:袭击网站、在线传播计算机病毒。

(二)利用计算机网络实施的犯罪种类

利用计算机实施金融诈骗罪;利用计算机实施盗窃罪;利用计算机实施贪污、挪用公款罪;利用计算机窃取国家秘密罪;利用计算机实施其他犯罪。其他犯罪包括:电子讹诈;网上走私;网上非法交易;电子色情服务、虚假广告;网上洗钱;网上诈骗;电子盗窃;网上毁损商誉;在线侮辱、毁谤;网上侵犯商业秘密;网上组织邪教组织;在线间谍;网上刺探、提供国家机密的犯罪。

(三)帮助信息网络犯罪活动罪

在司法实施中,很多人利用信息网络实施犯罪活动,而有些不法分子会为信息网络犯罪活动提供帮助,从而实现不法收入,这种行为构成犯罪。

《最高人民法院、最高人民检察院关于办理非法利用信息网络、帮助信息网络犯罪活动等刑事案件适用法律若干问题的解释》规定:

第十一条 为他人实施犯罪提供技术支持或者帮助,具有下列情形之一的,可以认定行为人明知他人利用信息网络实施犯罪,但是有相反证据的除外:

(1)经监管部门告知后仍然实施有关行为的;

(2)接到举报后不履行法定管理职责的;

(3)交易价格或者方式明显异常的;

(4)提供专门用于违法犯罪的程序、工具或者其他技术支持、帮助的;

(5)频繁采用隐蔽上网、加密通信、销毁数据等措施或者使用虚假身份,逃避监管或者规避调查的;

(6)为他人逃避监管或者规避调查提供技术支持、帮助的;

(7)其他足以认定行为人明知的情形。

第十二条 明知他人利用信息网络实施犯罪,为其犯罪提供帮助,具有下列情形之一的,应当认定为刑法第二百八十七条之二第一款规定的"情节严重":

(1)为三个以上对象提供帮助的;

(2)支付结算金额二十万元以上的;

(3)以投放广告等方式提供资金五万元以上的;

(4)违法所得一万元以上的;

(5)二年内曾因非法利用信息网络、帮助信息网络犯罪活动、危害计算机信息系统安全受过行政处罚,又帮助信息网络犯罪活动的;

(6)被帮助对象实施的犯罪造成严重后果的;

(7)其他情节严重的情形。

实施前款规定的行为,确因客观条件限制无法查证被帮助对象是否达到犯罪的程度,但相关数额总计达到前款第二项至第四项规定标准五倍以上,或者造成特别严重后果的,应当以帮助信息网络犯罪活动罪追究行为人的刑事责任。

八、信息网络犯罪心理的形成原因

信息网络犯罪心理形成主要有以下几种原因:

(1)好奇心和表现欲是促成网络犯罪心理形成的重要原因。好奇是人类的天性,而计算机及网络则提供了一个满足人们好奇心的理想空间。为了信息的安全,有些网络只允许合法的用户使用,对非法用户则使用密码拒绝其进入。网络黑客就是那些非法用户,面对无法了解的数据,他们的好奇心激发他们破解密码或是输入计算机病毒。表现的欲望通常每个人都有,有些黑客的犯罪行为仅仅是为了显示自己计算机技术的高超。

(2)青少年法制意识淡薄和守法行为习惯的严重缺乏,使其犯罪心理更容易形成。计算机犯罪的立法相对落后于计算机网络技术的发展。我国发现第一起计算机网络犯罪的时间是1993年,而《刑法》中列出计算机犯罪罪名的时间已是1997年,我国的网络警察队伍建设和职能发挥亦要逐步进行。当时对网络犯罪的打击力度不够的状况,无疑助长了网络犯罪人犯罪心理的形成。

(3)作案人的年龄生理特征。犯罪人的年龄均19~30岁。此年龄段的人精力旺盛,接受新事物的能力极强。计算机网络作为一个新事物必然受到青年的喜爱,接受起来也就特别快。在学习和接受计算机网络知识的速度方面,家长明显处于劣势。加之许多家长自己没有学习计算机网络的兴趣,或根本不懂网络知识,也就无法教育和引导青少年正确利用计算机网络了。在这种特殊的社情和家庭氛围中,青年人使用网络在一种家庭监督缺失的情况下进行,其自由发展的结果可想而知。而且,19~30岁的人群已基本脱离了家庭的教育和约束,其行为完全由自己控制,使用网络的便利条件和法律意识的薄弱,成为他们由"在人面前道貌岸然"转变为"在网络中的恶棍"的导火索。

(4)计算机网络犯罪人的心理特点是几乎都没有罪恶感。网络是虚拟的世界,一切行为都是在极其隐蔽的个人小环境中进行的。同时,我国的许多网络在建网初期较少考虑安全防范措施。网络交付使用后,网络系统管理人员水平又不能及时提高,给黑客入侵造成可能。黑客只需要一台计算机、一根网线、一个调制解调器就可以远距离作案。而且,利用计算机网络犯罪几乎不会留下任何痕迹,现有的科技手段也不能完全侦查到黑客的行踪。这些都使得利用计算机网络进行犯罪的人失去罪恶感,促成了其犯罪心理的形成和外化。

九、信息网络犯罪的原因

(一)黑客文化对网络犯罪者的影响

"Hacker"这个单词在莎士比亚时代就已经存在了,但是人们在20世纪70年代才第一次将它与计算机联系起来。1976年,报刊首次使用"黑客"一词。它通常被用来指代利用自己在计算机方面的技术,设法在未经授权的情况下访问计算机文件或网络的人。黑客有自己的准则。其内容包括:

(1)对计算机的使用应该是不受限制的和完全的。
(2)所有的信息都应当是免费的。
(3)怀疑权威,推动分权。

(4) 你可以在计算机上创造艺术和美。

(5) 计算机将使你的生活变得更美好。

这些道德准则来源于 20 世纪 60 年代青年人自由不羁、反抗既有体制的观念和精神。尽管黑客行为对于计算机技术和信息网络技术已经只是意味着破坏，但"黑客都是病态的电脑瘾君子，他们无法控制自身的不负责任的强迫性行为"。并且，按照传统，黑客习惯于把自己看作敢于超越规则的精英分子，个个胸怀大志，都自认为是新的电子世界的拓荒者。还有，黑客对当今电子计算机和电子信息网络技术的应用有悖于他们的理想强烈不满。一方面热衷于炫耀自己的电子技术才华；一方面蔑视所有的法规。黑客精神的这两个方面正是针对计算机犯罪和针对电子信息网络犯罪的观念根源。

（二）网络技术局限使网络犯罪者可大显身手

电子信息网络技术的设计目标和技术追求在于信息资源的共享。早期计算机革命者基于对理想的追求，以信息资源共享为目标，在对计算机技术和电子信息网络技术的潜心研究和发明创造中，在注重计算机的大容量、微型化、便捷化的同时，较多考虑的是计算机的兼容性和互联性。倒是看似有害的一些黑客行为才促使计算机安全技术和电子信息网络安全技术有所发展进步。但黑客和计算机革命者抱定的是同样的宗旨，追求的都是信息资源的共享这样一种技术理想，所以，从计算机技术发展到今天的网络技术，微机互联、信息互通方面技术越来越进步，而互联计算机的信息阻隔技术、为信息占有者守护信息的技术等却一直没有能真正成熟起来。人们在享受全球性的即时通信和信息查询的欢乐的同时，不得不承受自己所掌握占有的信息数据随时会被他人窃取甚至篡改的痛苦。当然，如果当初的计算机革命者首先关注的是信息安全，很可能就没有今天这样的计算机技术和网络技术的飞速发展。因此，可以说，计算机技术和网络技术发展起来之后出现针对计算机和电子信息网络的犯罪，也有计算机技术和电子信息网络技术发展的不可避免的技术原因。

从另一个角度看，同样能说明针对电子信息网络的犯罪与网络技术局限的必然联系。事实上，自计算机革命开始，针对计算机和信息网络的黑客行为一直存在，只是在当初的 20 余年中，这些黑客行为并没有被指称（规定）为犯罪。黑客行为在早期不被规定为犯罪，一方面是因为它实际上有利于计算机技术和电子信息网络技术的进步，事实上也促进了计算机技术和电子信息网络技术的发展，另一方面是因为早期黑客行为所侵害的计算机（网络）及其信息数据的拥有者本身也大都是追求信息共享理想的计算机技术和电子信息网络技术的探索者，他们并不认为对他人计算机信息系统的侵入就是一种犯罪行为，而当时的社会对于计算机和网络技术还没有足够的认识，更缺乏对黑客行为的完整认识。随着计算机技术和电子信息网络技术的普及化，不仅全社会对之逐渐形成明确的完整的认识和观念，而且电子信息网络的社会化，使计算机、电子信息系统及电子信息数据的拥有者扩展到政界、商界以至家庭，黑客行为对电子信息系统和电子信息数据的侵害就不再得到容忍。基于电子信息占有者们不愿自己占有电子信息的权利受到侵害的共同观念，社会为保护电子信息占有者电子信息占有权不受侵犯，就必须把黑客行为规定为犯罪，用刑罚来阻止这种行为的再度发生。

（三）法制建设滞后给了利用网络的犯罪可乘之机

为保护计算机电子信息系统和电子信息网络的安全，打击计算机犯罪和网络犯罪，各国政府已经进行了一系列有关的法制建设工作。到了 20 世纪 90 年代，世界各国有关计算机犯罪的法规皆已比较成熟，这些法规基本上都是针对黑客性质的犯罪的。以 1994 年美国颁行的

《计算机滥用修正案》为例,大致就可以看出这类法规的共同特点。《计算机滥用修正案》是当时美国联邦关于计算机犯罪的主要刑事立法,其打击重点是未经许可而故意进入政府计算机的行为,没有将大量的利用计算机及电子信息网络的犯罪包括进去。

我国有关计算机的立法始于1991年的《计算机软件保护条例》,但这只是个保护计算机软件知识产权的法规。1994年国务院颁布的《计算机信息系统安全保护条例》才是对计算机信息系统安全进行保护的法规。1997年《刑法》的第二百八十五条、第二百八十六条和第二百八十七条对某些计算机犯罪做出了规定。第二百八十五条规定的是非法侵入计算机信息系统罪,第二百八十六条规定的是破坏计算机信息系统罪,第二百八十七条规定的是几种利用计算机信息系统的犯罪,即利用计算机实施金融诈骗、盗窃、贪污、挪用公款、窃取国家秘密等犯罪行为。前两条规定大致囊括了美国《计算机滥用修正案》所规定的6种犯罪行为,而后一条规定则具有一定的创新性,目的在于在打击防控利用计算机信息系统的犯罪。随着利用计算机犯罪、利用电子信息网络犯罪越来越普泛化,这些规定也在进一步进行完善以更好地对各种信息网络犯罪进行打击。

(四)抗制力量薄弱不利于网络犯罪防控

法律将黑客行为犯罪化,紧接着的工作就是追究实施这类犯罪的行为人的刑事责任。然而这种追究工作并不容易。"真正成功的计算机侵入不会留下任何追踪线索,监控记录会被删除或修改,文件的读取时间会被改变,被读取的数据不会受到任何破坏。没有追踪线索,也就没有犯罪证据。正因为这种犯罪行为的本质,根本无法估计这样'完美无缺'的犯罪行为已经发生了多少次,尽管计算机安全系统工业内部认为这样的犯罪行为曾发生过很多次。"

事实上,在计算机信息系统中,所有的数据资料都会保留一份最后一次被读取的时间记录,包括数据资料的子目录也会保留一份最后被读取的时间记录,即使数据资料被删除,子目录的时间记录也不会消失。所以,被非法读取过的计算机信息系统或被非法存入数据资料的计算机信息系统皆会留存下丰富的法律证据。问题的关键是这些证据皆不易被察觉。与日常生活中的犯罪行为不同,针对计算机及信息网络的犯罪不一定会造成受害人在物质上的损失。那些利用病毒或逻辑炸弹实施的犯罪行为,受害人注意不到犯罪行为的发生,而在犯罪结果显现时至关重要的证据信息也遭到破坏。即使针对计算机及电子信息网络的犯罪行为被察觉到了,一些受害者也不愿报案。这一方面因为一些受害公司担心报案会给其计算机系统的安全信誉造成损害,从而失去自己的客户;另一方面是因为即使报了案,侦查部门也很难百分百查出作案者,很难百分百取得可靠的证据证明确是其人实施了犯罪行为。

(五)社会观念误区妨碍网络犯罪的防控

信息网络世界是一个正在形成着的无中心的社会,是一块谁也无法控制的自由意志的伊甸园。对此,一种观念是欢呼依靠数字化世界的年轻公民的影响,将分权心态由网络世界逐步弥漫于整个社会,使那种集中控制的传统生活观念成为明日黄花,网络世界无中心问题涉及人类社会文化观念的深层次问题。中国的网民队伍正在扩大,面对无中心的网络世界,人们的观念、态度和行为会发生什么样的变化,或者说在人们的观念、态度和行为不发生什么变化的情况下,他们在无中心的网络世界中会做出什么样的行为,都是需要认真对待的。

社会对计算机技术和网络技术的另一种观念误区是认为这些技术是未来技术,代表着世界的未来,而尚未切近时下的现实。正是基于这样的认识,社会中大多数的中老年人皆不急于去掌握使用计算机和电子信息网络的技术,但他们都积极地要求并督促自己的子女学习计算机技术和电子信息网络技术。中老年人普遍的观念实际上代表了一种社会的基本倾向。这种社会倾向就是：重视对青少年的计算机技术和电子信息网络技术的培养教育而忽视让中老年人了解掌握使用计算机和电子信息网络的技术。这种由观念倾向导致的教育偏向，使得全社会中了解掌握计算机技术和电子信息网络技术的人绝大多数是青少年。青少年的社会道德观念和法制观念等都还处在培育形成的过程之中，自律性较弱，必须依靠他律而得以成长。在现实社会生活中，青少年与中老年和谐地处于相同的时空之中，并能及时得到中老年人的教育和引导，他律逐步促成自律。即使如此，现实生活中青少年越轨、违法和犯罪的比率还是较高的。在计算机技术和电子信息网络技术虚拟出的超时空网络世界中，他律几乎不存在，自律性薄弱的青少年就更容易越轨、违法和犯罪。

十、信息网络犯罪的取证

由于网络犯罪的特殊性，要侦破网络犯罪案件，关键就在于提取网络犯罪分子遗留的电子证据。而电子证据具有易删除、易篡改、易丢失等特性，为确保电子证据的原始性、真实性、合法性，在收集电子证据时应采用专业的数据复制备份设备将电子证据文件复制备份，要求数据复制备份设备需具备只读设计以及自动校准等功能。

国内的电子证据取证设备不少，包括 Data Copy King 多功能复制擦除检测一体机(简称 DCK 硬盘复制机)、Data Compass 数据指南针(简称 DC)、网警计算机犯罪取证勘察箱等。其中，由国家高新技术企业效率源历时三年研发的 DCK 硬盘复制机不仅硬盘复制速度达到创纪录的 7GB/min，遥遥领先于其他计算机取证设备，同时该硬盘复制机还具备 8GB/min 的数据销毁功能，以及硬盘检测、Log 日志记录生成、只读口设计等，可自动发现解锁 HPA、DCO 隐藏数据区，在将嫌疑硬盘中的数据完整复制到目标硬盘的同时，确保取证数据的全面客观。

十一、对信息网络犯罪的打击

世界各国均有打击网络犯罪之举，但是贩卖盗版光盘、张贴淫秽图片、入侵他人网站，仍然猖狂。主要问题是网络犯罪破案率较低。主要原因是：

(一)互联网本身的缺陷

Internet 的前身 ARPANET 主要在开发不受战争破坏的分散式网络系统，其目的是将信息从传递端顺利地传送到目的端，因此资料安全或者网络安全并不是 ARPANET 当时设计的目的。这也是时下在 Internet 上的商务网站容易受到黑客攻击的原因。

(二)黑客软件的泛滥

时下网络上的操作系统或者一些软件或多或少存在一些漏洞，一些人利用这些漏洞设计了一些攻击程序，并上传到网络上到处传播。

(三)互联网的跨地域、跨国界性

互联网本身具有跨地域、跨国界性，没有空间限制。因此，网络色情无法杜绝。即使禁止了一国的色情网站，也不能有效地将他国的色情网站禁止。网络信息散布迅速，基本上没有时空限制，影响范围极其广泛，层次极其繁多。而在网上来源网址可以假造，犯罪者身份有可能隐藏起来，加之网络犯罪证据极为有限，其证明力又大打折扣，而且极易被毁灭，所以追诉犯罪的证据问题变得非常关键。

(四)网上商务存在的弊端

从各国过去查获的利用信用卡在网站上购买商品的诈骗案例来看,发现这些网站没有采用 SET 或者 SLL 的网络付款安全机制,使用者仅需输入信用卡号以及信用卡有效年月两项资料就可取代实体商店的刷卡过程。这两项资料传送到结算中心,要求授权,因为没有刷卡过程,而信用卡号及有效期又可轻易取得,为网络诈骗打开了方便之门。英国贸易标准协会(Trading Standard Institute)公布的调查显示,25%的网站不安全,黑客可以得到客户的信用卡资料以及其他更多的信息。同时,还发现网上购物还有交货速度慢,价格昂贵等问题。该机构还发现,38%的订货无法准时送达,17%的订货没有送到。随着互联网科技和快递业的高速发展,这些问题已逐步得以解决。

(五)互联网性质的不确定性

在互联网上发布信息,其性质根本不是传统观念所能涵盖的。有人认为,"在线服务提供人"类似"报纸发行人",在网页发布前,推定其已经像传统的出版社那样,审查了要发布的内容。而这些内容,则为其所默认。有人认为,这种类推非常不妥,觉得互联网服务提供人像书店,只是信息的贩卖者,而不承担审查的责任。在美国,这两种案例都出现了。但是,其责任却极为不同。对于书店,美国《诽谤法》给予了极大的保护(Smith V. California,1959)。有的法院就将这个判例法适用于在线服务提供人,使其责任大为减轻。

(六)司法标准不一

许多贩卖盗版光盘的网站或者色情网站合法地开设在法律对此不加禁止的国家。如果这些网站不触犯所在地国家的法律,即使触犯了他国的法律,服务器所在国既无法处理,也无法提供司法协助。只有网站内容触犯两国法律,才有合作的基础。在各国司法标准不一的情况下,打击网络犯罪往往力不从心。

美国国内就有一个典型的例子。由于色情网站剧增,美国国会曾经寻求对互联网上的色情内容加以限制,于 1996 年通过《通信规范法》(Communication Decency Act),作为《电子通信竞争和规制法》的一部分。《通信规范法》禁止通过计算机网络或者其他电子通信媒体向未成年人传播淫秽物品。该法规定对故意违反者,最高可处以 5 年监禁和 250 000 美元的罚金。宪法第一修正案拥护者和在线机构马上提起诉讼,认为该法在限制言论自由方面违反宪法。宾夕法尼亚州的法官同意了其起诉,认为该法过分宽泛,因为它在保护未成年人时,也限制了成人的言论自由(American Civil Liberties Union V. Reno,1996)(美国公民自由联盟)。1997 年,最高法院也判定该法有关规定过于宽泛。

(七)多数国家对计算机打击不力

由于菲律宾黑客的爱虫病毒对全球很多计算机系统造成了重大破坏,菲律宾政府立即颁布了相关法律,严惩计算机犯罪行为。但是,根据对全世界 52 个国家进行的一项调查,菲律宾是其中唯一一个制定有严格的计算机犯罪法律的国家。

麦克唐纳国际咨询公司组织进行的这一调查显示,多数国家的刑法并未对计算机犯罪制定罚则,52 个国家中仅有 9 个国家对其刑法进行了修改,以包罗与计算机相关的犯罪。该公司总裁布鲁斯·麦克唐纳表示:"很多国家的刑法均未涵盖与计算机相关的犯罪,因此企业和个人不得不依靠自身的防范系统与计算机黑客展开对抗。"该调查涉及一系列计算机犯罪,包括从事黑客行为、病毒传播、伪造、偷窃以及阻止用户正当的登录网站等。33 个国家尚未对其刑法加以修改以应付有可能出现的任何一种计算机犯罪,但其中 17 个国家正在着手准备修改法律。10个国家已制定了针对5种或是更少的计算机犯罪的法律,9个国家已制定法律对5种以上的计算机犯罪提出诉讼。美国已制定了惩治9种计算机犯罪的法律,唯一漏洞是网上伪造活动。日本也制定了针对9种计算机犯罪的法律,唯一漏洞是传播病毒。总体上,很多国家即使制定了相关法律也显得罚不当罪。欧洲理事会正在制定一部国际计算机犯罪条约,该条约将调整数据或硬件破坏、儿童色情传播、盗版及侵犯知识产权以及其他互联网犯罪。

十二、应对信息网络犯罪的对策

(一)以技术治网

网络犯罪是利用计算机技术和网络技术实施的高科技犯罪,因此,防范网络犯罪首先应当依靠技术手段,以技术治网。主要措施有:

1. 防火墙(Firewall)技术

该软件利用一组用户定义的规则来判断数据包(Package)的合法性,从而决定接受、丢弃或拒绝。

2. 数据加密技术

在计算机信息的传输过程中,存在着信息泄露的可能,因此需要通过加密来防范。

3. 掌上指纹扫描仪

该仪器可以将用户的指纹记录下来,存入指纹档案库。当用户登录使用该电脑系统时,扫描仪还会将用户的指纹与库中的指纹相对照,只有指令与指纹均相符时,才能进入系统。

4. 通信协议

通过改进通信协议增加网络安全功能,是改善网络措施的又一条途径。

学者西田修认为:计算机犯罪完全可能发生。从电子计算机使用系统的现状来看,它根本无法防范。而且在现阶段无法防范也绝不是什么"耻辱"的事情。我们所要做的只是随着时间的推移,使电子计算机的"防御系统"强健起来。这件事是使用电子计算机的企业对社会应负的责任。关于怎样才能使计算机和网络信息系统的"防御系统"强健起来,不少学者进行了认真的探讨。

有学者指出:网络犯罪行为人往往都精通电脑及网络技术,包括安全技术,因而侦察与反侦察、追捕与反追捕的战斗,将在很大程度上体现为一场技术上的较量。只有抢占技术制高点,才有可能威慑罪犯,并对已经实施的网络犯罪加以有效打击。

(二)以法治网

仅从技术层面来防范网络犯罪是不够的,因为再先进的技术,总有破解的方法,而一旦陷入攻防循环之中,就有可能造成社会财富的极大浪费,而且达不到预防犯罪的目的。所以,要更有效地防范网络犯罪,还得依靠法律治网。

有关针对计算机和电子信息网络犯罪的立法虽然较及时和丰富,但有一些问题可能还需要探讨。

1. 有关立法的观念问题

黑客行为犯罪化是计算机技术和电子信息网络技术发展到一定阶段后的产物。黑客行为是否需要全部犯罪化,黑客行为的犯罪化能在何种程度上起到防控黑客行为(防控这种犯罪)的作用,都是需要认真调查、研究并会有多种不同答案的问题。网络犯罪的构成需不需要考虑主观方面的因素？应不应该有过失犯罪？故意犯罪和过失犯罪在刑事处罚的量刑上是否应该有所区别？在司法过程中如何区分、确定过失犯罪与故意犯罪？也应该都是可以探讨的问题。还有一个更为根本性的问题：时下所有将黑客行为犯罪化的立法都是站在维护既存社会秩序、保护既得者利益的基础上的，而比较忽视计算机技术和电子信息网络技术进一步发展的有关要求。对此，不仅黑客们提出抗议，一些政界人物也提出了自己的看法。如，"我们不能限制13岁孩子好奇的天性，如果任由他们今天自由试验，明天他们也许就会开发出带领我们进入新世纪的通信和电脑技术。他们代表着我们的未来和最好的希望。"另一方面，可以说正是有关法规对网络信息系统的禁限，正是大企业集团、政府机构、军事当局等对信息资源和网络信息系统的垄断，刺激出了更多的黑客行为。"在计算机一步步向统治机器演变的过程中，许多知识成为禁地。黑客应运而生。"所以，即使仅从犯罪防控的角度看，有关计算机犯罪和网络犯罪的立法也必须认真考虑社会观念的问题。

2. 程序法与实体法的衔接问题

黑客行为犯罪化之后带来的一个重要问题就是如何认定黑客行为(犯罪行为)。认定犯罪的关键在证据。黑客犯罪行为针对的是网络信息系统，留下的犯罪痕迹不是传统意义上的犯罪痕迹，可作为证据的材料也往往不是传统意义上的证据材料。这就要求刑事诉讼中扩展证据概念的内涵，将电子证据规定为证据。我国刑事诉讼法已将视听资料规定为证据，将电子证据纳入视听资料证据(通过必要的司法解释)或将电子证据作为另一项证据，应该都是可行的选择。这一问题解决了，司法程序中还需解决有关电子证据的提取、鉴定等问题。提取证据往往会涉及隐私权问题，而如何鉴定证据的真实性，可能更为棘手。

3. 法律规定的具体实施问题

有了好的法律规定，对之进行具体的实施就成了关键。其中，有一支好的警察队伍是至关重要的。警察工作应该能揭露犯罪、侦破犯罪并查获罪犯。这不仅需要警察工作者具有足够的法律知识和传统侦查工作技能，而且要求他们熟练掌握计算机技术和电子信息网络技术。今天，对于计算机犯罪和网络犯罪的警察队伍的建设越来越受到各国政府的重视。我国一方面重视利用计算机和电子信息网络打击遏制各类犯罪，一方面也很重视对计算机和网络犯罪的警察队伍的建设。我国公安机关对计算机系统和电子信息网络的治安性管理已经制度化，而且成效显著，在此基础上的有关犯罪防控工作也取得了成效。

4. 加强法制教育方面

在健全法制的同时，要大力宣传有关互联网方面的法律法规，使广大网民依法依规上网。在对人们进行法制教育的同时，应重点培养人们的法制观念。普法知识的学习非常重要，要通过学习法律知识，领会法律的精义，建立起适应现代生活的法律观念，这是提高人们法律素质、预防任何形式的犯罪的关键。网络犯罪的高发率在很大程度上恰恰反映了人们法律精神欠缺。虽然网络犯罪的手段和方式与普通犯罪有所不同，但其危害是相同的，都破坏了公共安全、造成了对他人人身财产权利的侵害，都是违反法律的，犯罪行为造成的危害并不因网络的虚拟性而消失或减轻。因此，如果我们在对人们进行法律知识普及的同时，更注重对人们的法律精神、法律观念的培养，那么人们不仅在现实世界，而且在网络世界也会成为真正自觉守法的高素质群体。正如马克思所指出的，努力向公众传播新的权利义务观念和法律的基本原理和精神，似乎比向他们灌输大量的法律条文更容易收到预期的效果。

(三)以德治网

网上交往的虚拟性,淡化了人们的道德观念,削弱了人们的道德意识,导致人格虚伪。加强网络伦理道德教育,提倡网络文明,培养人们明辨是非的能力,使其形成正确的道德观,是预防网络犯罪的重要手段之一。当前,开展网络行为道德宣传教育活动,就是要把公民道德建设的内容作为网上道德宣传教育的主要内容,利用声、光、电等多种现代化手段,把"富强、民主、文明、和谐,自由、平等、公正、法治,爱国、敬业、诚信、友善"社会主义核心价值观和"爱国守法,明礼诚信,团结友善,勤俭自强,敬业奉献"的公民基本道德规范传播给广大网民,从而提高他们的道德素质,使网民能识别和抵制网上的黑色、黄色和灰色信息,主动选择有积极意义的信息,形成良好的上网习惯,坚决抵制网络色情等不良信息的诱惑,自觉地遵守有关网络规则,不做违法犯罪的事情,不断推动网民的道德自律。

十三、信息网络犯罪的趋势

(一)移动装置将成为跨平台威胁的新目标

网络犯罪者瞄准的三大移动平台包括 Windows、Android 和 iOS,Web-based 跨平台攻击将更容易发生。网络犯罪者就如同合法的应用开发者,把心力聚焦于最有利润的平台。随着开发障碍因素的移除,移动威胁将可以运用庞大的共享链接库。并且,攻击者也将继续加重利用社交工程以窃取移动装置的用户数据。

(二)网络犯罪利用绕道避免 Sandbox 侦测

越来越多组织利用虚拟机防护技术,以测试恶意软件和威胁。因此,攻击者也采取新的步骤以避免被虚拟机环境侦测。有些潜在的方法会尝试辨识安全沙盒(Sandbox),就如同以往的攻击把目标锁定在特定的防毒引擎并且关闭它们的功能。这些进阶的攻击将维持隐匿状态,直到它们确定本身并非处在一个虚拟安全环境。

(三)应用商店将隐含更多恶意软件

越来越多的恶意 App 将躲过验证程序。它们将继续对那些实施员工携带自有装置(Bring Your Own Device;BYOD)政策的组织构成威胁。此外,越狱(Jail-broken)或者取得 Root 权限的装置以及未规范保护的应用商店等,将给越来越多实施 BYOD 的企业带来严重的风险。

(四)赞助的攻击将随着新手的加入而更加猖獗

预期将有更多政府投入互联网战争。在发生数次已公开的互联网战争之后,有诸多因素将促使更多国家实行这些战略与战术。几乎任何国家都可以汇集人才与资源以发展互联网武器。国家和个人网络犯罪者都将能取得先前由国家赞助的攻击蓝图,如 Stuxnet、Flame 和 Shamoon。

(五)黑客将朝新而复杂的技术发展

近几年来发生的一些高知名度黑客事件,已促使企业组织部署越来越强的侦测与预防政策、方案和策略。因此,黑客将朝新而复杂的技术发展。

(六)恶意电子邮件回归

具有时效和针对性的鱼叉式网络钓鱼(Spear-phishing)电子邮件攻击以及恶意附件的增

加,为网络犯罪提供了新的机会。恶意邮件将再掀风暴。网域产生(Domain Generation)技术也将绕过现有的安全防护,提高针对性攻击的有效性。

(七)网络犯罪将侵入内容管理系统和 Web 平台

Word Press 的安全弱点经常遭大量攻击入侵。随着其他内容管理系统(Content Management Systems;CMS)与服务平台的普及,网络犯罪者将频繁地测试这些系统的安全性。攻击活动将继续侵入合法 Web 平台,促使 CMS 管理者更加重视更新、补丁和其他安全措施。网络犯罪者侵入这些平台的目的是植入他们的恶意软件,感染用户、入侵组织以窃取数据。

十四、世界各国对信息网络犯罪的立法

(一)巴西

巴西国会参议院 2012 年 11 月在审议新的《刑法大典》时,首次把互联网犯罪列入刑事犯罪范畴。新法对入侵电脑、窃取密码和违法封锁网站等行为做出了详细的说明和定罪,如非法入侵他人电脑将被判三个月至一年监禁;通过远程控制电脑非法窃取私人信息、商业和公司机密,可能获刑半年至两年。

巴西这样做的原因是网络犯罪猖獗。据巴西银行业联合会统计,2011 年不法分子利用银行网络服务系统实施的犯罪活动比前一年增长了 60%,导致银行和客户经济损失达 15 亿雷亚尔(1 雷亚尔约合 0.5 美元);还有调查报告显示,2012 年网络犯罪共使巴西损失 159 亿雷亚尔。

此外,2011 年以来黑客两次侵入巴西总统府网站,并曾"攻陷"参议院、国防部、国家地理统计局、中央银行等多家机构网站。名人隐私也受到侵犯,如黑客入侵巴西著名女演员卡罗琳娜·迪克曼的电脑,窃取其个人信息并曝光私密照等。

巴西专家认为,此前缺乏专门的法律,制约了对网络犯罪的打击,一些法官在受理网络犯罪案件时,定罪和量刑无法可依。此刻巴西国会不仅在《刑法大典》中加入打击网络犯罪的内容,还在加紧审议政府提交的《互联网管理基本法》,以对互联网的服务质量、发展目标和基本原则做出更明确的规定。

(二)日本

日本也曾面临同样的问题。在还没有专门法律打击网络犯罪行为的时候,相关犯罪嫌疑人如制作和散布电脑病毒的人被逮捕后,只能以"违反著作权法"或"损坏器物"定罪。

对此,日本参议院全体会议在 2011 年 6 月通过了刑法修正案,将制作病毒列为犯罪,该法当年 7 月 14 日正式生效。这项法律的"制作病毒罪"条款规定,对以恶意感染他人电脑为目的而制作或提供病毒的行为,处以三年以下徒刑或 50 万日元以下罚款;对以恶意感染他人电脑为目的而"取得"或"存储"病毒的行为,处以两年以下徒刑或 30 万日元以下的罚款。

(三)俄罗斯

俄罗斯立法加强了对儿童免受网上不良信息侵害的保护。俄罗斯议会于 2012 年 7 月通过《防止儿童接触有害其健康和发展的信息法》修正案,并于当年 11 月正式生效。该法律规定,俄通信、信息技术和大众传媒监督局可根据举报把提供吸毒、自杀和儿童色情信息的网站列入"黑名单",然后委托电信运营商通知网站所有者立即删除有关网页。如果网站所有者拒

绝执行,监管部门有权通过封锁 IP 地址或过滤内容的方式阻止该网站信息传播。

新法得到广大民众的支持。全俄舆论研究中心、列达瓦中心等多家民调机构的调查结果显示,60%至70%的俄罗斯人认为有必要通过法律对网络不良信息传播加以限制。监管部门设立的网络非法信息举报网站在 2012 年 11 月 1 日开通当天就收到 3 000 多条举报,并由此将 6 个违法网站列入"黑名单"。

十五、我国对信息网络犯罪的指导性案例

2018 年 12 月,最高人民法院公开发布第 20 批共 5 件依法严惩网络犯罪指导性案例,其中涵盖破坏计算机信息系统、网上开设赌场等犯罪行为。

利用微信群赌博的案件屡见不鲜,危害严重。案例明确以营利为目的,通过邀请人员加入微信群以押大小、单双等方式参与赌博,或者设定赌博规则"抢红包"等,利用微信群控制管理,在一段时间内持续组织网络赌博活动的行为,都属于刑法规定的"开设赌场"。

十六、我国侦破信息网络犯罪的案例

2022 年,公安机关采取针对性举措对网络黑产业链依法予以严厉打击,取得显著战果。浙江摧毁一条勾结运营商买卖"空号卡"的特大犯罪链条,查明非法手机卡号 500 余万个,涉案金额 1 000 余万元。福建公安机关侦破一起利用数字人民币洗钱案,查扣资金近 1 亿元。

2023 年 5 月 6 日,中国驻菲律宾大使馆发布消息称,日前菲律宾执法部门在邦板牙省开展的一次联合行动中,解救出多国涉嫌被贩卖和强迫劳动的员工。5 月 6 日,使馆派出多部门组成的工作组专程前往实地探望被解救的中国公民,并与菲执法部门深入沟通。工作组感谢菲方采取有力行动解救受害中国公民,要求尽快查明案情,严惩罪犯,同时敦促菲方切实保护获救中国公民人身安全和合法权益。

第四节 大学生群体在信息时代网络安全中的使命任务

据统计,现在有近 50 亿人通过国际互联网进行快捷而又成本低廉的信息交换。截至 2022 年 12 月,我国网民规模达 10.67 亿,其中大学生 3.6 亿,占我国网民总人数的 34%。互联网的快速发展给个人数据保护带来了棘手的难题,一旦某些个人数据被公布到互联网上,那么该个人数据将会成为网民们轻易可知的"秘密",该数据信息就可能在全球范围内得以传播,而且可以被人无休止地转载、复制。作为这么庞大的大学生网民群体,学会在信息时代网络安全中发挥应有的作用至关重要。

一、信息时代的网络安全及其对大学生的影响

信息时代的网络安全及其对大学生的影响,可分为积极影响和消极影响两种。

(一)积极影响

1. 为大学生的学习和生活提供便利

网络的出现改变了大学生传统的学习模式。过去大学生基本上是教室、寝室、图书馆三点

一线的生活。学生要查寻资料,往往只能在图书馆才能实现,而随着高校招生人数猛增,各高校图书馆都感到压力很大,许多学生往往很难借到自己想要的图书。网络正好解决了这一个难题,在互联网上,大学生不仅可以很方便地查到自己专业知识方面的有关信息,通过"网上冲浪"了解到国际国内形势,还可以通过校园网了解到学校的相关政策,知道学校的重大安排,大家普遍所关心的一些热点和难点问题。

网络给大学生的生活也带来了很大的便利。如就业方面,过去大学生毕业为找到一份比较称心如意的工作,往往疲于"赶场",到处参加人才交流会,带有很大的盲目性。而现在他们只要通过上网就可以查阅到不少有用的信息,采取发电子邮件的方式或者事先与单位取得联系,这样就大大减少了行动的盲目性。既减少了经济损失,又节省了更多的学习时间,可谓是一举两得。

2. 在大学生与社会之间构筑信息通道

大学校园作为知识和信息传播的主体阵地,肩负着振兴民族的重任。建设信息化校园,已成为高等教育的必然选择。随着高校校园网与国际互联网的成功整合,一条将大学生和社会二者紧密相连的信息通道得以建立。今天,借助校园网,大学生既可以在第一时间了解到学校的学术动态、教学科研成果等情况,同时还可以将自己的意见和看法通过网络及时传递给老师和学校领导。通过校园网与国际互联网的联结,大学生即使足不出户,也尽知天下大事。大学生渴望更多地关心国家、了解社会,网络无疑为他们开启了一扇理想的大门。

3. 为大学生实现友情互动,共同提高

网络的突出优点是它的交互性,它既是信息的载体,又是媒体中介,实现了人与人之间交流的通畅。在校大学生渴望与同龄人的交流和得到认可,但在家庭中的中心地位在走出家门的人际交往中受到了强烈的冲击和挑战,许多心理和情感苦恼常会不期而遇。

同时,大学管理机制与中学不同,人际真情沟通减少,学业和未来择业的压力迫使各学子为学习而疲于奔波,但是校园文化的丰富多彩又引发不定时人际情感交流的增加,这样,网上交友就解决了专心学习和择时交友的矛盾。因为网上交友是速成交友方式,可以按大学生的学习闲忙而调度,在网上既可以推心置腹,抒发情感、交流思想和心得,又可以大发牢骚,排遣抑郁,达到缓解学习和精神压力的双重功效。

(二) 消极影响

1. 影响学业

大学生自由支配的时间较多,一些大学生下午和晚上经常上网聊天或玩游戏,真正在网上学习的寥寥无几。个别学生旷课去上网聊天,一到周末更是如此,有的学生甚至通宵达旦"住在网上"。他们根本听不进教师的教育,不把学习放在心上,成绩一般。

2. 影响心理健康

大学生正处在身心发展阶段,一些学生网上游戏或聊天时间过长,一到周末更是不能自律,因上网而不按时就餐。这导致这些学生身心疲惫、神经生物钟混乱,精力和体力透支,睡眠质量下降,食欲不振,对大学生的身心健康极为有害。此外,大学生"网恋"现象比较普遍,而网络的虚拟性,往往导致感情的不真实、不可靠,只是想象中的海市蜃楼。

3. 影响兴趣爱好

丰富多彩的文体活动是大学生生活的重要组成部分。大学生的学习任务繁重,没有良好的情绪情感和健康的体质是不能完成学习任务的。沉溺于网上游戏或聊天以后,大学生将会利用一切可以利用甚至不可利用的时间上网。人的时间和精力是有限的,迷恋于互联网以后,他们对现实的各种活动,如打球、下棋、看电影以及班级里的各种活动都不感兴趣,认为这些活动没有什么意义,网络成为能够代替一切活动的一种新的嗜好。

4. 网络信息垃圾弱化思想道德意识

有关专家调查,网上信息47%与色情有关,六成左右的大学生在网上无意中接触到黄色信息。这种信息垃圾将弱化大学生思想道德意识,污染大学生心灵,误导大学生行为,导致大学生不道德行为和违法犯罪行为增多。

二、加强对大学生群体网络信息安全问题的监管

鉴于信息时代的网络安全对大学生的影响非常大,加强对大学生群体的网络安全问题的监管已势在必行,可以从国家政府层面、高校教育层面和家庭教育层面入手,从而达到较好的监管效果。

1. 国家政府层面要建立健全法律法规,构建绿色网络环境

政府要积极发挥引导作用,持之以恒严厉打击网络信息违法的各种犯罪行为,将相关政策严格落实到每一方面。应使用先进的网络安全保障技术,积极组建专业的网络管理和评估人员,注重维护网络设备,做好检查工作。应积极完善影响网络信息安全的一系列问题的相关法律法规,针对不断更新的侵犯网络信息安全的手段,更新政策措施,与时俱进。净化网络安全环境,还需要网络监管人员的努力,对执行措施到位的单位加以鼓励宣传,通过营造浓厚的依法上网氛围,为大学生网络信息的安全保驾护航。

2. 高校教育层面要加强法制宣传教育,弘扬正确价值观

高校对学生信息网络安全意识的培养与塑造有很大责任。在教育过程中要启发大学生自觉提高网络安全意识。高校的教育者要善于运用榜样示范作用,给大学生树立具备网络安全能力的先进典型。同时还可以开设有关网络信息安全的课程及相关讲座,鼓励大学生积极参与,并将网络信息安全法制教育融入思想政治课程,通过真实案例分析、情景再现互动使大学生切实感受到保护信息安全的重要性。为切实提高大学生网络安全的能力,高校还应从自身情况出发,在计算机课程中加入对信息加密和病毒防治等方面的指导教育,提高大学生的网络使用技能和个人信息保护能力。

3. 家庭教育层面要重视子女性格培养,引导正确道德观念

父母是孩子的启蒙老师,他们的一言一行都在无形中影响着孩子。父母应该从小加强保护个人信息的教育,站在孩子角度上去考虑问题并给出相关建议,以身作则,主动学习有关网络信息安全的法律法规,提升个人信息安全保护意识,为孩子树立正确的榜样。此外,家长还应重视对大学生独立思维的培养,在处理事情时有自己的判别原则,不受他人的影响和一些虚假信息的诱导。注重与孩子的沟通,及时发现他们在生活中出现的一些问题。若孩子遭遇网络诈骗或信息被窃取的情况,应鼓励其采取法律手段维护个人的权益。教育孩子合理健康地

使用网络,培养良好的道德风貌和价值取向,做一个德智体美兼备的优秀大学生。

三、大学生群体在加强信息网络安全中的使命任务

1. 增强自身的信息安全意识,提高个人防范能力

大学生在使用网络进行各项事宜的过程中,做到主动加强对网络安全知识的学习,积极参加学校开展的网络安全课程,对于网络上接触的各种信息,要注意正确辨别、判断各种信息的意义和价值,在各种知识、信息、社会思潮的互相碰撞、比较中提高识别、选择信息的能力,要注意辨别真假,不要盲目听信。要注重对自我信息的保护,在日常生活中培养信息安全意识,对于身份证、学生证和银行卡账户等信息,不要轻易透露给他人。同时应积极学习计算机技术,掌握基本的软件杀毒和信息找回技能。在使用各类软件的时候,需要谨慎填写个人信息,当信息不慎泄露时,应及时重设密码,拉黑骚扰电话和信息,使用密码保护软件并绑定密保手机避免信息再次泄露。最后,大学生还要努力提升个人的自控能力和法制观念,合理使用网络,避免沉溺其中。如果个人信息被不法分子利用,对自身名誉和财产造成了损害,应及时采用法律手段来维护个人权益。

2. 培养良好的上网习惯,正确、安全地利用网络资源

大学生要正确使用网络,使自己成为网络的驾驭者,而不要成为网络的奴隶。要主动学习《计算机病毒防治管理办法》《计算机软件保护条例》等一些重要的法律法规,熟悉系统的法律知识教育,不断强化自己的网络安全法制意识;自觉学习如网络行为规范、个人计算机安全策略、计算机病毒的新动向、病毒查杀软件的使用等方面的知识;提高网上自我约束能力、自控能力和自我保护意识。

3. 自发组织成立校级学生信息安全管理机构

在学校老师的引导下,成立专门的学生信息安全管理机构,负责校园内大学生信息网络安全的日常管理和活动策划工作,及时了解本校学生的网络使用情况;定期开展网络征文、网络辩论、知识讲座、网络论坛、网络安全知识大赛、网络安全知识调查、网络安全主题漫画比赛、班级网站设计竞赛等校园文化活动;定期开展"主题团日活动""新老生网络经验交流会"等思想政治教育活动,使学生在交流、讨论中对网络道德和网络行为有一个正确的认识,形成正确的人生观和道德观;定期发布最新的网络安全信息,让同学们及时了解网络不安全因素的动态。创新网络教育形式,对无论是因网络聊天还是网络游戏而造成"网络成瘾"的大学生,根据成瘾的程度不同分别建立个人信息档案,主动关注和关心其学习、生活状态,经常与其谈心和交流,加强其对网络的虚拟性的认识,引导他们把注意力转移到现实生活中。在学生信息安全管理机构的引导帮助下,使学生形成"网络安全,人人参与,人人有责"的意识。

4. 切实加强网上文明行为规范的建设

积极倡导《大学生网络文明公约》,带头遵守网络道德,提倡"五要五不",即:要善于网上学习,不浏览不良信息;要诚实友好交流,不侮辱欺诈他人;要增强保护意识,不随意约见网友;要维护网络安全,不破坏网络秩序;要有益身心健康,不沉溺虚拟空间。努力创造干净、健康、文明、有序的网络环境。

网络环境的复杂性、多变性,以及信息系统的脆弱性,决定了网络安全威胁的客观存在。

我国日益开放并融入世界,但加强安全监管和建立保护屏障不可或缺。国家科技部部长曾在某市信息安全工作会议上说:"信息安全是涉及我国经济发展、社会发展和国家安全的重大问题。近年来,随着国际政治形势的发展,以及经济全球化过程的加快,人们越来越清楚,信息时代所引发的信息安全问题不仅涉及国家的经济安全、金融安全,同时也涉及国家的国防安全、政治安全和文化安全。因此,可以说,在信息化社会里,没有信息安全的保障,国家就没有安全的屏障。信息安全的重要性怎么强调也不过分。"目前我国政府、相关部门和有识之士都把网络监管提到新的高度。上海市负责信息安全工作的部门提出采用非对称战略构建上海信息安全防御体系,其核心是在技术处于弱势的情况下,用强化管理体系来提高网络安全整体水平。衷心希望在不久的将来,我国信息安全工作跟随着信息化的发展,再上一个新台阶。

思考与练习

1. 电信网络诈骗有哪些形式?
2. 信息网络犯罪有哪些种类?什么是帮助信息网络犯罪活动罪?
3. 信息时代的网络安全及其对大学生的影响有哪些?
4. 大学生群体在加强网络及信息安全中的使命任务是什么?

第八章 交通安全

交通安全是社会文明的重要标志。交通安全文化是人们在长期的生活实践中积累形成的,是交通安全在人们思想观念上的综合反映。交通行为是在人的思想支配下进行的,体现个人对道路交通安全法律法规的认知程度、守法意识和道德水准,反映社会整体交通文明程度。当代大学生应该加强交通安全知识学习,严格遵守交通安全法规,弘扬先进的交通安全文化,树立正确的交通安全观念,共同维护文明、和谐、安全的交通环境。

第一节 交通安全基本概念

随着我国经济和社会的高速发展,交通越来越便利,人们出行愈来愈便捷,但也随之出现了一个重大的社会安全隐患,即交通安全问题。根据公安部统计数据,交通事故的发生 90% 以上责任在驾驶员和行人。我国机动车和驾驶人保有量呈现快速增长态势,2020 年全国机动车驾驶人年龄分析数据显示,18~25 岁驾驶人在驾驶人总量中占 11.50%,而这一年龄阶段,有很大一部分驾驶人是在校大学生。与此同时,我国在校大学生交通安全现状呈现出一些新趋势、新特点,如:校园及周边交通环境日益复杂;大学生群体中新驾驶人及预备驾驶人比例增加;大学生租车、包车出行现象激增;大学生拥有私人机动车辆数量越来越多;涉大学生交通事故和违法现象日渐增多等。面临越来越复杂的大学生交通安全形势,进一步加强大学生交通安全教育,提升大学生交通安全意识和文明交通行为,已成为各高等学校安全教育的重要内容。

一、交通安全

交通安全是指在参与交通运输过程中的人和物、交通工具、交通设施、交通秩序等处于没有危险或不受威胁的状态,以及持续保持安全状态的能力。其中交通参与人包括驾驶人、乘车人、行人及在道路及周边活动的其他人员等;交通工具是指交通参与人用于代步或运输的装置;交通设施包括道路、桥梁、涵洞、隧道及其附属物等;交通秩序包括车辆行驶、停放秩序,行人走路秩序和占用道路施工作业、摆摊设点秩序等一切与道路交通有关的设施和行为。

交通安全是一个社会文明的重要标志,交通安全,人人有责,提高交通安全意识,维护交通秩序，既是维护社会安全，也是保障自身及他人人身财产安全的重要保障。

二、交通事故

交通事故是指车辆在道路上因过错或者意外造成人身伤亡或者财产损失的事件。从广义上讲交通事故还包括铁路机车车辆、船舶、飞机等造成的事故，但习惯上仅指公路运输和城市交通中发生的交通事故。交通事故根据人员损伤和财物损失情况可分为轻微事故、一般事故、重大事故、特大事故等。

交通事故是影响社会安全的重要因素，是社会安全生产的重要指标，一个重特大交通安全事故，往往会带来重大的人员伤亡和财产损失，成为社会不安定的因素。

第二节　大学生常见交通事故及其原因

随着大学的社会化，高校内机动车数量明显增加，校园周边机动车和非机动车辆密集，行人、自行车、机动车问题复杂，交通安全事故增多。

一、大学生交通事故常见类型

（一）机动车碰撞事故

碰撞是交通事故发生的形式。碰撞事故的成因，往往是机动车驾驶员违章造成人员受到伤害，如汽车司机超速行驶、疲劳驾驶或违反道路交通法规等而发生的交通碰撞事故；同时，也有一部分是大学生本人违反交通法规而造成的事故，如骑车违章带人、闯红灯、逆行、过马路不走人行横道，在校园道路上踢球、拍球、嬉笑打闹、占道设点，或在马路上低头看手机、高音听音乐、边走边聊天等。

（二）乘车发生事故

乘车事故是造成大学生交通意外的一个重要因素。大学生大多喜爱租车外出活动、旅游，有的学生是租用非法运营的私人车辆、有的是贪图方便乘坐"黑车"出行、有的是疏忽乘车安全；有的虽然乘坐的是正规的交通车辆，但因意外也可能造成事故。大学生集体外出，一旦途中发生交通事故，往往会造成多人伤亡，形成群体性伤亡事件。

（三）驾驶机动车发生交通事故

大学生中拥有驾驶证的人越来越多，有车一族也不在少数。但大部分学生驾车时间短、驾驶经验缺乏，遇到紧急情况时，往往惊慌失措，手忙脚乱，导致事故发生；个别大学生无视交通法规，违章驾驶、酒后驾驶、醉酒驾驶机动车发生交通事故；还有的学生无证驾驶、违规载客、驾驶无牌无证车辆、超速驾驶等导致交通事故发生。

（四）非机动车事故

非机动车事故也是校园交通事故的主要组成部分。共享自行车、助力车、观光自行车越来越深受大学生的喜爱，大学生在校园内被自行车、助力车、观光自行车等非机动车撞伤事件时有发生，而肇事者大多数又是大学生。有的大学生在骑行时不慎还可与道路交通设施、树木等碰撞，或是翻车造成事故。

二、大学生易发生交通事故的原因

大学生易发生交通事故既有客观原因,也有主观原因。大学生应该在充分认识客观原因的基础上,更多地从自身主观上查找原因,强化交通安全意识,规范交通安全行为,提高交通安全应变能力,保障交通安全。

(一)客观原因

(1)汽车数量急速增加,路面资源相对缺乏,道路安全通行能力降低。

(2)电动车、摩托车数量快速增长,导致道路通行状况更为拥挤。

(3)高校周边道路交通安全环境复杂,缺乏必要的交通安全设施和有效的交通管理。

(4)高校因其自身特点也存在不少交通隐患,主要有:

①校园道路路窄弯多,树木茂盛,视线不良,易发事故。

②校园道路一般没有交通信号灯管制,也没有专职交通管理人员管理。

③校园内车流人流密集,且时间、地段分布相对集中。上下课时段、大型集会、文体活动时,人流车流相互交集,容易出现交通秩序混乱,稍有疏忽,就很容易发生交通事故。

④校园内机动车和非机动车通行数量快速增长,师生拥有汽车、摩托车、电动车等数量大幅增加;外来公务办事、探亲访友、建设施工的车辆也日渐增多,大大增加了校内交通安全隐患。

⑤社会上不法分子通过各种手段向大学生兜售无牌、无证二手电动车、摩托车,有些甚至经过非法改装,存在很大的安全隐患。

⑥社会组织或个人(包括个别大学生)组织大学生私包车载客,有的甚至超载、超速、疲劳驾驶、无证经营,导致存在严重交通隐患。

(二)主观原因

(1)交通安全意识不强,交通安全知识和技能缺乏,防范交通安全事故能力不够。

(2)思想麻痹大意,注意力不集中。许多大学生在行走、骑车时常常一边行进,一边聊天或听音乐看书,玩手机或者心不在焉、左顾右盼,甚至嬉戏打闹,注意力没有集中在安全行走和骑行上。

(3)不知危险,随意置身于交通危险地带。有的大学生在道路上或贴近路旁进行占道设点;或进行球类、娱乐活动;或长时间滞留,忽视了道路上的交通危险。

(4)盲目自信,争强好胜,炫耀车技,追求感观刺激,骑"飞车"、开"快车",却把自身和他人的安全抛在脑后。

(5)贪图方便,或为省钱或为牟利,搭乘黑车或参与组织私人包车。

(6)心怀侥幸,购买和驾驶无牌、无证、非法改装车辆。

(7)无视交通法规,无证驾驶、酒后驾驶、醉酒驾驶等违规驾驶车辆。

第三节 交通事故的预防及处置

一、预防交通事故的主要措施

校内交通安全,一头连着校园平安稳定,一头连着千家万户,事关广大师生的生命安全,要警钟长鸣、常抓不懈。学校要牢固树立安全发展理念,坚持人民至上、生命至上,始终把师生的生命安全放在第一位,做好校园交通安全管理,预防交通事故发生。

(一)加强道路交通管理

学校要与交警部门密切配合,全面排查学校及周边交通安全隐患,制订整改方案,认真加以解决。

一是针对学生出行规律特点,科学调整勤务方式,合理调配警力,特别是对校园周边路段的堵点、乱点、事故多发点和人流车流高峰时段采取定点、定岗措施,加强道路交通管控力度;二是相关职能部门应从严查处学校周边从事非法营运的车辆;三是对校园内违法违规的机动车辆及时纠正和查处;四是通过组织学生志愿者在校园维护交通秩序、劝导交通违法行为等形式,落实长效管理措施;五是加强校园机动车、非机动车管理,禁止无关车辆驶入校园;六是在校园人流车流高峰时段和路段进行交通管制等。

(二)完善交通安全设施

学校应根据学校建设整体规划,科学合理完善校园道路体系和配套安全设施,确保校园交通畅通、师生安全。一是充分利用校园交通资源,拓宽、平整校园道路,提高道路通行率;二是科学设置道路交通标志,在主要道口可设置交通信号灯,合理设置校园道路交通标线、交通指示牌、限速标志等,指导驾驶员按规范驾驶;三是在重要路段设置减速带、隔离栏、防撞墩、警示锥等,提醒驾驶员安全驾驶;四是设立交通安全护栏,实行人车分流等。

(三)加强交通法规学习

交通法规是在总结大量交通事故教训中产生的,它是人们交通安全的基本保障。作为大学生,要积极主动学习交通法规,提高交通安全意识,掌握必备的交通安全常识,熟悉交通信号灯、交通标线、交通标志、交通警察指挥手势的含义;知晓道路通行中的一般规定,机动车、非机动车、行人和乘车人的通行规定以及高速公路的特别规定等道路交通基本知识等。

(四)提高交通安全意识

意识决定行为,作为交通参与人,必须提高交通安全意识。大学生在参与交通的过程中,必定要严格规范自己的行为,让遵守交通规则成为自己的行为习惯,牢固交通安全意识。同时,对于他人违反交通安全的行为要敢于出面指出、制止。只要我们大家共同行动,规范自己的交通行为,交通安全将会得到极大的保证。行人或车辆靠道路右侧行走或行驶是在法律法规的范围内必须遵守的原则。

二、交通安全事故处理

(一)快速撤离

大学生无论是在校内还是在校外,一旦发生交通事故,首先要及时将人员撤离到安全区域,防止发生次生伤害。

(二)及时报案

在校内可以直接报告保卫部门,在校外要立即拨打交通事故报警电话"122",详细说明出事时间和地点、受伤或死亡人数及车辆损伤情况等。无论是在校外还是在校内发生交通事故,都应该及时与学校老师取得联系,由学校出面处理有关事宜,更有利于事故得到快速、公正的处理,千万不能与肇事者"私了"。

（三）救助伤员

在道路上发生交通事故，车辆驾驶人应当立即停车，保护现场；造成人身伤亡的，车辆驾驶人应当立即抢救受伤人员。大学生无论是在校外还是校内遭遇交通事故，如有人员伤亡，要及时拨打"120"电话进行救助。拨打"120"电话时，要注意讲清交通事故的具体地址，以及可联络的电话号码，尽可能说清楚伤员受伤的时间、受伤人数及伤者具体的受伤部位，伤者目前最危急的情况，如呼吸困难、大出血等，并询问救护车到达的大致时间，到什么位置接应救护车等。具备急救知识和能力的人员可以在现场对伤员进行紧急救护。

（四）保护现场

事故现场的勘查结论是划分事故责任的依据之一。大学生在校外或校内发生交通事故或者发现交通事故，要注意保护好事故现场，可以利用手机、照相机等数码设备记录现场的声像、音频资料，记录重点包括事故发生时的原貌、出事车辆的牌号、出事司机的体貌特征等。另外，事故发生后要及时稳住肇事者，在交警没来之前，不要与其发生争执，可发动周围的人帮忙控制。如果肇事车辆逃逸，记住肇事车辆的车牌号或者车辆的车型、颜色等主要特征。

（五）防止次生事故

发生交通事故往往现场比较混乱，人心惶惶，受损机动车很容易起火，威胁司乘人员和行人的生命财产安全，而且会影响交通秩序。交通事故发生后，应将所有驾乘人员、围观群众等撤离到安全区域，关掉车辆的引擎，消除其他可能引起火灾的隐患；禁止在事故现场吸烟，以防引燃泄漏的燃油；载有危险品的车辆发生事故时，危险性液体、气体发生泄漏，要及时将危险品是否有毒、易燃易爆、腐蚀性及装载量、泄漏量等情况通知警方及消防人员，以便采取防范措施，防止发生次生事故。

第四节　交通法规及常用交通安全常识

一、《中华人民共和国道路交通安全法》

《中华人民共和国道路交通安全法》于 2003 年 10 月 28 日第十届全国人民代表大会常务委员会第五次会议通过。修正后的《中华人民共和国道路交通安全法》是由中华人民共和国第十三届全国人民代表大会常务委员会第二十八次会议于 2021 年 4 月 29 日通过、公布施行的。新修订的《中华人民共和国道路交通安全法》内容包括总则、车辆和驾驶人、道路通行条件、道路通行规定、交通事故处理、执法监督、法律责任、附则八个章节，共一百二十四条。

我国道路交通安全法是为了维护道路交通秩序，预防和减少交通事故，保护人身安全，保护公民、法人和其他组织的财产安全及其他合法权益，提高道路通行效率而制定的。

二、道路通行的有关规定

《中华人民共和国道路交通安全法》不仅对道路通行做了一般性规定，而且对机动车、非机动车、行人、乘车人提出了明确的要求，并对高速公路的通行提出了特别的要求，为人们的交通行为提供了明确的规范。

（一）道路通行一般规定

（1）机动车、非机动车实行右侧通行。

(2)根据道路条件和通行需要,道路划分为机动车道、非机动车道和人行道,机动车、非机动车、行人实行分道通行。没有划分机动车道、非机动车道和人行道的,机动车在道路中间通行,非机动车和行人在道路两侧通行。

(3)道路划设专用车道的,在专用车道内,只准许规定的车辆通行,其他车辆不得进入专用车道内行驶。

(4)车辆、行人应当按照交通信号通行;遇有交通警察现场指挥时,应当按照交通警察的指挥通行;在没有交通信号的道路上,应当在确保安全、畅通的原则下通行。

(5)公安机关交通管理部门根据道路和交通流量的具体情况,可以对机动车、非机动车、行人采取疏导、限制通行、禁止通行等措施。遇有大型群众性活动、大范围施工等情况,需要采取限制交通的措施,或者做出与公众的道路交通活动直接有关的决定,应当提前向社会公告。

(6)遇有自然灾害、恶劣气象条件或者重大交通事故等严重影响交通安全的情形,采取其他措施难以保证交通安全时,公安机关交通管理部门可以实行交通管制。

(二)机动车通行规定

(1)机动车上道路行驶,不得超过限速标志标明的最高时速。在没有限速标志的路段,应当保持安全车速。

夜间行驶或者在容易发生危险的路段行驶,以及遇有沙尘、冰雹、雨、雪、雾、结冰等气象条件时,应当降低行驶速度。

(2)同车道行驶的机动车,后车应当与前车保持足以采取紧急制动措施的安全距离。有下列情形之一的,不得超车:①前车正在左转弯、掉头、超车的;②与对面来车有会车可能的;③前车为执行紧急任务的警车、消防车、救护车、工程救险车的;④行经铁路道口、交叉路口、窄桥、弯道、陡坡、隧道、人行横道、市区交通流量大的路段等没有超车条件的。

(3)机动车通过交叉路口,应当按照交通信号灯、交通标志、交通标线或者交通警察的指挥通过;通过没有交通信号灯、交通标志、交通标线或者交通警察指挥的交叉路口时,应当减速慢行,并让行人和优先通行的车辆先行。

(4)机动车遇有前方车辆停车排队等候或者缓慢行驶时,不得借道超车或者占用对面车道,不得穿插等候的车辆。

在车道减少的路段、路口,或者在没有交通信号灯、交通标志、交通标线或者交通警察指挥的交叉路口遇到停车排队等候或者缓慢行驶时,机动车应当依次交替通行。

(5)机动车通过铁路道口时,应当按照交通信号或者管理人员的指挥通行;没有交通信号或者管理人员的,应当减速或者停车,在确认安全后通过。

(6)机动车行经人行横道时,应当减速行驶;遇行人正在通过人行横道,应当停车让行。机动车行经没有交通信号的道路时,遇行人横过道路,应当避让。

(7)机动车载物应当符合核定的载质量,严禁超载;载物的长、宽、高不得违反装载要求,不得遗洒、飘散载运物。机动车运载超限的不可解体的物品,影响交通安全的,应当按照公安机关交通管理部门指定的时间、路线、速度行驶,悬挂明显标志。在公路上运载超限的不可解体的物品,应当依照公路法的规定执行。机动车载运爆炸物品、易燃易爆化学物品以及剧毒、放射性等危险物品,应当经公安机关批准后,按指定的时间、路线、速度行驶,悬挂警示标志并采取必要的安全措施。

(8)机动车载人不得超过核定的人数,客运机动车不得违反规定载货。

(9)禁止货运机动车载客。货运机动车需要附载作业人员的,应当设置保护作业人员的安全措施。

(10)机动车行驶时,驾驶人、乘坐人员应当按规定使用安全带,摩托车驾驶人及乘坐人员应当按规定戴安全头盔。

(11)机动车在道路上发生故障,需要停车排除故障时,驾驶人应当立即开启危险报警闪光灯,将机动车移至不妨碍交通的地方停放;难以移动的,应当采取开启危险报警闪光灯,并在来车方向设置警告标志等措施扩大示警距离,必要时迅速报警。

(12)警车、消防车、救护车、工程救险车执行紧急任务时,可以使用警报器、标志灯具;在确保安全的前提下,不受行驶路线、行驶方向、行驶速度和信号灯的限制,其他车辆和行人应当让行。警车、消防车、救护车、工程救险车非执行紧急任务时,不得使用警报器、标志灯具,不享有前款规定的道路优先通行权。

(13)道路养护车辆、工程作业车进行作业时,在不影响过往车辆通行的前提下,其行驶路线和方向不受交通标志、标线限制,过往车辆和人员应当注意避让。洒水车、清扫车等机动车应当按照安全作业标准作业;在不影响其他车辆通行的情况下,可以不受车辆分道行驶的限制,但是不得逆向行驶。

(14)高速公路、大中城市中心城区内的道路,禁止拖拉机通行。在允许拖拉机通行的道路上,拖拉机可以从事货运,但是不得用于载人。

(15)机动车应当在规定地点停放。禁止在人行道上停放机动车;但是,依法施划的停车泊位除外。

在道路上临时停车的,不得妨碍其他车辆和行人通行。

(三)非机动车通行规定

(1)驾驶非机动车在道路上行驶应当遵守有关交通安全的规定。非机动车应当在非机动车道内行驶;在没有非机动车道的道路上,应当靠车行道的右侧行驶。

(2)残疾人机动轮椅车、电动自行车在非机动车道内行驶时,最高时速不得超过十五公里。

(3)非机动车应当在规定地点停放。未设停放地点的,非机动车停放不得妨碍其他车辆和行人通行。

(4)驾驭畜力车,应当使用驯服的牲畜;驾驭畜力车横过道路时,驾驭人应当下车牵引牲畜;驾驭人离开车辆时,应当拴系牲畜。

(四)行人和乘车人通行规定

(1)行人应当在人行道内行走,没有人行道的靠路边行走。

(2)行人通过路口或者横过道路,应当走人行横道或者过街设施;通过有交通信号灯的人行横道,应当按照交通信号灯指示通行;通过没有交通信号灯、人行横道的路口,或者在没有过街设施的路段横过道路,应当在确认安全后通过。

(3)行人不得跨越、倚坐道路隔离设施,不得扒车、强行拦车或者实施妨碍道路交通安全的其他行为。

(4)学龄前儿童以及不能辨认或者不能控制自己行为的精神疾病患者、智力障碍者在道路上通行,应当由其监护人、监护人委托的人或者对其负有管理、保护职责的人带领。盲人在道路上通行,应当使用盲杖或者采取其他导盲手段,车辆应当避让盲人。

(5)行人通过铁路道口时,应当按照交通信号或者管理人员的指挥通行;没有交通信号和管理人员的,应当在确认无火车驶临后,迅速通过。

(6)乘车人不得携带易燃易爆等危险物品,不得向车外抛洒物品,不得有影响驾驶人安全驾驶的行为。

(五)高速公路的特别规定

(1)行人、非机动车、拖拉机、轮式专用机械车、铰接式客车、全挂拖斗车以及其他设计最高时速低于七十公里的机动车,不得进入高速公路。高速公路限速标志标明的最高时速不得超过一百二十公里。

(2)机动车在高速公路上发生故障时,应当依照《中华人民共和国道路交通安全法》第五十二条的有关规定办理;但是,警告标志应当设置在故障车来车方向一百五十米以外,车上人员应当迅速转移到右侧路肩上或者应急车道内,并且迅速报警。机动车在高速公路上发生故障或者交通事故,无法正常行驶的,应当由救援车、清障车拖曳、牵引。

(3)任何单位、个人不得在高速公路上拦截检查行驶的车辆,公安机关的人民警察依法执行紧急公务除外。

三、交通事故处置有关规定

(1)在道路上发生交通事故,未造成人身伤亡,当事人对事实及成因无争议的,可以即行撤离现场,恢复交通,自行协商处理损害赔偿事宜;不即行撤离现场的,应当迅速报告执勤的交通警察或者公安机关交通管理部门。在道路上发生交通事故,仅造成轻微财产损失,并且基本事实清楚的,当事人应当先撤离现场再进行协商处理,也可以直接向人民法院提起民事诉讼。

(2)对交通事故损害赔偿的争议,当事人可以请求公安机关交通管理部门调解,也可以直接向人民法院提起民事诉讼。经公安机关交通管理部门调解,当事人未达成协议或者调解书生效后不履行的,当事人可以向人民法院提起民事诉讼。

(3)机动车发生交通事故造成人身伤亡、财产损失的,由保险公司在机动车第三者责任强制保险责任限额范围内予以赔偿。超过责任限额的部分,可按照下列方式承担:

①机动车之间发生交通事故的,由有过错的一方承担责任;双方都有过错的,按照各自过错的比例分担赔偿责任。

②机动车与非机动车驾驶人、行人之间发生交通事故的,按照法律规定划分承担赔偿责任。

③交通事故的损失是由非机动车驾驶人、行人故意碰撞机动车造成的,机动车一方不承担赔偿责任。

四、常见的交通信号

交通信号一般分为交通信号灯、交通标志、交通标线和交通警察指挥。交通信号可以使车辆有条不紊地行驶,减少拥堵,减少交通事故的发生,使得全部交通参与者能够井井有条地行驶,避免交通拥堵带来的时间浪费以及交通事故带来的生命财产的损失。

(一)交通信号灯

1. 交通信号灯的作用

交通信号灯(红绿灯)是以规定时间交互更迭的光色讯号,设置于交叉路口或其他特殊地点,用以将道路通行权指定给车辆驾驶人与行人,管制其行止及转向的交通管制设施。以红、黄、绿三色灯号或辅以音响,指示车辆及行人停止、注意与行进。

2. 交通信号灯的分类

(1)按颜色分为红灯、绿灯、黄灯。

(2)按功用分为机动车信号灯、非机动车信号灯、人行横道信号灯、车道信号灯、方向指示信号灯(箭头信号灯)、闪光警告信号灯和铁路平交道口信号灯。

3. 交通信号灯所代表的含义

(1)机动车信号灯和非机动车信号灯

①绿灯亮:准许车辆通行,但转弯车辆不得妨碍被放行的直行的车辆、行人通行;遇有方向指示信号灯时,应按方向指示信号灯的规定行驶。

②黄灯亮:已越过停止线的车辆可以继续通行。

③红灯亮:禁止车辆通行。

④未设人行横道信号灯和非机动车信号灯的路口,行人和非机动车可按上述信号灯的规定通行。

⑤右转弯车辆,遇红灯亮时,在不妨碍被放行的车辆和行人通行的情况下,可以通行。

(2)人行横道信号灯

①绿灯亮:准许行人通过人行横道。

②红灯亮:禁止行人进入人行横道,已经进入人行横道的,可以继续通过或者在道路中心线处停留等待。

(3)车道信号灯

①绿色箭头灯亮:准许本车道车辆按指示方向通行。

②红色叉形灯或箭头灯亮:禁止本车道车辆通行。

(4)方向指示信号灯(箭头信号灯)

①灯的箭头方向向左、向上、向右分别表示左转、直行、右转。

②绿色箭头灯亮:准许车辆按箭头指示方向通行。

③红色箭头灯亮:禁止车辆向箭头指示方向通行。

(5)闪光警告信号灯

持续闪烁的黄灯为闪光警告信号灯,提示车辆、行人通行时注意瞭望,确认安全后通行。

(6)道路与铁路平交道口信号灯

两个红灯交替闪烁或一个红灯亮时,禁止车辆、行人通行;红灯熄灭,允许车辆、行人通行。

(二)交通标志

交通标志是用图案、符号、数字和文字对交通进行导向、限制、警告或者指示的交通设施。交通标志一般设置在路侧或道路上方,体现了交通安全法规的效力,有利于调节交通流量、疏导交通,提高道路通行能力;预示道路状况,减少交通事故;节省能源,降低公害,美化路容。道路交通标志分为主标志和辅助标志两大类。

1. 主标志

主标志又分为警告标志、禁令标志、指示标志、指路标志、旅游区标志和道路施工安全标志等。

(1)警告标志:警告车辆、行人注意危险地点的标志。警告标志一般颜色为黄底、黑边、黑图案,形状为顶角朝上的等边三角形。

(2)禁令标志:禁止或限制车辆、行人交通行为的标志。除个别标志外,禁令标志一般颜色为白底,红圈,红杠,黑图案,图案压杠;形状为圆形、八角形、顶角朝下的等边三角形。设置在需要禁止或限制车辆、行人交通行为的路段或交叉口附近。

(3)指示标志:指示车辆、行人行进的标志。指示标志一般颜色为蓝底、白图案;形状分为圆形、长方形和正方形;设置在需要指示车辆、行人行进的路段或交叉口附近。

(4)指路标志:传递道路方向、地点、距离信息的标志。指路标志一般颜色除里程碑、百米桩外,一般为蓝底、白图案;高速公路一般为绿底、白图案;形状除地点识别标志、里程碑、分合流标志外,一般为长方形和正方形。设置在需要传递道路方向、地点、距离信息的路段或交叉口附近。

(5)旅游区标志:提供旅游景点方向、距离的标志。旅游区标志一般颜色为棕色底、白色字符图案;形状为长方形和正方形。旅游区标志又可分为指引标志和旅游符号两大类,设置在需要指示旅游景点方向、距离的路段或交叉口附近。

(6)道路施工安全标志:通告道路施工区通行的标志。用以提醒车辆驾驶人和行人注意,通告高速公路及一般道路交通阻断、绕行等情况。设在道路施工、养护等路段前适当位置。

2. 辅助标志

辅助标志是在主标志无法完整表达或指示其内容时,为维护行车安全与交通畅通而设置的标志,为白底、黑字、黑边框,形状为长方形,附设在主标志下,起辅助说明作用。

(三)交通标线

在道路的路面用线条、箭头、文字、立面标记、突起路标和轮廓标等向交通参与者传递引导、限制、警告等交通信息的标识。其作用是管制和引导交通。

1. 按功能分类

(1)指示标线:指示车行道、行车方向、路面边缘、人行道等设施的标线。

(2)禁止标线:告示道路交通的遵行、禁止、限制等特殊规定,车辆驾驶员及行人需严格遵守的标线。

(3)警告标线:促使车辆驾驶员及行人了解道路特殊情况,提高警觉,准备防范或采取应变措施的标线。

2. 按形态分类

(1)线条:标画于路面、缘石或立面上的实线或虚线。

(2)字符:标画于路面上的文字、数字及各种图形符号。

(3)突起路标:固定于路面上,起标线作用的突起标记块,在高速公路或其他道路上用来标记中心线、车道分界线、边缘线,也可用来标记弯道、进出口匝道、导流标线、道路变窄、路面障碍物等。

(4)轮廓标:指示道路的方向、车行道的边界,沿着公路前进的方向左、右侧对称连续设置;按设置条件,轮廓标可分为埋设于路面和附着式两种。

3. 按交通标线的标画分类

(1)白色虚线:画于路段中时,用以分隔同向行驶的交通流或作为行车安全距离识别线;画于路口时,用以引导车辆行进。

(2)白色实线:画于路段中时,用以分隔同向行驶的机动车和非机动车,或指示车行道的边缘;画于路口时,可用作导向车道线或停止线。

(3)黄色虚线:画于路段中时,用以分隔对向行驶的交通流;画于路侧或缘石上时,用以禁止车辆长时在路边停放。

(4)黄色实线:画于路段中时,用以分隔对向行驶的交通流;画于路侧或缘石上时,用以禁止车辆长时或临时在路边停放。

(5)双白虚线:画于路口时,作为减速让行线;画于路段中时,作为行车方向随时间改变之可变车道线。

(6)双黄实线:画于路段中时,用以分隔对向行驶的交通流。

(7)黄色虚实线:画于路段中时,用以分隔对向行驶的交通流;黄色实线一侧禁止车辆超车、跨越或回转,黄色虚线一侧在保证安全的情况下准许车辆超车、跨越或回转。

(8)双白实线:画于路口时,作为停车让行线。

(四)交通警察指挥

交通警察指挥手势信号分为停止、直行、左转弯、左转弯待转、右转弯、变道、减速慢行、示意车辆靠边停车。在有交通警察指挥车辆的情况下,应按照交通警察的手势行车,而不能按照其他交通信号行驶。

五、安全出行常识

(一)行走安全须知

(1)行人应行走在人行道内,没有人行道的靠路边行走。

(2)通过路口或横过马路,按照交通信号灯指示或听从交通警察的指挥通行。有交通信号控制的人行横道,应做到红灯停、绿灯行;从没有交通信号控制的路口通过时,须注意来往车辆,不要追逐猛跑;有人行过街天桥或隧道的须走人行过街天桥或隧道。

(3)走路时要集中精力,"眼观六路,耳听八方",不戴耳机听音乐;不低头看书、玩手机。

(4)做到"六不要"。不要在道路上玩耍、坐卧或进行其他妨碍交通的行为;不要钻越、跨越人行护栏或道路隔离设施;不要在道路上追逐打闹;不要与机动车抢道;不要突然横穿马路、翻越护栏;不要进入内环路、外环路、高速公路、高架道路及行车隧道或者有人行隔离设施的机动车专用道。

(二)骑助力电动车、自行车安全须知

(1)在划分机动车道和非机动车道的道路上,助力电动车或自行车应在非机动车道行驶;在没有划分中心线和机动车道与非机动车道的道路上,机动车在中间行驶,助力电动车和自行车应靠右边行驶,不能违规载人。

(2)助力电动车或自行车必须保持车况良好、车闸安全有效。

(3)助力电动车或自行车转弯前须减速慢行,注意观察周围情况,不要突然猛拐;超越前车时,不要妨碍被超车的行驶。

(4)不要抢路,尤其是不要和机动车抢路;弯路上要减速,防止冲出路面。

(5)不要互相追逐或竞驶,不能在非机动车道上逆向行驶。

(三)乘坐机动车辆安全须知

(1)首选安全性能有保障的车辆,不要乘坐私人摩托车、违法运营车辆等"黑车"。

(2)乘坐长途汽车、公共汽车时,须在车站或站台排队候车,待车停稳后,先下后上。下车后,不要突然从车前、车后走出或猛跑穿越马路,防止被来往车辆撞上。

(3)不要在车行道上招呼出租车,以免被疾驰而过的车辆撞伤。

(4)车辆行进中,不要将身体的任何部分伸出车外,防止被车辆剐撞,或被树木建筑物剐撞。

(5)乘车时不要与司机攀谈,不要催促司机开快车,或用其他方法影响和妨碍司机正常驾驶。

(6)系好安全带,抓好扶手。在乘车时,驾驶人和乘客必须系好安全带,抓好扶手,防止车辆紧急刹车或发生碰撞时受伤。

(四)乘船安全须知

(1)不夹带危险物品上船。

(2)不要乘坐缺乏救护设施、无证经营的小船,也不要冒险乘坐超载船只或者"三无"船只(没有船名、没有船籍港、没有船舶证书)。

(3)上下船时,必须等船靠稳,待工作人员安置好上下船的跳板后才可行动;上下船不要拥挤,不随意攀爬船杆,不跨越船挡,以免发生意外落水事故。

(4)上船后,要仔细阅读紧急疏散示意图,了解存放救生衣的位置,熟悉穿戴程序和方法,留意观察和识别安全出口,以便在出现意外时掌握自救主动权。同时按船票所规定的舱位或地点休息和存放行李。行李不要乱放,尤其不能放在阻塞通道和靠近水源的地方。

(5)客船航行时不要在船上嬉闹,不要紧靠船边摄影,也不要站在甲板边缘向下看波浪,以防眩晕或失足落水;观景时切勿一窝蜂地拥向船的一侧,以防船体倾斜,发生意外。

(五)乘坐飞机安全须知

(1)应在飞机客票规定的起飞时间提按规定前办理好登机手续,以免影响航班准时起飞。

(2)登机前,旅客及其随身携带的一切行李物品,必须接受机场安全部门的安全检查。禁止携带枪支、弹药、凶器,易燃、易爆、腐蚀、放射性物品,以及其他危害民航安全的危险品登机,以便维护飞机和乘客的安全。

(3)飞机起飞、降落或遇到颠簸时,应系好安全带,并禁止旅客在客舱内走动。

(4)熟记空中乘务员所做的飞行安全示范。乘客上飞机后应当细心聆听乘务员讲解的飞行安全须知,熟悉紧急出口的位置及其他安全避险措施,以避免遇到紧急情况时惊慌无措。

(5)大件行李应办理托运,勿随身携带。

(6)乘坐国内班机,在机舱内一律不允许吸烟;乘坐国际班机,只能在指定吸烟处吸烟,烟头必须掐灭后放进烟盒内,禁止在机内的厕所里吸烟。

(7)飞机飞行过程中严禁使用手机、笔记本电脑等电子设备,以防对机上仪表造成干扰。

(8)机舱内配有救生设施,乘务员会将其使用方法向乘客做详细介绍和示范,在发生紧急情况时,由机组人员组织乘客使用。未经机组人员的许可,任何人都不可随意使用。当面临危急状况时,乘客应保持镇静,听从机组人员的指挥。

①留意靠近自己座位的太平门及开启方法,万一失事,要能在浓烟中找到出口,会开门。

②取下眼镜、假牙、脱下高跟鞋,取下口袋的尖锐物品(如钢笔),以防碰撞伤害身体。

③如机舱内有浓烟,用手巾(最好是湿的)掩住鼻子和嘴,走向太平门时应尽可能俯屈身体,贴近舱底。

④机舱一开门,充气救生梯会自动膨胀,跳到梯上用坐着的姿势滑到地面。

⑤滑到地面后,尽可能快速的远离飞机,不要返回机上取行李。

⑥如果自己和别人受伤,应通知服务员。等待救援时,设法和其他乘客交谈,保持求生意志。

(六)乘坐火车安全须知

(1)选择正规渠道购票;12306网上订票、火车站窗口购票、车站自动售票机购票。火车票实行实名制,不要相信网上的车票转让信息,防止上当受骗,也不要从别人手里购买有其他人身份证信息的火车票;人、票、证不符时将无法进站乘车,车票作废。

(2)行李不要太零散,最好集中箱包盛放,路途中的常用物品(如食品)和贵重物品应分开存放,行李应时刻保持在自己视线范围内,防止丢失。

(3)旅客及其随身携带的一切行李物品,必须接受进站安全检查。禁止携带枪支、弹药、凶器,易燃、易爆、腐蚀、放射性物品以及其他危害列车安全的危险品上车,以便维护列车和乘客的安全。

(4)不要在车门和车厢连接处逗留,这个部位容易发生夹伤、挤伤、卡伤等事故。乘坐动车时禁止在车厢内吸烟。

(5)防人之心不可无,谨防一些不法分子利用"老乡""同行"等借口主动搭讪套取信息,也不要轻易把你的手机借给别人,或给人翻看,防止窃取手机信息,从而伺机实施诈骗或盗窃。

(6)出站时,不要轻易和陌生人搭话,到车站指定地点乘坐公交、地铁或出租车,自己找正规旅馆或酒店住宿,不要轻信出站口拉客的人。

(7)乘车时遇到困难及时找列车乘务人员帮助解决。

思考与练习

1.大学校园里常见到哪些违反交通安全的行为?

2.大学生在校园内违反交通法规应不应该受到处罚?

3.大学生应怎样维护校园安全?

第九章 野外事故救护及应急避险

党的二十大报告指出:"提高公共安全治理水平。坚持安全第一、预防为主,建立大安全大应急框架,完善公共安全体系,推动公共安全治理模式向事前预防转型。"野外活动作为一种亲近大自然的运动休闲方式,在锻炼大学生的健康体魄,培养他们团结合作、互相关爱的品质的同时,也存在着不小的安全压力,必须做好相应的准备工作,以备不时之需。应急避险能力是安全教育的重要内容和确保生命安全的基本技能,要经常训练、不断提高,突出安全工作为学校工作的重中之重,形成家庭、学校、社会合力,狠抓学生安全防范,提高学生安全自护能力。

第一节 出行前的准备

一、准备急救药包

每次野外活动,外出旅行,一定要在行李箱中备一个小小的急救药包,宁可备而不用,不可用时无备。

(一)城市间旅行

在城内旅行,能随时就近选择去医院得到医生的帮助和治疗。所以随身携带的急救药包不必太齐备,只要一些常用药品,能起到及时救治的效果就好。

1. 个人特需药品

假如你的身体有特殊健康问题,如患有心脏病、高血压、哮喘等慢性病,就一定不要忘记带上救命药。有心脏病的旅行者除了不要尝试危险的运动,还要备好硝酸甘油和速效救心丸。患糖尿病的人则要备齐降糖药,特别是需要打胰岛素的人,如果需要外出旅行,就更需要对随身的药品进行仔细的检查。同时要按照药品保存要求保存好药品,防止药物变性或失效。

2. 晕车药

假如你有晕车经历,那晕车药是必要的,而且要按照用药规定服用药品。

3. 胃肠药

对旅行者来说,当地美食是万万不能错过的。在路边摊大快朵颐,难免会出现消化不良或者肠胃被细菌感染的状况。药盒里应备上有益菌类的消化药,以及防治肠道细菌感染、腹泻的药物。

4.降火药

咽喉肿痛、大便不通等是旅行者常见的症状,准备好降火消炎药品,可大大消除你的烦恼。

(二)野外活动

远离繁华都市,深入自然深处,也就远离了设备齐全、医资优良的救命之所。旅途中一切都是未知数,所以做到有备无患是最安全的。

如果野外出游时间较短,仅仅三两天,带上你平日最常使用的药物就行;如果时间超过五天,那么感冒药、过敏药、止泻药、风油精、清凉油、创可贴、云南白药、紫药水等在特殊情况下就成了灵丹妙药。

另外,野外出游时,大多时间吃干粮,蔬菜和水果可能吃得少,维生素补充剂也是好伴侣。如果出行目的地很特殊,非常有必要根据目的地的特点,准备好特殊药物,以防万一。

1.赤热地带

去沙漠等高温地区旅行,一定要准备防暑药,去热带森林旅行,药品则需要防止蚊虫叮咬,同时又要防暑。所以藿香正气丸、人丹片、清凉油、驱蚊油都是不错的选择。另外,口服补液盐能补充出汗流失的盐分。

2.密林大山

深山老林是毒蛇出没频繁的地方,所以带上解毒药、弹性绷带是上上之策。万一被蛇咬到,原地不动,掏出绷带在伤口上方位置扎紧,防止毒液扩散,马上服用蛇药,待情况稳定,赶紧去医院就诊。

3.高原地带

去高原地区旅行,一定不要忘了带上一些抗高原反应的药,如高原安、红景天等。另外,还可以准备一些降低高原反应强度的药,如止痛药、晕车药、速效感冒药、阿司匹林,以及口服葡萄糖等。

(三)特别提示

(1)旅行药包里的东西不是越多越好,要以简单、必需为基本原则。由于没有医生可以咨询,所以最好一次只服用一种药物,避免多种药物一起使用发生药物之间的"配伍禁忌",发生化学反应,产生有毒物质。

(2)因为作息时间的暂时不规律引起的失眠,不要轻易服用安眠药,身体逐渐适应当地环境和旅途运动规律后,自然就好了。假如你的病情和症状都不一般,如突然高烧不退或上吐下泻,就要立即去当地医院检查确诊,不要擅自用药,延误治疗。

二、备好急用工具

金属饭盒:选择一个铝制或不锈钢制的饭盒,有把手的更佳。因为饭盒本身可以用来加热、装水或者化雪;饭盒的金属盖在必要时可以当作反光镜使用,关键时刻可以发出求救信号。塑料盒虽然轻巧,可满足盛装物品需要,但无法加热,使用范围受到了限制。

多功能工具刀:在野外配一把多功能的工具刀是绝对有必要的。比如瑞士军刀,它除了集成常规的小刀、起子、剪刀以外,还有锯、螺丝刀、锉刀等,甚至还带有一个放大镜。

简易针线包:针线包一直是军队的野外活动必备品。现代针线包的功能已经不仅是原来单纯的缝缝补补,针不但可以挑刺,更能在有些时候弯成鱼钩,助力改善伙食。

火机:在野外,火种几乎是一切。现在防风防水的火机是常见的,且轻便小巧,使用方便,性能可靠。

手电:手电是野外活动的必备用品。现在的强光手电光照强而远,持续力强,在夜晚或昏暗处用处大,在必要时还可有警示和联络之用。

口哨:当你遇险时,可以用哨声引来救援,或者吓走一些小野兽。

指南针:即便你带上了GPS,你的手表也带有电子罗盘,有些原始的指南针还是必不可少的。在野外,谁都无法保证先进的设备不出岔子,这时,小小的指南针可以帮你找到回家的路。

胶带:不要小看任何一件小玩意儿,它可是最快的修补剂。当你外衣被划破、帐篷被吹裂时,它的作用就显现出来了。虽然它的基本功能是粘贴,但稍微发挥一下你的想象力,你能发现它能派上的用处会大得多。

记号笔:野外严酷的环境,记号笔成为我们的极佳选择。

纸:最好是即事贴,如果是白色更佳。

第二节 常用急救术

一、心肺复苏术

(一)基本方法

受伤者处于昏迷状态,应当检查其心肺功能是否正常,按照以下步骤检查。如果怀疑是背部或颈部受伤,则应注意不移动他的头,并尽快将其头部固定。

(1)掰开受伤者的嘴,把口中的阻塞物去掉,然后检查其呼吸道:一只手放在受伤者的前额,另一只手的两个手指抬起受伤者的下巴,使其头部向后仰。

(2)检查受伤者的呼吸。将脸颊贴近受伤者的口鼻约5秒,感受他的呼吸,同时注意观察受伤者的胸部运动,判断受伤者的肺功能是否正常。

(3)测气管处的脉跳次数以检查受伤者的血液循环,测5秒,如果有脉跳和呼吸,将受伤者按复苏姿势摆好;如果既无呼吸又无脉跳,就开始进行心脏复苏治疗。

(4)如果受伤者昏迷不醒,则最好将其按复苏姿势摆好,这样受伤者的舌头就不会堵住喉咙,口水可从口中流出,以保证其呼吸道通畅。

(5)如果受伤者昏迷不醒但仍有呼吸,就把其挨地的手臂抬至身体的适当部位,把另一只手臂与脸颊贴近,挨地的腿放直,另一条腿弯曲,把受伤的大腿向自己拉近,让受伤者侧躺。

(6)把受伤者的头部放置在地面上并向后仰,颌部向前以保持呼吸道畅通。如果可能的话,把受伤者的手臂放在头下。

(二)人工呼吸

人所呼出的空气中氧气占16%,通过做人工呼吸,可以促进病人的血液循环。如果病人停止了呼吸但还有脉跳,则每分钟做10次,直到病人能够自主呼吸。

(1)让伤病者平躺在地面上,为保证其呼吸通畅,要把口中的阻塞物去掉,把一只手放在伤病者前额上,另一只手放在其下巴下面,使其头略微向后仰。

(2)用拇指和食指捏紧伤病者的鼻子,嘴对嘴将空气吹入病人肺部,持续2秒,然后停止吹气,让病人的胸完全瘪下去。

重复步骤 2,每分钟做 10 次,直到伤病者能自主呼吸为止。测其脉搏,如果脉搏停止,就对其施行心肺复苏治疗。

(三)休克处理方法

各组织的氧气和养分供应不足,会导致全身血液流量减少,从而引起休克。如果病人得不到及时的治疗,其重要器官就会停止工作,导致死亡。对于休克病人的处理方法如下:

(1)把病人双腿抬高(略高于头部),使其保持清醒,解开衣物,让病人放松,然后测量其脉搏。

(2)在病人的背部和胸部盖上睡袋或大衣,测量其呼吸及心跳,尤其是当病人失去知觉时,如果呼吸和心跳停止,施行心肺复苏治疗。

二、中暑与紧急急救

中暑是高温影响下的体温调节功能紊乱,常是烈日暴晒或在高温环境下进行体力劳动所致。中暑的一般症状包括:皮肤干燥发热,脸色发红发烫,但已停止出汗,体温升高,脉搏加快变强,头痛剧烈,常伴有呕吐,呕吐过后可能就会失去知觉。

(一)常见的中暑原因

正常人体温能恒定在 37 ℃左右,是下丘脑体温调节中枢的作用,使产热与散热取得平衡的结果。当周围环境温度超过皮肤温度时,散热主要靠出汗以及皮肤和肺泡表面的水分蒸发来完成。人体还可通过血液循环,将身体深部组织的热量带至皮下组织,通过扩张的皮肤血管散热,因此经过皮肤血管的血流越多,散热就越多。身体产生的热大于散出去的热或散热功能受阻,从而导致体内量热积蓄,导致产生高热中暑。

(二)中暑病情分类

1. 先兆中暑

在高温环境下,中暑者出现头晕、眼花、耳鸣、恶心、胸闷、心悸、无力、口渴、注意力不集中、四肢发麻等症状,此时体温正常或稍高,一般不超过 37.5 ℃。此为先兆中暑,若及时采取措施,如迅速离开高温现场等,大多能阻止中暑的发展。

2. 轻度中暑

除有先兆中暑表现外,还有面色潮红或苍白、恶心、呕吐、气短、大汗、皮肤热或湿冷、脉搏细弱、心率增快、血压下降等呼吸循环衰竭的早期表现,此时体温超过 38 ℃。

3. 重度中暑

除先兆中暑、轻度中暑的表现外,并伴有昏厥、昏迷、痉挛或高热等症状。重度中暑还可以分为:

(1)中暑高热:体内有大量热蓄积。中暑者可出现嗜睡、昏迷、面色潮红、皮肤干燥、无汗、呼吸急促、心率增快、血压下降、高热等症状,体温可超过 40 ℃。

(2)中暑衰竭:体内没有大量积热。中暑者可出现面色苍白、皮肤湿冷、脉搏细弱、呼吸浅而快、晕厥、昏迷、血压下降等症状。

(3)中暑痉挛:与高温无直接关系,而是发生在剧烈劳动中与劳动后,由于大量出汗只饮水而未补充盐分,导致血钠、氯化物含量降低,血钾亦可降低,而引起阵发性、疼痛性肌肉痉挛(俗称抽筋),表现为口渴、尿少,但体温正常。

(4)日射病:强烈的阳光照射头部,造成颅内温度增高。中暑者出现剧烈头痛、头晕、恶心、呕吐、耳鸣、眼花、烦躁不安、神志障碍等症状,严重者发生昏迷,体温可轻度增高。

(三)中暑的紧急救护

(1)脱离高温环境,迅速将中暑者转移至阴凉通风处休息。使其平卧,头部与肩部抬高,松解衣扣。或采用微温水湿透内衣使患者体温回落(凉水反而会使体内温度升高),不停地扇风。当体温正常时,更换衣服,保持体温,不能受凉。

(2)补充液体:如果中暑者神志清醒,并无恶心、呕吐等症状,可饮用含盐的清凉饮料、茶水、绿豆汤等,以起到既降温、补充血容量的作用。

(3)人工散热:可采用电风扇吹风等散热方法,但不能直接对着中暑者吹风,防止其感冒。

(4)冰敷:亦可头部冷敷,应在头部、腹下、腹股沟等大血管处放置冰袋(用冰块等放入塑料袋内,密封即可),并可用冷水或30%酒精擦浴直到皮肤发红。

第三节　常见意外伤害处置方法

一、骨折处理方法

骨折,必须得到即时、有效的专业救护。如条件不具备,患者应快速举行现场自我抢救,以减轻自身的苦痛,保障亲身的性命安全,缩减并发症的发生。自我抢救的措施主要有:

(1)止血。对开放性骨折,出现大出血者,应即时进行止血,可依据详情,应用压迫、加压包扎或止血带等方法。

(2)保护伤口。伤口外表有显著异物可以取掉,然后用清洁的布类覆盖包扎伤口。对外露的骨折端,不要还纳,以免将污染物带入深层,但要进行保护性包扎。

(3)伤肢固定。伤肢的即时固定,可减轻疼痛,避免造成对神经、血管的损伤。固定材料可因地制宜,应用木板、树枝等,如无物无用,可将负伤的上肢固定于胸壁,下肢固定于健侧。

二、蜂蜇处理办法

毒蜂包括蜜蜂、黄蜂(又叫马蜂或胡蜂)、大胡蜂和竹蜂等多种有毒刺的蜂类,其毒力以蜜蜂最小,黄蜂和大胡蜂较大,竹蜂最强。外出野游时被蜂蜇伤,不要以为没有什么,应引起重视,否则可能导致严重的后果。完全有理由相信,有些毒蜂的毒性绝不亚于毒蛇,而之所以较少有人死于毒蜂蜇,根本原因仅仅在于进入人体毒液的数量相差悬殊。然而即使只被一两只大胡蜂或竹蜂等毒性猛烈的毒蜂蜇伤,也常常会出现头痛、发热、恶心、呕吐等全身症状,对蜂毒过敏者,还可能迅速出现荨麻疹、哮喘或过敏性休克,甚至因呼吸衰竭而死亡。

(1)被蜂蜇伤急救法。被蜜蜂蜇后,应立即小心拔出毒刺,如有断刺必须用消毒针将其剔出,然后用肥皂水、3%氨水等弱碱性溶液清洗及外敷,如果没有碱性液则用干净的清水冲洗伤口;如被其他蜂蜇刺,最好用食用醋洗涤及外敷,然后用力掐住被蜇伤的部分,用嘴反复吸吮,以吸出毒素;若被大胡蜂或竹蜂等毒性猛烈的毒蜂蜇伤,最好用季德胜或南通蛇药涂抹或外敷,同时口服蛇药片,亦可以采撷鲜蒲公英、紫花地丁、景天三七、七叶一枝花和半边莲等解毒草药捣烂外敷,然后尽快送医院治疗。

（2）防蜂注意事项。野外游玩，一般不要抹香水、发胶和其他芳香的化妆品，以防毒蜂闻风而至；携带的甜食和含糖饮料要密封好，以免招来毒蜂；在山野丛林活动时，不要乱捅蜂巢，以免群蜂攻击；如不小心触动有蜂巢的树枝、灌木，引起蜂群骚动，千万不要拔腿狂奔，而应就地蹲下，屏息敛气，纹丝不动，可用随身携带的草帽遮挡颜面和头颈，耐心静候一二十分钟，待蜂群活动恢复正常之后，再慢慢退却，以免遭蜂群围攻。另外，鲜艳的服装容易诱发毒蜂的攻击，因此一定要尽量避免穿着红、黄、橙等接近花蕊颜色的衣服。

三、被猫、狗咬伤、抓伤

被猫、狗咬伤、抓伤后，应立即采取措施，马上处理，以防万一。被咬伤抓伤后，应以最快的速度脱下或撕开伤处的衣服，用大量的清水或20%的肥皂水清洗伤口，并不断擦拭。可用淋浴或盆往伤口上倒水冲洗，伤口较深者还需用导管导入，用肥皂水持续灌注清洗，反复冲洗擦拭伤口，务必在3～5分钟内使伤口得到充分清洗。需注意的是，此伤口不宜包扎，在充分清洗伤口后，应以最快的速度将患者送往医院，按医生的要求注射抗狂犬病免疫血清和狂犬病疫苗，并进行伤口的进一步处理。在被其他动物等咬伤时，也应按被猫、狗咬伤、抓伤的处理方式来处理。

四、被毒蛇咬伤

我国蛇类有160余种，其中，毒蛇有50余种，有剧毒、危害巨大的有10种，如大眼镜蛇、金环蛇、眼镜蛇、五步蛇、银环蛇、蝰蛇、蝮蛇、竹叶青蛇、烙铁头蛇、海蛇等，被其咬伤后可能导致死亡。这些毒蛇夏秋季节易在南方森林、山区、草地中出现，人在割草、砍柴、采野果、摘菜、散步、军训时易被毒蛇咬伤。毒蛇的头多呈三角形，颈部较细，尾部短粗，色斑较艳，咬人时嘴张得很大，牙齿较长，被毒蛇咬伤部位常会留下两排深而粗的牙痕。如果无法判定是否被毒蛇咬伤，要按被毒蛇咬伤进行急救。

（一）症状

被毒蛇咬伤，伤口一般有两排又深又粗的牙痕，受伤者身体有出血、疼痛、红肿症状，并向躯体近心端蔓延、淋巴结肿大，有压痛感、起水疱，全身症状有发热、寒战、头晕、头痛、恶心、呕吐、嗜睡、腹痛、腹泻、视力不清、鼻子出血等，严重者惊厥昏迷、心律失常、呼吸困难、麻痹、心肾衰竭。

（二）急救

（1）自救时，用绳索、手帕、植物藤、布带将伤口的近心端的5厘米处捆住，以防毒素继续在体内扩散。每隔15～20分钟，放松带子1～2分钟以防肢体缺血坏死。

（2）用井水、泉水、茶水、自来水或1∶5 000高锰酸钾溶液反复冲洗伤口，同时在伤口上做多个"十"字小切口以便排毒。接着用火罐、吸奶器、吸引器将毒汁吸出。紧急时，用嘴将毒汁吸吮出来，吸吮后立即吐出，将嘴漱干净。急救者有口腔溃疡时禁用此法。

（3）用针刺排毒。咬伤超过24小时肿胀严重时，可用钝针在肿胀下端每隔2～3厘米刺一针孔，使患肢下垂，自上而下按压，使毒汁从针眼流出，每日2～3次，连续2～3日。

（4）手足肿胀时，可分别针刺手指间的八邪穴（图9-1）和足趾间的八风穴（图9-2），以加速排毒退肿。

图 9-1　八邪穴　　　　图 9-2　八风穴

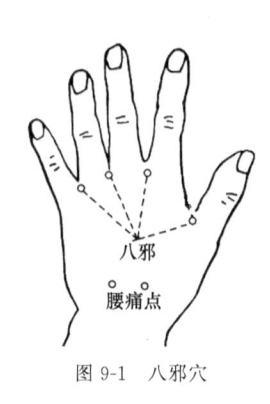

(5)解毒药的应用：
①南通蛇药(季德蛇药)，轻者每次服 5 片，每日 3 次，重者每次服 10 片。
②将上述药片用温水溶化后，涂于伤口周围半寸处。
③上海蛇药，每次服 10 片，以后每小时服 5 片。
④新鲜半边莲(蛇疗草)30～60 克，水煎服，或捣烂涂伤口周围。

(6)急救中，忌用吗啡、氯丙嗪、巴比妥类等中枢抑制药和横纹肌抑制药箭毒等，应急送医院救治。

(三)预防

学习掌握识别毒蛇和毒蛇咬伤后的急救、自救知识。野外活动应少去、不去可能有毒蛇出没的地方，不得不去时应做好防护，可以穿长靴、长袜，绑紧裤腿，戴帽护脖，拿好棍棒等，以防万一。

五、烧伤、烫伤的急救

烧伤和烫伤在生活中是经常遇到的情形。烧伤之后，要根据烧伤的面积大小、严重程度，有针对性地采取措施，并且把有关情况告诉急救中心，以便医护人员携带合适的医疗器械及包扎物品。

(一)急救原则

烧伤的急救主要包括降温及保护患处。如果烧伤后皮肤尚完整，应尽快使局部降温。如将其置于水龙头下冲洗，这样会带走局部组织热量并减少进一步损害，随后，用一块松软潮湿、最好是已消毒的垫子包扎伤处，注意不要太紧。

如果患者烧伤处已经起了水疱，应该保护局部或降温。用干净的水冲洗患处时，注意不要刺破或擦破水疱以防止感染。若伤处肿胀，应去掉饰物，连续用冷水冲洗伤处。然后用不带黏性的敷料或潮湿的、最好是已消毒的垫子轻覆于水疱之上，除非水疱很小，否则一定要将患者送往医院。

如果患者的衣服和患处有粘连，应该用剪刀将患处周围的衣服剪开，尽可能让患处暴露出来，然后用清洁的纱布轻轻覆盖。

(二)分类急救

1. 火烧伤

如果衣服着火，可就地打滚灭火，也可用大毯子、衣服、抹布或类似物品覆盖灭火，绝对不要跑动,因为这样做会引起火焰。当衣服已经烧着时,应该将衣服脱去,但要留下与身体黏连的部分,用潮湿被单或类似物品将伤者包裹好,送医院检查。

如果皮肤已经烧坏,要用一块干净的垫子覆盖其上以保护伤处,减少感染危险。如果患者烧伤的程度十分严重,有些皮肤已经出现炭化的迹象,这时千万不要触动患处,避免因接触过多,造成患处的二次损伤。

2. 液体烫伤

由热的液体引起的烫伤,要用冷水冲走热的液体,局部降温10分钟,并用一块干净、潮湿的敷料覆盖。如果口腔烫伤,由于肿胀可能影响呼吸道,因此急救一定要快,使患者脱离热源,将其置于凉爽处,并保持稳定的侧卧位,等待救援。

3. 化学品烧伤

如果化学品(硫酸、火碱等)烧伤皮肤,应马上用干毛巾将残留的化学物轻轻除去,然后用大量的冷水冲洗。但有些化学品,如硫酸等能够和水发生剧烈的化学反应,被其烧伤时,千万不可直接用水冲洗。

六、溺水的急救

年轻人喜欢游泳,但因为缺少游泳常识而溺水死亡的事件时有发生。溺水是由于大量的水灌入肺内,或冷水刺激引起喉痉挛,造成窒息或缺氧,若抢救不及时,4~6分钟即可死亡。必须争分夺秒地进行现场急救,切不可因急于将溺水者送往医院而失去宝贵的抢救时机。把溺水者救上岸后,在现场应立即施行如下急救措施:

(1)立即清除口鼻内污泥、杂物、假牙,保持呼吸道通畅。

(2)迅速进行控水。其具体方法是:把溺水者放在斜坡地上,使其头向低处俯卧,压其背部,将水控出。如无斜坡,救护者一腿跪地,另一腿屈膝,将溺水者腹部横置于屈膝的大腿上,头部下垂,按压其背部,将口、鼻、肺部及胃内积水倒出。即使排出的水不多,也应抓紧时间施行人工呼吸和心脏按压,千万不可因倒水而延误了抢救时间。

(3)对呼吸已停止的溺水者,应立即进行人工呼吸。其具体方法是:将溺水者仰卧放置,抢救者一手捏住溺水者的鼻孔,一手掰开溺水者的嘴,深吸一口气,迅速口对口吹气,反复进行,直到溺水者恢复呼吸。

(4)如呼吸、心跳均已停止,应立即进行人工呼吸和胸外心脏按压。其具体方法是:急救者将手掌根部置于胸骨中段进行心脏按压,下压要慢,放松时要快,每分钟80~100次,与人工呼吸互相协调操作,与人工呼吸操作之比为5∶1,如一人施行,则心脏按压与人工呼吸之比是15∶2。溺水者经现场急救处理,在呼吸、心跳恢复后,应立即送往附近医院。在送往医院的途中,仍需不停地对溺水者做人工呼吸和心脏按压,以便于医生抢救。

第四节 自然灾害自救

一、自然灾害概述

自然灾害是自然环境的某个或多个环境要素发生变化,破坏了自然生态的相对平衡,使人群或生物种群受到威胁或损害的现象。自然灾害形成的过程有长有短,有缓有急。有些自然灾害,当致灾因素的变化超过一定强度时,就会在几天、几小时甚至几分钟、几秒内表现为灾害行为,像地震、洪水、暴雨、飓风、火山爆发、风暴潮、冰雹、雪灾等,这类灾害称为突发性自然灾害。旱灾,农作物和森林的病、虫、草害等,虽然一般要在几个月的时间内成灾,但灾害的形成和结束仍然比较快速、明显,所以也把它们列入突发性自然灾害。另外,还有一些自然灾害是在致灾因素长期发展的情况下,逐渐显现成灾的,如土地沙漠化、水土流失、环境恶化等,这类灾害通常要几年或更长时间的发展,则称之为缓发性自然灾害。许多自然灾害,特别是等级高、强度大的自然灾害发生以后,常常诱发出一连串的其他灾害,这种现象叫灾害链。灾害链中最早发生的起作用的灾害称为原生灾害,而由原生灾害所诱导出来的灾害则称为次生灾害。自然灾害发生后,破坏了人类生存的和谐条件,由此还可导致一系列其他灾害,这些灾害泛称为衍生灾害。

中国是世界上自然灾害最严重的少数几个国家之一。中国的自然灾害种类多,发生频率高,灾情严重。中国自然灾害的形成深受自然环境与人类活动的影响,有明显的南北不同和东西差异。广大的东部季风区是自然灾害频发、灾情比较严重的地区,华北、西南和东南沿海是自然灾害多发区。

中国幅员辽阔,地理气候条件复杂,自然灾害种类多且发生频繁,除现代火山活动导致的灾害外,几乎所有的自然灾害,如水灾、旱灾、地震、台风、风雹、雪灾、山体滑坡、泥石流、病虫害、森林火灾等,都有发生。自然灾害表现出种类多、区域性特征明显、季节性和阶段性特征突出、灾害共生性和伴生性显著等特点。

自然灾害分类是一个很复杂的问题,根据不同的考虑因素可以有许多不同的分类方法。例如,根据其特点和灾害管理及减灾系统的不同,就可将自然灾害分为以下七大类:

(1)气象灾害。包括:热带风暴、龙卷风、雷暴大风、干热风、暴雨、寒潮、冷害、霜冻、雹灾及干旱等。

(2)海洋灾害。包括:风暴潮、海啸、潮灾、赤潮、海水入侵、海平面上升和海水回灌等。

(3)洪水灾害。包括:洪涝、江河泛滥等。

(4)地质灾害。包括:崩塌、滑坡、泥石流、地裂缝、火山、地面沉降、土地沙漠化、土地盐碱化、水土流失等。

(5)地震灾害。包括:地震引起的各种灾害以及由地震诱发的各种次生灾害,如沙土液化、喷沙冒水、城市大火、河流与水库决堤等。

(6)农作物灾害。包括:农作物病虫害、鼠害、农业气象灾害、农业环境灾害等。

(7)森林灾害。包括:森林病虫害、鼠害,森林火灾等。

当面临地震、气象灾害以及洪水灾害这些在我们身边常见的自然灾害时,作为学生的你应该如何面对?本章重点介绍了这几类灾害的应对措施,以使同学们能冷静地面对自然灾害。

二、地震灾害自救

2008年5月12日14时28分4秒,四川汶川县发生8.0级地震。大量的房屋倒塌,死伤达数万人,还有许多人无家可归。震中位于中国四川省阿坝藏族羌族自治州汶川县映秀镇与漩口镇交界处、四川省省会成都市西北偏西方向92千米处。根据中国地震局的数据,此次地震的面波震级达8.0 Ms、矩震级达8.3 Mw,破坏地区超过10万平方千米。地震烈度可能达到11度。地震波及大半个中国及亚洲多个国家和地区。我国北至辽宁,东至上海,南至香港、澳门均有震感,有震感的国家有泰国、越南、巴基斯坦。汶川地震是中华人民共和国成立以来破坏力最大的地震,也是唐山大地震后伤亡最惨重的一次。

(一)地震及地震产生的原因

地震(Earthquake)又称地动、地振动,是地壳快速释放能量过程中造成振动,其间会产生地震波的一种自然现象。全球板块构造运动地震是地球内部介质局部发生急剧的破裂,产生的震波,从而在一定范围内引起地面振动的现象。地震在古代又称为地动。它就像海啸、龙卷风、冰冻灾害一样,是地球上经常发生的一种自然灾害。大地震动是地震最直观、最普遍的表现。在海底或滨海地区发生的强烈地震,能引起巨大的波浪,称为海啸。地震的发生是极其频繁的,全球每年发生地震约550万次。

引起地球表层震动的原因很多,根据地震的成因,可以把地震分为以下几种:

1. 构造地震

由于地下深处岩层错动、破裂所造成的地震称为构造地震。这类地震发生的次数最多,破坏力也最大,占全世界地震的90%以上。

2. 火山地震

由于火山作用,如岩浆活动、气体爆炸等引起的地震称为火山地震。只有在火山活动区才可能发生火山地震,这类地震只占全世界地震的7%左右。

3. 塌陷地震

由于地下岩洞或矿井顶部塌陷而引起的地震称为塌陷地震。这类地震的规模比较小,次数也很少,即使有,也往往发生在溶洞密布的石灰岩地区或进行大规模地下开采的矿区。

4. 诱发地震

由于水库蓄水、油田注水等活动而引发的地震称为诱发地震。这类地震仅仅在某些特定的水库库区或油田地区发生。

5. 人工地震

地下核爆炸、炸药爆破等人为引起的地面震动称为人工地震。人工地震是由人为活动引起的地震,如工业爆破、地下核爆炸造成的震动;在深井中进行高压注水以及大水库蓄水后增大了地壳的压力,有时也会诱发地震。

地震波发源的地方,叫作震源。震源在地面上的垂直投影,叫作震中。震中到震源的深度叫作震源深度。通常将震源深度小于70千米的叫作浅源地震,深度在70~300千米的叫作中源地震,深度大于300千米的叫作深源地震。破坏性地震一般是浅源地震。如1976年的唐山地震的震源深度为12千米。

(二)地震来临前的征兆

岩体在地应力作用下,在应力应变逐渐积累、加强的过程中,会引起震源及附近物质发生物理、化学、生物和气象等一系列异常变化。我们称这些与地震孕育、发生有关联的异常变化现象为地震前兆(也称地震异常)。它包括地震宏观异常和地震微观异常两大类。

1. 地震宏观异常

人的感官能直接觉察到的地震异常现象称为地震宏观异常。地震宏观异常的表现形式多样且复杂,异常的种类多达几百种,异常的现象多达几千种,大体可分为:地下水异常、生物异常、气象异常、地声异常、地光异常、地气异常、地动异常、地鼓异常、电磁异常等。

(1)地下水异常。地下水包括井水、泉水等,主要异常有发浑、冒泡、翻花、升温、变色、变味、突升、突降、井孔变形、泉源突然枯竭或涌出等。人们总结了震前井水变化的谚语:

井水是个宝,地震有前兆。
无雨泉水浑,天干井水冒。
水位升降大,翻花冒气泡。
有的变颜色,有的变味道。

(2)生物异常。许多动物的某些器官感觉特别灵敏,它们能比人类提前知道一些灾害事件的发生,例如,海洋中水母能预报风暴,老鼠能事先躲避矿井崩塌或有害气体,等等。至于在视觉、听觉、触觉、振动觉、平衡觉器官中,哪些起了主要作用,哪些又起了辅助判断作用,对不同的动物可能有所不同。伴随地震而产生的物理、化学变化(振动、电、磁、气象、水氡含量异常等),往往能使一些动物的某种感觉器官受到刺激而发生异常反应。如一个地区的重力发生变异,某些动物可能通过它的平衡器官感觉到;一种振动异常,某些动物的听觉器官也许能够察觉出来。地震前地下岩层早已在逐日缓慢活动,呈现出蠕动状态,而断层面之间又具有强大的摩擦力,于是有人认为在摩擦的断层面上会产生一种每秒仅几次至十几次、低于人的听觉所能感觉到的低频声波。每秒 20 次以上的声波人才能感觉到,而动物则不然。那些感觉十分灵敏的动物,在感触到这种声波时,便会惊恐万状,以致出现冬蛇出洞、鱼跃水面、猪牛跳圈、狗哭狼嚎等异常现象。异常的动物种类很多,有大牲畜、家禽、穴居动物、冬眠动物、鱼类等。针对动物反常的情形,人们也有几句顺口溜总结得好:

震前动物有预兆,群测群防很重要。
牛羊骡马不进厩,猪不吃食狗乱咬。
鸭不下水岸上闹,鸡飞上树高声叫。
冰天雪地蛇出洞,大鼠叼着小鼠跑。
兔子竖耳蹦又撞,鱼跃水面惶惶跳。
蜜蜂群迁闹哄哄,鸽子惊飞不回巢。
家家户户都观察,发现异常快报告。

除此之外,有些植物在震前也有异常反应,如不适季节地发芽、开花、结果或大面积枯萎与异常繁茂等。

(3)气象异常。人们常形容地震预报科技人员是"上管天,下管地,中间管空气",这的确有道理。地震之前,气象也常常出现反常。主要有震前闷热、人焦灼烦躁、久旱不雨或阴雨绵绵、黄雾四塞、日光晦暗、怪风狂起、六月冰雹等。

(4)地声异常。地声异常是指地震前来自地下的声音。其声有如炮响雷鸣,也有如重车行驶、大风鼓荡等多种多样。当地震发生时,有纵波从震源辐射,沿地面传播,使空气振动发声,由于纵波速度较大但势弱,人们只闻其声,而不觉地动,需横波到后才有动的感觉。所以,震中区往往有"每震之先,地内声响,似地气鼓荡,如鼎内沸水膨胀"的记载。如果在震中区,3 级地震往往可听到地声。地声是地下岩石的结构、构造及其所含的液体、气体运动变化的结果,有相当一部分地声是临震征兆。掌握地声知识就有可能对地震起到较好的预报、预防效果。

(5)地光异常。地光异常是指地震前来自地下的光亮,其颜色多种多样,可见到日常生活中罕见的混合色,如银蓝色、白紫色等,但以红色与白色为主。其形态也各异,有带状、球状、柱状、弥漫状等。一般地光出现的范围较大,多在震前几小时到几分钟出现,持续几秒。我国海城、龙陵、唐山、松潘等地地震时及地震前后都出现了丰富多彩的地光现象。地光多伴随地震、山崩、滑坡、塌陷或喷沙冒水、喷气等自然现象同时出现,常沿断裂带或一个区域做有规律的迁移,且与其他宏观、微观异常同步,其成因总是与地壳运动密切相关,且受地质条件及地表和大气的影响。目前我们所掌握的地光异常报告,都在震前几秒至1分钟,如海城地震,澜沧、耿马地震等都有类似的报告。

(6)地气异常。地气异常是指地震前来自地下的雾气,又称地气雾或地雾。这种雾气,具有白、黑、黄等多种颜色,有时无色,常在地震前几天至几分钟出现,常伴随怪味,有时伴有声响或温度较高。

(7)地动异常。地动异常是指地震前地面出现的晃动。地震时地面剧烈震动,是众所周知的现象。但地震发生之前,有时会感到地面也晃动,这种晃动与地震时不同,晃动得十分缓慢,地震仪常记录不到,但很多人可以感觉得到。最为显著的地动异常出现于1975年2月4日海城7.3级地震之前,从1974年12月下旬到1975年1月末,在丹东、宽甸、凤城、沈阳、岫岩等地出现过17次地动。

(8)地鼓异常。地鼓异常是指地震前地面出现鼓包。1973年2月6日,四川炉霍7.9级地震前约半年,甘孜县拖坝区一草坪上出现地鼓,形状如倒扣的铁锅,高20厘米左右,四周断续出现裂缝,鼓起几天后消失,反复多次,直到发生地震。与地鼓类似的异常还有地裂缝、地陷等。

(9)电磁异常。电磁异常是指地震前家用电器如收音机、电视机、日光灯等出现的异常。最为常见的电磁异常是收音机失灵。在北方地区日光灯在震前自明也较为常见。唐山7.8级地震前几天,唐山及其邻区很多收音机失灵,声音忽大忽小,时有时无,调频不准,有时连续出现噪声。同样是唐山地震前,市内有人见到关闭的日光灯夜间先发红后亮起来,北京有人睡前关闭了日光灯,但灯仍亮着不熄。电磁异常还导致一些电机设备工作不正常,如微波站异常、无线电厂受干扰、电子闹钟失灵等。

地震宏观异常在地震预报尤其是短临预报中具有重要的作用。1975年辽宁海城7.3级地震和1976年松潘、平武7.2级地震前,地震工作者和广大群众曾观察到大量的宏观异常现象,为这两次地震的成功预报提供了重要资料。不过也应当注意,上面所列举的多种宏观现象可能由多种原因造成,不一定都是地震的预兆。例如,井水和泉水的涨落可能和降雨的多少有关,也可能受附近抽水、排水和施工的影响,井水的变色变味可能由污染引起,动物的异常表现可能与天气变化、疾病、发情、外界刺激等有关,还要注意不要把电焊弧光、闪电等误认为地光,不要把雷声误认为地声,不要把燃放烟花爆竹和信号弹当成地下冒火球。一旦发现异常的自然现象,不要轻易做出马上要发生地震的结论,更不要惊慌失措,而应当弄清异常现象出现的时间、地点和有关情况,保护好现场,向政府或地震部门报告,让地震部门的专业人员调查核实,弄清事情真相。

2. 地震微观异常

人的感官无法觉察,只有用专门的仪器才能测量到的地震异常称为地震微观异常,主要包括以下几类:

(1)地震活动异常,大小地震之间有一定的关系。大地震虽然不多,中小地震却不少,研究中小地震活动的特点,有可能帮助人们预测未来大地震的发生。

(2)地形变化异常。大地震发生前,震中附近地区的地壳可能发生微小的形变,某些断层两侧的岩层可能出现微小的位移,借助于精密的仪器,可以测出这种十分微弱的变化,分析这些资料,可以帮助人们预测未来大地震的发生。

(3)地球物理变化。在地震孕育过程中,震源区及其周围岩石的物理性质可能出现一些变化,利用精密仪器测定不同地区重力、地电和地磁的变化,也可以帮助人们预测地震。

(4)地下流体的变化。地下水(井水、泉水、地下岩层中所含的水)、石油和天然气、地下岩层中还可能产生和贮存一些其他气体,这些都是地下流体。用仪器测定地下流体的化学成分和某些物理量,研究它们的变化,可以帮助人们预测地震。

(三)地震来临时的自救

1.逃生自救十大法则

地震虽然是人类目前无法避免和控制的,但只要掌握一些技巧,也是可以从灾难中将伤害降到最低限度的。

(1)为了人身安全,请躲在桌子等坚固家具的下面。大的晃动时间约为1分钟,这时首先应顾及的是人身安全。首先,在重心较低且结实牢固的桌子下面躲避,并紧紧抓住桌子腿。在没有桌子等可供藏身的场合,无论如何,也要用坐垫等物保护好头部。

(2)摇晃时立即关火,失火时立即灭火。大地震时,也会有不能依赖消防车来灭火的情形。因此,我们每个人关火、灭火的这种努力,是将地震灾害控制在最低限度的重要因素。要在平时就养成即便是小的地震也关火的习惯,为了不使火灾酿成大祸,家里人自不用说,左邻右舍之间互相帮助,力争早期灭火是极为重要的。地震的时候,关火的机会有三次。第一次机会是在大的晃动来临之前的小的晃动之时。在感知小的晃动的瞬间,即刻互相招呼"地震!快关火!"。关闭正在使用的取暖炉、煤气炉等。第二次机会在大的晃动停息的时候。在发生大的晃动时去关火,放在煤气炉、取暖炉上面的水壶等滑落下来,那是很危险的。大的晃动停息后,再一次呼喊"关火!关火",并去关火。第三次机会在着火之后,即便发生失火的情形,1~2分钟还是可以扑灭的。为了能够迅速灭火,请经常将灭火器、消防水桶放置在离用火场所较近的地方。

(3)不要慌张地向户外跑。地震发生后,慌慌张张地向外跑,碎玻璃、屋顶上的砖瓦、广告牌等掉下来砸在身上,是很危险的。此外,水泥预制板墙、自动售货机等也有倒塌的危险,不要靠近这些物体。

(4)将门打开,确保出口。钢筋水泥结构的房屋等,由于地震的晃动会造成门窗错位,出现打不开门窗的情况,曾经发生过有人被封闭在屋子里的事例。地震发生后,请将门打开,确保出口。平时要事先想好万一被关在屋子里,如何逃脱的方法,准备好梯子、绳索等。

(5)户外的场合,要保护好头部,避开危险之处。当大地剧烈摇晃,站立不稳的时候,人们都会有扶靠、抓住什么的心理。身边的门柱、墙壁大多会成为扶靠的对象。但是,这些看上去挺结实牢固的东西,实际上却是危险的。在1987年日本宫城县海底地震时,由于水泥预制板墙、门柱的倒塌,造成多人死伤。务必不要靠近水泥预制板墙、门柱等。在繁华街道及楼区,最危险的是玻璃窗、广告牌等物掉落下来砸伤人。要注意用手或手提包等物保护好头部。此外,还应该注意自动售货机翻倒伤人。在楼区时,根据情况,进入建筑物中躲避比较安全。

(6)在大型商场、剧场时,依工作人员的指示行动。在大型商场、地下街等人员较多的地方,最可怕的是发生混乱。请依照商店职员、警卫人员的指示来行动。就地震而言,据说地下街是比较安全的,即便停电,紧急照明设施也会即刻亮起来,请镇静地采取行动。但如发生火灾,即刻会充满烟雾,以压低身体的姿势避难,并做到绝对不吸烟。在发生地震、火灾时,不能使用电梯。万一在搭乘电梯时遇到地震,将操作盘上各楼层的按钮全部按下,一旦停下,迅速离开电梯,确认安全后避难。高层大厦以及近年来的建筑物的电梯,都装有管制运行的装置。地震发生时,会自动运作,停在最近的楼层。万一被关在电梯中,请通过电梯中的专用电话与管理室联系、求助。

(7)汽车靠路边停车,管制区域禁止行驶。发生大地震时,汽车会像轮胎泄了气似的,无法把握方向盘,难以驾驶。必须充分注意,避开十字路口将车子靠路边停下。为了不妨碍避难疏散的人和紧急车辆的通行,要让出道路的中间部分。都市中心地区的绝大部分道路将会全面禁止通行。充分注意汽车收音机的广播,附近有警察的话,要依照其指示行事。有必要避难时,为不致卷入火灾,请把车窗关好,车钥匙插在车上,不要锁车门,并和当地的人一起行动。

(8)务必注意山崩、断崖落石或海啸。在山边、陡峭的倾斜地段,有发生山崩、断崖落石的危险,应迅速到安全的场所避难。在海边,有遭遇海啸的危险。感知地震或发出海啸警报的话,请注意收看信息,迅速到安全的场所避难。

(9)避难时要徒步,应最低限度地携带物品。因地震造成的火灾蔓延燃烧,出现危及生命、人身安全等情形时,采取避难的措施。避难的方法,原则上以市民防灾组织、街道等为单位,在负责人及警察等带领下采取徒步避难的方式,应最低限度地携带物品。绝对不能利用汽车、自行车避难。对于病人等的避难,当地居民的合作互助是不可缺少的。平时,邻里之间有必要就避难的方式等进行商定。

(10)不要听信谣言,不要轻举妄动。在发生大地震时,人们心理上易产生慌乱。为防止混乱,每个人依据正确的信息,冷静地采取行动极为重要。把握正确的信息,相信从政府、公安、消防、应急等防灾救援机构直接得到的信息,绝不轻信不负责任的流言蜚语,不要轻举妄动。

2. 公共场所的个人防护

在群众集聚的公共场所遇到地震时,最忌慌乱,容易造成秩序混乱,相互压挤而导致人员伤亡,应有组织地从多路口快速疏散。

(1)如果你在影剧院、体育馆等处遇到地震,要沉着冷静,特别是当场内断电时,不要乱喊乱叫,更不得乱挤乱拥,应就地蹲下或躲在排椅下,注意避开吊灯、电扇等悬挂物,用皮包等物保护头部,等地震过后,听从工作人员指挥,有组织地撤离。

(2)地震时,你正在商场、书店、展览馆等处,应选择结实的柜台、商品(如低矮家具等)或柱子边,以及内墙角处就地蹲下,用手或其他东西护头,避开玻璃门窗和玻璃橱窗,也可在通道中蹲下,等待地震平息,有秩序地撤离出去。

(3)正在上课的学生,要在老师的指挥下迅速抱头、闭眼,躲在各自的课桌下,绝不能乱跑或跳楼,地震后,有组织地撤离教室,到就近的开阔地带避震。

(4)正在进行比赛的体育场,应立即停止比赛,稳定观众情绪,防止混乱拥挤,有组织、有步骤地向体育场外疏散。

3. 室外人员的应急防震行动

地震发生时正在室外的人员,应双手交叉放在头上,最好用合适的物件罩在头上、跑到空旷的地方去。注意避开高大的建筑物,特别是有玻璃墙的高建筑物、烟囱、水塔、广告牌、路灯、大吊车、砖瓦堆、水泥预制板墙、油库、危险品仓库、立交桥、过街天桥等。还要注意避开危旧房屋、狭窄的街道等危险之地。此时人员可以进入路旁大楼里,以免砸伤。地震时正在郊外的人员,应迅速离开山边、水边等危险地,以防滑坡、地裂、涨水等突发事件。骑车的下车,开车的停下,人员靠边走。收听关于震情和行动指南的广播。

4. 地震时自救的四大常识

（1）大地震时不要急

破坏性地震从人感觉震动到建筑物被破坏平均只有12秒,在这短短的时间内千万不要惊慌,应根据所处环境迅速做出保障安全的抉择。如果住的是平房,可以迅速跑到门外。如果住的是楼房,千万不要跳楼,应立即切断电闸,关掉煤气,暂避到洗手间等跨度小的地方,或是桌子、床铺等下面,地震后迅速撤离,以防强余震。

（2）人多先找藏身处

在学校、商店、影剧院等人群聚集的场所如遇到地震,最忌慌乱,应立即躲在课桌、椅子或坚固物品下面,待地震过后再有序地撤离。教师等现场工作人员必须冷静地指挥人们就地避震,绝不可带头乱跑。

（3）远离危险区

如在街道上遇到地震,应用手护住头部,迅速远离楼房,到街心一带。如在郊外遇到地震,要注意远离山崖、陡坡、河岸及高压线等。正在行驶的汽车和火车要立即停车。

（4）被埋要保存体力

如果震后不幸被废墟埋压,要尽量保持冷静,设法自救,设法移动身边可动之物,扩大空间,进行加固,以防余震。这时不要用明火,防止易燃气泄漏爆炸。要捂住口鼻,防止附近有毒气泄漏。无法脱险时,要保存体力,尽力寻找水和食物,创造生存条件,然后找机会呼救,耐心等待救援人员。

5. 防震的应急准备工作

当政府有短临预报或临震预报后,人们应立即行动起来开始应急防震准备。主要工作有：

（1）在家里或学校教室内采取安全加固措施。例如,加固立柜防止倾倒,固定柜门,防止物品掉下伤人,用透明膜或胶带贴玻璃,防止碎片伤人,将重物低位存放。加固梁柱、屋顶和水泥板墙。保管好危险物品。准备消防灭火器具。做这些工作的目的是增加室内安全程度。

（2）和人民防空应急一样,要备好个人应急包和帐篷等物品。

（3）按照家庭、学校或单位的应急分工预案,确认工作职责,搞清学校或家庭的安全部位,以便应急躲藏、避难。

（4）学习自救、互救、灭火、抢修、找、抬伤员的技能和相关知识。确定邻里、单位人员震后集中的位置、制订应急抢救的计划。

（5）学习地震之前的预兆知识。如井中水位突然上升或下降,大气中出现异味,飞鸟、家畜惊慌,电线之间有火花,室内有蓝光,日光灯被点亮等。人人都要知道立即报告的途径,但绝不能预报"地震了",也不要轻易相信"有地震"的传言。

6. 防止新侵害

震后一般余震不断,生存环境可能进一步恶化,要有这样的心理准备;等待救援要一定的时间,要有足够的耐心;尽量改善生存环境,设法脱险;闻到有毒、有害气体的异味或灰尘太大时,用湿衣物捂住口、鼻;设法避开身体上方不稳定的悬挂、易倒塌物品;扩大并保护生存空间,设法支撑残垣断壁;不要随便用水、用电,不要使用明火,因为空气中可能有易燃气体充溢;长期处于黑暗中的眼睛,不能立即受强光刺激;进水、进食要循序渐进,以免肠胃受到伤害。

三、雷电天气防雷击

(一)雷电的产生

空中的尘埃、冰晶等物质在云层中翻滚运动的时候,经过一些复杂的过程,这些物质分别带上了正电荷与负电荷。地面的凸出物、金属等会被感应出正电荷,随着电场的逐步增强,雷云向下形成下行先导,地面的物体形成向上回流,二者相遇即形成对地放电。这就容易造成雷电灾害。雷电的冲击电流大、时间短,雷电流变化梯度大、冲击电压高。强大的电流产生的交变磁场,其感应电压高达上亿伏。当雷电直接击在建(构)筑物上,强大的雷电流使建(构)筑物水分受热汽化膨胀,从而产生很大的机械力,导致建(构)筑物燃烧或爆炸。另外,当雷电击中接闪器,电流沿引下线向大地泻放时,这时对地电位升高,有可能向临近的物体跳击,称为雷电"反击",从而造成火灾或人身伤亡。而感应到正在联机的导线上就会产生强烈对设备的破坏性。当雷电接近架空管线时,高压冲击波会沿架空管线侵入室内,造成高电流引入,这样可能引起设备损坏或人身伤亡事故。如果附近有可燃物,容易酿成火灾。

(二)防雷小知识

2023年3月22日,浙江温州多地出现强对流天气,导致两人遭遇雷击不幸遇难。其中一人系海上工作人员,一人正步行下班。2006年8月12日20时30分许,河北省全民健身中心游泳馆门口,一中年男子在接打手机时被雷击中身亡。据气象专家分析,该男子接打手机时,正好处在比较空旷的广场,没有比男子更高的物体,闪电在寻找接触点时恰巧找到了手机发出的电磁波,悲剧由此发生。

为此,雷雨天应尽量避免接打手机,尤其是身处空旷、周围没有高大建筑物地带的户外,必须关闭手机。因为手机开通电源后,所发射的电磁波信号强,范围广,能在大范围内搜集引导雷电,把手机变成避雷针,而雷电释放出的强电压通过手机几乎可以全部传输到人体上。

统计资料表明,雷击有明显的选择性。受雷击可能性较大的物体有:高大和突出的建筑物、容易导电的物体、潮湿地带以及容易导电的地层等。此外,收音机天线、电视机天线和屋顶上的各种金属突出物,如旗杆等也较易被雷击。在各种典型的雷击事件中,就发生过雷电通过这些东西致人伤亡,烧毁家具、电器设备和电线线路,甚至烧毁房屋的事件。

1. 建(构)筑物防雷电

不少高大建(构)筑物的防护设施不完善,使它们的防雷能力先天不足;大量通信、计算机网络系统等未严格按照国家技术规范设计、安装防雷电装置便投入使用,这些都成为雷电灾害频繁发生的重要原因。因此,高大建(构)筑物要按规范要求安装防雷电设施,要严格对建(构)筑物防雷电设施进行设计审查、施工监督、竣工验收。有关部门应开展广泛的防雷电知识宣传,特别是对那些高大建(构)筑物要逐个排查,发现问题及时采取措施,限期整改。

2. 易燃易爆场所防雷电

加油站、液化气站、天然气站、输油管道、储油罐(池)、油井、弹药库等易燃易爆场所,如果缺少必要的防雷电设施,将会因雷电灾害造成重大的损失。这类场所除安装防直击雷的设施外,对储气(油)罐(池)及管道、设备等还必须安装防静电感应雷、防电磁感应雷的装置,指定专人看护,发现问题及时处理,并定期向专业检测机构申请检测。

3. 人体防雷电

雷电造成的灾害除经济损失外,还会伤及生命。人在遭受雷击时,电流迅速通过人体,可引起呼吸中枢麻痹心脏骤停,造成不同程度的烧伤,严重者可发生脑组织缺氧进而导致死亡。

(1)室内防雷注意事项

①一定要关好门窗,尽量远离门窗、阳台和外墙壁,无特殊需要,不要冒险外出。有条件的家庭,门窗可安装金属网罩并接地良好,以防球形闪电入室。

②不要靠近,更不要触摸室内的任何金属管线。

③尽量不要使用设有外接天线的收音机和电视机,不要接打电话,特别要注意不要戴耳机收听广播和使用移动电话。

④在雷雨天气时,不要使用太阳能热水器洗澡。

⑤发生雷击火灾时,要赶快切断电源,不要带电泼水救火,要使用干粉灭火器等专用灭火器灭火,并迅速拨打"119"或"110"电话报警。

同时,特别提示要远离可能遭雷击的场所,设法使自己及随身携带的物品避免成为引雷的对象,还要注意打雷时,大家不要集中在一起,或者牵手靠在一起,相互之间要保持一定距离,以避免在遭受直接雷击后传导他人。

(2)室外防雷要点

当雷电发生时,如果人在户外,千万不要惊慌失措,一定要采取正确的防雷措施。

①不宜停留在小型无防雷设施的建(构)筑物、车库、车棚附近,应立即寻找庇护所。装有避雷针、钢架或钢筋混凝土的建(构)筑物,是避雷的好场所,具有完整金属车厢的车辆也可以利用,躲避在车内时,应关好车门。

②不宜停留在铁栅栏、金属晒衣绳、架空金属体以及铁路轨道附近,尤其不要靠近避雷设备的任何部分,远离建筑物外露的水管、煤气管等金属物体及电力设施。

③不宜进行户外球类运动,不宜在山顶、山脊、建筑物顶部、高地、水面和水边停留,不宜在河边钓鱼、游泳、玩耍,即使外出,也最好不要骑马、骑自行车和摩托车或开拖拉机。

④不要携带金属物体在露天行走,不要使用金属雨伞,不宜把羽毛球拍、高尔夫球棍、锄头等带金属的物品扛在肩上,女士最好拿下头上的金属发夹等。

⑤如果正在行车,应关闭手机、收音机等电磁通信设备。

⑥不要躲在大树、高塔、广告牌下避雨,若不得已,须与树身、树枝等保持3米以上距离,并尽可能地双脚并拢蹲下,双手放在膝上,手臂不要接触地面。

⑦如果找不到合适的避雷场所,应就近找一处较低且无积水的地方迅速蹲下,双脚并拢,双手抱膝,身向前屈,如果披上干燥雨衣,防雷效果更好,千万不要躺在地上、壕沟或土坑里,也不要几个人拥挤成堆,人与人不要相互接触,以防电流互相传导。

⑧如果衣服被淋湿,不要靠近潮湿的墙壁、金属支杆,在户外空旷处不宜进入孤立的棚屋、岗亭等,在高山地区进行作业时,应注意不要沿山岭垂直上下。

⑨遇到球形雷(滚动的火球)时,切记不要跑动,以免球形雷顺着气流滚来,尤其是在风口或低洼处遇到球形雷更应特别注意。

(3)单位防雷电六大办法

①单位应定期由有资质的专业防雷检测机构检测防雷设施,评估防雷设施是否符合国家规范要求。

②单位应设立防范雷电灾害责任人,负责防雷安全工作,建立各项防雷减灾管理规章,落实防雷设施的定期检测,雷雨后的检查和日常的维护。

③建设单位在防雷设施的设计和建设上,应根据地质、土壤、气象、环境、被保护物的特点、

雷电活动规律等因素进行综合考虑,采用安全可靠、技术先进、经济合理的设计和施工。

④应采用技术和质量均符合国家标准的防雷设备、器件、器材,避免使用非标准防雷产品和器件。

⑤新增建设和新增安装设备应用时,应对防雷系统进行重新设计和建设。

⑥雷灾发生时应及时向市防雷所上报情况,以便及时处理,避免再次雷击。

单位应定期由有资质的专业防雷检测机构检测防雷设施,评估防雷设施是否符合国家规范要求。单位应设立防范雷电灾害责任人负责防雷安全工作,建立各项防雷安全工作规范,建立各项防雷设施的定期检测制度。雷雨后要进行安全检查,做好设施的日常维护工作。如雷雨过后,应检查安装在电话程控交换机、电脑等电器设备电源和信号线上的过压保护器有无损坏,发现损坏时应及时更换。

四、洪水灾害自救

2023年7月,受台风"杜苏芮"影响,北京自7月29日开始连续强降雨,西部、西南部、南部迎来特大暴雨,截至8月1日6时,全市平均降雨量257.9毫米,城区平均235.1毫米,门头沟区平均470.2毫米,房山区平均414.6毫米,石景山区平均333.2毫米,昌平区平均295.8毫米,丰台区平均285毫米,大兴区平均279.2毫米,海淀区平均242.2毫米。经统计,截至8月1日6时,此轮强降雨已经造成11人遇难,其中2人在抢险救灾中因公殉职;另有27人失联,其中4人因抢险救灾失联。

洪水是河流、海洋、湖泊等水体上涨超过一定水位,威胁有关地区的安全,甚至造成灾害的水流,又称大水。

(一)洪水的成因及分类

1. 洪水的成因

洪水是暴雨、急剧融冰化雪、风暴潮等自然因素引起的江河湖泊水量迅速增加,或者水位迅猛上涨的一种自然现象,是自然灾害。从客观上说,洪水频发有其不可抗拒的原因,可以说是"天命"难违。降水丰亏由天,调水理水由人。在降水多的年份,洪水是否造成灾害,以及洪水灾害的大小,又离不开人为因素。

长期以来的森林破坏是其重要原因。人类犯下的错误之一是过度砍伐森林。森林作为陆地生态系统的主体,具有涵养水源、保持水土、调节气候等多种功能,对洪峰有不可替代的削减作用。有洪水不一定有洪灾,而破坏了森林,小洪水也可以造成大洪灾。森林的调洪作用主要表现在:

(1)森林的树冠可以通过它巨大的叶面截滞暴雨的一部分,可达10%~30%。

(2)森林的枯枝落叶层有储存雨水的功能。

(3)森林的存在,大大加强了地表的伏渗能力,大量急速的地表径流变成了缓慢的地下径流。

(4)森林还可以改变土壤的地表结构,增强储存降水的能力。

(5)森林根系庞大,有固土作用,调节洪水注入江河的泥沙。

长江上游乱砍滥伐的又一恶果是惊人的水土流失。流失面积现已达35万平方千米,每年土壤浸溶量达25亿吨。河流、湖泊、水库淤积的泥沙量达20亿吨。仅四川一省一年流入长江各支流的泥沙,如叠成宽高各1米的堤,可以围绕地球赤道16圈。我国第一大淡水湖洞庭湖每年沉积的泥沙为1亿多吨,有人惊呼:"这样下去,要不了50年,洞庭湖将从地球上消失!"长江之险,险在荆江,由于泥沙俱下,如今荆江段河床比江外地面高出十几米,成了除黄河之外名副其实的地上河。

对森林的肆意砍伐不仅危害自己,而且祸及子孙后代。世界上许多地方,如美索不达米亚、小亚细亚、阿尔卑斯山南坡等地由于过度砍伐森林,最后都变成了不毛之地。

2. 按出现地区分类

洪水按出现地区的不同,大体上可分为河流洪水、海岸洪水和湖泊洪水等。

(1)河流洪水

河流洪水根据形成的直接成因,可分为暴雨洪水、融雪洪水、冰凌洪水、冰川洪水、溃坝洪水与土体坍滑洪水等。其特点主要表现在:具有明显的洪水产流与汇流过程、洪水传播、洪水调蓄与洪水遭遇的问题、洪水挟带泥沙以及洪水周期性与随机性等问题。河流洪水中的暴雨洪水和融雪洪水等是和天气形势与气候变化密切相关的,且有明显的季节性。在中国,暴雨洪水常发生在夏、秋两季,通称这段洪水期为伏汛(夏汛)和秋汛;融雪洪水常发生在春季,通称为春汛或桃汛。由于这种洪水每年都随季节的到来而发生,所以具有明显的周期性。又由于影响洪水的因素是多方面的,而各种因素的组合又是千差万别的,以致在同一流域,年内、年际间所发生的洪水大小差异很大。有的年份可能发生特大洪水,而另一些年份则发生一般洪水。这种差别,反映了不同大小洪水出现的随机性,从一系列的资料分析得出,这种年际间的洪水有一定的统计规律性,即特大洪水出现的概率小一些,而普通洪水出现的概率就大很多。所谓百年一遇或千年一遇洪水,并不是在一百年或一千年中肯定就能出现一次,而是根据统计或实测资料,说明在无限长的时期中出现概率大或小的长期中的平均概念。从某些河流在过去已发生过的洪水来看,往往比近期实际遇到或测到的大,也反映这一问题的规律。这种具有特殊意义的调查到的大洪水称历史洪水。因此,人们为了防洪的目的,保证人民生命财产的安全,而研究洪水频率或可能发生的最大洪水是一项很重要的工作。

(2)海岸洪水

海岸洪水主要是由大气扰动、天文潮、海底地震、海底火山爆发等因素形成的暴潮所造成,大致可分为天文潮、风暴潮、台风(飓风)、海啸等。当海水受到外力作用时,水质点将在其平衡位置附近做周期性升降运动,称为波浪。海水波浪向海岸传播时,因底部摩擦阻力大,且近岸水深较浅,产生波能集中,波陡增大,水深继续减小,波峰逐渐赶上波谷,波浪向前倾覆,甚至产生破碎现象。波浪破碎后,水质点明显地向前移动,蓄有较大能量,在岸边破碎的波称击岸波,继续向岸边传播,可再次或多次破碎,最后在岸坡上破碎形成强烈的击岸水流。上涌到一定高度,就构成洪水威胁,甚至造成灾害。天文潮的潮波,在波能辐聚时,潮差迅速增大,若受到海岸轮廓的影响而有反射时,如中国黄海,则浅水推进波变成立波,再加上地球自转和海底摩擦力的作用,会导致右岸潮差特大;若发生在喇叭河口,如钱塘江河口处,潮波上溯受到河宽急剧收缩和河床沙坎抬高的作用,波能迅速辐聚,形成闻名的钱塘江涌潮。它暴涨流急,破坏力很大,如1971年杭州湾洪水。风暴潮、海啸洪水特性(见风暴潮、海啸)。在河口地区,当河流洪水、风暴潮洪水与天文潮遭遇时,洪水灾害益加严重。

(3)湖泊洪水

在中国通江的大型湖泊,长江的洞庭湖、鄱阳湖等兼有河流与海岸洪水的一部分特性。由于河湖水量交换或湖面气象因素作用或两者同时作用,可发生湖泊洪水。中国大型湖泊多与河流通连,湖面受气象因素的影响也明显,湖泊洪水比较强烈。湖泊洪水按类型可分为吞吐流与风生流。吞吐流由河湖水量交换引起,只要承纳和排出河流洪水的湖泊,就有吞吐流沿水力梯度流动,如洞庭湖。吞吐流是基本而稳定的水流方式。风生流由风力作用引起,风力越强,持续时间越大则风生流就越强,其特点是开敞区流速往往大于沿岸带,风力静止后,水流逐渐平息。中国湖泊中的吞吐流、风生流或二者同时发生的混合流,流速都不大,是缓慢流动的水域,同时夏季多处于汛期,湖面宽阔,水深增大,风浪也大。以波高为例,内蒙古呼伦湖实测到的最大值为2.05米。风浪具有一定能量,能给堤岸以强烈冲击,甚至溃决。在风力作用下,迎风岸增水与背风岸减水使湖面发生局部倾斜现象,在浅水湖中,补偿流势弱,增水与减水现象更为显著,增减水的大小,取决于风速、湖泊形态、水深等因素。

3. 按成因分类

洪水按照成因可以分为:雨洪水、山洪、泥石流、融雪洪水、冰凌洪水等。

(1)雨洪水

在中低纬度地带,洪水的发生多由雨导致。大江大河的流域面积大,且有河网、湖泊和水库的调蓄,不同场次的雨在不同支流所形成的洪峰,汇集到干流时,各支流的洪水过程往往相互叠加,组成历时较长、涨落较平缓的洪峰。小河的流域面积和河网的调蓄能力较小,一次雨就能形成一次涨落迅猛的洪峰。雨洪水可分为两大类,暴洪是突如其来的湍流,它沿着河流奔流,摧毁所有事物,暴洪具有致命的破坏力;另一种是缓慢上涨的大洪水。

(2)山洪

山区溪沟,由于地面和河床坡降都较陡,降雨后产流、汇流都较快,形成急剧涨落的洪峰。

(3)泥石流

雨引起山坡或岸壁的崩坍,大量泥石连同水流下泄而形成。

(4)融雪洪水

在高纬度严寒地区,冬季积雪较厚,春季气温大幅度升高时,积雪大量融化而形成。

(5)冰凌洪水

中高纬度地区,由较低纬度地区流向较高纬度地区的河流(河段),在冬春季节因上下游封冻期的差异或解冻期差异,可能形成冰塞或冰坝而引起。

(6)溃坝洪水

水库失事时,存蓄的大量水体突然泄放,形成下游河段的水流急剧上涨甚至漫槽成为立波向下游推进的现象。冰川堵塞河道、垫高水位,然后突然溃决时,地震或其他原因引起的巨大土体坍滑堵塞河流时,上游的水位都会急剧上涨,当堵塞的坝体被水流冲开时,在下游地区也会形成这类洪水。

(7)湖泊洪水

河湖水量交换或湖面大风作用或两者同时作用,可发生湖泊洪水。吞吐流湖泊,当入湖洪水遭遇和受江河洪水严重顶托时,常产生湖泊水位剧涨,因盛行风的作用,引起湖水运动而产生风生流,有时可达5~6米,如北美的苏必利尔湖、密歇根湖和休伦湖等。

(8)天文潮

天文潮是海水受引潮力作用,而产生的海洋水体的长周期波动现象。海面一次涨落过程中的最高位置称高潮,最低位置称低潮,相邻高低潮间的水位差称潮差。加拿大芬迪湾最大潮差达19.6米,中国杭州湾的澉浦最大潮差达8.9米。

(9)风暴潮

风暴潮是台风、温带气旋、冷锋的强风作用和气压骤变等强烈的天气系统引起的水面异常升降现象,多出现在中低纬度沿海、沿湖地区。与它和相伴的狂风巨浪可引起水位涨,又称风暴潮增水。

(10)海啸

海啸是水下地震或火山爆发所引起的巨浪。

(二)洪水应对措施

1. 了解预警信号

暴雨预警信号分四级,分别以蓝色、黄色、橙色、红色表示。

蓝色预警信号表示:12小时内降雨量将达50毫米以上,或者已达50毫米以上且降雨可能持续。此时,政府及相关部门应按照职责做好防暴雨准备工作;学校、幼儿园应采取适当措施,保证学生和幼儿安全;驾驶人员应当注意道路积水和交通阻塞,确保安全;相关部门应检查城市、农田、鱼塘排水系统,做好排涝准备。

黄色预警信号表示:6小时内降雨量将达50毫米以上,或者已达50毫米以上且降雨可能持续。此时,政府及相关部门应按照职责做好防暴雨工作;交通管理部门应当根据路况在强降雨路段采取交通管制措施,在积水路段实行交通引导;相关地区、人员应切断低洼地带有危险的室外电源,暂停在空旷的户外作业,转移危险地带人员和危房居民到安全场所避雨;相关部门应检查城市、农田、鱼塘排水系统,采取必要的排涝措施。

橙色预警信号表示:3小时内降雨量将达50毫米以上,或者已达50毫米以上且降雨可能持续。此时,政府及相关部门应按照职责做好防暴雨应急工作;相关地区、人员应切断有危险的室外电源,暂停户外作业;处于危险地带的单位应当停课、停业,采取专门措施保护已到校学生、幼儿和其他上班人员的安全;相关部门应做好城市、农田的排涝工作,注意防范可能引发的山洪、滑坡、泥石流等灾害。

红色预警信号表示:3小时内降雨量将达100毫米以上,或者已达100毫米以上且降雨可能持续。此时,政府及相关部门应按照职责做好防暴雨应急和抢险工作;处于危险地带的单位应停课、停业,立即转移到安全的地方暂避;相关部门应做好山洪、滑坡、泥石流等灾害的防御和抢险工作。

2. 发生洪水如何自救?

(1)洪水之前

①根据当地电视、广播、网络等媒体提供的洪水信息,结合自己所处的位置和条件,冷静地选择最佳路线撤离,避免出现"人未走水先到"的被动局面。

②认清路标,明确撤离的路线和目的地,避免因为惊慌而走错路。

③备足速食食品或蒸煮够食用几天的食品,准备足够的饮用水和日用品。

④扎制木排、竹排,搜集木盆、木材、大件泡沫塑料等适合漂浮的材料,加工成救生装置以备急需。

⑤将不便携带的贵重物品做防水捆扎后埋入地下或放到高处,票款、首饰等小件贵重物品可缝在衣服内随身携带。

⑥保存好尚能使用的通信设备。

处于水深0.7米以上至2米的淹没区内,或洪水流速较大难以在其中生活的居民,应及时采取避难措施。因主要是大规模、有组织的避难,所以要注意:

一要让避难路线家喻户晓,让每一个避难者弄清,洪水先淹何处,后淹何处,以选择最佳路线,避免造成被动局面。

二要认清路标。在那些洪水多发的地区,政府修筑有避难道路。一般说来,这种道路应是单行线,以减少交通混乱和阻塞。在那些避难道路上,设有指示前进方向的路标,如果避难人群未很好地识别路标,盲目地走错路,再往回折返,便会与其他人群产生碰撞、拥挤,产生不必要的混乱。

三要保持镇定的情绪。掌握"灾害心理学"实际上也是一种学问。专家介绍,在一个拥有150万人口的滞洪区,曾做过一次避难演习,仅仅是一个演习,竟因为人多混乱挤塌了桥,发生了死伤事故。在洪灾中,避难者由于自身的苦痛、家庭的巨大损失,已经是人心惶惶,如果再受到流言蜚语的蛊惑、避难队伍中突然发出的喊叫、警车和救护车警笛的乱鸣这些外来的干扰,极易产生不必要的惊恐和混乱。

(2)洪水到来之时

如果是在都市遇到洪水,首先应该迅速登上牢固的高层建筑避险,而后要与救援部门取得联系。同时,注意搜集各种漂浮物,木盆、木桶都不失为逃离险境的好工具。分析洪水中人员失踪的原因,一方面是洪水流量大,猝不及防。另一方面,也是因为有的人不了解水情而涉险入水。所以,洪水中必须注意的是,不了解水情一定要在安全地带等待救援。

①避难所一般应选择在距家最近、地势较高、交通较为方便及卫生条件较好的地方。在城市中大多是高层建筑的平坦楼顶,地势较高或有牢固楼房的学校、医院等。

②将衣被等御寒物放至高处保存;将不便携带的贵重物品做防水捆扎后埋入地下或置放高处。

③扎制木排,并搜集木盆、木块等漂浮材料加工为救生设备以备急需;洪水到来时难以找到适合的饮用水,所以在洪水来之前可用木盆、水桶等盛水工具贮备干净的饮用水。

④准备好医药、取火等物品;保存好各种尚能使用的通信设施,可与外界保持良好的通信、交通联系。

⑤为防止洪水涌入屋内,首先要堵住大门下面所有空隙。最好在门槛外侧放上沙袋,可用麻袋、草袋或布袋、塑料袋,里面塞满沙子、泥土、碎石。如果预料洪水还会上涨,那么底层窗槛外也要堆上沙袋。

⑥在离开家门之前,还要把煤气阀、电源总开关等关掉,时间允许的话,将贵重物品用毛毯卷好,收藏在楼上的柜子里。出门时最好把房门关好。

⑦受到洪水威胁,如果时间充裕,应按照预定路线,有组织地向山坡、高地等处转移;在措手不及,已经受到洪水包围的情况下,要尽可能利用船只、木排、门板、木床等,做水上转移。洪水来得太快,已经来不及转移时,要立即爬上屋顶、楼房高屋、大树、高墙,做暂时避险,等待援救。不要只身游水转移。在山区,如果连降大雨,容易暴发山洪。遇到这种情况,应该注意避免过河,以防止被山洪冲走,还要注意防止山体滑坡、滚石、泥石流的伤害。发现高压线铁塔倾倒、电线低垂或断折,要远离避险,不可触摸或接近,防止触电。洪水过后,要服用预防流行病的药物,做好卫生防疫工作,避免发生传染病。地处河堤缺口、危房等风险地带的人群应尽快撤离现场,迅速转移到高坡地带或高层建筑物的楼顶上。对于家中的财产,不要斤斤计较,更不能只顾家产而忘记生命安全。为了保存财产,在离开住处时,最好把房门关好,这样待洪水退后,家产尚能物归原主,不会随洪水漂流掉。

(3)洪水过后

当洪水过后,居民应该做好灾后防病工作。

①要管好自己的饮食,喝开水、吃熟食。
②要及时清理灾后垃圾。
③要配合有关部门做好环境消毒和灭蝇、灭蚊、灭鼠工作。
④要保持环境卫生,严防疾病发生和流行。

暴雨过后,洪涝受灾地区的防病工作必须坚持"预防为主"的方针,重点做好预防肠道传染病、食物中毒发生的工作,保护水源和对饮用水进行消毒,特别是要对分散式饮用水进行消毒,同时,要搞好环境卫生,消灭蚊蝇鼠害,把各种可能发生的疫情消灭在爆发、流行之前。

(4)其他注意事项
①主要是对患者及早隔离治疗,体温正常后15日方可解除隔离。
②把好"病从口入"关。生熟食物要分开,生熟食具要分开使用;生吃瓜果要洗烫;饮凉白开。
③饭前便后、外出归来、点钞后都要用清洁剂和流动水洗净手。
④管好水源、垃圾、粪便,消灭苍蝇。
⑤接种伤寒疫苗。

思考与练习

1. 户外活动前应做好哪些准备?
2. 户外活动遇到危险时应该怎么办?
3. 你掌握了哪些自然灾害自救知识和技能?

参考文献

[1] 王世奎,王志雄.大学生安全实用知识.武汉:武汉大学出版社,2003.
[2] 吴超.大学生安全文化.北京:机械工业出版社,2005.
[3] 李爱国.大学生安全知识教育.大连:大连理工大学出版社,2011.
[4] 杨军.学生安全知识读本.上海:上海交通大学出版社,2013.
[5] 王云彪.公办高校校园安全法律问题研究.武汉:湖北科学技术出版社,2014
[6] 周全厚,高飞.防范与对策——大学生安全教育.北京:新华出版社,2014.
[7] 吴林海,徐玲玲,尹世久,等.中国食品安全发展报告,2015.
[8] 卿臻.大学生安全教育.北京:高等教育出版社,2017.
[9] 喻亮.创建和谐校园安全教育读本.北京:北京理工大学出版社,2018.
[10] 赵红艳.总体国家安全观与恐怖主义的遏制.北京:人民出版社,2018.
[11] 王建平.公民安全、社会安全与国家安全.成都:四川大学出版社,2018.
[12] 王满良,王维群.大学生安全教育.北京:北京理工大学出版社,2019.
[13] 尹建平.普通高等学校军事课教程.北京:中国言实出版社,2019.
[14] 艾楚君,张祎.大学生安全教育教程.北京:北京理工大学出版社,2019.
[15] 李子德.大学生安全教育.成都:电子科技大学出版社.2019.
[16] 贵州省教育厅.校园警钟:大学生安全教育读本.北京:电子工业出版社,2020.
[17] 张恺,宋玉霞,张新星.国家安全教育.北京:航空工业出版社,2021.
[18] 杨海,郑伟民.大学生公共安全教育.北京:高等教育出版社出版,2021.
[19] 李东波.牢固树立国家安全观——国家安全教育学习.北京:中国言实出版社,2021.
[20] 王思迪,王耀远,鞠秀晶.大学生安全教育.北京:中国民主法制出版社,2022.
[21] 马瑞映 杨松.新时代高校国家安全教育通论.北京:高等教育出版社,2022.
[22] 周晓芳,邓海跃,李观文.安全伴我行:新时代安全教育教程.北京:中国民主法制出版社,2023.

附　录

附录一　安全标志图例

一、禁止标志（附图1-1）

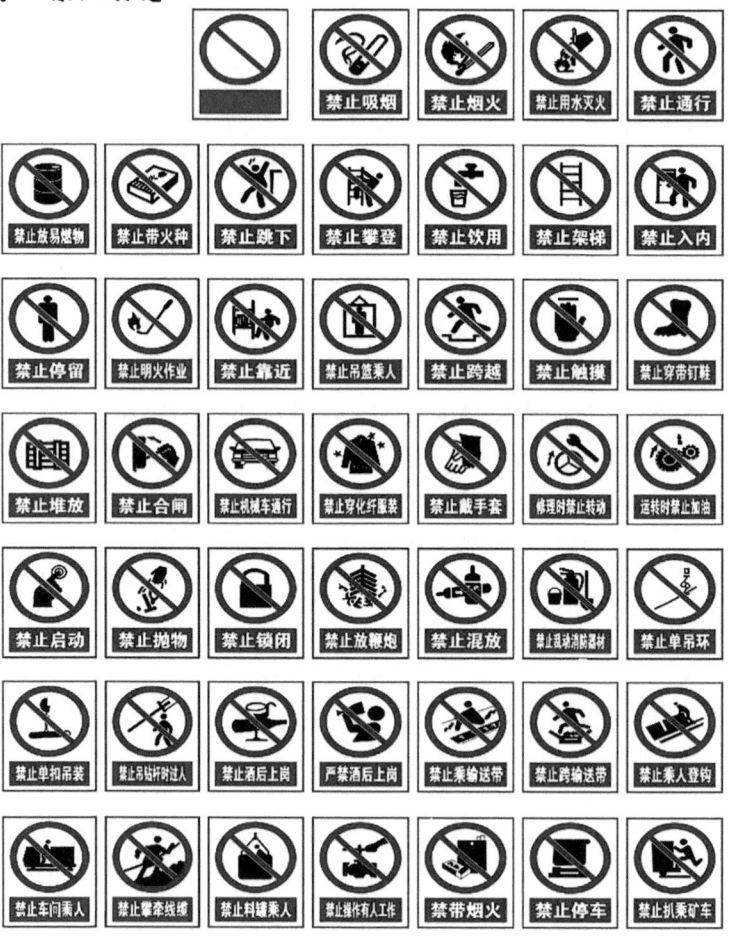

✱ · 禁止标志 ·

附图1-1　禁止标志

二、行业安全标志——警告类（附图 1-2、附图 1-3）

附图 1-2　行业安全标志——警告类

附图 1-3　行业安全标志——警告类

三、消防器材指示安全标志(附图1-4)

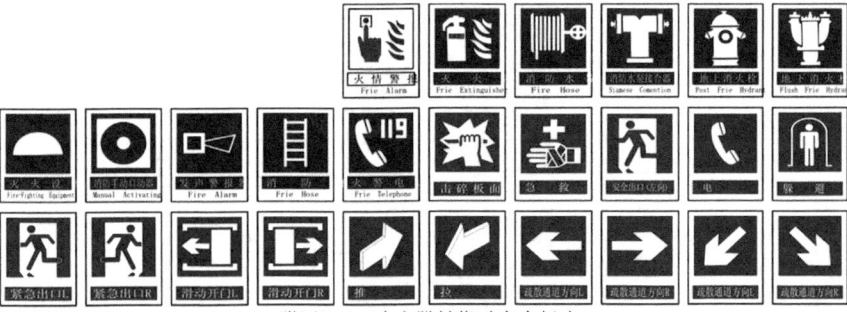

附图1-4 消防器材指示安全标志

四、疏散指示标志(附图1-5)

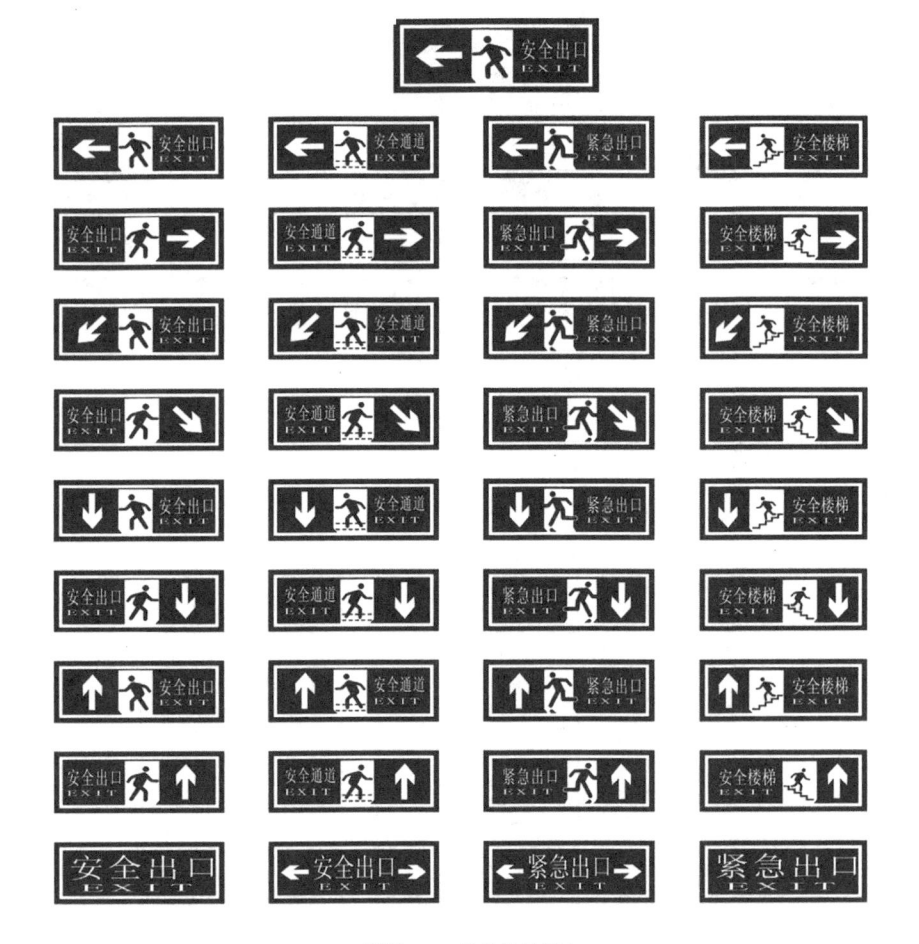

附图1-5 疏散指示标志

五、指令安全标志系列（附图 1-6）

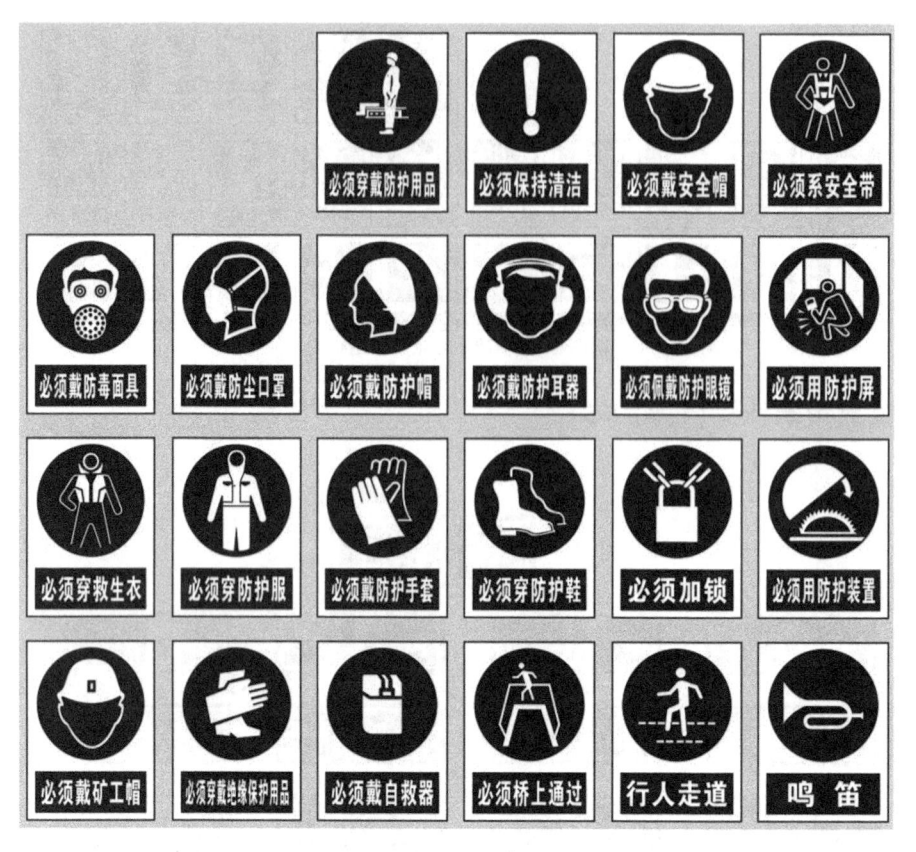

附图 1-6　指令安全标志系列

六、提示安全标志（附图 1-7）

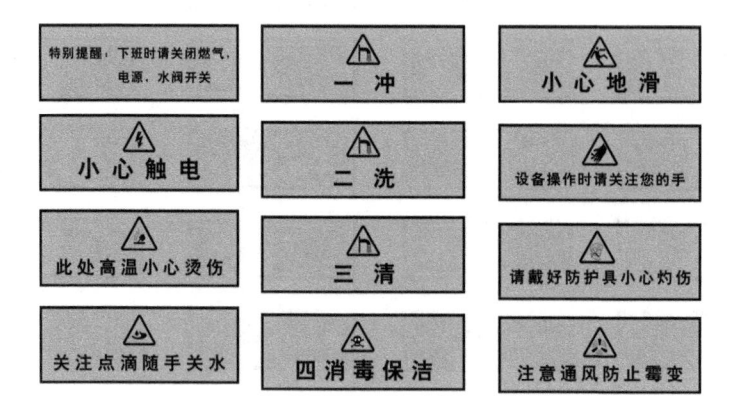

附图 1-7　提示安全标志

七、游泳安全标志(附图1-8)

附图1-8 游泳安全标志

附录二　相关法律法规

一、中华人民共和国网络安全法

（2016年11月7日第十二届全国人民代表大会常务委员会第二十四次会议通过）

第一章　总　　则

第一条　为了保障网络安全，维护网络空间主权和国家安全、社会公共利益，保护公民、法人和其他组织的合法权益，促进经济社会信息化健康发展，制定本法。

第二条　在中华人民共和国境内建设、运营、维护和使用网络，以及网络安全的监督管理，适用本法。

第三条　国家坚持网络安全与信息化发展并重，遵循积极利用、科学发展、依法管理、确保安全的方针，推进网络基础设施建设和互联互通，鼓励网络技术创新和应用，支持培养网络安全人才，建立健全网络安全保障体系，提高网络安全保护能力。

第四条　国家制定并不断完善网络安全战略，明确保障网络安全的基本要求和主要目标，提出重点领域的网络安全政策、工作任务和措施。

第五条　国家采取措施，监测、防御、处置来源于中华人民共和国境内外的网络安全风险和威胁，保护关键信息基础设施免受攻击、侵入、干扰和破坏，依法惩治网络违法犯罪活动，维护网络空间安全和秩序。

第六条 国家倡导诚实守信、健康文明的网络行为,推动传播社会主义核心价值观,采取措施提高全社会的网络安全意识和水平,形成全社会共同参与促进网络安全的良好环境。

第七条 国家积极开展网络空间治理、网络技术研发和标准制定、打击网络违法犯罪等方面的国际交流与合作,推动构建和平、安全、开放、合作的网络空间,建立多边、民主、透明的网络治理体系。

第八条 国家网信部门负责统筹协调网络安全工作和相关监督管理工作。国务院电信主管部门、公安部门和其他有关机关依照本法和有关法律、行政法规的规定,在各自职责范围内负责网络安全保护和监督管理工作。

县级以上地方人民政府有关部门的网络安全保护和监督管理职责,按照国家有关规定确定。

第九条 网络运营者开展经营和服务活动,必须遵守法律、行政法规,尊重社会公德,遵守商业道德,诚实信用,履行网络安全保护义务,接受政府和社会的监督,承担社会责任。

第十条 建设、运营网络或者通过网络提供服务,应当依照法律、行政法规的规定和国家标准的强制性要求,采取技术措施和其他必要措施,保障网络安全、稳定运行,有效应对网络安全事件,防范网络违法犯罪活动,维护网络数据的完整性、保密性和可用性。

第十一条 网络相关行业组织按照章程,加强行业自律,制定网络安全行为规范,指导会员加强网络安全保护,提高网络安全保护水平,促进行业健康发展。

第十二条 国家保护公民、法人和其他组织依法使用网络的权利,促进网络接入普及,提升网络服务水平,为社会提供安全、便利的网络服务,保障网络信息依法有序自由流动。

任何个人和组织使用网络应当遵守宪法法律,遵守公共秩序,尊重社会公德,不得危害网络安全,不得利用网络从事危害国家安全、荣誉和利益,煽动颠覆国家政权、推翻社会主义制度,煽动分裂国家、破坏国家统一,宣扬恐怖主义、极端主义,宣扬民族仇恨、民族歧视,传播暴力、淫秽色情信息,编造、传播虚假信息扰乱经济秩序和社会秩序,以及侵害他人名誉、隐私、知识产权和其他合法权益等活动。

第十三条 国家支持研究开发有利于未成年人健康成长的网络产品和服务,依法惩治利用网络从事危害未成年人身心健康的活动,为未成年人提供安全、健康的网络环境。

第十四条 任何个人和组织有权对危害网络安全的行为向网信、电信、公安等部门举报。收到举报的部门应当及时依法做出处理;不属于本部门职责的,应当及时移送有权处理的部门。

有关部门应当对举报人的相关信息予以保密,保护举报人的合法权益。

第二章 网络安全支持与促进

第十五条 国家建立和完善网络安全标准体系。国务院标准化行政主管部门和国务院其他有关部门根据各自的职责,组织制定并适时修订有关网络安全管理以及网络产品、服务和运行安全的国家标准、行业标准。

国家支持企业、研究机构、高等学校、网络相关行业组织参与网络安全国家标准、行业标准的制定。

第十六条 国务院和省、自治区、直辖市人民政府应当统筹规划,加大投入,扶持重点网络安全技术产业和项目,支持网络安全技术的研究开发和应用,推广安全可信的网络产品和服务,保护网络技术知识产权,支持企业、研究机构和高等学校等参与国家网络安全技术创新项目。

第十七条 国家推进网络安全社会化服务体系建设,鼓励有关企业、机构开展网络安全认证、检测和风险评估等安全服务。

第十八条 国家鼓励开发网络数据安全保护和利用技术,促进公共数据资源开放,推动技术创新和经济社会发展。

国家支持创新网络安全管理方式,运用网络新技术,提升网络安全保护水平。

第十九条 各级人民政府及其有关部门应当组织开展经常性的网络安全宣传教育,并指导、督促有关单位做好网络安全宣传教育工作。

大众传播媒介应当有针对性地面向社会进行网络安全宣传教育。

第二十条 国家支持企业和高等学校、职业学校等教育培训机构开展网络安全相关教育与培训,采取多种方式培养网络安全人才,促进网络安全人才交流。

第三章 网络运行安全

第一节 一般规定

第二十一条 国家实行网络安全等级保护制度。网络运营者应当按照网络安全等级保护制度的要求,履行下列安全保护义务,保障网络免受干扰、破坏或者未经授权的访问,防止网络数据泄露或者被窃取、篡改:

(一)制定内部安全管理制度和操作规程,确定网络安全负责人,落实网络安全保护责任;

(二)采取防范计算机病毒和网络攻击、网络侵入等危害网络安全行为的技术措施;

(三)采取监测、记录网络运行状态、网络安全事件的技术措施,并按照规定留存相关的网络日志不少于六个月;

(四)采取数据分类、重要数据备份和加密等措施;

(五)法律、行政法规规定的其他义务。

第二十二条 网络产品、服务应当符合相关国家标准的强制性要求。网络产品、服务的提供者不得设置恶意程序;发现其网络产品、服务存在安全缺陷、漏洞等风险时,应当立即采取补救措施,按照规定及时告知用户并向有关主管部门报告。

网络产品、服务的提供者应当为其产品、服务持续提供安全维护;在规定或者当事人约定的期限内,不得终止提供安全维护。

网络产品、服务具有收集用户信息功能的,其提供者应当向用户明示并取得同意;涉及用户个人信息的,还应当遵守本法和有关法律、行政法规关于个人信息保护的规定。

第二十三条 网络关键设备和网络安全专用产品应当按照相关国家标准的强制性要求,由具备资格的机构安全认证合格或者安全检测符合要求后,方可销售或者提供。国家网信部门会同国务院有关部门制定、公布网络关键设备和网络安全专用产品目录,并推动安全认证和安全检测结果互认，避免重复认证、检测。

第二十四条　网络运营者为用户办理网络接入、域名注册服务，办理固定电话、移动电话等入网手续，或者为用户提供信息发布、即时通信等服务，在与用户签订协议或者确认提供服务时，应当要求用户提供真实身份信息。用户不提供真实身份信息的，网络运营者不得为其提供相关服务。

国家实施网络可信身份战略，支持研究开发安全、方便的电子身份认证技术，推动不同电子身份认证之间的互认。

第二十五条　网络运营者应当制定网络安全事件应急预案，及时处置系统漏洞、计算机病毒、网络攻击、网络侵入等安全风险；在发生危害网络安全的事件时，立即启动应急预案，采取相应的补救措施，并按照规定向有关主管部门报告。

第二十六条　开展网络安全认证、检测、风险评估等活动，向社会发布系统漏洞、计算机病毒、网络攻击、网络侵入等网络安全信息，应当遵守国家有关规定。

第二十七条　任何个人和组织不得从事非法侵入他人网络、干扰他人网络正常功能、窃取网络数据等危害网络安全的活动；不得提供专门用于从事侵入网络、干扰网络正常功能及防护措施、窃取网络数据等危害网络安全活动的程序、工具；明知他人从事危害网络安全的活动的，不得为其提供技术支持、广告推广、支付结算等帮助。

第二十八条　网络运营者应当为公安机关、国家安全机关依法维护国家安全和侦查犯罪的活动提供技术支持和协助。

第二十九条　国家支持网络运营者之间在网络安全信息收集、分析、通报和应急处置等方面进行合作，提高网络运营者的安全保障能力。

有关行业组织建立健全本行业的网络安全保护规范和协作机制，加强对网络安全风险的分析评估，定期向会员进行风险警示，支持、协助会员应对网络安全风险。

第三十条　网信部门和有关部门在履行网络安全保护职责中获取的信息，只能用于维护网络安全的需要，不得用于其他用途。

第二节　关键信息基础设施的运行安全

第三十一条　国家对公共通信和信息服务、能源、交通、水利、金融、公共服务、电子政务等重要行业和领域，以及其他一旦遭到破坏、丧失功能或者数据泄露，可能严重危害国家安全、国计民生、公共利益的关键信息基础设施，在网络安全等级保护制度的基础上，实行重点保护。关键信息基础设施的具体范围和安全保护办法由国务院制定。

国家鼓励关键信息基础设施以外的网络运营者自愿参与关键信息基础设施保护体系。

第三十二条　按照国务院规定的职责分工，负责关键信息基础设施安全保护工作的部门分别编制并组织实施本行业、本领域的关键信息基础设施安全规划，指导和监督关键信息基础设施运行安全保护工作。

第三十三条　建设关键信息基础设施应当确保其具有支持业务稳定、持续运行的性能，并保证安全技术措施同步规划、同步建设、同步使用。

第三十四条　除本法第二十一条的规定外，关键信息基础设施的运营者还应当履行下列安全保护义务：

(一)设置专门安全管理机构和安全管理负责人,并对该负责人和关键岗位的人员进行安全背景审查;

(二)定期对从业人员进行网络安全教育、技术培训和技能考核;

(三)对重要系统和数据库进行容灾备份;

(四)制定网络安全事件应急预案,并定期进行演练;

(五)法律、行政法规规定的其他义务。

第三十五条 关键信息基础设施的运营者采购网络产品和服务,可能影响国家安全的,应当通过国家网信部门会同国务院有关部门组织的国家安全审查。

第三十六条 关键信息基础设施的运营者采购网络产品和服务,应当按照规定与提供者签订安全保密协议,明确安全和保密义务与责任。

第三十七条 关键信息基础设施的运营者在中华人民共和国境内运营中收集和产生的个人信息和重要数据应当在境内存储。因业务需要,确需向境外提供的,应当按照国家网信部门会同国务院有关部门制定的办法进行安全评估;法律、行政法规另有规定的,依照其规定。

第三十八条 关键信息基础设施的运营者应当自行或者委托网络安全服务机构对其网络的安全性和可能存在的风险每年至少进行一次检测评估,并将检测评估情况和改进措施报送相关负责关键信息基础设施安全保护工作的部门。

第三十九条 国家网信部门应当统筹协调有关部门对关键信息基础设施的安全保护采取下列措施:

(一)对关键信息基础设施的安全风险进行抽查检测,提出改进措施,必要时可以委托网络安全服务机构对网络存在的安全风险进行检测评估;

(二)定期组织关键信息基础设施的运营者进行网络安全应急演练,提高应对网络安全事件的水平和协同配合能力;

(三)促进有关部门、关键信息基础设施的运营者以及有关研究机构、网络安全服务机构等之间的网络安全信息共享;

(四)对网络安全事件的应急处置与网络功能的恢复等,提供技术支持和协助。

第四章 网络信息安全

第四十条 网络运营者应当对其收集的用户信息严格保密,并建立健全用户信息保护制度。

第四十一条 网络运营者收集、使用个人信息,应当遵循合法、正当、必要的原则,公开收集、使用规则,明示收集、使用信息的目的、方式和范围,并经被收集者同意。

网络运营者不得收集与其提供的服务无关的个人信息,不得违反法律、行政法规的规定和双方的约定收集、使用个人信息,并应当依照法律、行政法规的规定和与用户的约定,处理其保存的个人信息。

第四十二条 网络运营者不得泄露、篡改、毁损其收集的个人信息;未经被收集者同意,不得向他人提供个人信息。但是,经过处理无法识别特定个人且不能复原的除外。

网络运营者应当采取技术措施和其他必要措施,确保其收集的个人信息安全,防止信息泄露、毁损、丢失。在发生或者可能发生个人信息泄露、毁损、丢失的情况时，应当立即采取补救措施，按照规定及时告知用户并向有关主管部门报告。

第四十三条 个人发现网络运营者违反法律、行政法规的规定或者双方的约定收集、使用其个人信息的，有权要求网络运营者删除其个人信息；发现网络运营者收集、存储的其个人信息有错误的，有权要求网络运营者予以更正。网络运营者应当采取措施予以删除或者更正。

第四十四条 任何个人和组织不得窃取或者以其他非法方式获取个人信息，不得非法出售或者非法向他人提供个人信息。

第四十五条 依法负有网络安全监督管理职责的部门及其工作人员，必须对在履行职责中知悉的个人信息、隐私和商业秘密严格保密，不得泄露、出售或者非法向他人提供。

第四十六条 任何个人和组织应当对其使用网络的行为负责，不得设立用于实施诈骗，传授犯罪方法，制作或者销售违禁物品、管制物品等违法犯罪活动的网站、通讯群组，不得利用网络发布涉及实施诈骗，制作或者销售违禁物品、管制物品以及其他违法犯罪活动的信息。

第四十七条 网络运营者应当加强对其用户发布的信息的管理，发现法律、行政法规禁止发布或者传输的信息的，应当立即停止传输该信息，采取消除等处置措施，防止信息扩散，保存有关记录，并向有关主管部门报告。

第四十八条 任何个人和组织发送的电子信息、提供的应用软件，不得设置恶意程序，不得含有法律、行政法规禁止发布或者传输的信息。

电子信息发送服务提供者和应用软件下载服务提供者，应当履行安全管理义务，知道其用户有前款规定行为的，应当停止提供服务，采取消除等处置措施，保存有关记录，并向有关主管部门报告。

第四十九条 网络运营者应当建立网络信息安全投诉、举报制度，公布投诉、举报方式等信息，及时受理并处理有关网络信息安全的投诉和举报。

网络运营者对网信部门和有关部门依法实施的监督检查，应当予以配合。

第五十条 国家网信部门和有关部门依法履行网络信息安全监督管理职责，发现法律、行政法规禁止发布或者传输的信息的，应当要求网络运营者停止传输，采取消除等处置措施，保存有关记录；对来源于中华人民共和国境外的上述信息，应当通知有关机构采取技术措施和其他必要措施阻断传播。

第五章　监测预警与应急处置

第五十一条 国家建立网络安全监测预警和信息通报制度。国家网信部门应当统筹协调有关部门加强网络安全信息收集、分析和通报工作，按照规定统一发布网络安全监测预警信息。

第五十二条 负责关键信息基础设施安全保护工作的部门，应当建立健全本行业、本领域的网络安全监测预警和信息通报制度，并按照规定报送网络安全监测预警信息。

第五十三条 国家网信部门协调有关部门建立健全网络安全风险评估和应急工作机制，制定网络安全事件应急预案，并定期组织演练。

负责关键信息基础设施安全保护工作的部门应当制定本行业、本领域的网络安全事件应急预案,并定期组织演练。

网络安全事件应急预案应当按照事件发生后的危害程度、影响范围等因素对网络安全事件进行分级,并规定相应的应急处置措施。

第五十四条 网络安全事件发生的风险增大时,省级以上人民政府有关部门应当按照规定的权限和程序,并根据网络安全风险的特点和可能造成的危害,采取下列措施:

(一)要求有关部门、机构和人员及时收集、报告有关信息,加强对网络安全风险的监测;

(二)组织有关部门、机构和专业人员,对网络安全风险信息进行分析评估,预测事件发生的可能性、影响范围和危害程度;

(三)向社会发布网络安全风险预警,发布避免、减轻危害的措施。

第五十五条 发生网络安全事件,应当立即启动网络安全事件应急预案,对网络安全事件进行调查和评估,要求网络运营者采取技术措施和其他必要措施,消除安全隐患,防止危害扩大,并及时向社会发布与公众有关的警示信息。

第五十六条 省级以上人民政府有关部门在履行网络安全监督管理职责中,发现网络存在较大安全风险或者发生安全事件的,可以按照规定的权限和程序对该网络的运营者的法定代表人或者主要负责人进行约谈。网络运营者应当按照要求采取措施,进行整改,消除隐患。

第五十七条 因网络安全事件,发生突发事件或者生产安全事故的,应当依照《中华人民共和国突发事件应对法》《中华人民共和国安全生产法》等有关法律、行政法规的规定处置。

第五十八条 因维护国家安全和社会公共秩序,处置重大突发社会安全事件的需要,经国务院决定或者批准,可以在特定区域对网络通信采取限制等临时措施。

第六章　法律责任

第五十九条 网络运营者不履行本法第二十一条、第二十五条规定的网络安全保护义务的,由有关主管部门责令改正,给予警告;拒不改正或者导致危害网络安全等后果的,处一万元以上十万元以下罚款,对直接负责的主管人员处五千元以上五万元以下罚款。

关键信息基础设施的运营者不履行本法第三十三条、第三十四条、第三十六条、第三十八条规定的网络安全保护义务的,由有关主管部门责令改正,给予警告;拒不改正或者导致危害网络安全等后果的,处十万元以上一百万元以下罚款,对直接负责的主管人员处一万元以上十万元以下罚款。

第六十条 违反本法第二十二条第一款、第二款和第四十八条第一款规定,有下列行为之一的,由有关主管部门责令改正,给予警告;拒不改正或者导致危害网络安全等后果的,处五万元以上五十万元以下罚款,对直接负责的主管人员处一万元以上十万元以下罚款:

(一)设置恶意程序的;

(二)对其产品、服务存在的安全缺陷、漏洞等风险未立即采取补救措施,或者未按照规定及时告知用户并向有关主管部门报告的;

(三)擅自终止为其产品、服务提供安全维护的。

第六十一条 网络运营者违反本法第二十四条第一款规定,未要求用户提供真实身份信息,或者对不提供真实身份信息的用户提供相关服务的,由有关主管部门责令改正;拒不改正或者情节严重的，处五万元以上五十万元以下罚款，并可以由有关主管部门责令暂停相关业务、停业整顿、关闭网站、吊销相关业务许可证或者吊销营业执照，对直接负责的主管人员和其他直接责任人员处一万元以上十万元以下罚款。

　　第六十二条　违反本法第二十六条规定，开展网络安全认证、检测、风险评估等活动，或者向社会发布系统漏洞、计算机病毒、网络攻击、网络侵入等网络安全信息的，由有关主管部门责令改正，给予警告；拒不改正或者情节严重的，处一万元以上十万元以下罚款，并可以由有关主管部门责令暂停相关业务、停业整顿、关闭网站、吊销相关业务许可证或者吊销营业执照，对直接负责的主管人员和其他直接责任人员处五千元以上五万元以下罚款。

　　第六十三条　违反本法第二十七条规定，从事危害网络安全的活动，或者提供专门用于从事危害网络安全活动的程序、工具，或者为他人从事危害网络安全的活动提供技术支持、广告推广、支付结算等帮助，尚不构成犯罪的，由公安机关没收违法所得，处五日以下拘留，可以并处五万元以上五十万元以下罚款；情节较重的，处五日以上十五日以下拘留，可以并处十万元以上一百万元以下罚款。

　　单位有前款行为的，由公安机关没收违法所得，处十万元以上一百万元以下罚款，并对直接负责的主管人员和其他直接责任人员依照前款规定处罚。

　　违反本法第二十七条　规定，受到治安管理处罚的人员，五年内不得从事网络安全管理和网络运营关键岗位的工作；受到刑事处罚的人员，终身不得从事网络安全管理和网络运营关键岗位的工作。

　　第六十四条　网络运营者、网络产品或者服务的提供者违反本法第二十二条第三款、第四十一条至第四十三条规定，侵害个人信息依法得到保护的权利的，由有关主管部门责令改正，可以根据情节单处或者并处警告、没收违法所得、处违法所得一倍以上十倍以下罚款，没有违法所得的，处一百万元以下罚款，对直接负责的主管人员和其他直接责任人员处一万元以上十万元以下罚款；情节严重的，并可以责令暂停相关业务、停业整顿、关闭网站、吊销相关业务许可证或者吊销营业执照。

　　违反本法第四十四条　规定，窃取或者以其他非法方式获取、非法出售或者非法向他人提供个人信息，尚不构成犯罪的，由公安机关没收违法所得，并处违法所得一倍以上十倍以下罚款，没有违法所得的，处一百万元以下罚款。

　　第六十五条　关键信息基础设施的运营者违反本法第三十五条规定，使用未经安全审查或者安全审查未通过的网络产品或者服务的，由有关主管部门责令停止使用，处采购金额一倍以上十倍以下罚款；对直接负责的主管人员和其他直接责任人员处一万元以上十万元以下罚款。

　　第六十六条　关键信息基础设施的运营者违反本法第三十七条规定，在境外存储网络数据，或者向境外提供网络数据的，由有关主管部门责令改正，给予警告，没收违法所得，处五万元以上五十万元以下罚款，并可以责令暂停相关业务、停业整顿、关闭网站、吊销相关业务许可证或者吊销营业执照；对直接负责的主管人员和其他直接责任人员处一万元以上十万元以下罚款。

　　第六十七条　违反本法第四十六条规定，设立用于实施违法犯罪活动的网站、通讯群组，或者利用网络发布涉及实施违法犯罪活动的信息，尚不构成犯罪的，由公安机关处五日以下拘留,可以并处一万元以上十万元以下罚款;情节较重的,处五日以上十五日以下拘留,可以并处五万元以上五十万元以下罚款。关闭用于实施违法犯罪活动的网站、通讯群组。

单位有前款行为的,由公安机关处十万元以上五十万元以下罚款,并对直接负责的主管人员和其他直接责任人员依照前款规定处罚。

第六十八条　网络运营者违反本法第四十七条规定,对法律、行政法规禁止发布或者传输的信息未停止传输、采取消除等处置措施、保存有关记录的,由有关主管部门责令改正,给予警告,没收违法所得;拒不改正或者情节严重的,处十万元以上五十万元以下罚款,并可以责令暂停相关业务、停业整顿、关闭网站、吊销相关业务许可证或者吊销营业执照,对直接负责的主管人员和其他直接责任人员处一万元以上十万元以下罚款。

电子信息发送服务提供者、应用软件下载服务提供者,不履行本法第四十八条第二款规定的安全管理义务的,依照前款规定处罚。

第六十九条　网络运营者违反本法规定,有下列行为之一的,由有关主管部门责令改正;拒不改正或者情节严重的,处五万元以上五十万元以下罚款,对直接负责的主管人员和其他直接责任人员,处一万元以上十万元以下罚款:

(一)不按照有关部门的要求对法律、行政法规禁止发布或者传输的信息,采取停止传输、消除等处置措施的;

(二)拒绝、阻碍有关部门依法实施的监督检查的;

(三)拒不向公安机关、国家安全机关提供技术支持和协助的。

第七十条　发布或者传输本法第十二条第二款和其他法律、行政法规禁止发布或者传输的信息的,依照有关法律、行政法规的规定处罚。

第七十一条　有本法规定的违法行为的,依照有关法律、行政法规的规定记入信用档案,并予以公示。

第七十二条　国家机关政务网络的运营者不履行本法规定的网络安全保护义务的,由其上级机关或者有关机关责令改正;对直接负责的主管人员和其他直接责任人员依法给予处分。

第七十三条　网信部门和有关部门违反本法第三十条规定,将在履行网络安全保护职责中获取的信息用于其他用途的,对直接负责的主管人员和其他直接责任人员依法给予处分。

网信部门和有关部门的工作人员玩忽职守、滥用职权、徇私舞弊,尚不构成犯罪的,依法给予处分。

第七十四条　违反本法规定,给他人造成损害的,依法承担民事责任。

违反本法规定,构成违反治安管理行为的,依法给予治安管理处罚;构成犯罪的,依法追究刑事责任。

第七十五条　境外的机构、组织、个人从事攻击、侵入、干扰、破坏等危害中华人民共和国的关键信息基础设施的活动,造成严重后果的,依法追究法律责任;国务院公安部门和有关部门并可以决定对该机构、组织、个人采取冻结财产或者其他必要的制裁措施。

第七章　附则

第七十六条　本法下列用语的含义:

（一）网络，是指由计算机或者其他信息终端及相关设备组成的按照一定的规则和程序对信息进行收集、存储、传输、交换、处理的系统。

（二）网络安全，是指通过采取必要措施，防范对网络的攻击、侵入、干扰、破坏和非法使用以及意外事故，使网络处于稳定可靠运行的状态，以及保障网络数据的完整性、保密性、可用性的能力。

（三）网络运营者，是指网络的所有者、管理者和网络服务提供者。

（四）网络数据，是指通过网络收集、存储、传输、处理和产生的各种电子数据。

（五）个人信息，是指以电子或者其他方式记录的能够单独或者与其他信息结合识别自然人个人身份的各种信息，包括但不限于自然人的姓名、出生日期、身份证件号码、个人生物识别信息、住址、电话号码等。

第七十七条　存储、处理涉及国家秘密信息的网络的运行安全保护，除应当遵守本法外，还应当遵守保密法律、行政法规的规定。

第七十八条　军事网络的安全保护，由中央军事委员会另行规定。

第七十九条　本法自2017年6月1日起施行。

二、中华人民共和国个人信息保护法

（2021年8月20日第十三届全国人民代表大会常务委员会第三十次会议通过）

第一章　总则

第一条　为了保护个人信息权益，规范个人信息处理活动，促进个人信息合理利用，根据宪法，制定本法。

第二条　自然人的个人信息受法律保护，任何组织、个人不得侵害自然人的个人信息权益。

第三条　在中华人民共和国境内处理自然人个人信息的活动，适用本法。

在中华人民共和国境外处理中华人民共和国境内自然人个人信息的活动，有下列情形之一的，也适用本法：

（一）以向境内自然人提供产品或者服务为目的；

（二）分析、评估境内自然人的行为；

（三）法律、行政法规规定的其他情形。

第四条　个人信息是以电子或者其他方式记录的与已识别或者可识别的自然人有关的各种信息，不包括匿名化处理后的信息。

个人信息的处理包括个人信息的收集、存储、使用、加工、传输、提供、公开、删除等。

第五条　处理个人信息应当遵循合法、正当、必要和诚信原则，不得通过误导、欺诈、胁迫等方式处理个人信息。

第六条 处理个人信息应当具有明确、合理的目的,并应当与处理目的直接相关,采取对个人权益影响最小的方式。

收集个人信息,应当限于实现处理目的的最小范围,不得过度收集个人信息。

第七条 处理个人信息应当遵循公开、透明原则,公开个人信息处理规则,明示处理的目的、方式和范围。

第八条 处理个人信息应当保证个人信息的质量,避免因个人信息不准确、不完整对个人权益造成不利影响。

第九条 个人信息处理者应当对其个人信息处理活动负责,并采取必要措施保障所处理的个人信息的安全。

第十条 任何组织、个人不得非法收集、使用、加工、传输他人个人信息,不得非法买卖、提供或者公开他人个人信息;不得从事危害国家安全、公共利益的个人信息处理活动。

第十一条 国家建立健全个人信息保护制度,预防和惩治侵害个人信息权益的行为,加强个人信息保护宣传教育,推动形成政府、企业、相关社会组织、公众共同参与个人信息保护的良好环境。

第十二条 国家积极参与个人信息保护国际规则的制定,促进个人信息保护方面的国际交流与合作,推动与其他国家、地区、国际组织之间的个人信息保护规则、标准等互认。

第二章 个人信息处理规则

第一节 一般规定

第十三条 符合下列情形之一的,个人信息处理者方可处理个人信息:

(一)取得个人的同意;

(二)为订立、履行个人作为一方当事人的合同所必需,或者按照依法制定的劳动规章制度和依法签订的集体合同实施人力资源管理所必需;

(三)为履行法定职责或者法定义务所必需;

(四)为应对突发公共卫生事件,或者紧急情况下为保护自然人的生命健康和财产安全所必需;

(五)为公共利益实施新闻报道、舆论监督等行为,在合理的范围内处理个人信息;

(六)依照本法规定在合理的范围内处理个人自行公开或者其他已经合法公开的个人信息;

(七)法律、行政法规规定的其他情形。

依照本法其他有关规定,处理个人信息应当取得个人同意,但是有前款第二项至第七项规定情形的,不需取得个人同意。

第十四条 基于个人同意处理个人信息的,该同意应当由个人在充分知情的前提下自愿、明确做出。法律、行政法规规定处理个人信息应当取得个人单独同意或者书面同意的,从其规定。

个人信息的处理目的、处理方式和处理的个人信息种类发生变更的,应当重新取得个人同意。

第十五条　基于个人同意处理个人信息的,个人有权撤回其同意。个人信息处理者应当提供便捷的撤回同意的方式。

个人撤回同意,不影响撤回前基于个人同意已进行的个人信息处理活动的效力。

第十六条　个人信息处理者不得以个人不同意处理其个人信息或者撤回同意为由,拒绝提供产品或者服务;处理个人信息属于提供产品或者服务所必需的除外。

第十七条　个人信息处理者在处理个人信息前,应当以显著方式、清晰易懂的语言真实、准确、完整地向个人告知下列事项:

(一)个人信息处理者的名称或者姓名和联系方式;

(二)个人信息的处理目的、处理方式,处理的个人信息种类、保存期限;

(三)个人行使本法规定权利的方式和程序;

(四)法律、行政法规规定应当告知的其他事项。

前款规定事项发生变更的,应当将变更部分告知个人。

个人信息处理者通过制定个人信息处理规则的方式告知第一款规定事项的,处理规则应当公开,并且便于查阅和保存。

第十八条　个人信息处理者处理个人信息,有法律、行政法规规定应当保密或者不需要告知的情形的,可以不向个人告知前条第一款规定的事项。

紧急情况下为保护自然人的生命健康和财产安全无法及时向个人告知的,个人信息处理者应当在紧急情况消除后及时告知。

第十九条　除法律、行政法规另有规定外,个人信息的保存期限应当为实现处理目的所必要的最短时间。

第二十条　两个以上的个人信息处理者共同决定个人信息的处理目的和处理方式的,应当约定各自的权利和义务。但是,该约定不影响个人向其中任何一个个人信息处理者要求行使本法规定的权利。

个人信息处理者共同处理个人信息,侵害个人信息权益造成损害的,应当依法承担连带责任。

第二十一条　个人信息处理者委托处理个人信息的,应当与受托人约定委托处理的目的、期限、处理方式、个人信息的种类、保护措施以及双方的权利和义务等,并对受托人的个人信息处理活动进行监督。

受托人应当按照约定处理个人信息,不得超出约定的处理目的、处理方式等处理个人信息;委托合同不生效、无效、被撤销或者终止的,受托人应当将个人信息返还个人信息处理者或者予以删除,不得保留。

未经个人信息处理者同意,受托人不得转委托他人处理个人信息。

第二十二条　个人信息处理者因合并、分立、解散、被宣告破产等原因需要转移个人信息的,应当向个人告知接收方的名称或者姓名和联系方式。接收方应继续履行个人信息处理者的义务。接收方变更原先的处理目的、处理方式的,应当依照本法规定重新取得个人同意。

第二十三条　个人信息处理者向其他个人信息处理者提供其处理的个人信息的,应当向个人告知接收方的名称或者姓名、联系方式、处理目的、处理方式和个人信息的种类,并取得个人的单独同意。接收方应当在上述处理目的、处理方式和个人信息的种类等范围内处理个人信息。接收方变更原先的处理目的、处理方式的,应当依照本法规定重新取得个人同意。

第二十四条 个人信息处理者利用个人信息进行自动化决策,应当保证决策的透明度和结果公平、公正,不得对个人在交易价格等交易条件上实行不合理的差别待遇。

通过自动化决策方式向个人进行信息推送、商业营销,应同时提供不针对其个人特征的选项,或者向个人提供便捷的拒绝方式。

通过自动化决策方式做出对个人权益有重大影响的决定,个人有权要求个人信息处理者予以说明,并有权拒绝个人信息处理者仅通过自动化决策的方式做出决定。

第二十五条 个人信息处理者不得公开其处理的个人信息,取得个人单独同意的除外。

第二十六条 在公共场所安装图像采集、个人身份识别设备,应当为维护公共安全所必需,遵守国家有关规定,并设置显著的提示标识。所收集的个人图像、身份识别信息只能用于维护公共安全的目的,不得用于其他目的;取得个人单独同意的除外。

第二十七条 个人信息处理者可以在合理的范围内处理个人自行公开或者其他已经合法公开的个人信息;个人明确拒绝的除外。个人信息处理者处理已公开的个人信息,对个人权益有重大影响的,应当依照本法规定取得个人同意。

第二节 敏感个人信息的处理规则

第二十八条 敏感个人信息是一旦泄露或者非法使用,容易导致自然人的人格尊严受到侵害或者人身、财产安全受到危害的个人信息,包括生物识别、宗教信仰、特定身份、医疗健康、金融账户、行踪轨迹等信息,以及不满十四周岁未成年人的个人信息。

只有在具有特定的目的和充分的必要性,并采取严格保护措施的情形下,个人信息处理者方可处理敏感个人信息。

第二十九条 处理敏感个人信息应当取得个人的单独同意;法律、行政法规规定处理敏感个人信息应当取得书面同意的,从其规定。

第三十条 个人信息处理者处理敏感个人信息的,除本法第十七条第一款规定的事项外,还应当向个人告知处理敏感个人信息的必要性以及对个人权益的影响;依照本法规定可以不向个人告知的除外。

第三十一条 个人信息处理者处理不满十四周岁未成年人个人信息的,应当取得未成年人的父母或者其他监护人的同意。

个人信息处理者处理不满十四周岁未成年人个人信息的,应当制定专门的个人信息处理规则。

第三十二条 法律、行政法规对处理敏感个人信息规定应当取得相关行政许可或者做出其他限制的,从其规定。

第三节 国家机关处理个人信息的特别规定

第三十三条 国家机关处理个人信息的活动,适用本法;本节有特别规定的,适用本节规定。

第三十四条 国家机关为履行法定职责处理个人信息,应当依照法律、行政法规规定的权限、程序进行,不得超出履行法定职责所必需的范围和限度。

第三十五条　国家机关为履行法定职责处理个人信息，应当依照本法规定履行告知义务；有本法第十八条第一款规定的情形，或者告知将妨碍国家机关履行法定职责的除外。

第三十六条　国家机关处理的个人信息应当在中华人民共和国境内存储；确需向境外提供的，应当进行安全评估。安全评估可以要求有关部门提供支持与协助。

第三十七条　法律、法规授权的具有管理公共事务职能的组织为履行法定职责处理个人信息，适用本法关于国家机关处理个人信息的规定。

第三章　个人信息跨境提供的规则

第三十八条　个人信息处理者因业务等需要，确需向中华人民共和国境外提供个人信息的，应当具备下列条件之一：

（一）依照本法第四十条　的规定通过国家网信部门组织的安全评估；
（二）按照国家网信部门的规定经专业机构进行个人信息保护认证；
（三）按照国家网信部门制定的标准合同与境外接收方订立合同，约定双方的权利和义务；
（四）法律、行政法规或者国家网信部门规定的其他条件。

中华人民共和国缔结或者参加的国际条约、协定对向中华人民共和国境外提供个人信息的条件等有规定的，可以按照其规定执行。

个人信息处理者应当采取必要措施，保障境外接收方处理个人信息的活动达到本法规定的个人信息保护标准。

第三十九条　个人信息处理者向中华人民共和国境外提供个人信息的，应当向个人告知境外接收方的名称或者姓名、联系方式、处理目的、处理方式、个人信息的种类以及个人向境外接收方行使本法规定权利的方式和程序等事项，并取得个人的单独同意。

第四十条　关键信息基础设施运营者和处理个人信息达到国家网信部门规定数量的个人信息处理者，应当将在中华人民共和国境内收集和产生的个人信息存储在境内。确需向境外提供的，应当通过国家网信部门组织的安全评估；法律、行政法规和国家网信部门规定可以不进行安全评估的，从其规定。

第四十一条　中华人民共和国主管机关根据有关法律和中华人民共和国缔结或者参加的国际条约、协定，或者按照平等互惠原则，处理外国司法或者执法机构关于提供存储于境内个人信息的请求。非经中华人民共和国主管机关批准，个人信息处理者不得向外国司法或者执法机构提供存储于中华人民共和国境内的个人信息。

第四十二条　境外的组织、个人从事侵害中华人民共和国公民的个人信息权益，或者危害中华人民共和国国家安全、公共利益的个人信息处理活动的，国家网信部门可以将其列入限制或者禁止个人信息提供清单，予以公告，并采取限制或者禁止向其提供个人信息等措施。

第四十三条　任何国家或者地区在个人信息保护方面对中华人民共和国采取歧视性的禁止、限制或者其他类似措施的，中华人民共和国可以根据实际情况对该国家或者地区对等采取措施。

第四章　个人在个人信息处理活动中的权利

第四十四条　个人对其个人信息的处理享有知情权、决定权，有权限制或者拒绝他人对其个人信息进行处理;法律、行政法规另有规定的除外。

第四十五条 个人有权向个人信息处理者查阅、复制其个人信息;有本法第十八条第一款、第三十五条规定情形的除外。

个人请求查阅、复制其个人信息的,个人信息处理者应当及时提供。

个人请求将个人信息转移至其指定的个人信息处理者,符合国家网信部门规定条件的,个人信息处理者应当提供转移的途径。

第四十六条 个人发现其个人信息不准确或者不完整的,有权请求个人信息处理者更正、补充。

个人请求更正、补充其个人信息的,个人信息处理者应当对其个人信息予以核实,并及时更正、补充。

第四十七条 有下列情形之一的,个人信息处理者应当主动删除个人信息;个人信息处理者未删除的,个人有权请求删除:

(一)处理目的已实现、无法实现或者为实现处理目的不再必要;

(二)个人信息处理者停止提供产品或者服务,或者保存期限已届满;

(三)个人撤回同意;

(四)个人信息处理者违反法律、行政法规或者违反约定处理个人信息;

(五)法律、行政法规规定的其他情形。

法律、行政法规规定的保存期限未届满,或者删除个人信息从技术上难以实现的,个人信息处理者应当停止除存储和采取必要的安全保护措施之外的处理。

第四十八条 个人有权要求个人信息处理者对其个人信息处理规则进行解释说明。

第四十九条 自然人死亡的,其近亲属为了自身的合法、正当利益,可以对死者的相关个人信息行使本章规定的查阅、复制、更正、删除等权利;死者生前另有安排的除外。

第五十条 个人信息处理者应当建立便捷的个人行使权利的申请受理和处理机制。拒绝个人行使权利的请求的,应当说明理由。

个人信息处理者拒绝个人行使权利的请求的,个人可以依法向人民法院提起诉讼。

第五章 个人信息处理者的义务

第五十一条 个人信息处理者应当根据个人信息的处理目的、处理方式、个人信息的种类以及对个人权益的影响、可能存在的安全风险等,采取下列措施确保个人信息处理活动符合法律、行政法规的规定,并防止未经授权的访问以及个人信息泄露、篡改、丢失:

(一)制定内部管理制度和操作规程;

(二)对个人信息实行分类管理;

(三)采取相应的加密、去标识化等安全技术措施;

(四)合理确定个人信息处理的操作权限,并定期对从业人员进行安全教育和培训;

(五)制定并组织实施个人信息安全事件应急预案;

(六)法律、行政法规规定的其他措施。

第五十二条 处理个人信息达到国家网信部门规定数量的个人信息处理者应当指定个人

信息保护负责人，负责对个人信息处理活动以及采取的保护措施等进行监督。

个人信息处理者应当公开个人信息保护负责人的联系方式，并将个人信息保护负责人的姓名、联系方式等报送履行个人信息保护职责的部门。

第五十三条　本法第三条第二款规定的中华人民共和国境外的个人信息处理者，应当在中华人民共和国境内设立专门机构或者指定代表，负责处理个人信息保护相关事务，并将有关机构的名称或者代表的姓名、联系方式等报送履行个人信息保护职责的部门。

第五十四条　个人信息处理者应当定期对其处理个人信息遵守法律、行政法规的情况进行合规审计。

第五十五条　有下列情形之一的，个人信息处理者应当事前进行个人信息保护影响评估，并对处理情况进行记录：

（一）处理敏感个人信息；

（二）利用个人信息进行自动化决策；

（三）委托处理个人信息、向其他个人信息处理者提供个人信息、公开个人信息；

（四）向境外提供个人信息；

（五）其他对个人权益有重大影响的个人信息处理活动。

第五十六条　个人信息保护影响评估应当包括下列内容：

（一）个人信息的处理目的、处理方式等是否合法、正当、必要；

（二）对个人权益的影响及安全风险；

（三）所采取的保护措施是否合法、有效并与风险程度相适应。

个人信息保护影响评估报告和处理情况记录应当至少保存三年。

第五十七条　发生或者可能发生个人信息泄露、篡改、丢失的，个人信息处理者应当立即采取补救措施，并通知履行个人信息保护职责的部门和个人。通知应当包括下列事项：

（一）发生或者可能发生个人信息泄露、篡改、丢失的信息种类、原因和可能造成的危害；

（二）个人信息处理者采取的补救措施和个人可以采取的减轻危害的措施；

（三）个人信息处理者的联系方式。

个人信息处理者采取措施能够有效避免信息泄露、篡改、丢失造成危害的，个人信息处理者可以不通知个人；履行个人信息保护职责的部门认为可能造成危害的，有权要求个人信息处理者通知个人。

第五十八条　提供重要互联网平台服务、用户数量巨大、业务类型复杂的个人信息处理者，应当履行下列义务：

（一）按照国家规定建立健全个人信息保护合规制度体系，成立主要由外部成员组成的独立机构对个人信息保护情况进行监督；

（二）遵循公开、公平、公正的原则，制定平台规则，明确平台内产品或者服务提供者处理个人信息的规范和保护个人信息的义务；

（三）对严重违反法律、行政法规处理个人信息的平台内的产品或者服务提供者，停止提供服务；

（四）定期发布个人信息保护社会责任报告，接受社会监督。

第五十九条　接受委托处理个人信息的受托人,应当依照本法和有关法律、行政法规的规定,采取必要措施保障所处理的个人信息的安全,并协助个人信息处理者履行本法规定的义务。

第六章　履行个人信息保护职责的部门

第六十条　国家网信部门负责统筹协调个人信息保护工作和相关监督管理工作。国务院有关部门依照本法和有关法律、行政法规的规定,在各自职责范围内负责个人信息保护和监督管理工作。

县级以上地方人民政府有关部门的个人信息保护和监督管理职责,按照国家有关规定确定。

前两款规定的部门统称为履行个人信息保护职责的部门。

第六十一条　履行个人信息保护职责的部门履行下列个人信息保护职责:

(一)开展个人信息保护宣传教育,指导、监督个人信息处理者开展个人信息保护工作;

(二)接受、处理与个人信息保护有关的投诉、举报;

(三)组织对应用程序等个人信息保护情况进行测评,并公布测评结果;

(四)调查、处理违法个人信息处理活动;

(五)法律、行政法规规定的其他职责。

第六十二条　国家网信部门统筹协调有关部门依据本法推进下列个人信息保护工作:

(一)制定个人信息保护具体规则、标准;

(二)针对小型个人信息处理者、处理敏感个人信息以及人脸识别、人工智能等新技术、新应用,制定专门的个人信息保护规则、标准;

(三)支持研究开发和推广应用安全、方便的电子身份认证技术,推进网络身份认证公共服务建设;

(四)推进个人信息保护社会化服务体系建设,支持有关机构开展个人信息保护评估、认证服务;

(五)完善个人信息保护投诉、举报工作机制。

第六十三条　履行个人信息保护职责的部门履行个人信息保护职责,可以采取下列措施:

(一)询问有关当事人,调查与个人信息处理活动有关的情况;

(二)查阅、复制当事人与个人信息处理活动有关的合同、记录、账簿以及其他有关资料;

(三)实施现场检查,对涉嫌违法的个人信息处理活动进行调查;

(四)检查与个人信息处理活动有关的设备、物品;对有证据证明是用于违法个人信息处理活动的设备、物品,向本部门主要负责人书面报告并经批准,可以查封或者扣押。

履行个人信息保护职责的部门依法履行职责,当事人应当予以协助、配合,不得拒绝、阻挠。

第六十四条　履行个人信息保护职责的部门在履行职责中,发现个人信息处理活动存在较大风险或者发生个人信息安全事件的,可以按照规定的权限和程序对该个人信息处理者的法定代表人或者主要负责人进行约谈,或者要求个人信息处理者委托专业机构对其个人信息处理活动进行合规审计。个人信息处理者应当按照要求采取措施,进行整改,消除隐患。

履行个人信息保护职责的部门在履行职责中,发现违法处理个人信息涉嫌犯罪的,应当及时移送公安机关依法处理。

第六十五条　任何组织、个人有权对违法个人信息处理活动向履行个人信息保护职责的部门进行投诉、举报。收到投诉、举报的部门应当依法及时处理,并将处理结果告知投诉、举报人。

履行个人信息保护职责的部门应当公布接受投诉、举报的联系方式。

第七章　法律责任

第六十六条　违反本法规定处理个人信息,或者处理个人信息未履行本法规定的个人信息保护义务的,由履行个人信息保护职责的部门责令改正,给予警告,没收违法所得,对违法处理个人信息的应用程序,责令暂停或者终止提供服务;拒不改正的,并处一百万元以下罚款;对直接负责的主管人员和其他直接责任人员处一万元以上十万元以下罚款。

有前款规定的违法行为,情节严重的,由省级以上履行个人信息保护职责的部门责令改正,没收违法所得,并处五千万元以下或者上一年度营业额百分之五以下罚款,并可以责令暂停相关业务或者停业整顿、通报有关主管部门吊销相关业务许可或者吊销营业执照;对直接负责的主管人员和其他直接责任人员处十万元以上一百万元以下罚款,并可以决定禁止其在一定期限内担任相关企业的董事、监事、高级管理人员和个人信息保护负责人。

第六十七条　有本法规定的违法行为的,依照有关法律、行政法规的规定记入信用档案,并予以公示。

第六十八条　国家机关不履行本法规定的个人信息保护义务的,由其上级机关或者履行个人信息保护职责的部门责令改正;对直接负责的主管人员和其他直接责任人员依法给予处分。

履行个人信息保护职责的部门的工作人员玩忽职守、滥用职权、徇私舞弊,尚不构成犯罪的,依法给予处分。

第六十九条　处理个人信息侵害个人信息权益造成损害,个人信息处理者不能证明自己没有过错的,应当承担损害赔偿等侵权责任。

前款规定的损害赔偿责任按照个人因此受到的损失或者个人信息处理者因此获得的利益确定;个人因此受到的损失和个人信息处理者因此获得的利益难以确定的,根据实际情况确定赔偿数额。

第七十条　个人信息处理者违反本法规定处理个人信息,侵害众多个人的权益的,人民检察院、法律规定的消费者组织和由国家网信部门确定的组织可以依法向人民法院提起诉讼。

第七十一条　违反本法规定,构成违反治安管理行为的,依法给予治安管理处罚;构成犯罪的,依法追究刑事责任。

第八章　附则

第七十二条　自然人因个人或者家庭事务处理个人信息的,不适用本法。

法律对各级人民政府及其有关部门组织实施的统计、档案管理活动中的个人信息处理有规定的,适用其规定。

第七十三条 本法下列用语的含义:

(一)个人信息处理者,是指在个人信息处理活动中自主决定处理目的、处理方式的组织、个人。

(二)自动化决策,是指通过计算机程序自动分析、评估个人的行为习惯、兴趣爱好或者经济、健康、信用状况等,并进行决策的活动。

(三)去标识化,是指个人信息经过处理,使其在不借助额外信息的情况下无法识别特定自然人的过程。

(四)匿名化,是指个人信息经过处理无法识别特定自然人且不能复原的过程。

第七十四条 本法自2021年11月1日起施行。

三、中华人民共和国反间谍法

(2014年11月1日第十二届全国人民代表大会常务委员会第十一次会议通过 2023年4月26日第十四届全国人民代表大会常务委员会第二次会议修订)

第一章 总 则

第一条 为了加强反间谍工作,防范、制止和惩治间谍行为,维护国家安全,保护人民利益,根据宪法,制定本法。

第二条 反间谍工作坚持党中央集中统一领导,坚持总体国家安全观,坚持公开工作与秘密工作相结合、专门工作与群众路线相结合,坚持积极防御、依法惩治、标本兼治,筑牢国家安全人民防线。

第三条 反间谍工作应当依法进行,尊重和保障人权,保障个人和组织的合法权益。

第四条 本法所称间谍行为,是指下列行为:

(一)间谍组织及其代理人实施或者指使、资助他人实施,或者境内外机构、组织、个人与其相勾结实施的危害中华人民共和国国家安全的活动;

(二)参加间谍组织或者接受间谍组织及其代理人的任务,或者投靠间谍组织及其代理人;

(三)间谍组织及其代理人以外的其他境外机构、组织、个人实施或者指使、资助他人实施,或者境内机构、组织、个人与其相勾结实施的窃取、刺探、收买、非法提供国家秘密、情报以及其他关系国家安全和利益的文件、数据、资料、物品,或者策动、引诱、胁迫、收买国家工作人员叛变的活动;

(四)间谍组织及其代理人实施或者指使、资助他人实施,或者境内外机构、组织、个人与其相勾结实施针对国家机关、涉密单位或者关键信息基础设施等的网络攻击、侵入、干扰、控制、破坏等活动;

(五)为敌人指示攻击目标;

（六）进行其他间谍活动。

间谍组织及其代理人在中华人民共和国领域内，或者利用中华人民共和国的公民、组织或者其他条件，从事针对第三国的间谍活动，危害中华人民共和国国家安全的，适用本法。

第五条 国家建立反间谍工作协调机制，统筹协调反间谍工作中的重大事项，研究、解决反间谍工作中的重大问题。

第六条 国家安全机关是反间谍工作的主管机关。

公安、保密等有关部门和军队有关部门按照职责分工，密切配合，加强协调，依法做好有关工作。

第七条 中华人民共和国公民有维护国家的安全、荣誉和利益的义务，不得有危害国家的安全、荣誉和利益的行为。

一切国家机关和武装力量、各政党和各人民团体、企业事业组织和其他社会组织，都有防范、制止间谍行为，维护国家安全的义务。

国家安全机关在反间谍工作中必须依靠人民的支持，动员、组织人民防范、制止间谍行为。

第八条 任何公民和组织都应当依法支持、协助反间谍工作，保守所知悉的国家秘密和反间谍工作秘密。

第九条 国家对支持、协助反间谍工作的个人和组织给予保护。

对举报间谍行为或者在反间谍工作中做出重大贡献的个人和组织，按照国家有关规定给予表彰和奖励。

第十条 境外机构、组织、个人实施或者指使、资助他人实施的，或者境内机构、组织、个人与境外机构、组织、个人相勾结实施的危害中华人民共和国国家安全的间谍行为，都必须受到法律追究。

第十一条 国家安全机关及其工作人员在工作中，应当严格依法办事，不得超越职权、滥用职权，不得侵犯个人和组织的合法权益。

国家安全机关及其工作人员依法履行反间谍工作职责获取的个人和组织的信息，只能用于反间谍工作。对属于国家秘密、工作秘密、商业秘密和个人隐私、个人信息的，应当保密。

第二章 安全防范

第十二条 国家机关、人民团体、企业事业组织和其他社会组织承担本单位反间谍安全防范工作的主体责任，落实反间谍安全防范措施，对本单位的人员进行维护国家安全的教育，动员、组织本单位的人员防范、制止间谍行为。

地方各级人民政府、相关行业主管部门按照职责分工，管理本行政区域、本行业有关反间谍安全防范工作。

国家安全机关依法协调指导、监督检查反间谍安全防范工作。

第十三条 各级人民政府和有关部门应当组织开展反间谍安全防范宣传教育，将反间谍安全防范知识纳入教育、培训、普法宣传内容，增强全民反间谍安全防范意识和国家安全素养。

新闻、广播、电视、文化、互联网信息服务等单位，应当面向社会有针对性地开展反间谍宣传教育。

国家安全机关应当根据反间谍安全防范形势，指导有关单位开展反间谍宣传教育活动，提高防范意识和能力。

第十四条 任何个人和组织都不得非法获取、持有属于国家秘密的文件、数据、资料、物品。

第十五条 任何个人和组织都不得非法生产、销售、持有、使用间谍活动特殊需要的专用间谍器材。专用间谍器材由国务院国家安全主管部门依照国家有关规定确认。

第十六条 任何公民和组织发现间谍行为，应当及时向国家安全机关举报；向公安机关等其他国家机关、组织举报的，相关国家机关、组织应当立即移送国家安全机关处理。

国家安全机关应当将受理举报的电话、信箱、网络平台等向社会公开，依法及时处理举报信息，并为举报人保密。

第十七条 国家建立反间谍安全防范重点单位管理制度。

反间谍安全防范重点单位应当建立反间谍安全防范工作制度，履行反间谍安全防范工作要求，明确内设职能部门和人员承担反间谍安全防范职责。

第十八条 反间谍安全防范重点单位应当加强对工作人员反间谍安全防范的教育和管理，对离岗离职人员脱密期内履行反间谍安全防范义务的情况进行监督检查。

第十九条 反间谍安全防范重点单位应当加强对涉密事项、场所、载体等的日常安全防范管理，采取隔离加固、封闭管理、设置警戒等反间谍物理防范措施。

第二十条 反间谍安全防范重点单位应当按照反间谍技术防范的要求和标准，采取相应的技术措施和其他必要措施，加强对要害部门部位、网络设施、信息系统的反间谍技术防范。

第二十一条 在重要国家机关、国防军工单位和其他重要涉密单位以及重要军事设施的周边安全控制区域内新建、改建、扩建建设项目的，由国家安全机关实施涉及国家安全事项的建设项目许可。

县级以上地方各级人民政府编制国民经济和社会发展规划、国土空间规划等有关规划，应当充分考虑国家安全因素和划定的安全控制区域，征求国家安全机关的意见。

安全控制区域的划定应当统筹发展和安全，坚持科学合理、确有必要的原则，由国家安全机关会同发展改革、自然资源、住房城乡建设、保密、国防科技工业等部门以及军队有关部门共同划定，报省、自治区、直辖市人民政府批准并动态调整。

涉及国家安全事项的建设项目许可的具体实施办法，由国务院国家安全主管部门会同有关部门制定。

第二十二条 国家安全机关根据反间谍工作需要，可以会同有关部门制定反间谍技术防范标准，指导有关单位落实反间谍技术防范措施，对存在隐患的单位，经过严格的批准手续，可以进行反间谍技术防范检查和检测。

第三章 调查处置

第二十三条 国家安全机关在反间谍工作中依法行使本法和有关法律规定的职权。

第二十四条 国家安全机关工作人员依法执行反间谍工作任务时，依照规定出示工作证件，可以查验中国公民或者境外人员的身份证明，向有关个人和组织问询有关情况，对身份不明、有间谍行为嫌疑的人员,可以查看其随带物品。

第二十五条 国家安全机关工作人员依法执行反间谍工作任务时,经设区的市级以上国家安全机关负责人批准,出示工作证件,可以查验有关个人和组织的电子设备、设施及有关程序、工具。查验中发现存在危害国家安全情形的,国家安全机关应当责令其采取措施立即整改。拒绝整改或者整改后仍存在危害国家安全隐患的,可以予以查封、扣押。

对依照前款规定查封、扣押的电子设备、设施及有关程序、工具,在危害国家安全的情形消除后,国家安全机关应当及时解除查封、扣押。

第二十六条 国家安全机关工作人员依法执行反间谍工作任务时,根据国家有关规定,经设区的市级以上国家安全机关负责人批准,可以查阅、调取有关的文件、数据、资料、物品,有关个人和组织应当予以配合。查阅、调取不得超出执行反间谍工作任务所需的范围和限度。

第二十七条 需要传唤违反本法的人员接受调查的,经国家安全机关办案部门负责人批准,使用传唤证传唤。对现场发现的违反本法的人员,国家安全机关工作人员依照规定出示工作证件,可以口头传唤,但应当在询问笔录中注明。传唤的原因和依据应当告知被传唤人。对无正当理由拒不接受传唤或者逃避传唤的人,可以强制传唤。

国家安全机关应当在被传唤人所在市、县内的指定地点或者其住所进行询问。

国家安全机关对被传唤人应当及时询问查证。询问查证的时间不得超过八小时;情况复杂,可能适用行政拘留或者涉嫌犯罪的,询问查证的时间不得超过二十四小时。国家安全机关应当为被传唤人提供必要的饮食和休息时间。严禁连续传唤。

除无法通知或者可能妨碍调查的情形以外,国家安全机关应当及时将传唤的原因通知被传唤人家属。在上述情形消失后,应当立即通知被传唤人家属。

第二十八条 国家安全机关调查间谍行为,经设区的市级以上国家安全机关负责人批准,可以依法对涉嫌间谍行为的人身、物品、场所进行检查。

检查女性身体的,应当由女性工作人员进行。

第二十九条 国家安全机关调查间谍行为,经设区的市级以上国家安全机关负责人批准,可以查询涉嫌间谍行为人员的相关财产信息。

第三十条 国家安全机关调查间谍行为,经设区的市级以上国家安全机关负责人批准,可以对涉嫌用于间谍行为的场所、设施或者财物依法查封、扣押、冻结;不得查封、扣押、冻结与被调查的间谍行为无关的场所、设施或者财物。

第三十一条 国家安全机关工作人员在反间谍工作中采取查阅、调取、传唤、检查、查询、查封、扣押、冻结等措施,应当由二人以上进行,依照有关规定出示工作证件及相关法律文书,并由相关人员在有关笔录等书面材料上签名、盖章。

国家安全机关工作人员进行检查、查封、扣押等重要取证工作,应当对全过程进行录音录像,留存备查。

第三十二条 在国家安全机关调查了解有关间谍行为的情况、收集有关证据时,有关个人和组织应当如实提供,不得拒绝。

第三十三条 对出境后可能对国家安全造成危害,或者对国家利益造成重大损失的中国公民,国务院国家安全主管部门可以决定其在一定期限内不准出境,并通知移民管理机构。

对涉嫌间谍行为人员,省级以上国家安全机关可以通知移民管理机构不准其出境。

第三十四条　对入境后可能进行危害中华人民共和国国家安全活动的境外人员,国务院国家安全主管部门可以通知移民管理机构不准其入境。

第三十五条　对国家安全机关通知不准出境或者不准入境的人员,移民管理机构应当按照国家有关规定执行;不准出境、入境情形消失的,国家安全机关应当及时撤销不准出境、入境决定,并通知移民管理机构。

第三十六条　国家安全机关发现涉及间谍行为的网络信息内容或者网络攻击等风险,应当依照《中华人民共和国网络安全法》规定的职责分工,及时通报有关部门,由其依法处置或者责令电信业务经营者、互联网服务提供者及时采取修复漏洞、加固网络防护、停止传输、消除程序和内容、暂停相关服务、下架相关应用、关闭相关网站等措施,保存相关记录。情况紧急,不立即采取措施将对国家安全造成严重危害的,由国家安全机关责令有关单位修复漏洞、停止相关传输、暂停相关服务,并通报有关部门。

经采取相关措施,上述信息内容或者风险已经消除的,国家安全机关和有关部门应当及时做出恢复相关传输和服务的决定。

第三十七条　国家安全机关因反间谍工作需要,根据国家有关规定,经过严格的批准手续,可以采取技术侦察措施和身份保护措施。

第三十八条　对违反本法规定,涉嫌犯罪,需要对有关事项是否属于国家秘密或者情报进行鉴定以及需要对危害后果进行评估的,由国家保密部门或者省、自治区、直辖市保密部门按照程序在一定期限内进行鉴定和组织评估。

第三十九条　国家安全机关经调查,发现间谍行为涉嫌犯罪的,应当依照《中华人民共和国刑事诉讼法》的规定立案侦查。

第四章　保障与监督

第四十条　国家安全机关工作人员依法履行职责,受法律保护。

第四十一条　国家安全机关依法调查间谍行为,邮政、快递等物流运营单位和电信业务经营者、互联网服务提供者应当提供必要的支持和协助。

第四十二条　国家安全机关工作人员因执行紧急任务需要,经出示工作证件,享有优先乘坐公共交通工具、优先通行等通行便利。

第四十三条　国家安全机关工作人员依法执行任务时,依照规定出示工作证件,可以进入有关场所、单位;根据国家有关规定,经过批准,出示工作证件,可以进入限制进入的有关地区、场所、单位。

第四十四条　国家安全机关因反间谍工作需要,根据国家有关规定,可以优先使用或者依法征用国家机关、人民团体、企业事业组织和其他社会组织以及个人的交通工具、通信工具、场地和建筑物等,必要时可以设置相关工作场所和设施设备,任务完成后应当及时归还或者恢复原状,并依照规定支付相应费用;造成损失的,应当给予补偿。

第四十五条　国家安全机关因反间谍工作需要,根据国家有关规定,可以提请海关、移民管理等机关对有关人员提供通关便利,对有关资料、器材等予以免检。有关机关应当依法予以协助。

第四十六条 国家安全机关工作人员因执行任务，或者个人因协助执行反间谍工作任务，本人或者其近亲属的人身安全受到威胁时，国家安全机关应当会同有关部门依法采取必要措施，予以保护、营救。

个人因支持、协助反间谍工作，本人或者其近亲属的人身安全面临危险的，可以向国家安全机关请求予以保护。国家安全机关应当会同有关部门依法采取保护措施。

个人和组织因支持、协助反间谍工作导致财产损失的，根据国家有关规定给予补偿。

第四十七条 对为反间谍工作做出贡献并需要安置的人员，国家给予妥善安置。

公安、民政、财政、卫生健康、教育、人力资源和社会保障、退役军人事务、医疗保障、移民管理等有关部门以及国有企业事业单位应当协助国家安全机关做好安置工作。

第四十八条 对因开展反间谍工作或者支持、协助反间谍工作导致伤残或者牺牲、死亡的人员，根据国家有关规定给予相应的抚恤优待。

第四十九条 国家鼓励反间谍领域科技创新，发挥科技在反间谍工作中的作用。

第五十条 国家安全机关应当加强反间谍专业力量人才队伍建设和专业训练，提升反间谍工作能力。

对国家安全机关工作人员应当有计划地进行政治、理论和业务培训。培训应当坚持理论联系实际、按需施教、讲求实效，提高专业能力。

第五十一条 国家安全机关应当严格执行内部监督和安全审查制度，对其工作人员遵守法律和纪律等情况进行监督，并依法采取必要措施，定期或者不定期进行安全审查。

第五十二条 任何个人和组织对国家安全机关及其工作人员超越职权、滥用职权和其他违法行为，都有权向上级国家安全机关或者监察机关、人民检察院等有关部门检举、控告。受理检举、控告的国家安全机关或者监察机关、人民检察院等有关部门应当及时查清事实，依法处理，并将处理结果及时告知检举人、控告人。

对支持、协助国家安全机关工作或者依法检举、控告的个人和组织，任何个人和组织不得压制和打击报复。

第五章 法律责任

第五十三条 实施间谍行为，构成犯罪的，依法追究刑事责任。

第五十四条 个人实施间谍行为，尚不构成犯罪的，由国家安全机关予以警告或者处十五日以下行政拘留，单处或者并处五万元以下罚款，违法所得在五万元以上的，单处或者并处违法所得一倍以上五倍以下罚款，并可以由有关部门依法予以处分。

明知他人实施间谍行为，为其提供信息、资金、物资、劳务、技术、场所等支持、协助，或者窝藏、包庇，尚不构成犯罪的，依照前款的规定处罚。

单位有前两款行为的，由国家安全机关予以警告，单处或者并处五十万元以下罚款，违法所得在五十万元以上的，单处或者并处违法所得一倍以上五倍以下罚款，并对直接负责的主管人员和其他直接责任人员，依照第一款的规定处罚。

国家安全机关根据相关单位、人员违法情节和后果，可以建议有关主管部门依法责令停止从事相关业务、提供相关服务或者责令停产停业、吊销有关证照、撤销登记。有关主管部门应当将做出行政处理的情况及时反馈国家安全机关。

第五十五条 实施间谍行为,有自首或者立功表现的,可以从轻、减轻或者免除处罚;有重大立功表现的,给予奖励。

在境外受胁迫或者受诱骗参加间谍组织、敌对组织,从事危害中华人民共和国国家安全的活动,及时向中华人民共和国驻外机构如实说明情况,或者入境后直接或者通过所在单位及时向国家安全机关如实说明情况,并有悔改表现的,可以不予追究。

第五十六条 国家机关、人民团体、企业事业组织和其他社会组织未按照本法规定履行反间谍安全防范义务的,国家安全机关可以责令改正;未按照要求改正的,国家安全机关可以约谈相关负责人,必要时可以将约谈情况通报该单位上级主管部门;产生危害后果或者不良影响的,国家安全机关可以予以警告、通报批评;情节严重的,对负有责任的领导人员和直接责任人员,由有关部门依法予以处分。

第五十七条 违反本法第二十一条规定新建、改建、扩建建设项目的,由国家安全机关责令改正,予以警告;拒不改正或者情节严重的,责令停止建设或者使用、暂扣或者吊销许可证件,或者建议有关主管部门依法予以处理。

第五十八条 违反本法第四十一条规定的,由国家安全机关责令改正,予以警告或者通报批评;拒不改正或者情节严重的,由有关主管部门依照相关法律法规予以处罚。

第五十九条 违反本法规定,拒不配合数据调取的,由国家安全机关依照《中华人民共和国数据安全法》的有关规定予以处罚。

第六十条 违反本法规定,有下列行为之一,构成犯罪的,依法追究刑事责任;尚不构成犯罪的,由国家安全机关予以警告或者处十日以下行政拘留,可以并处三万元以下罚款:

(一)泄露有关反间谍工作的国家秘密;

(二)明知他人有间谍犯罪行为,在国家安全机关向其调查有关情况、收集有关证据时,拒绝提供;

(三)故意阻碍国家安全机关依法执行任务;

(四)隐藏、转移、变卖、损毁国家安全机关依法查封、扣押、冻结的财物;

(五)明知是间谍行为的涉案财物而窝藏、转移、收购、代为销售或者以其他方法掩饰、隐瞒;

(六)对依法支持、协助国家安全机关工作的个人和组织进行打击报复。

第六十一条 非法获取、持有属于国家秘密的文件、数据、资料、物品,以及非法生产、销售、持有、使用专用间谍器材,尚不构成犯罪的,由国家安全机关予以警告或者处十日以下行政拘留。

第六十二条 国家安全机关对依照本法查封、扣押、冻结的财物,应当妥善保管,并按照下列情形分别处理:

(一)涉嫌犯罪的,依照《中华人民共和国刑事诉讼法》等有关法律的规定处理;

(二)尚不构成犯罪,有违法事实的,对依法应当没收的予以没收,依法应当销毁的予以销毁;

(三)没有违法事实的,或者与案件无关的,应当解除查封、扣押、冻结,并及时返还相关财物;造成损失的,应当依法予以赔偿。

第六十三条　涉案财物符合下列情形之一的,应当依法予以追缴、没收,或者采取措施消除隐患:

(一)违法所得的财物及其孳息、收益,供实施间谍行为所用的本人财物;

(二)非法获取、持有的属于国家秘密的文件、数据、资料、物品;

(三)非法生产、销售、持有、使用的专用间谍器材。

第六十四条　行为人及其近亲属或者其他相关人员,因行为人实施间谍行为从间谍组织及其代理人获取的所有利益,由国家安全机关依法采取追缴、没收等措施。

第六十五条　国家安全机关依法收缴的罚款以及没收的财物,一律上缴国库。

第六十六条　境外人员违反本法的,国务院国家安全主管部门可以决定限期出境,并决定其不准入境的期限。未在规定期限内离境的,可以遣送出境。

对违反本法的境外人员,国务院国家安全主管部门决定驱逐出境的,自被驱逐出境之日起十年内不准入境,国务院国家安全主管部门的处罚决定为最终决定。

第六十七条　国家安全机关做出行政处罚决定之前,应当告知当事人拟做出的行政处罚内容及事实、理由、依据,以及当事人依法享有的陈述、申辩、要求听证等权利,并依照《中华人民共和国行政处罚法》的有关规定实施。

第六十八条　当事人对行政处罚决定、行政强制措施决定、行政许可决定不服的,可以自收到决定书之日起六十日内,依法申请复议;对复议决定不服的,可以自收到复议决定书之日起十五日内,依法向人民法院提起诉讼。

第六十九条　国家安全机关工作人员滥用职权、玩忽职守、徇私舞弊,或者有非法拘禁、刑讯逼供、暴力取证、违反规定泄露国家秘密、工作秘密、商业秘密和个人隐私、个人信息等行为,依法予以处分,构成犯罪的,依法追究刑事责任。

第六章　附　则

第七十条　国家安全机关依照法律、行政法规和国家有关规定,履行防范、制止和惩治间谍行为以外的危害国家安全行为的职责,适用本法的有关规定。

公安机关在依法履行职责过程中发现、惩治危害国家安全的行为,适用本法的有关规定。

第七十一条　本法自2023年7月1日起施行。

四、中华人民共和国国家安全法

(2015年7月1日第十二届全国人民代表大会常务委员会第十五次会议通过)

第一章　总　则

第一条　为了维护国家安全,保卫人民民主专政的政权和中国特色社会主义制度,保护人民的根本利益,保障改革开放和社会主义现代化建设的顺利进行,实现中华民族伟大复兴,根据宪法,制定本法。

第二条 国家安全是指国家政权、主权、统一和领土完整、人民福祉、经济社会可持续发展和国家其他重大利益相对处于没有危险和不受内外威胁的状态,以及保障持续安全状态的能力。

第三条 国家安全工作应当坚持总体国家安全观,以人民安全为宗旨,以政治安全为根本,以经济安全为基础,以军事、文化、社会安全为保障,以促进国际安全为依托,维护各领域国家安全,构建国家安全体系,走中国特色国家安全道路。

第四条 坚持中国共产党对国家安全工作的领导,建立集中统一、高效权威的国家安全领导体制。

第五条 中央国家安全领导机构负责国家安全工作的决策和议事协调,研究制定、指导实施国家安全战略和有关重大方针政策,统筹协调国家安全重大事项和重要工作,推动国家安全法治建设。

第六条 国家制定并不断完善国家安全战略,全面评估国际、国内安全形势,明确国家安全战略的指导方针、中长期目标、重点领域的国家安全政策、工作任务和措施。

第七条 维护国家安全,应当遵守宪法和法律,坚持社会主义法治原则,尊重和保障人权,依法保护公民的权利和自由。

第八条 维护国家安全,应当与经济社会发展相协调。

国家安全工作应当统筹内部安全和外部安全、国土安全和国民安全、传统安全和非传统安全、自身安全和共同安全。

第九条 维护国家安全,应当坚持预防为主、标本兼治,专门工作与群众路线相结合,充分发挥专门机关和其他有关机关维护国家安全的职能作用,广泛动员公民和组织,防范、制止和依法惩治危害国家安全的行为。

第十条 维护国家安全,应当坚持互信、互利、平等、协作,积极同外国政府和国际组织开展安全交流合作,履行国际安全义务,促进共同安全,维护世界和平。

第十一条 中华人民共和国公民、一切国家机关和武装力量、各政党和各人民团体、企业事业组织和其他社会组织,都有维护国家安全的责任和义务。

中国的主权和领土完整不容侵犯和分割。维护国家主权、统一和领土完整是包括港澳同胞和台湾同胞在内的全中国人民的共同义务。

第十二条 国家对在维护国家安全工作中做出突出贡献的个人和组织给予表彰和奖励。

第十三条 国家机关工作人员在国家安全工作和涉及国家安全活动中,滥用职权、玩忽职守、徇私舞弊的,依法追究法律责任。

任何个人和组织违反本法和有关法律,不履行维护国家安全义务或者从事危害国家安全活动的,依法追究法律责任。

第十四条 每年4月15日为全民国家安全教育日。

第二章 维护国家安全的任务

第十五条 国家坚持中国共产党的领导,维护中国特色社会主义制度,发展社会主义民主政治,健全社会主义法治,强化权力运行制约和监督机制,保障人民当家做主的各项权利。

国家防范、制止和依法惩治任何叛国、分裂国家、煽动叛乱、颠覆或者煽动颠覆人民民主专政政权的行为;防范、制止和依法惩治窃取、泄露国家秘密等危害国家安全的行为;防范、制止和依法惩治境外势力的渗透、破坏、颠覆、分裂活动。

第十六条 国家维护和发展最广大人民的根本利益,保卫人民安全,创造良好生存发展条件和安定工作生活环境,保障公民的生命财产安全和其他合法权益。

第十七条 国家加强边防、海防和空防建设,采取一切必要的防卫和管控措施,保卫领陆、内水、领海和领空安全,维护国家领土主权和海洋权益。

第十八条 国家加强武装力量革命化、现代化、正规化建设,建设与保卫国家安全和发展利益需要相适应的武装力量;实施积极防御军事战略方针,防备和抵御侵略,制止武装颠覆和分裂;开展国际军事安全合作,实施联合国维和、国际救援、海上护航和维护国家海外利益的军事行动,维护国家主权、安全、领土完整、发展利益和世界和平。

第十九条 国家维护国家基本经济制度和社会主义市场经济秩序,健全预防和化解经济安全风险的制度机制,保障关系国民经济命脉的重要行业和关键领域、重点产业、重大基础设施和重大建设项目以及其他重大经济利益安全。

第二十条 国家健全金融宏观审慎管理和金融风险防范、处置机制,加强金融基础设施和基础能力建设,防范和化解系统性、区域性金融风险,防范和抵御外部金融风险的冲击。

第二十一条 国家合理利用和保护资源能源,有效管控战略资源能源的开发,加强战略资源能源储备,完善资源能源运输战略通道建设和安全保护措施,加强国际资源能源合作,全面提升应急保障能力,保障经济社会发展所需的资源能源持续、可靠和有效供给。

第二十二条 国家健全粮食安全保障体系,保护和提高粮食综合生产能力,完善粮食储备制度、流通体系和市场调控机制,健全粮食安全预警制度,保障粮食供给和质量安全。

第二十三条 国家坚持社会主义先进文化前进方向,继承和弘扬中华民族优秀传统文化,培育和践行社会主义核心价值观,防范和抵制不良文化的影响,掌握意识形态领域主导权,增强文化整体实力和竞争力。

第二十四条 国家加强自主创新能力建设,加快发展自主可控的战略高新技术和重要领域核心关键技术,加强知识产权的运用、保护和科技保密能力建设,保障重大技术和工程的安全。

第二十五条 国家建设网络与信息安全保障体系,提升网络与信息安全保护能力,加强网络和信息技术的创新研究和开发应用,实现网络和信息核心技术、关键基础设施和重要领域信息系统及数据的安全可控;加强网络管理,防范、制止和依法惩治网络攻击、网络入侵、网络窃密、散布违法有害信息等网络违法犯罪行为,维护国家网络空间主权、安全和发展利益。

第二十六条 国家坚持和完善民族区域自治制度,巩固和发展平等团结互助和谐的社会主义民族关系。坚持各民族一律平等,加强民族交往、交流、交融,防范、制止和依法惩治民族分裂活动,维护国家统一、民族团结和社会和谐,实现各民族共同团结奋斗、共同繁荣发展。

第二十七条 国家依法保护公民宗教信仰自由和正常宗教活动,坚持宗教独立自主自办的原则,防范、制止和依法惩治利用宗教名义进行危害国家安全的违法犯罪活动,反对境外势力干涉境内宗教事务,维护正常宗教活动秩序。

国家依法取缔邪教组织,防范、制止和依法惩治邪教违法犯罪活动。

第二十八条 国家反对一切形式的恐怖主义和极端主义,加强防范和处置恐怖主义的能力建设,依法开展情报、调查、防范、处置以及资金监管等工作,依法取缔恐怖活动组织和严厉惩治暴力恐怖活动。

第二十九条 国家健全有效预防和化解社会矛盾的体制机制,健全公共安全体系,积极预防、减少和化解社会矛盾,妥善处置公共卫生、社会安全等影响国家安全和社会稳定的突发事件,促进社会和谐,维护公共安全和社会安定。

第三十条 国家完善生态环境保护制度体系,加大生态建设和环境保护力度,划定生态保护红线,强化生态风险的预警和防控,妥善处置突发环境事件,保障人民赖以生存发展的大气、水、土壤等自然环境和条件不受威胁和破坏,促进人与自然和谐发展。

第三十一条 国家坚持和平利用核能和核技术,加强国际合作,防止核扩散,完善防扩散机制,加强对核设施、核材料、核活动和核废料处置的安全管理、监管和保护,加强核事故应急体系和应急能力建设,防止、控制和消除核事故对公民生命健康和生态环境的危害,不断增强有效应对和防范核威胁、核攻击的能力。

第三十二条 国家坚持和平探索和利用外层空间、国际海底区域和极地,增强安全进出、科学考察、开发利用的能力,加强国际合作,维护我国在外层空间、国际海底区域和极地的活动、资产和其他利益的安全。

第三十三条 国家依法采取必要措施,保护海外中国公民、组织和机构的安全和正当权益,保护国家的海外利益不受威胁和侵害。

第三十四条 国家根据经济社会发展和国家发展利益的需要,不断完善维护国家安全的任务。

第三章 维护国家安全的职责

第三十五条 全国人民代表大会依照宪法规定,决定战争和和平的问题,行使宪法规定的涉及国家安全的其他职权。

全国人民代表大会常务委员会依照宪法规定,决定战争状态的宣布,决定全国总动员或者局部动员,决定全国或者个别省、自治区、直辖市进入紧急状态,行使宪法规定的和全国人民代表大会授予的涉及国家安全的其他职权。

第三十六条 中华人民共和国主席根据全国人民代表大会的决定和全国人民代表大会常务委员会的决定,宣布进入紧急状态,宣布战争状态,发布动员令,行使宪法规定的涉及国家安全的其他职权。

第三十七条 国务院根据宪法和法律,制定涉及国家安全的行政法规,规定有关行政措施,发布有关决定和命令;实施国家安全法律法规和政策;依照法律规定决定省、自治区、直辖市的范围内部分地区进入紧急状态;行使宪法法律规定的和全国人民代表大会及其常务委员会授予的涉及国家安全的其他职权。

第三十八条 中央军事委员会领导全国武装力量,决定军事战略和武装力量的作战方针,统一指挥维护国家安全的军事行动,制定涉及国家安全的军事法规,发布有关决定和命令。

第三十九条 中央国家机关各部门按照职责分工,贯彻执行国家安全方针政策和法律法规,管理指导本系统、本领域国家安全工作。

第四十条 地方各级人民代表大会和县级以上地方各级人民代表大会常务委员会在本行政区域内,保证国家安全法律法规的遵守和执行。

地方各级人民政府依照法律法规规定管理本行政区域内的国家安全工作。

香港特别行政区、澳门特别行政区应当履行维护国家安全的责任。

第四十一条 人民法院依照法律规定行使审判权,人民检察院依照法律规定行使检察权,惩治危害国家安全的犯罪。

第四十二条 国家安全机关、公安机关依法搜集涉及国家安全的情报信息,在国家安全工作中依法行使侦查、拘留、预审和执行逮捕以及法律规定的其他职权。

有关军事机关在国家安全工作中依法行使相关职权。

第四十三条 国家机关及其工作人员在履行职责时,应当贯彻维护国家安全的原则。

国家机关及其工作人员在国家安全工作和涉及国家安全活动中,应当严格依法履行职责,不得超越职权、滥用职权,不得侵犯个人和组织的合法权益。

第四章 国家安全制度

第一节 一般规定

第四十四条 中央国家安全领导机构实行统分结合、协调高效的国家安全制度与工作机制。

第四十五条 国家建立国家安全重点领域工作协调机制,统筹协调中央有关职能部门推进相关工作。

第四十六条 国家建立国家安全工作督促检查和责任追究机制,确保国家安全战略和重大部署贯彻落实。

第四十七条 各部门、各地区应当采取有效措施,贯彻实施国家安全战略。

第四十八条 国家根据维护国家安全工作需要,建立跨部门会商工作机制,就维护国家安全工作的重大事项进行会商研判,提出意见和建议。

第四十九条 国家建立中央与地方之间、部门之间、军地之间以及地区之间关于国家安全的协同联动机制。

第五十条 国家建立国家安全决策咨询机制,组织专家和有关方面开展对国家安全形势的分析研判,推进国家安全的科学决策。

第二节 情报信息

第五十一条 国家健全统一归口、反应灵敏、准确高效、运转顺畅的情报信息收集、研判和使用制度,建立情报信息工作协调机制,实现情报信息的及时收集、准确研判、有效使用和共享。

第五十二条 国家安全机关、公安机关、有关军事机关根据职责分工,依法搜集涉及国家安全的情报信息。

国家机关各部门在履行职责过程中,对于获取的涉及国家安全的有关信息应当及时上报。

第五十三条 开展情报信息工作,应当充分运用现代科学技术手段,加强对情报信息的鉴别、筛选、综合和研判分析。

第五十四条 情报信息的报送应当及时、准确、客观,不得迟报、漏报、瞒报和谎报。

第三节 风险预防、评估和预警

第五十五条 国家制定完善应对各领域国家安全风险预案。

第五十六条 国家建立国家安全风险评估机制,定期开展各领域国家安全风险调查评估。有关部门应当定期向中央国家安全领导机构提交国家安全风险评估报告。

第五十七条 国家健全国家安全风险监测预警制度,根据国家安全风险程度,及时发布相应风险预警。

第五十八条 对可能即将发生或者已经发生的危害国家安全的事件,县级以上地方人民政府及其有关主管部门应当立即按照规定向上一级人民政府及其有关主管部门报告,必要时可以越级上报。

第四节 审查监管

第五十九条 国家建立国家安全审查和监管的制度和机制,对影响或者可能影响国家安全的外商投资、特定物项和关键技术、网络信息技术产品和服务、涉及国家安全事项的建设项目,以及其他重大事项和活动,进行国家安全审查,有效预防和化解国家安全风险。

第六十条 中央国家机关各部门依照法律、行政法规行使国家安全审查职责,依法做出国家安全审查决定或者提出安全审查意见并监督执行。

第六十一条 省、自治区、直辖市依法负责本行政区域内有关国家安全审查和监管工作。

第五节 危机管控

第六十二条 国家建立统一领导、协同联动、有序高效的国家安全危机管控制度。

第六十三条 发生危及国家安全的重大事件,中央有关部门和有关地方根据中央国家安全领导机构的统一部署,依法启动应急预案,采取管控处置措施。

第六十四条 发生危及国家安全的特别重大事件,需要进入紧急状态、战争状态或者进行全国总动员、局部动员的,由全国人民代表大会、全国人民代表大会常务委员会或者国务院依照宪法和有关法律规定的权限和程序决定。

第六十五条 国家决定进入紧急状态、战争状态或者实施国防动员后,履行国家安全危机管控职责的有关机关依照法律规定或者全国人民代表大会常务委员会规定,有权采取限制公民和组织权利、增加公民和组织义务的特别措施。

第六十六条 履行国家安全危机管控职责的有关机关依法采取处置国家安全危机的管控措施,应当与国家安全危机可能造成的危害的性质、程度和范围相适应;有多种措施可供选择的,应当选择有利于最大程度保护公民、组织权益的措施。

第六十七条 国家健全国家安全危机的信息报告和发布机制。

国家安全危机事件发生后,履行国家安全危机管控职责的有关机关,应当按照规定准确、及时报告,并依法将有关国家安全危机事件发生、发展、管控处置及善后情况统一向社会发布。

第六十八条 国家安全威胁和危害得到控制或者消除后,应当及时解除管控处置措施,做好善后工作。

第五章　国家安全保障

第六十九条　国家健全国家安全保障体系,增强维护国家安全的能力。

第七十条　国家健全国家安全法律制度体系,推动国家安全法治建设。

第七十一条　国家加大对国家安全各项建设的投入,保障国家安全工作所需经费和装备。

第七十二条　承担国家安全战略物资储备任务的单位,应当按照国家有关规定和标准对国家安全物资进行收储、保管和维护,定期调整更换,保证储备物资的使用效能和安全。

第七十三条　鼓励国家安全领域科技创新,发挥科技在维护国家安全中的作用。

第七十四条　国家采取必要措施,招录、培养和管理国家安全工作专门人才和特殊人才。

根据维护国家安全工作的需要,国家依法保护有关机关专门从事国家安全工作人员的身份和合法权益,加大人身保护和安置保障力度。

第七十五条　国家安全机关、公安机关、有关军事机关开展国家安全专门工作,可以依法采取必要手段和方式,有关部门和地方应当在职责范围内提供支持和配合。

第七十六条　国家加强国家安全新闻宣传和舆论引导,通过多种形式开展国家安全宣传教育活动,将国家安全教育纳入国民教育体系和公务员教育培训体系,增强全民国家安全意识。

第六章　公民、组织的义务和权利

第七十七条　公民和组织应当履行下列维护国家安全的义务:

(一)遵守宪法、法律法规关于国家安全的有关规定;

(二)及时报告危害国家安全活动的线索;

(三)如实提供所知悉的涉及危害国家安全活动的证据;

(四)为国家安全工作提供便利条件或者其他协助;

(五)向国家安全机关、公安机关和有关军事机关提供必要的支持和协助;

(六)保守所知悉的国家秘密;

(七)法律、行政法规规定的其他义务。

任何个人和组织不得有危害国家安全的行为,不得向危害国家安全的个人或者组织提供任何资助或者协助。

第七十八条　机关、人民团体、企业事业组织和其他社会组织应当对本单位的人员进行维护国家安全的教育,动员、组织本单位的人员防范、制止危害国家安全的行为。

第七十九条　企业事业组织根据国家安全工作的要求,应当配合有关部门采取相关安全措施。

第八十条　公民和组织支持、协助国家安全工作的行为受法律保护。

因支持、协助国家安全工作,本人或者其近亲属的人身安全面临危险的,可以向公安机关、国家安全机关请求予以保护。公安机关、国家安全机关应当会同有关部门依法采取保护措施。

第八十一条　公民和组织因支持、协助国家安全工作导致财产损失的,按照国家有关规定给予补偿;造成人身伤害或者死亡的,按照国家有关规定给予抚恤优待。

第八十二条　公民和组织对国家安全工作有向国家机关提出批评建议的权利,对国家机关及其工作人员在国家安全工作中的违法失职行为有提出申诉、控告和检举的权利。

第八十三条　在国家安全工作中,需要采取限制公民权利和自由的特别措施时,应当依法进行,并以维护国家安全的实际需要为限度。

第七章　附　则

第八十四条　本法自公布之日起施行。

五、中华人民共和国治安管理处罚法

(2005年8月28日第十届全国人民代表大会常务委员会第十七次会议通过,根据2012年10月26日第十一届全国人民代表大会常务委员会第二十九次会议《关于修改〈中华人民共和国治安管理处罚法〉的决定》修正)

第一章　总　则

第一条　为维护社会治安秩序,保障公共安全,保护公民、法人和其他组织的合法权益,规范和保障公安机关及其人民警察依法履行治安管理职责,制定本法。

第二条　扰乱公共秩序,妨害公共安全,侵犯人身权利、财产权利,妨害社会管理,具有社会危害性,依照《中华人民共和国刑法》的规定构成犯罪的,依法追究刑事责任;尚不够刑事处罚的,由公安机关依照本法给予治安管理处罚。

第三条　治安管理处罚的程序,适用本法的规定;本法没有规定的,适用《中华人民共和国行政处罚法》的有关规定。

第四条　在中华人民共和国领域内发生的违反治安管理行为,除法律有特别规定的外,适用本法。

在中华人民共和国船舶和航空器内发生的违反治安管理行为,除法律有特别规定的外,适用本法。

第五条　治安管理处罚必须以事实为依据,与违反治安管理行为的性质、情节以及社会危害程度相当。

实施治安管理处罚,应当公开、公正,尊重和保障人权,保护公民的人格尊严。

办理治安案件应当坚持教育与处罚相结合的原则。

第六条　各级人民政府应当加强社会治安综合治理,采取有效措施,化解社会矛盾,增进社会和谐,维护社会稳定。

第七条　国务院公安部门负责全国的治安管理工作。县级以上地方各级人民政府公安机关负责本行政区域内的治安管理工作。

治安案件的管辖由国务院公安部门规定。

第八条 违反治安管理的行为对他人造成损害的,行为人或者其监护人应当依法承担民事责任。

第九条 对于因民间纠纷引起的打架斗殴或者损毁他人财物等违反治安管理行为,情节较轻的,公安机关可以调解处理。经公安机关调解,当事人达成协议的,不予处罚。经调解未达成协议或者达成协议后不履行的,公安机关应当依照本法的规定对违反治安管理行为人给予处罚,并告知当事人可以就民事争议依法向人民法院提起民事诉讼。

第二章 处罚的种类和适用

第十条 治安管理处罚的种类分为:

(一)警告;

(二)罚款;

(三)行政拘留;

(四)吊销公安机关发放的许可证。

对违反治安管理的外国人,可以附加适用限期出境或者驱逐出境。

第十一条 办理治安案件所查获的毒品、淫秽物品等违禁品,赌具、赌资,吸食、注射毒品的用具以及直接用于实施违反治安管理行为的本人所有的工具,应当收缴,按照规定处理。

违反治安管理所得的财物,追缴退还被侵害人;没有被侵害人的,登记造册,公开拍卖或者按照国家有关规定处理,所得款项上缴国库。

第十二条 已满十四周岁不满十八周岁的人违反治安管理的,从轻或者减轻处罚;不满十四周岁的人违反治安管理的,不予处罚,但是应当责令其监护人严加管教。

第十三条 精神病人在不能辨认或者不能控制自己行为的时候违反治安管理的,不予处罚,但是应当责令其监护人严加看管和治疗。间歇性的精神病人在精神正常的时候违反治安管理的,应当给予处罚。

第十四条 盲人或者又聋又哑的人违反治安管理的,可以从轻、减轻或者不予处罚。

第十五条 醉酒的人违反治安管理的,应当给予处罚。

醉酒的人在醉酒状态中,对本人有危险或者对他人的人身、财产或者公共安全有威胁的,应当对其采取保护性措施约束至酒醒。

第十六条 有两种以上违反治安管理行为的,分别决定,合并执行。行政拘留处罚合并执行的,最长不超过二十日。

第十七条 共同违反治安管理的,根据违反治安管理行为人在违反治安管理行为中所起的作用,分别处罚。

教唆、胁迫、诱骗他人违反治安管理的,按照其教唆、胁迫、诱骗的行为处罚。

第十八条 单位违反治安管理的,对其直接负责的主管人员和其他直接责任人员依照本法的规定处罚。其他法律、行政法规对同一行为规定给予单位处罚的,依照其规定处罚。

第十九条 违反治安管理有下列情形之一的,减轻处罚或者不予处罚:

(一)情节特别轻微的;

(二)主动消除或者减轻违法后果,并取得被侵害人谅解的;

(三)出于他人胁迫或者诱骗的;

(四)主动投案,向公安机关如实陈述自己的违法行为的;

(五)有立功表现的。

第二十条 违反治安管理有下列情形之一的,从重处罚:

(一)有较严重后果的;

(二)教唆、胁迫、诱骗他人违反治安管理的;

(三)对报案人、控告人、举报人、证人打击报复的;

(四)六个月内曾受过治安管理处罚的。

第二十一条 违反治安管理行为人有下列情形之一,依照本法应当给予行政拘留处罚的,不执行行政拘留处罚:

(一)已满十四周岁不满十六周岁的;

(二)已满十六周岁不满十八周岁,初次违反治安管理的;

(三)七十周岁以上的;

(四)怀孕或者哺乳自己不满一周岁婴儿的。

第二十二条 违反治安管理行为在六个月内没有被公安机关发现的,不再处罚。

前款规定的期限,从违反治安管理行为发生之日起计算;违反治安管理行为有连续或者继续状态的,从行为终了之日起计算。

第三章 违反治安管理的行为和处罚

第一节 扰乱公共秩序的行为和处罚

第二十三条 有下列行为之一的,处警告或者二百元以下罚款;情节较重的,处五日以上十日以下拘留,可以并处五百元以下罚款:

(一)扰乱机关、团体、企业、事业单位秩序,致使工作、生产、营业、医疗、教学、科研不能正常进行,尚未造成严重损失的;

(二)扰乱车站、港口、码头、机场、商场、公园、展览馆或者其他公共场所秩序的;

(三)扰乱公共汽车、电车、火车、船舶、航空器或者其他公共交通工具上的秩序的;

(四)非法拦截或者强登、扒乘机动车、船舶、航空器以及其他交通工具,影响交通工具正常行驶的;

(五)破坏依法进行的选举秩序的。

聚众实施前款行为的,对首要分子处十日以上十五日以下拘留,可以并处一千元以下罚款。

第二十四条 有下列行为之一,扰乱文化、体育等大型群众性活动秩序的,处警告或者二百元以下罚款;情节严重的,处五日以上十日以下拘留,可以并处五百元以下罚款:

(一)强行进入场内的;

(二)违反规定,在场内燃放烟花爆竹或者其他物品的;

(三)展示侮辱性标语、条幅等物品的;

(四)围攻裁判员、运动员或者其他工作人员的;

（五）向场内投掷杂物，不听制止的；

（六）扰乱大型群众性活动秩序的其他行为。

因扰乱体育比赛秩序被处以拘留处罚的，可以同时责令其十二个月内不得进入体育场馆观看同类比赛；违反规定进入体育场馆的，强行带离现场。

第二十五条 有下列行为之一的，处五日以上十日以下拘留，可以并处五百元以下罚款；情节较轻的，处五日以下拘留或者五百元以下罚款：

（一）散布谣言，谎报险情、疫情、警情或者以其他方法故意扰乱公共秩序的；

（二）投放虚假的爆炸性、毒害性、放射性、腐蚀性物质或者传染病病原体等危险物质扰乱公共秩序的；

（三）扬言实施放火、爆炸、投放危险物质扰乱公共秩序的。

第二十六条 有下列行为之一的，处五日以上十日以下拘留，可以并处五百元以下罚款；情节较重的，处十日以上十五日以下拘留，可以并处一千元以下罚款：

（一）结伙斗殴的；

（二）追逐、拦截他人的；

（三）强拿硬要或者任意损毁、占用公私财物的；

（四）其他寻衅滋事行为。

第二十七条 有下列行为之一的，处十日以上十五日以下拘留，可以并处一千元以下罚款；情节较轻的，处五日以上十日以下拘留，可以并处五百元以下罚款：

（一）组织、教唆、胁迫、诱骗、煽动他人从事邪教、会道门活动或者利用邪教、会道门、迷信活动，扰乱社会秩序、损害他人身体健康的；

（二）冒用宗教、气功名义进行扰乱社会秩序、损害他人身体健康活动的。

第二十八条 违反国家规定，故意干扰无线电业务正常进行的，或者对正常运行的无线电台（站）产生有害干扰，经有关主管部门指出后，拒不采取有效措施消除的，处五日以上十日以下拘留；情节严重的，处十日以上十五日以下拘留。

第二十九条 有下列行为之一的，处五日以下拘留；情节较重的，处五日以上十日以下拘留：

（一）违反国家规定，侵入计算机信息系统，造成危害的；

（二）违反国家规定，对计算机信息系统功能进行删除、修改、增加、干扰，造成计算机信息系统不能正常运行的；

（三）违反国家规定，对计算机信息系统中存储、处理、传输的数据和应用程序进行删除、修改、增加的；

（四）故意制作、传播计算机病毒等破坏性程序，影响计算机信息系统正常运行的。

第二节　妨害公共安全的行为和处罚

第三十条 违反国家规定，制造、买卖、储存、运输、邮寄、携带、使用、提供、处置爆炸性、毒害性、放射性、腐蚀性物质或者传染病病原体等危险物质的，处十日以上十五日以下拘留；情节较轻的，处五日以上十日以下拘留。

第三十一条 爆炸性、毒害性、放射性、腐蚀性物质或者传染病病原体等危险物质被盗、被抢或者丢失,未按规定报告的,处五日以下拘留;故意隐瞒不报的,处五日以上十日以下拘留。

第三十二条　非法携带枪支、弹药或者弩、匕首等国家规定的管制器具的,处五日以下拘留,可以并处五百元以下罚款;情节较轻的,处警告或者二百元以下罚款。

非法携带枪支、弹药或者弩、匕首等国家规定的管制器具进入公共场所或者公共交通工具的,处五日以上十日以下拘留,可以并处五百元以下罚款。

第三十三条　有下列行为之一的,处十日以上十五日以下拘留:

(一)盗窃、损毁油气管道设施、电力电信设施、广播电视设施、水利防汛工程设施或者水文监测、测量、气象测报、环境监测、地质监测、地震监测等公共设施的;

(二)移动、损毁国家边境的界碑、界桩以及其他边境标志、边境设施或者领土、领海标志设施的;

(三)非法进行影响国(边)界线走向的活动或者修建有碍国(边)境管理的设施的。

第三十四条　盗窃、损坏、擅自移动使用中的航空设施,或者强行进入航空器驾驶舱的,处十日以上十五日以下拘留。

在使用中的航空器上使用可能影响导航系统正常功能的器具、工具,不听劝阻的,处五日以下拘留或者五百元以下罚款。

第三十五条　有下列行为之一的,处五日以上十日以下拘留,可以并处五百元以下罚款;情节较轻的,处五日以下拘留或者五百元以下罚款:

(一)盗窃、损毁或者擅自移动铁路设施、设备、机车车辆配件或者安全标志的;

(二)在铁路线路上放置障碍物,或者故意向列车投掷物品的;

(三)在铁路线路、桥梁、涵洞处挖掘坑穴、采石取沙的;

(四)在铁路线路上私设道口或者平交过道的。

第三十六条　擅自进入铁路防护网或者火车来临时在铁路线路上行走坐卧、抢越铁路,影响行车安全的,处警告或者二百元以下罚款。

第三十七条　有下列行为之一的,处五日以下拘留或者五百元以下罚款;情节严重的,处五日以上十日以下拘留,可以并处五百元以下罚款:

(一)未经批准,安装、使用电网的,或者安装、使用电网不符合安全规定的;

(二)在车辆、行人通行的地方施工,对沟井坎穴不设覆盖物、防围和警示标志的,或者故意损毁、移动覆盖物、防围和警示标志的;

(三)盗窃、损毁路面井盖、照明等公共设施的。

第三十八条　举办文化、体育等大型群众性活动,违反有关规定,有发生安全事故危险的,责令停止活动,立即疏散;对组织者处五日以上十日以下拘留,并处二百元以上五百元以下罚款;情节较轻的,处五日以下拘留或者五百元以下罚款。

第三十九条　旅馆、饭店、影剧院、娱乐场、运动场、展览馆或者其他供社会公众活动的场所的经营管理人员,违反安全规定,致使该场所有发生安全事故危险,经公安机关责令改正,拒不改正的,处五日以下拘留。

第三节　侵犯人身权利、财产权利的行为和处罚

第四十条　有下列行为之一的,处十日以上十五日以下拘留,并处五百元以上一千元以下

罚款;情节较轻的,处五日以上十日以下拘留,并处二百元以上五百元以下罚款:

(一)组织、胁迫、诱骗不满十六周岁的人或者残疾人进行恐怖、残忍表演的;

(二)以暴力、威胁或者其他手段强迫他人劳动的;

(三)非法限制他人人身自由、非法侵入他人住宅或者非法搜查他人身体的。

第四十一条 胁迫、诱骗或者利用他人乞讨的,处十日以上十五日以下拘留,可以并处一千元以下罚款。

反复纠缠、强行讨要或者以其他滋扰他人的方式乞讨的,处五日以下拘留或者警告。

第四十二条 有下列行为之一的,处五日以下拘留或者五百元以下罚款;情节较重的,处五日以上十日以下拘留,可以并处五百元以下罚款:

(一)写恐吓信或者以其他方法威胁他人人身安全的;

(二)公然侮辱他人或者捏造事实诽谤他人的;

(三)捏造事实诬告陷害他人,企图使他人受到刑事追究或者受到治安管理处罚的;

(四)对证人及其近亲属进行威胁、侮辱、殴打或者打击报复的;

(五)多次发送淫秽、侮辱、恐吓或者其他信息,干扰他人正常生活的;

(六)偷窥、偷拍、窃听、散布他人隐私的。

第四十三条 殴打他人的,或者故意伤害他人身体的,处五日以上十日以下拘留,并处二百元以上五百元以下罚款;情节较轻的,处五日以下拘留或者五百元以下罚款。

有下列情形之一的,处十日以上十五日以下拘留,并处五百元以上一千元以下罚款:

(一)结伙殴打、伤害他人的;

(二)殴打、伤害残疾人、孕妇、不满十四周岁的人或者六十周岁以上的人的;

(三)多次殴打、伤害他人或者一次殴打、伤害多人的。

第四十四条 猥亵他人的,或者在公共场所故意裸露身体,情节恶劣的,处五日以上十日以下拘留;猥亵智力残疾人、精神病人、不满十四周岁的人或者有其他严重情节的,处十日以上十五日以下拘留。

第四十五条 有下列行为之一的,处五日以下拘留或者警告:

(一)虐待家庭成员,被虐待人要求处理的;

(二)遗弃没有独立生活能力的被扶养人的。

第四十六条 强买强卖商品,强迫他人提供服务或者强迫他人接受服务的,处五日以上十日以下拘留,并处二百元以上五百元以下罚款;情节较轻的,处五日以下拘留或者五百元以下罚款。

第四十七条 煽动民族仇恨、民族歧视,或者在出版物、计算机信息网络中刊载民族歧视、侮辱内容的,处十日以上十五日以下拘留,可以并处一千元以下罚款。

第四十八条 冒领、隐匿、毁弃、私自开拆或者非法检查他人邮件的,处五日以下拘留或者五百元以下罚款。

第四十九条 盗窃、诈骗、哄抢、抢夺、敲诈勒索或者故意损毁公私财物的,处五日以上十日以下拘留,可以并处五百元以下罚款;情节较重的,处十日以上十五日以下拘留,可以并处一千元以下罚款。

第四节 妨害社会管理的行为和处罚

第五十条 有下列行为之一的,处警告或者二百元以下罚款;情节严重的,处五日以上十日以下拘留,可以并处五百元以下罚款:

(一)拒不执行人民政府在紧急状态情况下依法发布的决定、命令的;

(二)阻碍国家机关工作人员依法执行职务的;

(三)阻碍执行紧急任务的消防车、救护车、工程抢险车、警车等车辆通行的;

(四)强行冲闯公安机关设置的警戒带、警戒区的。

阻碍人民警察依法执行职务的,从重处罚。

第五十一条 冒充国家机关工作人员或者以其他虚假身份招摇撞骗的,处五日以上十日以下拘留,可以并处五百元以下罚款;情节较轻的,处五日以下拘留或者五百元以下罚款。

冒充军警人员招摇撞骗的,从重处罚。

第五十二条 有下列行为之一的,处十日以上十五日以下拘留,可以并处一千元以下罚款;情节较轻的,处五日以上十日以下拘留,可以并处五百元以下罚款:

(一)伪造、变造或者买卖国家机关、人民团体、企业、事业单位或者其他组织的公文、证件、证明文件、印章的;

(二)买卖或者使用伪造、变造的国家机关、人民团体、企业、事业单位或者其他组织的公文、证件、证明文件的;

(三)伪造、变造、倒卖车票、船票、航空客票、文艺演出票、体育比赛入场券或者其他有价票证、凭证的;

(四)伪造、变造船舶户牌,买卖或者使用伪造、变造的船舶户牌,或者涂改船舶发动机号码的。

第五十三条 船舶擅自进入、停靠国家禁止、限制进入的水域或者岛屿的,对船舶负责人及有关责任人员处五百元以上一千元以下罚款;情节严重的,处五日以下拘留,并处五百元以上一千元以下罚款。

第五十四条 有下列行为之一的,处十日以上十五日以下拘留,并处五百元以上一千元以下罚款;情节较轻的,处五日以下拘留或者五百元以下罚款:

(一)违反国家规定,未经注册登记,以社会团体名义进行活动,被取缔后,仍进行活动的;

(二)被依法撤销登记的社会团体,仍以社会团体名义进行活动的;

(三)未经许可,擅自经营按照国家规定需要由公安机关许可的行业的。

有前款第三项行为的,予以取缔。

取得公安机关许可的经营者,违反国家有关管理规定,情节严重的,公安机关可以吊销许可证。

第五十五条 煽动、策划非法集会、游行、示威,不听劝阻的,处十日以上十五日以下拘留。

第五十六条 旅馆业的工作人员对住宿的旅客不按规定登记姓名、身份证件种类和号码的,或者明知住宿的旅客将危险物质带入旅馆,不予制止的,处二百元以上五百元以下罚款。

旅馆业的工作人员明知住宿的旅客是犯罪嫌疑人员或者被公安机关通缉的人员,不向公安机关报告的,处二百元以上五百元以下罚款;情节严重的,处五日以下拘留,可以并处五百元以下罚款。

第五十七条 房屋出租人将房屋出租给无身份证件的人居住的,或者不按规定登记承租人姓名、身份证件种类和号码的,处二百元以上五百元以下罚款。

房屋出租人明知承租人利用出租房屋进行犯罪活动,不向公安机关报告的,处二百元以上五百元以下罚款;情节严重的,处五日以下拘留,可以并处五百元以下罚款。

第五十八条 违反关于社会生活噪声污染防治的法律规定,制造噪声干扰他人正常生活的,处警告;警告后不改正的,处二百元以上五百元以下罚款。

第五十九条 有下列行为之一的,处五百元以上一千元以下罚款;情节严重的,处五日以上十日以下拘留,并处五百元以上一千元以下罚款:

(一)典当业工作人员承接典当的物品,不查验有关证明、不履行登记手续,或者明知是违法犯罪嫌疑人、赃物,不向公安机关报告的;

(二)违反国家规定,收购铁路、油田、供电、电信、矿山、水利、测量和城市公用设施等废旧专用器材的;

(三)收购公安机关通报寻查的赃物或者有赃物嫌疑的物品的;

(四)收购国家禁止收购的其他物品的。

第六十条 有下列行为之一的,处五日以上十日以下拘留,并处二百元以上五百元以下罚款:

(一)隐藏、转移、变卖或者损毁行政执法机关依法扣押、查封、冻结的财物的;

(二)伪造、隐匿、毁灭证据或者提供虚假证言、谎报案情,影响行政执法机关依法办案的;

(三)明知是赃物而窝藏、转移或者代为销售的;

(四)被依法执行管制、剥夺政治权利或者在缓刑、暂予监外执行中的罪犯或者被依法采取刑事强制措施的人,有违反法律、行政法规或者国务院有关部门的监督管理规定的行为。

第六十一条 协助组织或者运送他人偷越国(边)境的,处十日以上十五日以下拘留,并处一千元以上五千元以下罚款。

第六十二条 为偷越国(边)境人员提供条件的,处五日以上十日以下拘留,并处五百元以上二千元以下罚款。

偷越国(边)境的,处五日以下拘留或者五百元以下罚款。

第六十三条 有下列行为之一的,处警告或者二百元以下罚款;情节较重的,处五日以上十日以下拘留,并处二百元以上五百元以下罚款:

(一)刻划、涂污或者以其他方式故意损坏国家保护的文物、名胜古迹的;

(二)违反国家规定,在文物保护单位附近进行爆破、挖掘等活动,危及文物安全的。

第六十四条 有下列行为之一的,处五百元以上一千元以下罚款;情节严重的,处十日以上十五日以下拘留,并处五百元以上一千元以下罚款:

(一)偷开他人机动车的;

(二)未取得驾驶证驾驶或者偷开他人航空器、机动船舶的。

第六十五条 有下列行为之一的,处五日以上十日以下拘留;情节严重的,处十日以上十五日以下拘留,可以并处一千元以下罚款:

（一）故意破坏、污损他人坟墓或者毁坏、丢弃他人尸骨、骨灰的；

（二）在公共场所停放尸体或者因停放尸体影响他人正常生活、工作秩序，不听劝阻。

第六十六条 卖淫、嫖娼的，处十日以上十五日以下拘留，可以并处五千元以下罚款；情节较轻的，处五日以下拘留或者五百元以下罚款。

在公共场所拉客招嫖的，处五日以下拘留或者五百元以下罚款。

第六十七条 引诱、容留、介绍他人卖淫的，处十日以上十五日以下拘留，可以并处五千元以下罚款；情节较轻的，处五日以下拘留或者五百元以下罚款。

第六十八条 制作、运输、复制、出售、出租淫秽的书刊、图片、影片、音像制品等淫秽物品或者利用计算机信息网络、电话以及其他通信工具传播淫秽信息的，处十日以上十五日以下拘留，可以并处三千元以下罚款；情节较轻的，处五日以下拘留或者五百元以下罚款。

第六十九条 有下列行为之一的，处十日以上十五日以下拘留，并处五百元以上一千元以下罚款：

（一）组织播放淫秽音像的；

（二）组织或者进行淫秽表演的；

（三）参与聚众淫乱活动的。

明知他人从事前款活动，为其提供条件的，依照前款的规定处罚。

第七十条 以营利为目的，为赌博提供条件的，或者参与赌博赌资较大的，处五日以下拘留或者五百元以下罚款；情节严重的，处十日以上十五日以下拘留，并处五百元以上三千元以下罚款。

第七十一条 有下列行为之一的，处十日以上十五日以下拘留，可以并处三千元以下罚款；情节较轻的，处五日以下拘留或者五百元以下罚款：

（一）非法种植罂粟不满五百株或者其他少量毒品原植物的；

（二）非法买卖、运输、携带、持有少量未经灭活的罂粟等毒品原植物种子或者幼苗的；

（三）非法运输、买卖、储存、使用少量罂粟壳的。

有前款第一项行为，在成熟前自行铲除的，不予处罚。

第七十二条 有下列行为之一的，处十日以上十五日以下拘留，可以并处二千元以下罚款；情节较轻的，处五日以下拘留或者五百元以下罚款：

（一）非法持有鸦片不满二百克、海洛因或者甲基苯丙胺不满十克或者其他少量毒品的；

（二）向他人提供毒品的；

（三）吸食、注射毒品的；

（四）胁迫、欺骗医务人员开具麻醉药品、精神药品的。

第七十三条 教唆、引诱、欺骗他人吸食、注射毒品的，处十日以上十五日以下拘留，并处五百元以上二千元以下罚款。

第七十四条 旅馆业、饮食服务业、文化娱乐业、出租汽车业等单位的人员，在公安机关查处吸毒、赌博、卖淫、嫖娼活动时，为违法犯罪行为人通风报信的，处十日以上十五日以下拘留。

第七十五条 饲养动物，干扰他人正常生活的，处警告；警告后不改正的，或者放任动物恐吓他人的，处二百元以上五百元以下罚款。

驱使动物伤害他人的,依照本法第四十三条第一款的规定处罚。

第七十六条　有本法第六十七条、第六十八条、第七十条的行为,屡教不改的,可以按照国家规定采取强制性教育措施。

第四章　处罚程序

第一节　调　查

第七十七条　公安机关对报案、控告、举报或者违反治安管理行为人主动投案,以及其他行政主管部门、司法机关移送的违反治安管理案件,应当及时受理,并进行登记。

第七十八条　公安机关受理报案、控告、举报、投案后,认为属于违反治安管理行为的,应当立即进行调查;认为不属于违反治安管理行为的,应当告知报案人、控告人、举报人、投案人,并说明理由。

第七十九条　公安机关及其人民警察对治安案件的调查,应当依法进行。严禁刑讯逼供或者采用威胁、引诱、欺骗等非法手段收集证据。

以非法手段收集的证据不得作为处罚的根据。

第八十条　公安机关及其人民警察在办理治安案件时,对涉及的国家秘密、商业秘密或者个人隐私,应当予以保密。

第八十一条　人民警察在办理治安案件过程中,遇有下列情形之一的,应当回避;违反治安管理行为人、被侵害人或者其法定代理人也有权要求他们回避:

(一)是本案当事人或者当事人的近亲属的;

(二)本人或者其近亲属与本案有利害关系的;

(三)与本案当事人有其他关系,可能影响案件公正处理的。

人民警察的回避,由其所属的公安机关决定;公安机关负责人的回避,由上一级公安机关决定。

第八十二条　需要传唤违反治安管理行为人接受调查的,经公安机关办案部门负责人批准,使用传唤证传唤。对现场发现的违反治安管理行为人,人民警察经出示工作证件,可以口头传唤,但应当在询问笔录中注明。

公安机关应当将传唤的原因和依据告知被传唤人。对无正当理由不接受传唤或者逃避传唤的人,可以强制传唤。

第八十三条　对违反治安管理行为人,公安机关传唤后应当及时询问查证,询问查证的时间不得超过八小时;情况复杂,依照本法规定可能适用行政拘留处罚的,询问查证的时间不得超过二十四小时。

公安机关应当及时将传唤的原因和处所通知被传唤人家属。

第八十四条　询问笔录应当交被询问人核对;对没有阅读能力的,应当向其宣读。记载有遗漏或者差错的,被询问人可以提出补充或者更正。被询问人确认笔录无误后,应当签名或者盖章,询问的人民警察也应当在笔录上签名。

被询问人要求就被询问事项自行提供书面材料的,应当准许;必要时,人民警察也可以要求被询问人自行书写。

询问不满十六周岁的违反治安管理行为人,应当通知其父母或者其他监护人到场。

第八十五条 人民警察询问被侵害人或者其他证人,可以到其所在单位或者住处进行;必要时,也可以通知其到公安机关提供证言。

人民警察在公安机关以外询问被侵害人或者其他证人,应当出示工作证件。

询问被侵害人或者其他证人,同时适用本法第八十四条的规定。

第八十六条 询问聋哑的违反治安管理行为人、被侵害人或者其他证人,应当有通晓手语的人提供帮助,并在笔录上注明。

询问不通晓当地通用的语言文字的违反治安管理行为人、被侵害人或者其他证人,应当配备翻译人员,并在笔录上注明。

第八十七条 公安机关对与违反治安管理行为有关的场所、物品、人身可以进行检查。检查时,人民警察不得少于二人,并应当出示工作证件和县级以上人民政府公安机关开具的检查证明文件。对确有必要立即进行检查的,人民警察经出示工作证件,可以当场检查,但检查公民住所应当出示县级以上人民政府公安机关开具的检查证明文件。

检查妇女的身体,应当由女性工作人员进行。

第八十八条 检查的情况应当制作检查笔录,由检查人、被检查人和见证人签名或者盖章;被检查人拒绝签名的,人民警察应当在笔录上注明。

第八十九条 公安机关办理治安案件,对与案件有关的需要作为证据的物品,可以扣押;对被侵害人或者善意第三人合法占有的财产,不得扣押,应当予以登记。对与案件无关的物品,不得扣押。

对扣押的物品,应当会同在场见证人和被扣押物品持有人查点清楚,当场开列清单一式二份,由调查人员、见证人和持有人签名或者盖章,一份交给持有人,另一份附卷备查。

对扣押的物品,应当妥善保管,不得挪作他用;对不宜长期保存的物品,按照有关规定处理。经查明与案件无关的,应当及时退还;经核实属于他人合法财产的,应当登记后立即退还;满六个月无人对该财产主张权利或者无法查清权利人的,应当公开拍卖或者按照国家有关规定处理,所得款项上缴国库。

第九十条 为了查明案情,需要解决案件中有争议的专门性问题的,应当指派或者聘请具有专门知识的人员进行鉴定;鉴定人鉴定后,应当写出鉴定意见,并且签名。

第二节 决 定

第九十一条 治安管理处罚由县级以上人民政府公安机关决定;其中警告、五百元以下的罚款可以由公安派出所决定。

第九十二条 对决定给予行政拘留处罚的人,在处罚前已经采取强制措施限制人身自由的时间,应当折抵。限制人身自由一日,折抵行政拘留一日。

第九十三条 公安机关查处治安案件,对没有本人陈述,但其他证据能够证明案件事实的,可以做出治安管理处罚决定。但是,只有本人陈述,没有其他证据证明的,不能做出治安管理处罚决定。

第九十四条 公安机关做出治安管理处罚决定前,应当告知违反治安管理行为人做出治安管理处罚的事实、理由及依据,并告知违反治安管理行为人依法享有的权利。

违反治安管理行为人有权陈述和申辩。公安机关必须充分听取违反治安管理行为人的意见,对违反治安管理行为人提出的事实、理由和证据,应当进行复核;违反治安管理行为人提出的事实、理由或者证据成立的,公安机关应当采纳。

公安机关不得因违反治安管理行为人的陈述、申辩而加重处罚。

第九十五条　治安案件调查结束后,公安机关应当根据不同情况,分别做出以下处理:

(一)确有依法应当给予治安管理处罚的违法行为的,根据情节轻重及具体情况,做出处罚决定;

(二)依法不予处罚的,或者违法事实不能成立的,做出不予处罚决定;

(三)违法行为已涉嫌犯罪的,移送主管机关依法追究刑事责任;

(四)发现违反治安管理行为人有其他违法行为的,在对违反治安管理行为做出处罚决定的同时,通知有关行政主管部门处理。

第九十六条　公安机关做出治安管理处罚决定的,应当制作治安管理处罚决定书。决定书应当载明下列内容:

(一)被处罚人的姓名、性别、年龄、身份证件的名称和号码、住址;

(二)违法事实和证据;

(三)处罚的种类和依据;

(四)处罚的执行方式和期限;

(五)对处罚决定不服,申请行政复议、提起行政诉讼的途径和期限;

(六)做出处罚决定的公安机关的名称和做出决定的日期。

决定书应当由做出处罚决定的公安机关加盖印章。

第九十七条　公安机关应当向被处罚人宣告治安管理处罚决定书,并当场交付被处罚人;无法当场向被处罚人宣告的,应当在二日内送达被处罚人。决定给予行政拘留处罚的,应当及时通知被处罚人的家属。

有被侵害人的,公安机关应当将决定书副本抄送被侵害人。

第九十八条　公安机关做出吊销许可证以及处二千元以上罚款的治安管理处罚决定前,应当告知违反治安管理行为人有权要求举行听证;违反治安管理行为人要求听证的,公安机关应当及时依法举行听证。

第九十九条　公安机关办理治安案件的期限,自受理之日起不得超过三十日;案情重大、复杂的,经上一级公安机关批准,可以延长三十日。

为了查明案情进行鉴定的期间,不计入办理治安案件的期限。

第一百条　违反治安管理行为事实清楚,证据确凿,处警告或者二百元以下罚款的,可以当场做出治安管理处罚决定。

第一百零一条　当场做出治安管理处罚决定的,人民警察应当向违反治安管理行为人出示工作证件,并填写处罚决定书。处罚决定书应当当场交付被处罚人;有被侵害人的,并将决定书副本抄送被侵害人。

前款规定的处罚决定书,应当载明被处罚人的姓名、违法行为、处罚依据、罚款数额、时间、地点以及公安机关名称,并由经办的人民警察签名或者盖章。

当场做出治安管理处罚决定的,经办的人民警察应当在二十四小时内报所属公安机关备案。

第一百零二条 被处罚人对治安管理处罚决定不服的,可以依法申请行政复议或者提起行政诉讼。

第三节 执 行

第一百零三条 对被决定给予行政拘留处罚的人,由做出决定的公安机关送达拘留所执行。

第一百零四条 受到罚款处罚的人应当自收到处罚决定书之日起十五日内,到指定的银行缴纳罚款。但是,有下列情形之一的,人民警察可以当场收缴罚款:

(一)被处五十元以下罚款,被处罚人对罚款无异议的;

(二)在边远、水上、交通不便地区,公安机关及其人民警察依照本法的规定做出罚款决定后,被处罚人向指定的银行缴纳罚款确有困难,经被处罚人提出的;

(三)被处罚人在当地没有固定住所,不当场收缴事后难以执行的。

第一百零五条 人民警察当场收缴的罚款,应当自收缴罚款之日起二日内,交至所属的公安机关;在水上、旅客列车上当场收缴的罚款,应当自抵岸或者到站之日起二日内,交至所属的公安机关;公安机关应当自收到罚款之日起二日内将罚款缴付指定的银行。

第一百零六条 人民警察当场收缴罚款的,应当向被处罚人出具省、自治区、直辖市人民政府财政部门统一制发的罚款收据;不出具统一制发的罚款收据的,被处罚人有权拒绝缴纳罚款。

第一百零七条 被处罚人不服行政拘留处罚决定,申请行政复议、提起行政诉讼的,可以向公安机关提出暂缓执行行政拘留的申请。公安机关认为暂缓执行行政拘留不致发生社会危险的,由被处罚人或者其近亲属提出符合本法第一百零八条规定条件的担保人,或者按每日行政拘留二百元的标准交纳保证金,行政拘留的处罚决定暂缓执行。

第一百零八条 担保人应当符合下列条件:

(一)与本案无牵连;

(二)享有政治权利,人身自由未受到限制;

(三)在当地有常住户口和固定住所;

(四)有能力履行担保义务。

第一百零九条 担保人应当保证被担保人不逃避行政拘留处罚的执行。

担保人不履行担保义务,致使被担保人逃避行政拘留处罚的执行的,由公安机关对其处三千元以下罚款。

第一百一十条 被决定给予行政拘留处罚的人交纳保证金,暂缓行政拘留后,逃避行政拘留处罚的执行的,保证金予以没收并上缴国库,已经做出的行政拘留决定仍应执行。

第一百一十一条 行政拘留的处罚决定被撤销,或者行政拘留处罚开始执行的,公安机关收取的保证金应当及时退还交纳人。

第五章 执法监督

第一百一十二条 公安机关及其人民警察应当依法、公正、严格、高效办理治安案件,文明执法，不得徇私舞弊。

第一百一十三条　公安机关及其人民警察办理治安案件，禁止对违反治安管理行为人打骂、虐待或者侮辱。

第一百一十四条　公安机关及其人民警察办理治安案件，应当自觉接受社会和公民的监督。

公安机关及其人民警察办理治安案件，不严格执法或者有违法违纪行为的，任何单位和个人都有权向公安机关或者人民检察院、行政监察机关检举、控告；收到检举、控告的机关，应当依据职责及时处理。

第一百一十五条　公安机关依法实施罚款处罚，应当依照有关法律、行政法规的规定，实行罚款决定与罚款收缴分离；收缴的罚款应当全部上缴国库。

第一百一十六条　人民警察办理治安案件，有下列行为之一的，依法给予行政处分；构成犯罪的，依法追究刑事责任：

（一）刑讯逼供、体罚、虐待、侮辱他人的；

（二）超过询问查证的时间限制人身自由的；

（三）不执行罚款决定与罚款收缴分离制度或者不按规定将罚没的财物上缴国库或者依法处理的；

（四）私分、侵占、挪用、故意损毁收缴、扣押的财物的；

（五）违反规定使用或者不及时返还被侵害人财物的；

（六）违反规定不及时退还保证金的；

（七）利用职务上的便利收受他人财物或者谋取其他利益的；

（八）当场收缴罚款不出具罚款收据或者不如实填写罚款数额的；

（九）接到要求制止违反治安管理行为的报警后，不及时出警的；

（十）在查处违反治安管理活动时，为违法犯罪行为人通风报信的；

（十一）有徇私舞弊、滥用职权，不依法履行法定职责的其他情形的。

办理治安案件的公安机关有前款所列行为的，对直接负责的主管人员和其他直接责任人员给予相应的行政处分。

第一百一十七条　公安机关及其人民警察违法行使职权，侵犯公民、法人和其他组织合法权益的，应当赔礼道歉；造成损害的，应当依法承担赔偿责任。

第六章　附　则

第一百一十八条　本法所称以上、以下、以内，包括本数。

第一百一十九条　本法自2006年3月1日起施行。1986年9月5日公布、1994年5月12日修订公布的《中华人民共和国治安管理处罚条例》同时废止。